Angelika Kromas

Das Warenangebot des Mühldorfer Kramers Franciscus Schmidt

STADT UND REGION IN DER VORMODERNE

Herausgegeben von

Mark Häberlein

Band 10

ERGON VERLAG

Angelika Kromas

Das Warenangebot des Mühldorfer Kramers Franciscus Schmidt

Zur Handels- und Konsumgeschichte des 17. Jahrhunderts

ERGON VERLAG

Umschlagabbildung:
Seite aus dem Geschäftsbuch, der sogenannten Strazza,
des Kramers Franciscus Schmidt, Mühldorf, November 1684.
Foto: Kromas

Bibliografische Information der Deutschen Nationalbibliothek:
Die Deutsche Nationalbibliothek verzeichnet diese Publikation in der
Deutschen Nationalbibliografie; detaillierte bibliografische Daten sind
im Internet über http://dnb.d-nb.de abrufbar.

Gedruckt auf alterungsbeständigem Papier.
Gesamtverantwortung für Druck und Herstellung
bei der Nomos Verlagsgesellschaft mbH & Co. KG.
Satz: Thomas Breier
Umschlaggestaltung: Jan von Hugo

www.ergon-verlag.de

ISBN 978-3-95650-981-0 (Print)
ISBN 978-3-95650-982-7 (ePDF)
ISSN 2364-3099

Danksagung

Das vorliegende Buch ist die überarbeitete Version meiner Dissertation, die im Oktober 2021 von der Kultur- und Gesellschaftswissenschaftlichen Fakultät der Paris Lodron Universität Salzburg angenommen wurde. Die Arbeit befasst sich mit der Distribution und dem Konsum von Waren im 17. Jahrhundert in Mühldorf a. Inn, das bis 1801 politisch zum Erzstift Salzburg gehörte.

An dieser Stelle möchte ich mich bedanken bei jenen Menschen, die mich im Verlaufe des Arbeitsprozesses begleitet und unterstützt haben.

In erster Linie gilt mein herzlicher Dank meinem Doktorvater, Univ.-Prof. Dr. Reinhold Reith, für seine geduldige und humorvolle Leitung. Wichtig ist mir auch, Univ.-Prof. Dr. Mark Häberlein, Bamberg, zu danken. Er hat das Zweitgutachten erstellt und die Aufnahme der Dissertation in die von ihm herausgegebene Reihe *Stadt und Region in der Vormoderne* ermöglicht. Des Weiteren danke ich dem Mühldorfer Stadtarchivar Edwin Hamberger für seine unkomplizierte Unterstützung bei Quellenfragen, aber auch meiner lieben Studienkollegin Dr. Doris Hörmann für ihre stete und kompetente Hilfe bei der Bewältigung der EDV-Probleme und vor allem meinem Mann Gerhard, der mich immer zum Weitermachen ermuntert hat, wenn es mir nicht mehr danach war.

Außerdem gilt mein Dank folgenden Personen und Institutionen (in alphabetischer Reihenfolge) für inhaltliche Hinweise und die Überlassung von Bildmaterial:

Dr. Hans Bleckenwegner (Traunstein), Korbinian Engelmann, Geschichtszentrum-Museum Mühldorf, Dr. Erich Erker (Salzburg), Mag. Werner Friepesz, Salzburg-Museum, Dr. Reinhard Gratz, Dommuseum Salzburg, Dr. Michael Greger, Salzburger Landesinstitut für Volkskunde, Dr. Ulrike Kammerhofer-Aggermann (Salzburg), Univ.-Prof. Dr. Martin Knoll, Universität Salzburg, Fa. Knopf-Mayer (Salzburg), Mag. Beatrix Koll, Fotoarchiv Universität Salzburg, Michael Krieger, Fotograf (Freilassing), Bärbel Mettenleiter-Strobel, M. A. (Stoffenried), Dr. Birgit Pelzer-Reith †, Dr. Johannes Pietsch, Bayerisches Nationalmuseum München, Kathrin Proft, Fa. Dollinger (Berchtesgaden), Heike Sams, Universität Salzburg, Dr. Ingo Schwab, Stadtarchiv München, Dr. Beate Spiegel (München), Edwin Hamberger, Stadtarchiv Mühldorf, Univ.-Prof. Dr. Georg Stöger, Universität Salzburg, Dr. Mario Tamme, Stadtarchiv Landshut, Dr. Sabine Veits-Falk, Stadtarchiv Salzburg, Dr. Elisabeth Weinberger, Bayerisches Hauptstaatsarchiv München, Dr. Andreas Zechner, Universität Salzburg, Dr. Gertraud Zull, Institut für Volkskunde, München, sowie der mittäglichen Kaffeerunde für die anregenden Gespräche und Hilfen jeglicher Art.

Für den großzügigen finanziellen Zuschuss zu den Druckkosten möchte ich mich bei der Stiftungs- und Förderungsgesellschaft der Paris Lodron Universität Salzburg bedanken. Dank für einen Druckkostenzuschuss gilt auch dem Förderverein Geschichtszentrum-Museum Mühldorf a. Inn und dem Stadtarchiv in Mühldorf a. Inn.

Inhalt

1 Einführung

Bernward Deneke stellte 1987 fest, die Frage bleibe weithin ungeklärt, was aus dem breiten Spektrum des Güterbestandes der Frühjahrs- und Herbstmessen zu Frankfurt am Main und Leipzig auf die kleineren Märkte, also in die Provinz, abgeleitet worden ist und wie es dort weiter verteilt wurde. Deneke betont: *Einzelbeobachtungen indessen weisen darauf hin, daß vieles von dem, was auf den Markt gelangt, weniger als Stückgut, denn als sogenannte Schnitt- oder Ellenware – das heißt doch wohl nach dem Zweck für den Einzelbedarf abgemessen – verkauft wurde.*[1]

Wie stellt sich der Prozess der Distribution dar? Diese Frage lässt sich auch gut dreißig Jahre nach der Aussage Denekes noch nicht ausreichend klären, denn Studien über die Distribution von Handelswaren in der Frühen Neuzeit sind noch immer rar. Die frühen Studien konzentrierten sich zunächst auf das Zeitalter der Fugger und auf die großen Städte.[2] Obwohl die Anzahl der Großstädte der Frühen Neuzeit zahlenmäßig von den kleineren Städten weit übertroffen wurde, hat sich die Forschung bisher überwiegend auf die Großstädte und den Fernhandel konzentriert. Das mag daran gelegen haben, dass die Großstädte größeren Einfluss ausübten, aber auch daran, dass häufig gut zugängliche Quellen zur Verfügung standen. Mühldorf a. Inn lag mit einer Einwohnerzahl von rund 2.000 Personen im Übergang von einer Klein- zu einer Mittelstadt,[3] und die vorliegende Arbeit kann daher Forschungen zur Handels- und Konsumgeschichte erweitern, denn über die wirtschaftliche und soziale Dimension der Mittel- und Kleinstädte ist wenig bekannt .[4] Insofern ändert die vorliegende Arbeit die Perspektive und gewährt Einblick in die Versorgung kleinerer Orte.

Im Zuge der Formierung der historischen Konsumforschung nahm Mark Häberlein die Frage der Distribution wieder auf und untersuchte die Verteilung von Konsumgütern für das 18. und 19. Jahrhundert.[5] Für das 17. Jahrhundert

---

1 Bernward Deneke, Aspekte der Modernisierung städtischer und ländlicher Kleidung zwischen 1770 und 1830, in: Günter Wiegelmann (Hg.), Wandel der Alltagskultur seit dem Mittelalter. Phasen – Epochen – Zäsuren, Münster 1987, S. 161–177, hier S. 170–171.

2 Jochen Hoock, Zum Stand der europäischen Kaufmannsgeschichte, in: Jochen Hoock, Wilfried Reininghaus (Hg.), Kaufleute in Europa, Handelshäuser und ihre Überlieferung in vor- und frühindustrieller Zeit. Beiträge der Tagung im Westfälischen Wirtschaftsarchiv 9. bis 11. Mai 1996, Dortmund 1997, S. 11–23, hier S. 13–14; Richard Ehrenberg, Das Zeitalter der Fugger, Geldkapital und Creditverkehr im 16. Jahrhundert, 2 Bde., Jena 1896; Mark Häberlein, Die Fugger. Geschichte einer Augsburger Familie (1367–1650), Sutttgart 2006. Ekkehard Westermann, Markus A. Denzel, Das Kaufmannsnotizbuch des Matthäus Schwarz aus Augsburg von 1548 (VSWG, B 215), Stuttgart 2011, S. 13–14.

3 Heinz Schilling, Die Stadt in der Frühen Neuzeit, Berlin, Boston 2015, S. 7–8.

4 Zu den Ausnahmen zählt die Studie von Hoffmann: Carl A. Hoffmann, Landesherrliche Städte und Märkte im 17. und 18. Jahrhundert. Studien zu ihrer ökonomischen, rechtlichen und sozialen Entwicklung in Oberbayern, Kallmünz 1997.

5 Mark Häberlein, Savoyische Kaufleute und die Distribution von Konsumgütern im Oberrheingebiet, ca. 1720–1840, in: Rolf Walter (Hg.), Geschichte des Konsums, Erträge der 20.

bleibt aber die Frage, wie die Waren zur Kundschaft kamen, nach wie vor eine Forschungslücke.

Hier möchte die vorliegende Arbeit anschließen. Sie versteht sich als wirtschaftshistorische Mikrostudie, die Einblick gibt in das Warenangebot des Kramers Franciscus Schmidt im 17. Jahrhundert in Mühldorf a. Inn.[6] Dabei wird sich zeigen, dass auch in der Kleinstadt bzw. auf dem Land gewisse Waren wie Tabak und Zucker ebenso wie schicke Stoffe und modische Accessoires auch schon im 17. Jahrhundert nachgefragt wurden.

Die Grundlage der Arbeit bildet eine sog. *Kramerstrazza*, ein Geschäftsbuch aus dem 17. Jahrhundert. Im Laufe der Beschäftigung mit der Quelle wurde immer klarer, dass man durch die Auswertung der Inhalte der Strazza der Warenwelt einer Salzburger Kleinstadt im 17. Jahrhundert auf die Spur kommen kann. Welche Waren wurden angeboten, welche wurden von der Bevölkerung nachgefragt und konsumiert? Natürlich enthält die Strazza nicht alle im 17. Jahrhundert verfügbaren Waren, aber sie zeigt das umfangreiche Sortiment eines kleinstädtischen Kramers aus den 1680er-Jahren. In Mühldorf a. Inn wohnten im 17. Jahrhundert ungefähr 2.000 Einwohner,[7] und in der Landeshauptstadt Salzburg lebten der Seelenbeschreibung von 1647 zufolge ungefähr 7.407 Personen; zählte man die Geistlichkeit, den erzbischöflichen Hof, das Militär, die Studenten und die Bewohner der Vorstadt Mülln dazu, so dürften es rund 10.000 Personen gewesen sein.[8]

Der zeitliche Schwerpunkt der vorliegenden Arbeit wird daher durch den Zeitraum der Führung der Strazza von 1684 bis 1687 vorgegeben. Die geografische Begrenzung auf Mühldorf a. Inn und die Geschäftskontakte in der näheren und weiteren Umgebung sind ebenfalls durch die Quelle angelegt. Absatz und Bezug der Waren sollen in ihrem Kontext beleuchtet werden.

Arbeitstagung der Gesellschaft für Sozial- und Wirtschaftsgeschichte, 23.–26. April 2003 in Greifswald (VSWG, B 175), Stuttgart 2004, S. 81–114, hier S. 86–87.

6 Zur Genese und Definition von Mikrogeschichte s. Carlo Ginzburg, Mikro-Historie. Zwei oder drei Dinge, die ich von ihr weiß, in: Historische Anthropologie 1 (1993), S. 169–192. Giovanni Levi, On Microhistory, in: Peter Burke, New Perspectives on Historical Writing, Cambridge 1995, S. 93-113.

7 Rudolf Angermeier, Die Struktur Mühldorfs und seiner Bewohner, in: Mühldorf. Stadt am Inn, Heimatbund Mühldorf e. V. (Hg.), Mühldorf 1995, S. 67–69, hier S. 67. Dies ist eine Annäherung, über die Zahl der Einwohner in früheren Epochen ist wenig bekannt. Die Zahl der jährlichen Bürgeraufnahmen in Mühldorf a. Inn betrug durchschnittlich 8 bis 10, als Inwohner ohne Bürgerrecht wurden 4 bis 5 (meist Tagwerker) aufgenommen. Die Inwohner stammten fast alle aus den Nachbargemeinden, die Bürger auch aus der weiteren Umgebung, nicht wenige aus den salzburgischen Landen, dazu aus Österreich und Tirol. Nach dem Steuerbuch von 1637 hatte die Stadt 1090 Einwohner. BayHStAM, Pfleggericht Mühldorf Amtsbücher, Nr. 9. Für diese Information danke ich dem Stadtarchivar von Mühldorf a. Inn, Edwin Hamberger.

8 Franz Mathis, Zur Bevölkerungsstruktur österreichischer Städte im 17. Jahrhundert, Wien 1977, S. 175–176. Peter F. Kramml, Sabine Veits-Falk, Thomas Weidenholzer, Stadt Salzburg. Geschichte in Bildern und Dokumenten, Salzburg 2002, S. 36.

1.1 Zum Forschungsstand

Wirtschaftsgeschichte ist in der historischen Forschung lange in erster Linie als Produktionsgeschichte gesehen worden. Erst seit den 1980er-Jahren gerieten – insbesondere durch Studien von angloamerikanischen Wissenschaftlern – auch die Konsumentinnen und Konsumenten in den Blick der Forschung. Für den deutschsprachigen Raum ist besonders die Studie von Roman Sandgruber zu den Anfängen der Konsumgesellschaft hervorzuheben.[9] In der Wirtschafts- und Sozialgeschichte bzw. der Geschichtswissenschaft begann eine intensivere wissenschaftliche Beschäftigung mit der Nachfrage bzw. dem Konsum.[10] Man untersuchte den Konsum kommerzieller Artikel und der Mode, vor allem der Accessoires, besonders der Mittelschicht im England des 18. Jahrhunderts. Der Konsum galt der Forschung als Antrieb der Produktion, beide wurden als zwei Seiten einer Medaille betrachtet. Eine These der historischen Konsumforschung benennt drei Kategorien an Waren des Konsums in der Vormoderne: die *necessities* (= Notwendigkeiten), die *decencies/commodities* (= Annehmlichkeiten) und die *luxuries* (= Luxuswaren).[11]

Pioniere der Historischen Konsumforschung wie Neil McKendrick, John Brewer und J. H. Plumb bezogen sich auf die Konsumgesellschaft in England im 18. Jahrhundert und sahen den zunehmenden Konsum als Voraussetzung einer wachsenden Produktion. Ein weiteres Forschungsfeld fand die Konsumgeschichte inzwischen nicht nur in den Objekten und im alltäglichen Objektgebrauch, sondern auch im symbolischen Gebrauch, dem Zeichencharakter bestimmter Dinge, mit deren Hilfe die Konsumenten Signale senden und sich selbst darstellen konnten.[12]

Die große Anzahl der Produkte, die Vater und Sohn Schmidt in ihrem Gewölbe vorrätig hielten, verweist auf eine intensive Nachfrage, Verbrauch und Konsum hin. Unter dem breiten Sortiment sowohl an Textilien als auch an Spezereien finden sich alle drei Kategorien. Warme wollene Wintersocken und handgestrickte Strümpfe, einfaches Leinengewebe, Barchent oder ein Siebtuch, Nesteln zum Binden, Haken und Ösen oder Nähfaden wird man sicher zu den Notwendigkeiten (*necessities*) zählen dürfen. Der größte Teil des textilen Angebotes an Stoffen,

---

9 Roman Sandgruber, Die Anfänge der Konsumgesellschaft. Konsumgüterverbrauch, Lebensstandard und Alltagskultur in Österreich im 18. und 19. Jahrhundert, München 1982.

10 Neil McKendrick, John Brewer, J. H. Plumb, The Birth of a Consumer Society. The Commercialization of Eighteenth-Century England, Bloomington 1982.

11 John Brewer, Was können wir aus der Geschichte der frühen Neuzeit für die moderne Konsumgeschichte lernen? in: Hannes Siegrist, Hartmut Kaelble, Jürgen Kocka (Hg.), Europäische Konsumgeschichte. Zur Gesellschafts- und Kulturgeschichte des Konsums (18. bis 20. Jahrhundert), Frankfurt am Main, New York 1997, S. 51-74, hier S. 52–53. Rainer Beck, Luxus oder Decencies? Zur Konsumgeschichte der Frühneuzeit als Beginn der Moderne, in: Reinhold Reith, Torsten Meyer (Hg.), „Luxus und Konsum" – eine historische Annäherung. Münster, New York, München, Berlin, 2003, S. 29-46, hier S. 34, S. 37–38.

12 Beck, Luxus oder Decencies, S. 43.

Borten, Bändern, Spitzen u. a. ist wohl den Annehmlichkeiten (*decencies*) zuzurechnen, die nicht lebensnotwendig waren, aber die äußere Erscheinung der Person positiv hervortreten ließen. Ganz besonders gilt dies für die Knöpfe. Aber nur wenige Waren in Schmidts Gewölbe waren wirkliche Luxusartikel (*luxuries*), wie besonders aufwendig gearbeitete, breite Seidenspitzen, Seidenstrümpfe oder leonische Borten mit echten Gold- und Silberfäden, wie die Spitze für einen Rauchmantel oder auch Gewürze wie der Safran oder die Muskatblüte.

Über die Distribution von Waren, über den Verkauf an die Konsumentinnen und Konsumenten durch den stationären Kramerhandel ist noch wenig bekannt.[13] Neuere Studien beleuchten den Wanderhandel,[14] aber zum Kleinhandel in der Frühen Neuzeit fehlen Untersuchungen. Im Gegensatz zu den kleinen Händlern vor Ort, die Endverbraucherinnen und Endverbraucher in der Fläche mit Waren versorgten, dürfen die großen international agierenden Handelsunternehmen des späten Mittelalters und der Frühen Neuzeit wie die Hansekaufleute, die italienischen Handelshäuser der Renaissance, die Fugger, die Welser, die Vereinigte Ostindische Compagnie u. a. als vergleichsweise gut erforscht gelten.[15]

Pioniere der Historischen Konsumforschung wie Neil McKendrick, John Brewer und J. H. Plumb bezogen sich auf die Konsumgesellschaft in England im 18. Jahrhundert und sahen den zunehmenden Konsum als Voraussetzung einer wachsenden Produktion. England stand lange im Mittelpunkt der Forschung. Mittlerweile hat das Interesse auch in anderen europäischen Ländern wie den Niederlanden, Italien, Frankreich u. a. zugenommen. Aktuelle Forschungen beschäftigen sich mit weitergehenden Fragen, denn die Zunahme des Konsums brauchte nicht nur ein entsprechendes Warenangebot, sondern auch die Entwicklung einer Verkaufsinfrastruktur, von Organisationen und Handelstechniken wie Werbung oder Marketing, die den Vertrieb von Waren ermöglichten. Ein 2006 erschienener Tagungsband gibt einen Einblick in die aktuelle Forschung zum Einzelhandel der Frühen Neuzeit in England, den Niederlanden, Italien und Frankreich.[16] Die Formen des Handels waren sehr vielfältig. Es existierten nicht nur der stationäre Handel in Läden, sondern parallel dazu auch ein ausgeprägter Wanderhandel. Es gab die offenen Marktplätze, Läden entlang der Einfallstraßen, auch aus den

---

13 Häberlein, Savoyische Kaufleute, S. 86.

14 Zum Wanderhandel s. Wilfried Reininghaus, Wanderhandel in Deutschland. Ein Überblick über die Geschichte, Erscheinungsformen und Forschungsprobleme, in: Ders. (Hg.), Wanderhandel in Europa. Beiträge zur wissenschaftlichen Tagung in Ibbenbüren, Mettingen, Recke und Hopsten vom 9.–11. Oktober 1992, Dortmund 1993, S. 31–44, hier S. 31–32; Laurence Fontaine, History of Pedlars in Europe, Cambridge 1996; Hans Haas, Wandergewerbe und Wanderhandel aus den und in die Alpen, in: Jahrbuch für Regionalgeschichte 35 (2017), S. 33–66.

15 Matthias Steinbrink, Handeln am Oberrhein, Der Basler Kaufmann Ulrich Meltinger, in: Mark Häberlein, Christof Jeggle (Hg.), Praktiken, Geschäfte und soziale Beziehungen europäischer Kaufleute in Mittelalter und früher Neuzeit (Irseer Schriften 6), Konstanz 2010, S. 191–208, hier S. 191.

16 Bruno Blondé, Peter Stabel, Jon Stobart, Ilja van Damme (Hg.), Buyers and Sellers. Retail Circuits and Practices in Medieval and Early Modern Europe, Turnhout 2006.

Handwerkswerkstätten heraus oder in Gasthäusern wurden Waren verkauft, und in den Innenstädten gab es seit dem Mittelalter Formen von Einkaufszentren. Lange versorgten die Wanderhändler Kunden auf dem Land und in der Stadt, aber auch städtische Händler schickten Waren per Postkutsche auf das Land. Die Geschäftsfassaden waren oft geschmückt mit dem Namen oder dem Emblem des Händlers. Es wurde bereits eine Kundenbindung angestrebt bzw. umgekehrt eine Bindung an bestimmte, genehme Händler vonseiten der Kundschaft praktiziert. Frauen hatten im Einzelhandel Chancen auf eine soziale Verbesserung, sei es als Mitarbeiterin oder als Selbständige, aber sie blieben im Hintergrund.[17]

Jon Stobart untersuchte speziell den Spezerei- und Lebensmittelhandel in England außerhalb der großen Städte ab der Mitte des 17. Jahrhunderts bis 1830. Die Lebensmittel- bzw. Kolonialwarenläden waren intensiv in die Wirtschaft eingebunden. Sie prägten und förderten Konsumgewohnheiten und waren für alle Kundengruppen von Bedeutung. In der zweiten Hälfte des 18. Jahrhunderts war der Genuss von Tee weit verbreitet, ebenso das Süßen von Speisen, das Tabakrauchen, das Putzen mit Seifen u. a. Für die Verbreitung dieser neuen Waren bedurfte es eines flexiblen Detailhandelssystems, das auf die Nachfrage der Kundschaft eingehen konnte. Darüber hinaus boten die Läden die Gelegenheit für Kontakte und soziale Interaktion.[18]

Frank Trentmans Buch *Die Herrschaft der Dinge* zielt auf eine alternative Geschichte zu derjenigen der Überflussgesellschaft und erweitert den räumlichen Rahmen ebenso wie den Zeitrahmen, indem er die Entwicklung des Konsums vom 15. Jahrhundert bis zur Gegenwart in den Blick nimmt.[19] Der Versuch, die *Geburt* oder den *Ursprung* der Konsumgesellschaft zu finden, habe unselige Nebenwirkungen gehabt, denn die größere Aufgabe der Historiker sei, die Herausbildung des Konsums in Raum und Zeit nachzuvollziehen.[20] Trentmann zielt auf die Formung des Konsums durch Politik von oben und unten und widmet der Frage „was wird konsumiert und warum" mehr Raum. Bisher habe man sehr wenig über Veränderungen im Lauf der Zeit erfahren, und es stelle sich die übergeordnete Frage, wie es dazu kam, dass wir mit immer mehr Dingen leben: *Dabei ist es wichtig, auch die materiellen Eigenschaften der Dinge selbst in die Betrachtung einzubeziehen.*[21] Für Historiker sei dies keineswegs selbstverständlich. In jüngster Zeit sei wieder deutlich geworden, *dass Dinge nicht nur Bedeutungsträger oder Symbole in einem Kommunikationsuniversum sind. Sie besitzen auch eine materielle*

---

17 Laura van Aart, Trade and Gender Emancipation: Retailing Women in Sixteenth-Century Antwerp, in: Blondé u. a. (Hg.), Buyers and Sellers, S. 297–313.

18 Jan Stobart, Sugar and Spice: Grocers and Groceries in Provincial England, 1650–1830, Oxford 2013.

19 Frank Trentmann, Herrschaft der Dinge. Die Geschichte des Konsums vom 15. Jahrhundert bis heute, München 2016.

20 Trentmann, Herrschaft, S. 23.

21 Trentmann, Herrschaft, S. 32.

Form und Funktion. [...] Das Attribut in dem Begriff ‚materielle Kultur' hat durchaus seinen Sinn.[22]

Die Geistes- und Kulturwissenschaften bzw. die Geschichts- und Gesellschaftswissenschaften wenden sich seit geraumer Zeit den Objekten zu, was als *material turn* bezeichnet wird. Die Erforschung der Dinge soll in den Vordergrund treten. Dabei wird die Frage gestellt, was ein Objekt über eine Gesellschaft und ihre Geschichte aussagen oder welche Bedeutungen ein Artefakt transportieren kann.[23] Für die vorliegende Arbeit, die ja nach der *Dingwelt* bzw. Waren des Alltags fragt, sind die Anregungen aus dieser neuen Richtung begrenzt, es gibt bisher nur wenige Arbeiten über Alltagsgegenstände. Zu den Ausnahmen zählt die Studie von Andrea Caracausi über die Bandproduktion in Italien in der Frühen Neuzeit.[24] Sie gibt Aufschluss zu Fragen der Qualität, der Produktion und des Vertriebs, die auch bei der Analyse der Strazza aufgenommen werden.

Eine der aussagefähigsten Quellengattungen zur Erforschung des Handels sind Geschäftsbücher. *Mit der Herausbildung einer wie auch immer gearteten Buchführung entstanden im engeren Sinne Geschäftsbücher, die erfolgte kaufmännische Transaktionen (einschließlich der damit im Zusammenhang stehenden Korrespondenz) dokumentierten, wobei sie im Laufe der Jahrhunderte und vor allem im Zuge der Durchsetzung der doppelten Buchführung eine immer stärkere Spezialisierung und Formalisierung erfuhren.*[25]

Ein wesentlicher Grund für die unterschiedliche Intensität der Bearbeitung dürfte auch in der sehr heterogenen Überlieferungssituation von Geschäftsbüchern zu suchen sein. Auf der Basis solcher Geschäftsbücher sind die kaufmännische Praxis und die Unternehmenstätigkeiten großer Handelshäuser im Spätmittelalter und 16. Jahrhundert – wie bereits erwähnt – gut bearbeitet, denn gerade von den Fernhandels- und Großkaufleuten wie den Augsburger Handelshäusern der Fugger[26] und Welser[27], der norddeutschen Hanse[28] oder den Datini[29]

---

22 Trentmann, Herrschaft, S. 33.

23 Julia A. Schmidt-Funke (Hg.), Materielle Kultur und Konsum in der Frühen Neuzeit, Wien, Köln, Weimar 2019.

24 Andrea Caracausi, Made in Italy, in: Schmidt-Funke (Hg.), Materielle Kultur und Konsum, S. 39-60.

25 Markus A. Denzel, Handelspraktiken als wirtschaftshistorische Quellengattung vom Mittelalter bis in das frühe 20. Jahrhundert. Eine Einführung, in: Markus A. Denzel, Jean Claude Hocquet, Harald Witthöft (Hg.), Kaufmannsbücher und Handelspraktiken vom Spätmittelalter bis zum 20. Jahrhundert, Stuttgart 2002, S. 10–45, hier S. 10.

26 Westermann, Denzel, Kaufmannsnotizbuch des Matthäus Schwarz. Mark Häberlein, Aufbruch ins globale Zeitalter: die Handelswelt der Fugger und Welser, Darmstadt 2016.

27 Peter Geffcken, Mark Häberlein, Rechnungsfragmente der Augsburger Welser-Gesellschaft (1496–1551): Oberdeutscher Fernhandel am Beginn der neuzeitlichen Weltwirtschaft, Stuttgart 2014.

28 Marie-Luise Pelus-Kaplan, Archive Hansischer Kaufleute aus dem 16. und 17. Jahrhundert, in: Hoock, Reininghaus (Hg.), Kaufleute, S. 25–34.

29 Iris Origo, „Im Namen Gottes und des Geschäftes". Lebensbild eines toskanischen Kaufmannes der Frührenaissance: Francesco de Marco Datini 1335–1410, München 1985.

und Salviati[30] in Italien sind teilweise große Firmennachlässe erhalten geblieben. In einigen Fällen waren die Rechnungsbücher und Buchführungsunterlagen als Beweismittel in Rechtsstreitigkeiten vom Gericht eingezogen worden und überstanden auf diese Weise die Zeit.[31]

Dagegen liegen nur wenige Arbeiten für das 17. und 18. Jahrhundert über Großkaufleute vor. Für das 17. Jahrhundert könnte als Beispiel das Firmenarchiv des Kaspar Stockalper von Thurm genannt werden, das nach dessen politischem und wirtschaftlichem Sturz 1678 in seinem Schloss in Brig verwahrt wurde und überdauerte.[32] Markus Denzel rekonstruierte aus Hauptbüchern, Journalen, Wechselkopierbüchern und weiteren Kaufmannsbüchern die Geschäftsbeziehungen des Schaffhauser Handels- und Bankhauses Amman im 18. Jahrhundert.[33]

Mark Häberlein veröffentlichte 2004 eine exemplarische Studie zum Handel am Oberrhein. Er hat auf der Basis von Handelsbüchern savoyischer Krämer und Händler die Distribution von Konsumgütern im Oberrheingebiet für das 18. und 19. Jahrhundert erforscht.[34] Die Waren, die die savoyischen Händler anboten, waren vielfältig. Die Fa. Maurice Monfort aus Riegel am Kaiserstuhl handelte mit Stoffen, Strümpfen, Kurzwaren, Kopfbedeckungen, Tüchern, Handschuhen, Lebensmitteln, Holz, Tabak, Hanf, Eisen, Schießpulver, Haushaltswaren und Kalendern.[35] Die Fa. Perrolaz Cartier aus Laufenburg am Hochrhein bot ebenfalls eine breite Palette an Textilien und Kurzwaren an[36] ebenso wie die Brüder Castell aus Elzach im Schwarzwald.[37]

2010 gaben Mark Häberlein und Christof Jeggle den Band *Praktiken des Handels, Geschäfte und soziale Beziehungen europäischer Kaufleute im Mittelalter und früher Neuzeit* heraus. Der Sammelband dokumentiert den neueren Forschungsstand der Handelsgeschichte. Die Beiträge berücksichtigen neben dem Fernhandel auch ausführlich den Regional- und Einzelhandel und behandeln die Verwendung neuester Medien wie z. B. den Buchdruck, die Bedeutung von Verwandtschaftsbeziehungen und sozialen Netzwerken in der Handelspraxis sowie die Position von Frauen im Handel.[38]

---

30 Heinrich Lang, Wirtschaften als kulturelle Praxis. Die Florentiner Salviati und die Augsburger Welser auf den Märkten in Lyon, 1507–1559 (VSWG, B 248), Stuttgart 2020.

31 Hoock, Europäische Kaufmannsgeschichte, in: Hoock, Reininghaus (Hg.), Kaufleute in Europa. S. 11–23, hier S. 20; s. a. Matthias Steinbrink, Ulrich Meltinger, Ein Basler Kaufmann am Ende des 15. Jahrhunderts, Stuttgart 2007, S. 61.

32 Gabriel Imboden, Die Handels- und Rechnungsbücher Kaspar Stockalpers von Thurm 1609–1691, in: Denzel, Hocquet, Witthöft (Hg.), Kaufmannsbücher, S. 153–172.

33 Markus A. Denzel, Die Geschäftsbeziehungen des Schaffhauser Handels- und Bankhauses Amman 1748–1779, in: VSWG 89/1 (2002), S. 1–40.

34 Häberlein, Savoyische Kaufleute, S. 81–114.

35 Häberlein, Savoyische Kaufleute, S. 92.

36 Häberlein, Savoyische Kaufleute, S. 95.

37 Häberlein, Savoyische Kaufleute, S. 98.

38 Mark Häberlein, Christof Jeggle (Hg.), Praktiken. Geschäfte und soziale Beziehungen europäischer Kaufleute in Mittelalter und früher Neuzeit (Irseer Schriften N.F. 6), Konstanz 2010.

Im Gegensatz zu den Rechnungsbüchern von Fern- bzw. Großkaufleuten ist von den überwiegend lokal oder regional agierenden Kramern und Kaufleuten wenig Quellenmaterial erhalten geblieben, denn Geschäftsbücher gehörten wohl im Allgemeinen nicht zu jenen Dingen, die man an die Erben weitergeben wollte bzw. für die die Erben größtes Interesse entwickelt haben dürften. Die Unterlagen wurden üblicherweise nur so lange aufbewahrt, bis alle Forderungen und Verbindlichkeiten beglichen waren.[39] Im Allgemeinen wurden sie als nicht besonders erhaltenswert betrachtet; Rechnungsunterlagen hatten sogar in Archiven sehr häufig vornehmlich *den Wert alten Papiers*.[40]

Im Stadtarchiv München befindet sich das von Ingo Schwab publizierte sog. *Lererbuch* aus dem 15. Jahrhundert, ein Kaufmannsbuch, das vermutlich die Brüder Peter und Heinrich Lerer angelegt und geführt haben.[41] Die beiden Kramer hatten am Marienplatz in München ihren Laden. Die Edition bietet zunächst eine Auflistung der auf verschiedenen Märkten sowie im Laden erzielten Erträge, die in der zweiten Hälfte der 1440er-Jahre erbrachten Steuerleistungen sowie Berichte über Einkaufsfahrten nach Venedig, Nürnberg, Steyr, Wels und Nördlingen. Das Buch selbst enthält Abrechnungen, Waren- und Geldkonten und eine Güterauflistung, die vermutlich das Nachlassinventar des Heinrich Lerer darstellt. Rezepte, Streckenberechnungen und Abrechnungszettel von Handwerkern komplettieren die breitgestreuten Informationen.[42] Die Unterschiedlichkeit der Einträge lässt Ingo Schwab vermuten, dass das Buch nicht nur als Handelsbuch genutzt wurde, sondern auch als ein Buch zur Informationsspeicherung und -vermittlung.[43]

Als seltenes Beispiel sei hier auf das Geschäftsbuch des Kramers Paul Moritz aus Ödenburg in Ungarn für die Jahre 1520 bis 1529 hingewiesen. Es befindet sich im Ödenburger Stadtarchiv und wurde in deutscher und ungarischer Sprache ediert. Es ist wie die hier untersuchte Strazza ein Schuldnerbuch, das der Besitzer wohl auf seine Reisen mitgenommen hatte. Die Einträge geben genaue Auskunft über den Kunden- und Lieferantenkreis des Kramers Moritz, über das Warenangebot und über Preise.[44]

Auch das Hauptbuch des Salzburger Tuch- und Seidenhändlers Franz Anton Spängler aus dem 18. Jahrhundert stellt eine große Seltenheit dar. Das von Doris Hörmann ausgewertete Hauptbuch wurde im Jahre 1767 begonnen und diente als Grundlage für die von Franz Anton Spängler zusammen mit seinem Schwiegersohn Antoni Nicoladoni 1767 gegründete gemeinsame *Compagnie*. Beendet wurden die Eintragungen in das Hauptbuch am 30. Juni 1777, als sich die geschäftliche

---

39 Steinbrink, Meltinger, S. 61.

40 Imboden, Stockalper, S. 157.

41 Ingo Schwab, Das Lererbuch. Ein Münchner Kaufmannsbuch des 15. Jahrhunderts, München 2005. S. a. Eckart Schremmer, Die Wirtschaft Bayerns. Vom hohen Mittelalter bis zum Beginn der Industrialisierung. Bergbau, Gewerbe, Handel, München 1970, S. 173–175.

42 Schwab, Lererbuch, Einführung, S. 2.

43 Schwab, Lererbuch, Einführung, S. 6.

44 Károly Mollay, Das Geschäftsbuch des Krämers Paul Moritz (1520–1529), Sopron 1994.

Grundlage geändert hatte. Der Band enthält Buchungen über die Warenein- und -verkäufe pro Handelspartner, sodass sich nicht nur die verhandelten Waren und die Preise, sondern auch das Netz der Handelsbeziehungen feststellen ließen.[45] Doris Hörmann hat in ihrer Studie zu den Geschäftsbeziehungen der Steyrer Eisenwarenhändlerfamilie Koller die Firmen- und Familiengeschichte ebenfalls anhand der noch erhaltenen Geschäftsbücher und -briefe aufgearbeitet.[46]

Eine Besonderheit stellen auch die Geschäftsbücher aus dem Nachlass Daxenberger im Stadtarchiv Mühldorf a. Inn dar, aus dem die dieser Arbeit zugrunde liegende Quelle stammt.

Verlassenschaftsinventare sind im strengen Sinne keine Quellen aus dem kaufmännischen oder buchhalterischen Bereich, sondern das Ergebnis eines rechtshistorischen Aktes nach dem Tod eines Menschen.[47] Allerdings wurden in die Verlassenschaftsinventare von Handelsleuten neben der üblichen Auflistung des persönlichen Besitzes und der Schulden der Verstorbenen auch die bevorrateten Handelswaren aufgenommen. Aus den Inventaren lassen sich daher außer Informationen über die Größe und Struktur des Vermögens auch Einblicke in die jeweilige zeitgenössische *world of goods*[48], über die Warenströme und die Absatzgebiete gewinnen.[49]

Beate Spiegel hat bereits 1987 im Begleitheft zur Dauerausstellung *Markt und Handel* im Stadtmuseum Deggendorf das Nachlassinventar des Deggendorfer Bürgers und Händlers Leonhard Anton Duß veröffentlicht, der am 11. Mai 1805 im Alter von 35 Jahren verstorben ist. Um das Erbe der Witwe und der zwölfjährigen Tochter zu sichern, wurden das riesige Warenlager und die gut ausgestattete Wohnung nach Duß' Tod versiegelt und die Dinge inventarisiert. In seinem Warenlager wurden 400 Posten gezählt. Die Hauptwarengruppen bildeten Kaffee, Tabak,

---

45 Doris Hörmann, Die Haushaltsbücher und das Hauptbuch der Tuch- und Seidenhandlung, in: Reinhold Reith, Luisa Pichler-Baumgartner, Georg Stöger, Andreas Zechner (Hg.), Haushalten und Konsumieren. Die Ausgabenbücher der Salzburger Kaufmannsfamilie Spängler von 1733 bis 1785, Salzburg 2016, S. 165–177.

46 Doris Hörmann, Eisenhandel im vorindustriellen Steyr, Die Kaufmannsfamilie Koller im 18. und 19. Jahrhundert. Eine Unternehmensgeschichte, Diss. phil. (masch.) Salzburg 2020.

47 Ein Inventar ist die durch die Behörde angeordnete Beschreibung des nachgelassenen Besitzes einer oder eines Verstorbenen. Bei den Kaufleuten wurde neben dem übrigen Besitz auch das Warenlager aufgenommen. Zu Funktion und Ablauf eines Inventars s. Eva Habel, Inventur und Inventar im Pfleggericht Wasserburg, Münster, New York, München, Berlin 1997.

48 Begriff aus: John Brewer, Roy Porter, Consumption and the World of Goods, London, New York 1994.

49 Zur Karriere der Inventare als historische Quellen in der Volkskunde und Wirtschafts- und Sozialgeschichte s. Reinhold Reith (Hg.), Das Verlassenschaftsinventar des Salzburger Tuch- und Seidenhändlers Franz Anton Spängler von 1784, kommentierte Edition (Schriftenreihe des Archivs der Stadt Salzburg 42), Salzburg 2015, S. 13–15. S. a. Reinhold Reith, Elias Knapp, Zum Potential der Nachlassinventare von Kaufleuten für die Handels- und Konsumgeschichte. Salzburg im 18. und frühen 19. Jahrhundert, in: Österreichische Zeitschrift für Geschichtswissenschaften, 32 (2021), S. 203-216.

Gewürze, Farbstoffe, Chemikalien und Stoffe. Die Fahrnis (das bewegliche Mobiliar) und der Warenvorrat wurden bei der Inventarerstellung 1805 insgesamt auf 9.001 Gulden und 16 Kreuzer geschätzt.[50]

Sheilagh Ogilvie hat Inventare Württemberger Kramer von 1650 bis 1750 untersucht,[51] um anhand von Art und Umfang der dort verzeichneten Waren nach Anzeichen einer *Konsumrevolution* im Südwesten Deutschlands zu fahnden, wie sie von Neil McKendrick, John Brewer und John Plumb für England im 18. Jahrhundert konstatiert wurde,[52] und ebenso nach der von Jan de Vries postulierten *Fleißrevolution*, bei der insbesondere Frauen, um zusätzliches Geld zum Bezahlen neuer Waren zu generieren, mehr Zeit für eine marktorientierte Produktion aufgewendet haben sollen.[53]

In mehreren Forschungsseminaren an der Universität Salzburg wurden am Fachbereich Geschichte unter der Leitung von Univ.-Prof. Dr. Reinhold Reith einige Inventare von bedeutenderen Salzburger Händlern aus dem 18. Jahrhundert bearbeitet und veröffentlicht.[54]

An den beschriebenen Forschungsstand schließt die vorliegende Arbeit an. Sie kann dank einer seltenen Quelle kleinstädtischer Provenienz einen bisher zu wenig beachteten Zusammenhang erhellen.

Die handgeschriebene Strazza des Kramers Schmidt wurde in eine Excel-Tabelle übertragen. Dabei konnten einige Einträge nicht entschlüsselt werden, weil die Vorlage an bestimmten Stellen schlecht leserlich bzw. durch Wasserschäden beeinträchtigt ist. Außerdem lässt sich leider keine der vier verschiedenen Handschriften eindeutig einer Person zuordnen. Verschiedene Warengruppen, die uns heute nicht mehr geläufig sind, konnten mithilfe von Warenkunden aus dem 18. Jahrhundert identifiziert werden.

---

50 Beate Spiegel, Markt und Handel im Stadtmuseum Deggendorf, S. 42–107, hier S. 78 (Kataloge des Stadtmuseums Deggendorf Nr. 4, Begleitheft zur Dauerausstellung), Deggendorf 1987.

51 Sheilagh Ogilvie, Markus Küpker, Janine Maegraith, Krämer und ihre Waren im ländlichen Württemberg zwischen 1600 und 1750, in: Zeitschrift für Agrargeschichte und Agrarsoziologie, 2/2011, S. 54–75, hier S. 60. Zu Ogilvies Forschungsprojekt zu den Konsum- und Fleißrevolutionen im frühneuzeitlichen Württemberg s. http://www.econ.cam.ac.uk/Ogilvie_ESRC/index.html, 23.05.2021.

52 McKendrick, Brewer, Plumb, Consumer Society.

53 Jan de Vries, The Industrious Revolution: Behavior and the Household Economy. 1650 to the Present, Cambridge 2008.

54 Reith, Verlassenschaftsinventar Spängler. Reinhold Reith, Elias Knapp u. a., Das Verlassenschaftsinventar der Maria Eleonora Azwanger (1757–1786) und die Spezereihandlung Raimund Azwanger (1742–1804), in: Salzburg Archiv 37, 2019, S. 191–266; Doris Hörmann u. a., Das Nachlassinventar des Salzburger Bürgermeisters und Spezereiwarenhändlers Johann Christian Pauernfeind (1687–1768), in: Salzburg Archiv 36, 2016, S. 233–280.

1.2 Gliederung und Aufbau der Arbeit

An die Einleitung schließt sich Kapitel zwei mit einer kurzen Darstellung zu Stadt und Verwaltung an. Mühldorf a. Inn war im 17. Jahrhundert eine Salzburger Stadt, die inmitten des bayerischen Territoriums lag. Das Hinterland war von der Ausdehnung und Größe her gering, was eine gewisse Beschränkung für die Markt- und Gewerbeentwicklung mit sich brachte.[55]

Das dritte Kapitel widmet sich Franciscus Schmidt, dem Gründer der Kramerei. Offensichtlich sah er trotz der von Christian Dirninger postulierten Beschränkung des Geschäftsfeldes genug Potenzial für sein Handelsgeschäft. Dirninger hat in seiner Analyse des Wirtschaftsstandorts die Bedeutung des lokalen Handels wohl unterschätzt, dessen Intensität die vorliegende Arbeit aufzeigt. Mühldorf spielte mit seinen fünf Jahrmärkten eine zentrale Rolle für das Umland. Dass die nächstliegenden größeren Orte wie Eggenfelden (33 km), Neuötting (16 km), Wasserburg (40 km) oder Burghausen (36 km) doch etliche Kilometer entfernt lagen, dürfte sich auf die Nachfrage positiv ausgewirkt haben.

Über eine formale Kaufmannsausbildung von Schmidt ist nichts bekannt, er beherrschte aber die nötigen Kulturtechniken wie Lesen, Schreiben und Rechnen und kannte die Gepflogenheiten in diesem Geschäftsbereich. Sein *Gewölbe* eröffnete er in seinem eigenen Haus am Stadtplatz, in einer sehr guten Lage im Zentrum der Stadt. Er hat die Strazza angelegt bzw. genutzt. Sein ältester Sohn Adam unterstützte den Vater im Geschäft und übernahm es nach dessen Tod.

Im vierten Kapitel wird die Quelle vorgestellt. Die Einträge in die Strazza beziehen sich eindeutig auf Geschäftsvorfälle und enthalten eine große Anzahl von Kundennamen und Warenbezeichnungen. Lange war nicht klar, wozu das Buch wirklich gedient hat. Je offener aber die Funktion der Strazza als Anschreibebuch für unbezahlte Einkäufe zutage trat, umso mehr trat auch die Frage nach Kreditkäufen in den Vordergrund. War der Einkauf auf Kredit üblich? Daran schließt sich die Frage nach der Buchhaltung an. Wie funktionierte die Buchhaltung des Kramers?

Die wichtigste und interessanteste Frage aber war die nach dem Warensortiment eines Kleinstadtkramers am Ende des 17. Jahrhunderts. Diese Frage steht im Zentrum der Arbeit. Die Kapitel fünf, sechs und sieben beschreiben daher als Hauptteil die Vielzahl der Waren, die Schmidt in seinem Gewölbe führte. Dabei geht es auch um die Vielschichtigkeit und die Abstufungen im Angebot der Schmidts. Mühldorf war der Sitz eines Pfleggerichts mit einem Pfleger als Vertretung der erzbischöflichen Macht an der Spitze und etlichen hohen Beamten. Welche Waren fragte diese Klientel nach? Ihre Bedürfnisse und ihre Kaufkraft treten in der Strazza deutlich hervor. Das waren zum einen Textilien und Nähzubehör, zum anderen Spezereien und Materialwaren. In beiden Komplexen konnte

55 Christian Dirninger, Die Salzburger Exklave als Wirtschaftsstandort, in: Begleitband Salzburg in Bayern 935 – 1802 – 2002, Mühldorf 2002, S. 78–93, hier S. 78–80.

sich die Kundschaft aus einer großen Auswahl bedienen. Einen Teilbereich der Spezereien bildeten Fastenspeisen wie getrocknete und gesalzene Fische, Schnecken und getrocknete Früchte. Einige Einträge deuten auf Nebengeschäfte wie den Wollhandel hin.

Daran schließt im achten Kapitel eine kurze Übersicht über die Lieferanten an, soweit dies die Quelle zulässt. Es gibt allerdings nur wenige Einträge zum Einkauf, und diese geben kaum Aufschluss darüber, wie und wo der Kramer seine Waren eingekauft hat. Daher kann man nur Vermutungen anstellen.

Im folgenden neunten Kapitel wird der Warentransport betrachtet. Wie kam die Ware zur Kundschaft? Ein großer Teil der Waren wurde von der Kundschaft selbst mitgenommen oder sie hat sie abholen lassen. Es bestand aber auch der Service einer Lieferung durch Boten, insbesondere nach Altötting. Für weitere und schwerere Lasten griff man auf Wirte und andere zurück, die auch als Fuhrunternehmer arbeiteten. In Einzelfällen lieferte Schmidt Waren auch über größere Entfernungen, z. B. nach München.

Wie kommunizierten und interagierten die Kaufleute, Kunden und Lieferanten im Kontor, auf den Messen und den Märkten? Welche Rolle spielte die mündliche Kommunikation, und welche Rolle spielte die Schriftlichkeit, z. B. bei Bestellungen? Ein kurzer Blick auf die Kommunikationsmöglichkeiten und auf die Entwicklung der Post im Erzstift Salzburg beschließt das Kapitel zehn.

Kapitel elf beschreibt schließlich die Kundschaft der Schmidts. Die Kundschaft setzte sich aus dem Bürgertum, der Geistlichkeit und der Verwaltung aus der näheren und ferneren Umgebung zusammen. Überwiegend sind männliche Käufer genannt; es konnten weniger als zehn Prozent Frauennamen festgestellt werden. Dabei ist nicht immer klar, ob es sich tatsächlich um eine berufstätige Frau mit eigener Gerechtigkeit oder um die Frau eines Kramers, Wirtes oder Handwerkers handelte.

Im letzten Kapitel wird eine Zusammenschau gegeben und die Bedeutung des Mühldorfer Kramers für die Verbreitung von neuen Warentypen in den Blick genommen. Die Geschäftsbücher sind bedeutende Quellen für die Erforschung des kleinstädtischen Handels sowie zur historischen Konsumforschung. Sie geben Einblicke in den Warenabsatz und zeigen uns, welche Waren aktuell und bei der Kundschaft beliebt waren. In kleinerem Umfang enthalten die Geschäftsbücher auch Hinweise auf die Einkäufe des Händlers, woraus sich ein Netz an Lieferanten herausarbeiten lässt. In der bearbeiteten Quelle des Händlers Franciscus Schmidt aus Mühldorf können wir über die Waren hinaus auch Aussagen zu den Konsumgewohnheiten einzelner sozialer Gruppen machen.

2 Ort der Handlung

2.1 Mühldorf – eine Salzburger Exklave in Bayern

Mühldorf war eine der elf Städte der Fürsterzbischöfe von Salzburg: Das waren die Residenzstadt Salzburg sowie die Städte Hallein, Radstadt (beide noch heute zum Bundesland Salzburg gehörig), Friesach, Gmünd und St. Andrä im Lavanttal (heute in Kärnten), Pettau und Rann (heute slowenisch), Laufen, Tittmoning und Mühldorf (heute zu Bayern gehörig).[1]

Mühldorf wurde um 935 als Ausstellungsort einer Urkunde genannt, damit dürfte der heutige Stadtteil Altmühldorf gemeint gewesen sein.[2] Ende des 10. Jahrhunderts war der Ort im Besitz des Erzstifts. Die Stadt Mühldorf wurde 1190 als Salzniederlage erwähnt. Eine Brücke über den Inn ist schon 1177 nachgewiesen.[3] Seit dem 14. Jahrhundert regelte ein Stadtrecht die äußere und innere Sicherheit der Stadt, 1522 wurden die Regelungen in einer Stadtordnung neu zusammengefasst.[4]

Im späten 17. Jahrhundert, als die Strazza geführt wurde, war Mühldorf a. Inn noch ein Teil des Erzstifts Salzburg, die Stadt lag jedoch außerhalb des Salzburgischen Territoriums. Der Ort war umgeben vom Herzogtum Bayern. Man saß auf Grund und Boden der Salzburger Kirche, unterstand der erzbischöflichen Gerichtsbarkeit und wurde von Salzburger Beamten verwaltet. Mühldorf war ein Pfleggericht mit einem Pfleger als Vertretung der erzbischöflichen Macht an der Spitze und etlichen Beamten wie dem Gerichtsschreiber, dem Forstmeister im Mühldorfer Hart, den Zöllnern zu Ampfing zur Einhebung der erzbischöflichen Maut und den Kastnern zu Mühldorf als Verwalter des erzbischöflichen Kastenamtes, das für die Lagerung und Verteilung des Getreides und die Abgaben zuständig war.[5] Neben den städtischen *Aufgaben der Feuerbeschau* (Brandschutzmaßnahmen), *Weinsetzen, Fleischbeizen, Biersetzen und Brotsetzen* (Festsetzung der Preise und Qualitätskontrolle im Lebensmittelbereich) *übten beim Pfleg-/Stadtgericht noch der Mautner, Kastner, Umgelter, Schreiber und Schergen Einfluss auf das Geschehen in der Stadt aus.*[6] Die Verwaltung der Stadt oblag dem Stadtmagistrat, der aus dem Stadtrichter, zwei jährlich wechselnden Bürgermeistern, sieben Ratsmännern, einem Stadtschreiber und einem Ratsdiener sowie 16 Viertelmännern

---

1 Friederike Zaisberger, Die Städte der Salzburger Erzbischöfe, in: Franz-Heinz Hye, Stadt und Kirche, Linz 1995, S. 15–52, hier S. 15.

2 Wolfgang Janka, Der Ortsnamen von Mühldorf, in: Das Mühlrad 62, 2020, S. 7–19.

3 Helmut Stahleder, Historischer Atlas von Bayern, München 1976, S. 210.

4 Hans-Georg Hermann, Das Mühldorfer Stadtrecht im Spätmittelalter und der Frühen Neuzeit, in: Begleitband Salzburg in Bayern, S. 36–47.

5 Heinz Dopsch, Mühldorf als erzbischöfliche Stadt, in: Begleitband Salzburg in Bayern, S. 12–25, hier S. 22.

6 Zaisberger, Städte, in: Hye, Stadt und Kirche, S. 21.

für die Umgebung bestand.[7] Das Rathaus am Stadtplatz wird auch heute noch in dieser Funktion genutzt.

Mühldorf war eine Kleinstadt mit eigenem Stadtrecht, deren Bewohnerschaft von Handwerk und Handel lebte. Die Landwirtschaft war geringer ausgeprägt, weil dafür das Stadtgebiet nicht ausreichend groß war. Der Ort war nur von einem schmalen Grüngürtel, dem Burgfried, umgeben. Ein Teil des Grünlandes wurde von den Stadtbürgern als Kraut- und Wurzgärten für die eigene Versorgung bewirtschaftet, daneben gab es nur wenige Bauern, die ebenso wie die Kaufleute und Händler der Mühldorfer Bürgerschaft angehörten.

Der Burgfried stand unter salzburgischer Gerichtsbarkeit und war zunächst durch hölzerne Grenzpfähle gekennzeichnet. Der Grenzverlauf und die rechtlichen Zuständigkeiten blieben aber lange umstritten, erst 1661 kam es zu endgültigen Verhandlungen über den Verlauf. Die Grenze wurde mit Steinsäulen markiert, die durchgehend nummeriert sind und auf der bayerischen Seite das Rautenwappen und auf der anderen Seite das Wappen des Erzstiftes Salzburg zeigen. Diese Steinobelisken sind immer noch im Gelände zu sehen und werden von der Mühldorfer Bevölkerung bis heute als historische Relikte geschätzt.[8]

Durch den Reichsdeputationshauptschluss kam Mühldorf am 2. Dezember 1802 zu Bayern.

Zur Zeit der Nutzung der Strazza 1684–1687 war Max Gandolph Graf von Kuenburg (1668–1687) Landesherr.[9] In die Zeit seiner Herrschaft fallen die Vertreibung der Defregger (Protestanten) und die Hexenverfolgung der Zauberer-Jackl-Gruppe, aber auch der Bau der Kollegiatskirche in Seekirchen, der Wallfahrtskirche in Maria Plain und der Hofbibliothek in Salzburg sowie eine Modernisierung von Gesetzen und Vorschriften, u. a. die Verabschiedung einer neuen, modernen Feuerlöschordnung und einer peinlichen oder Zivilprozessordnung.[10]

Als größere geistliche Zentren in Mühldorf sind seit 1610 das Kollegiatstift und seit 1640 das Kapuzinerkloster zu erwähnen.[11] 1640 wurde die Stadt von einem großen Stadtbrand heimgesucht, von dem sie sich nur langsam erholte.[12] 1648 belagerten die Schweden die Stadt, die kampflos übergeben wurde.[13]

---

7 Lorenz Hübner, Beschreibung des Erzstiftes und Reichsfürstenthums Salzburg in Hinsicht auf Topographie und Statistik, Band 1, Das Salzburgische flache Land, 1796, S. 46, Faksimile-Ausgabe 1982.

8 Angermeier, Mühldorfs Grenzen, in: Mühldorf, S. 72–75.

9 Christoph Brandhuber, Reinhard Gratz (Hg.), Fürsterzbischof Maximilian Gandolph Graf von Kuenburg: Regisseur auf vielen Bühnen 1668–1687, AK Dommuseum, Salzburg 2018.

10 Zur neueren Stadtgeschichtsforschung über Mühldorf s. die Beiträge im Begleitband Salzburg in Bayern.

11 Erwin Naimer, Streiflichter auf die Kirchengeschichte Mühldorfs, Begleitband Salzburg in Bayern, S. 48–65, hier S. 62–64.

12 Angermeier, Mühldorf, S. 85–88.

13 Angermeier, Mühldorf, S. 92.

Abb. 1: Mühldorfer Burgfried, aus: Mühldorf, Stadt am Inn, S. 73. Foto: Stadtarchiv Mühldorf a. Inn.

2.2 Wirtschaftliche Entwicklung von Stadt und Umland

In Mühldorf dürften im 17. Jahrhundert ungefähr 2.000 Einwohner gelebt haben, ein Drittel waren wohl Bürger, ein Drittel Einwohner ohne eigenen Hausbesitz und ein Drittel Mägde und Knechte. Handwerker und Handelsleute sorgten für die Dinge des täglichen Bedarfs.[14] Die Handwerker in Mühldorf a. Inn versorgten nicht nur die Stadt, sondern auch das bayerische Umland. Bäcker und Metzger sind schon im Mühldorfer Stadtrecht aus der Mitte des 14. Jahrhunderts erwähnt. In der Steuerliste von 1624[15] wurden außer den Handwerkern aus dem Lebensmittelgewerbe (Bierbrauer, Lebzelter und Müller) auch Handwerker aus dem Ledergewerbe (Lederer, Lohmüller, Weißgerber, Säckler, Sattler, Schuhmacher, Kürschner, Nestler und Riemer) aufgeführt.[16] Als Berufe des Textilhandwerks sind Seiler, Schneider, Weber, Tuchmacher, Färber und Huter

---

14 Angermeier, Mühldorf, S. 67.

15 STEUR PUECH der Hochfürstlich Salzburgischen Statt vnnd Burckfridts Mühldorf, Aufgerichtet Anno 1624, in: Das Mühlrad 19, 1977, S. 30–63.

16 Reinhold Reith, Handwerk und Zunft in Mühldorf am Inn zur Salzburger Zeit, in: Begleitband Salzburg in Bayern, S. 98–107, hier S. 104.

(Hutmacher) genannt. Zu den Metallhandwerkern zählte man Schmiede, Messerschmiede, Schlosser, Kaltschmiede, Kupferschmiede, Spengler und Sporer. Holzhandwerker waren Binder, Schreiner, Schopper, Wagner, Drechsler, Pechler und Kerblmacher. Unter die Kunsthandwerke fielen Goldschmiede, Gürtler, Zinngießer, Buchbinder und Saitenmacher, und zu den Bauhandwerkern rechnete die Steuerliste von 1624 Zimmerer, Maurer, Maler, Hafner und Glaser. In der Stadt fand auch ein umfangreiches Transportgewerbe zu Wasser und zu Lande das Auskommen. Außerdem boten drei Bader ihre Dienstleistungen an.[17] Es gab auch einen Arzt und einen Apotheker in der Stadt. Im Steuerbuch von 1624 sind sechs *Handelsmänner* genannt, die ein Vermögen zwischen 700 fl und 4.000 fl versteuert haben, darunter auch der Rats- und Handelsmann Wolf Schmidt, ein möglicher Vorfahre des Franciscus, mit einem außergewöhnlich hohen zu versteuernden Vermögen von 18.000 fl. Daneben fanden noch zwei Kramer mit einem steuerbaren Vermögen von 200 fl bzw. 2.000 fl ihr Auskommen.[18] Die Steuerpflichtigen schätzten die Höhe ihrer zu versteuernden Vermögen selbst ein. Die Größe der Vermögen reichte von 20 fl bis 18.000 fl.[19] Der Großteil der Mühldorfer Handwerker versteuerte ein Vermögen von 50 fl bis 300 fl. Wirte und Bierbrauer hatten Vermögen bis zu 3.500 fl angegeben, wobei die Bierbrauer etwas begüterter waren als die Wirte. Gut situiert waren auch die Bäcker, die Weißgerber, die Lederer, der Lohmüller, der Lebzelter, der Färber, der Kürschner und die Tuchmacher. Es gab auch eine Gruppe *ärmerer* Handwerker, die ein Vermögen von nur 20–25 fl versteuerten.[20] Franciscus Schmidt war in dieser Steuerliste noch nicht verzeichnet, erst 1645 wird er mit einem Vermögen von 3.000 fl erwähnt.[21] Die Analyse der Strazza wird zeigen, dass sich die Kundschaft der Schmidts zum großen Teil aus der genannten Klientel zusammensetzte und dass sein Angebot für ärmere Leute wohl eher unerschwinglich war.

Landwirtschaftliche Produkte konnten nicht ausreichend im *flächenmäßig begrenzten* Burgfried für die gesamte Stadtbevölkerung produziert werden, sodass zusätzlich ein großer Teil vor allem aus Bayern eingeführt werden musste. Insbesondere Getreide wurde in größeren Mengen importiert.[22]

Die Lage der Stadt am Inn und an den dort vorbeilaufenden Handelswegen in Richtung Regensburg und Nürnberg war im Mittelalter von großem wirtschaftlichem Vorteil. Die Stadt Mühldorf a. Inn gewann insbesondere als Stützpunkt für den Salzhandel mit Bayern sowie für die Getreide- und Weineinfuhr ins Erzstift Salzburg im überregionalen Wirtschaftsverkehr große Bedeutung. *Mühldorf war*

---

17 Reith, Handwerk und Zunft, S. 104.

18 Steur Puech, S. 30–63.

19 Bisher war nicht zu klären, in welchem familiären Verhältnis Franciscus Schmidt zu diesem Kaufmann stand.

20 Reith, Handwerk und Zunft, S. 103–104.

21 BayHStAM, Pfleggericht Mühldorf, Amtsbücher 15.

22 Dirninger, Wirtschaftsstandort, S. 78-79.

Sammelplatz und Drehscheibe für die Getreidelieferungen in die Haupt- und Residenzstadt Salzburg.[23]

Das Fehlen eines ausreichenden Hinterlandes jedoch hatte für Mühldorf zur Folge, dass sich die lokale Wirtschaft nicht stärker ausbilden konnten. Hinzu kam, dass das wirtschaftliche Verhältnis zwischen der salzburgischen Stadt und dem bayerischen Umfeld immer wieder von Problemen belastet war. Mühldorf konnte sich unter diesen Bedingungen nicht zu einem großen regionalen Handels- und Wirtschaftszentrum entwickeln.[24] Dennoch war der lokale und überregionale Handel bedeutend genug, um den Handwerkern und Krämern in Mühldorf a. Inn ihr Auskommen zu gewähren.

Eine obrigkeitliche Maßnahme zur Förderung des Handels war die Privilegierung von Jahrmärkten und Messen. Sie fungierten nicht nur als Orte und Zeiten des Warenaustausches und der Zahlungstermine, sondern auch als gesellschaftliche Treffpunkte von Händlern und Kunden – Messen und Märkte hatten generell eine Kommunikationsfunktion. Sie waren nicht nur wirtschaftliche Treffpunkte, Orte des Handelns und der Geschäftsbeziehungen, an denen durch Kontakte untereinander Informationen zu Warenpreisen, zu Warenqualitäten, zur Bonität von Lieferanten und Kunden u. a. bekam, sondern auch Orte der Unterhaltung, Vergnügung und sogar ärztlicher Versorgung für alle gesellschaftlichen Gruppen.[25] Um die Mühldorfer Wirtschaft zu fördern, gestattete der Salzburger Landesherr fünf Jahrmärkte,[26] die Händler und Kunden aus der Umgebung anziehen sollten:

1. einen Markt am Weißen Sonntag, nach Ostern
2. den Grasmarkt am Dienstag nach Fronleichnam, im Mai oder im Juni
3. den Jakobimarkt, im Sommer
4. den Laurentiusmarkt, im Sommer
5. den Simon-Judae-Markt, Ende Oktober

Die Märkte genossen die Freyung, das bedeutet, Rechtsstreitigkeiten unter Marktbesuchern durften während der Freyung nicht ausgetragen werden, so konnte man z. B. keine Pfändungen an Schuldnern vornehmen lassen. Bis zur Mitte des 17. Jahrhunderts machte die Stadt die besondere rechtliche Lage durch einen geschnitzten und farbig gefassten Arm kenntlich. 1640 beschloss der Rat der Stadt, das alte Wahrzeichen der Marktfreiheit durch eine geschnitzte Figur mit einem Schwert in der Hand zu erneuern; der Standort war der Hochbrunnen am Stadtplatz. Nach einigen Restaurierungen ersetzte man die hölzerne Figur durch

---

23 Dirninger, Wirtschaftsstandort, S. 85.

24 Dirninger, Wirtschaftsstandort, S. 78–80.

25 Michaela Fenske, Marktkultur in der Frühen Neuzeit. Köln, Weimar, Wien 2006, S. 6 u. S. 94–137.

26 Angermeier, Mühldorf, S. 64; Hans Gollwitzer, Die Mühldorfer Jahrmärkte, in: Das Mühlrad 27, 1976, S. 94–115.

eine *märmelstainerne.* Nach 1813 fand die Figur ihren Standort an der Innbrücke, und nach deren Zerstörung während des 2. Weltkriegs am Nagelschmiedturm.[27]

[27] Gollwitzer, Jahrmärkte, S. 97–100.

3 Franciscus und Adam Schmidt

3.1 Franciscus Schmidt, Gründer der Kramerei

1645 war für Franciscus Schmidt (30.11.1621 – 7.1.1699) ein bedeutendes Jahr. Er war 23 Jahre alt, heiratete im Januar, wurde im April Mühldorfer Bürger und begann kurz danach den Handel, und im November kam sein erstes Kind, der Sohn Adam, auf die Welt.

Schmidt bat am 8. April 1645 anlässlich seiner Aufnahme als Bürger um die Erteilung einer Kramergerechtigkeit (Konzession) beim Hofrat in Salzburg und der Kramerzunft in Mühldorf sowie um die Erlaubnis für den Handel mit Tuchschnitt, d. h. für den Stoffverkauf in kleinen Mengen an Endverbraucherinnen und -verbraucher.[1]

Franciscus war Halbwaise, sein am 8. Februar 1625 verstorbener Vater Abraham war Gastgeb, Handelsmann und Bürger in Mühldorf gewesen.[2] Seine Mutter Ursula hatte nach dem Tod ihres ersten Mannes den Gastgeb Johannes Kirschner in zweiter Ehe geheiratet, und der vierjährige Franciscus wurde amtlicherseits unter Vormundschaft gestellt. Die beiden Mühldorfer Ratsbürger Grundtner, selbst Gastgeb, und der Bäcker Galbmpacher hatten nicht nur seine christliche Erziehung zu beobachten, sondern auch sein Vermögen zu verwalten.

Nach dem Ende der Vormundschaft verlangte Franciscus die Rechnungslegung seiner Vormünder zu sehen. Dazu mussten diese unter Zeugen vor dem Pfleger die Abrechnung über das Vermögen offenlegen und die gute Verwaltung des Erbes ihres Mündels nachweisen.[3] Dadurch bekommen wir einen Einblick in die finanziellen Verhältnisse von Franciscus Schmidt. Die Abrechnung umfasste 1.639 fl an Einnahmen, 1.269 fl an Ausgaben, einen Rest von 369 fl in bar, außerdem noch die Interessen (Zinsen) für 2.600 fl an *aufligentem gelt* (verliehenes Geld). Dazu kamen noch Grundstücke, *Silbergschmeid* (Silbergeschirr), *Schazgelt* (Bargeld) und *Fahrnisse* (Hausrat). Insgesamt belief sich das Vermögen des jungen Mannes auf insgesamt 2.969 fl.[4]

Diese Summe war zwar ansehnlich, aber er gehörte nicht zu den besonders finanzstarken Kaufleuten. Der Handel des Traunsteiner Johann Grueber war größer als der von Franciscus Schmidt. Grueber war ursprünglich aus München gekommen und hatte seit seiner Bürgeraufnahme 1656 das Handelsgeschäft in Traunstein betrieben. Im Nachlassinventar, das nach seinem Tod im August 1689

1 Stadtarchiv Mühldorf Ratsprotokolle B1/33.
2 Hans Gollwitzer, Schmidt – Reischl – Daxenberger – Brandl. Zur Geschichte eines Mühldorfer Geschäftes, masch. Manuskript, o. J., S. 3.
3 Stadtarchiv Mühldorf Ratsprotokolle B1/32.
4 BayHStAM Erzstift Pfleggericht Mühldorf Amtsbücher 33.

angefertigt worden ist, sind neben Immobilien, Bargeld und Silbergeschmeide Handelswaren für 4.237 Gulden im Laden vorhanden gewesen.[5]

Franciscus hatte eine Konzession als Kramer erhalten, doch in den Briefprotokollen, in denen Rechtsakte wie Hauskäufe u. ä. festgehalten wurden, wird er nicht als *Kramer*, sondern als *Handelsmann* bezeichnet. Franciscus gehörte der Typologisierung der vorindustriellen Kaufleute von Ludovici zufolge zu den kleineren *Nur-Kaufleuten*, die sich ausschließlich auf die Vermarktung von Gütern konzentrierten.[6] Ludovici unterschied sie nicht in der Intention, sondern nur dem Grade nach von den Fernhandelskaufleuten.[7] Die Schmidts ließen allerdings für den eigenen Bedarf bzw. Absatz bei dem Mühldorfer Bandweber Tanner kleinere Mengen Bänder und Borten in verschiedenen Qualitäten weben.

Am 10. Januar 1645 heiratete Franciscus Schmidt Catharina Wöttinger.[8] Die junge Ehefrau Catharina stammte aus einer Kramerfamilie, ihre Mutter Catharina war selbst Kramerin mit einer eigenen Gerechtigkeit, ebenso ihr Vater Georg. Vier Jahre später, am 18. Januar 1649, kaufte Franciscus das Haus an der Siffreygasse mit der vorderen Seite zum Platz,[9] ein Teil des heutigen Hauses Stadtplatz 43. Hier befand sich auch das Gewölbe der Schmidts. 1680 erbte Catharina von ihrer Mutter ein Haus ganz in der Nähe, heute Stadtplatz 35, einschließlich der Kramergerechtigkeit der Mutter.[10] Hinzu kamen noch weitere Immobilien und Grundstücke. Franciscus wurde am 9. Januar 1649 in den Stadtrat gewählt[11] und ab 1667 übertrug man ihm das Amt des Bürgermeisters auf Lebenszeit.[12] Außerdem war er seit 1654 Verwalter des Mühldorfer Kollegiatstiftes. Als Handelsmann brachte er alle Qualifikationen für dieses Ehrenamt mit.[13] Der Verwalter hatte darauf zu achten, dass die Zinsen des ausgeliehenen Geldes bezahlt und soweit möglich wieder neu veranlagt wurden. Soweit keine reine Geldpacht für verpachtete Grundstücke aus dem Besitz des Kollegiatstiftes vereinbart worden war, hatte er die fälligen Naturalabgaben sowie die anfallenden Einnahmen aus Opfergeld

---

5 Hans Bleckenwegner, Nachlassinventare aus Traunstein 1660–1710. Ein Beitrag zur Inventurforschung und zur Stadtgeschichte Traunsteins, Berlin 2016, S. 88.

6 Ludovici, Carl Günther, Eröffnete Akademie der Kaufleute und vollständiges Lexikon, 3. Theil, Leipzig 1767, Sp. 218–240.

7 Stefan Gorißen, Vom Handelshaus zum Unternehmen. Sozialgeschichte der Firma Harkort im Zeitalter der Protoindustrie (1720–1820), Göttingen 2002, S. 370.

8 Stadtarchiv Mühldorf B 1/33, B94/13 Trauungsregister. Die Lebensdaten von Catharina konnten nicht eruiert werden.

9 BayHStAM Erzstift Salzburg Pfleggericht Mühldorf Amtsbücher 34.

10 Erbsanfallbrief vom 1. Nov. 1680, BayHStAM Erzstift Salzburg, Pfleggericht Mühldorf, Amtsbücher 38.

11 Stadtarchiv Mühldorf B 1/37. Am 6.3.1649 nahm er an der ersten Sitzung des Stadtrates teil.

12 Gollwitzer, Schmidt, S. 3; Stadtarchiv Mühldorf B 1/49.

13 Die Verwalter des Kirchenvermögens wurden vom Rat der Stadt bestimmt oder gewählt und mussten diesem Rechenschaft ablegen. Häufig wählte man dafür Kaufleute aus, weil sie mit Zahlen umgehen konnten, i. Allg. vertrauenswürdig waren und meistens über eigenes Vermögen verfügten. S. Arnd Reitemeier, Kaufleute als Verwalter der Kirche, in: Häberlein, Jeggle (Hg.), Praktiken, S. 209–223, hier S. 210.

und Stolgebühren zu verwalten u. v. m.[14] 1693 trat Franciscus im Alter von 72 Jahren von diesem Ehrenamt zurück, er hatte es 39 Jahre lang innegehabt.[15]

Im selben Jahr schenkte Franciscus seinem Sohn Adam einen Obstgarten unterhalb des Altmühldorfer Weges *in Anerkennung seiner jahrelangen Begleitung auf Geschäftsreisen und sonstiger treuen Handlung.*[16]

Zwei Jahre später bat er den Stadtrat, ihn wegen seines Alters aus dem Amt des Bürgermeisters zu entlassen, das er 28 Jahre neben seiner Arbeit und anderen Ehrenämtern ausgeübt hatte. Der Hofrat in Salzburg folgte Franciscus Bitte schließlich am 21. Februar 1698.[17] Barth-Scalmani betont, dass eine städtische Funktion wie z. B. das Bürgermeisteramt in Salzburg im 18. Jahrhundert lebenslänglich ausgeführt wurde, die Inhaber konnten sich der Aufgabe schlecht entziehen, außer das Geschäft ging bankrott. Ein Rücktritt aus Alters-, Krankheits- oder Zeitgründen musste vor dem Hofrat sehr gut begründet werden, ehe der Hofrat die Ablehnung akzeptierte.[18]

3.2 Der Mitarbeiter und Erbe Adam Schmidt

Adam Schmidt (7.11.1645 – 31.7.1705) war der älteste Sohn von Franciscus und Catharina, die acht Kinder hatten.[19] Er wurde zum Mitarbeiter und späteren Nachfolger des Vaters im Geschäft und im Bürgermeisteramt.

Adam Schmidt heiratete am 20. Oktober 1670 Apollonia Stockhammer (1649–1678), die Tochter des Laufener Bürgers und Schiffmeisters Johann Stockhammer.[20] Ein Schiffmeister in Laufen arbeitete auf eigene Rechnung. Er besaß ein oder mehrere Schiffe, zumindest aber musste er den Besitz eines Zuggeschirres für Pferde zum Treideln (das Ziehen der Schiffe auf dem Wasser vom Land aus, auch gegen die Strömung) nachweisen. Häufig stammten die Schiffmeister aus den Salzburger Erbausfergenfamilien und gehörten in Laufen zur Oberschicht. Zur Schiffsmeistergerechtigkeit gehörte oft auch die Erlaubnis zum Weinhandel aus der Wachau und Niederösterreich sowie der Weinausschank.[21]

---

14 Reitemeier führt aus, dass die Verwalter, im Spätmittelalter als *Kirchenmeister* bezeichnet, nicht nur für die finanzielle Verwaltung der Stiftungen im Besitz der Kirche verantwortlich waren, sondern auch für das Kirchengebäude und für andere kirchliche Immobilien sowie für die Kirchenausstattung. Arnd Reitemeier, Pfarrkirchen in der Stadt des späten Mittelalters: Politik, Wirtschaft und Verwaltung, Wiesbaden 2005, S. 613.

15 Gollwitzer, Schmidt, S. 5.

16 Gollwitzer, Schmidt, S. 4.

17 Gollwitzer, Schmidt, S. 6.

18 Gunda Barth-Scalmani, Der Handelsstand in der Stadt Salzburg am Ende des 18. Jahrhunderts: Altständisches Bürgertum in Politik, Wirtschaft und Kultur. Diss. phil. (masch.) Salzburg 1992, S. 74–78.

19 Handschriftlicher Stammbaum, Stadtarchiv Mühldorf, ohne Signatur.

20 Gollwitzer, Schmidt, S. 3–4.

21 Peter Kolb, Zur Geschichte der Stadt Laufen an der Salzach. Die wirtschaftliche Entwicklung einer landständischen Handels- und Gewerbestadt vom frühen 16. bis zum späten 19. Jahrhundert. Diss. München 1986, S. 151.

Nach acht Jahren Ehe starb Apollonia am 19. Juni 1678 im Alter von 29 Jahren. Die zweite Ehe schloss Adam Schmidt ein Jahr später am 3. Juli 1679 mit Catharina Mayr (1657–1686), der Tochter eines Salzburger Bürgers und Kaufmanns.[22] Dieser war möglicherweise ein Verwandter des Kleinwarenhändlers Johann Mayr aus Salzburg.[23] Die Ehe dauerte sieben Jahre, Catharina starb am 6. September 1686 ebenfalls mit 29 Jahren.[24] Die dritte Ehe ging Schmidt am 26. Januar 1688 mit der 22 Jahre alten Maria Cordula Heilrathin (1666–1734) ein.[25] Sie war die Tochter des Mühldorfer Stadtschreibers Hieronymus Heilrath.[26] Anlässlich seiner dritten Hochzeit ließ Adam ein Doppelporträt von sich und Cordula anfertigen. Der Maler ist nicht bekannt.

Das Porträt zeigt Adam Schmid in städtischer, barocker Kleidung: einem dunklen Rock mit auffallenden Silberknöpfen und einem Spitzenkragen. Aus den Rockärmeln schauen am Handgelenk die Hemdsärmel aus feinem Leinen heraus. Er präsentiert sich stattlich und selbstbewusst vor einem drapierten roten Vorhang. Er trägt eine dunkle Perücke und einen schmalen, gezwirbelten Schnurrbart. In der rechten Hand hält er einen Zettel mit der Aufschrift *Herr Adam Schmidt, Mildorf.* Die linke geöffnete Hand wirkt, als wolle sie gerade zugreifen, was dem Porträt ein dynamisches Moment verleiht. In der rechten oberen Ecke befindet sich das Familienwappen mit einem Blatt mit der Aufschrift *AETATIS SUAE 43, Anno 1689.* Er ließ sich also im Alter von 43 Jahren porträtieren (Abb. 2).

Maria Cordula trägt ebenfalls städtische barocke Kleidung mit einem Spitzenkragen, mit einem ähnlichen Muster wie der ihres Mannes. Auch hier schauen aus den langen Ärmeln des dunklen Oberteiles feine weiße Hemdsärmel hervor. Ihr Haar ist streng zurückgekämmt und zu einem Knoten gebunden, auf dem eine Spitzenhaube sitzt. Auf der Stirn wurde eine Haarspitze ausrasiert. Sie hält eine Rose in der Hand. Links oben befindet sich ihr Familienwappen mit der Notiz *AETATIS SUA 22, 1689*, im Alter von 22 Jahren (Abb. 3).

Die relativ kurzen Trauerzeiten zwischen den Ehen von Adam Schmidt waren im 17. und 18. Jahrhundert üblich gewesen. Die Witwer gingen in der Regel schnell wieder eine Ehe ein, denn der Haushalt brauchte eine Hausfrau, zumal wenn mehrere Kinder da waren, die versorgt werden mussten. Wenn Witwer bei einer erneuten Heirat junge Frauen bevorzugten, ging es in erster Linie um die

---

22 Gollwitzer, Schmidt, S. 4

23 Barth-Scalmani, Handelsstand, S. 131.

24 Gollwitzer, Schmidt, S. 4.

25 Cordula Heilrath hat ein handgeschriebenes Kochbuch aus dem Jahre 1697 hinterlassen (Stadtarchiv Mühldorf, B 128).

26 Gollwitzer, Schmidt, S. 4. Gollwitzer schreibt, dass Cordula bei der Heirat 17 Jahre alt gewesen sei. Das ist falsch. Nach dem Taufeintrag in der Matrikel von St. Nikolaus in Mühldorf wurde Cordula am 16.9.1666 getauft (StadtA Mühldorf B 94/14). Für die Unterstützung danke ich dem Mühldorfer Stadtarchivar Edwin Hamberger.

Abb. 2: Porträt des Adam Schmidt, 1689. Foto: Geschichtszentrum-Museum Mühldorf, Inv. Nr. 2006/0405

Arbeitskraft, außerdem brachte die junge Frau oft eine mehr oder weniger große Aussteuer mit in die Ehe.[27]

Umgekehrt war der Zwang zur Wiederverheiratung bei Kaufmannswitwen nicht in gleicher Weise gegeben. Die Kaufmannswitwen waren vergleichsweise

27 Heide Wunder, „Er ist die Sonn', sie ist der Mond". Frauen in der Frühen Neuzeit, München 1992, S. 180. Wunder bezieht sich hier auf die Forschungsergebnisse von Michael Mitterauer, in: Michael Mitterauer, Reinhard Sieder, Vom Patriarchat zur Partnerschaft. Zum Strukturwandel der Familie, München 1991^{4}, S. 179.

Abb. 3: Porträt der Cordula Schmidt, geb. Heilrath, 1689. Foto: Geschichtszentrum-Museum Mühldorf, Inv. Nr. 2006/0404

selbständig. Die Ehefrauen waren häufig schon in der Jugend auf ihre Aufgaben vorbereitet worden und wirkten oft seit Beginn der Eheschließung im Geschäft mit, sodass sie aufgrund der Erfahrung und ihrer Qualifikation den Handel allein fortführen konnten, bis eines der Kinder oder ein Schwiegersohn in der Lage waren, in das Geschäft einzutreten.[28] Dennoch kamen selbstverständlich Wiederverheiratungen der Witwen vor. Die Einheirat in ein Handelsgeschäft war oft die

28 Wunder, Sonne, Mond, S. 182.

einzige Möglichkeit für junge, gut ausgebildete Männer, eine Kramergerechtigkeit zu erlangen.[29]

3.3 *Die Frauen der Schmidts*

Es gibt keine eindeutigen Hinweise auf die Mitarbeit der Ehefrauen im Geschäft, aber es ist sehr wahrscheinlich. Daher soll hier noch kurz die Wahl der Ehefrauen betrachtet werden, zu deren Biografien leider nichts Genaueres zu finden ist. Franciscus heiratete 1645 Catharina, die ihrerseits aus einem Kramerhaushalt kam. Beide Eltern hatten jeweils eine eigene Kramergerechtigkeit. So konnte Franciscus sicher sein, dass seiner jungen Frau der Kramerhandel nicht fremd war und sie sich auskannte, auch wenn sie keine formale Ausbildung durchlaufen haben dürfte, da das für Mädchen nicht üblich war.

Franciscus Sohn Adam heiratete in erster Ehe Apollonia Stockhammer, eine Schiffsmeisterstochter aus Laufen,[30] ebenfalls eine Salzburgische Stadt. Ihr dürfte über die väterliche Tätigkeit des Warentransportes auf dem Wasser der Handel nicht fremd gewesen sein. In zweiter Ehe verband sich Adam Schmidt mit einer Kaufmannstochter aus Salzburg und in dritter Ehe mit der Tochter eines hohen Beamten. Sie war wohl diejenige, die bisher keine Berührung mit dem Handel gehabt haben dürfte, aber aus einer ebenbürtigen, sozialen Schicht stammte. Schmidts Wohlstand und Position dürfte in Mühldorf bekannt gewesen sein, sodass dieser Verbindung trotz des Altersunterschiedes von rund 20 Jahren nichts im Wege gestanden haben dürfte.

Partnerwahl und Ehe wurden in vorindustrieller Zeit in allen sozialen Schichten nicht in erster Linie von Gefühlen bestimmt, sondern waren von sozialen und ökonomischen Motiven geleitet mit dem Ziel der materiellen Versorgung und Weiterführung der Wirtschaft. Dadurch war man sich einer schichtspezifischen Sozialisation sicher und ging mit der Wahl innerhalb der eigenen Schicht- und Gruppengrenzen kein wirtschaftliches oder soziales Risiko ein.[31]

Häufig zielte die Heiratspolitik auf die Errichtung eines Verwandtschaftsnetzes mit anderen potenten Handelshäusern, wie es beispielsweise die Welser taten; sie haben durch Heiraten ein dichtes Netz mit oberdeutschen Handelshäusern geknüpft.[32] In Ansätzen lässt sich auch auf der Ebene der kleinen Händler wie den Schmidts ein vergleichbares Verhalten ablesen, denn Franciscus Tochter Susanna, Adams Schwester (geb. 27.8.1649), heiratete den Landshuter Händler David

29 Barth-Scalmani, Handelsstand, S. 196.

30 Gollwitzer, Schmidt, S. 3–4.

31 Michael Mitterauer, Reinhard Sieder, Vom Patriarchat zur Partnerschaft, München 1980². S. 143–144.

32 Mark Häberlein, Handelsgesellschaften, Sozialbeziehungen und Kommunikationsnetze in Oberdeutschland zwischen dem ausgehenden 15. und der Mitte des 16. Jahrhunderts, in: Carl A. Hoffmann, Rolf Kießling (Hg.), Kommunikation und Region, Konstanz 2001, S. 305–326, hier S. 314.

Oppenriedter, zu dem eine enge Geschäftsbeziehung bestand, und der häufig in der Strazza aufschien. So verkaufte Oppenriedter Spielkarten an Schmidt[33] und bezog andererseits von Schmidt Feigen, böhmische Socken oder Stoffe.[34]

Reininghaus hat herausgearbeitet, dass sich die Ehepartner der Iserlohner Kaufleute im 18. Jahrhundert bei den Erfordernissen der Handelsgeschäfte ergänzten. Die Frauen übernahmen in der arbeitsteiligen Organisation unter den Eheleuten die internen häuslichen Aufgaben, waren jedoch schon durch ihre Herkunft und durch ihr eingebrachtes Kapital imstande, im Notfall selbst die Geschäfte zu übernehmen.[35] Auch die Erziehungsarbeit war zum allergrößten Teil den Frauen überlassen, weil die Männer aufgrund des Berufes häufig und oft *längere Zeiten abwesend waren*.[36]

Während die Männer nach einer formalen Lehr- und Gesellenzeit Meister und Zunftmitglied wurden, blieb dies den Frauen *üblicherweise* versagt. Aber auch ohne eine formalisierte Ausbildung waren sie in Handwerk und Handel des Mittelalters und in der Frühen Neuzeit unverzichtbar. Die Handwerkerfrauen arbeiteten in der Werkstatt mit, besorgten den Einkauf an Rohstoffen, den Versand der Fertigprodukte und versorgten zusätzlich den Haushalt, in dem oft noch Lehrlinge und Gesellen lebten.[37] Für das Hand-in-Hand-Arbeiten hat Heide Wunder den Begriff des *Arbeitspaares* geprägt, demzufolge beide Arbeitssphären in der Frühen Neuzeit gleichberechtigt nebeneinanderstanden und sich ergänzten, während die Abwertung der häuslichen und Frauenarbeit erst mit dem Entstehen der bürgerlichen Welt begann.[38]

Diese Struktur lässt sich vom Handwerk auch auf den Handel übertragen. Welche Möglichkeiten Frauen hatten, hing sehr davon ab, ob sie in einer Fernhandelsstadt, einer Gewerbestadt oder einer kleinen Landstadt lebten. Außerdem spielten ihre soziale Herkunft und ihre Stellung als Ehefrau oder Witwe eine Rolle. Kaufmannstöchter wurden *häufig* in der Deutschen Schule und zu Hause bereits auf den zukünftigen Beruf vorbereitet, so lernten sie beispielsweise die Bücher im väterlichen Geschäft zu führen, was sie später für den Ehemann ebenfalls taten. Die Ehefrauen von Kramern und Kaufleuten betreuten in der Abwesenheit der Männer auf Geschäftsreisen das Geschäft weiter. Häufig hatten sie genug Kenntnisse erworben, um den Handel auch als Witwe weiterzuführen.[39]

Leider fehlen die Belege, aber es ist anzunehmen, dass auch die Ehefrauen von Franciscus und Adam im Gewölbe mitgearbeitet haben. Vor allem bei Catharina

33 [Strazza, Seite 215], 5.3.1687. Die Seiten in der Strazza sind nicht paginiert, für die Auswertung wurden die Seiten der Strazza in Form der Fotokopien durchnummeriert.
34 [66] 16.4.1685, [106] 23.9.1685, [141] 19.2.1686.
35 Reininghaus, Iserlohn, S. 104.
36 Reininghaus, Iserlohn, S. 105.
37 Wunder, Sonne, Mond, S. 120–125.
38 Wunder, Sonne, Mond, S. 94.
39 Wunder, Sonne, Mond, S. 125–130.

ist das vorstellbar, da sie aus einem Kramerhaushalt stammte und ihre Mutter eine eigene Gerechtigkeit besaß, die Catharina nach deren Tod erbte.

3.4 Die Kaufmannsausbildung

Der professionelle Umgang mit der Strazza legt die Vermutung nahe, dass sowohl Franciscus als auch Adam eine kaufmännische Ausbildung im Handel durchschritten hatten. Über eine formale Ausbildung der Schmidts ist allerdings nichts bekannt, aber Franciscus wuchs in einem Handelsunternehmen auf, denn sein Stiefvater war Gastgeb und Kaufmann. Möglicherweise hat er sogar zuhause gelernt.[40] Vielleicht stand auch im Gewölbe am Mühldorfer Stadtplatz bereits eine *Handelspraktik* oder ein *Rechenbuch*, beides waren gedruckte Nachschlagewerke zu Fragen der Handelstätigkeit und der Buchführung. Solche Lehr- und Handbücher erklärten vier grundlegende Wissensfelder für das Selbststudium: 1. Die Abwicklung der Buchhaltung und der Geschäftskorrespondenz, 2. die Warenkunde, 3. das Wissen um die Handelspraxis an einem bestimmten Ort und 4. die angewandte Rechenkunst. Die Handbücher beruhten ursprünglich auf handschriftlichen Notizen zu Handelsusancen an anderen Handelsplätzen, die sich einzelne Kaufleute für sich oder für den Sohn, für einen Nachfolger oder Geschäftspartner etc. angelegt hatten und die sich zu regelrechten Handbüchern entwickelten und später durch den Buchdruck seit dem 15. Jahrhundert weite Verbreitung fanden.[41] Außerdem mussten Kaufleute im Umgang mit Kunden und Lieferanten über genügend soziale und kommunikative Kompetenz verfügen. Sie sollten im Gespräch mit der Kundschaft einen höflichen und zurückhaltenden Umgang pflegen und sie mussten diese hinsichtlich der wirtschaftlichen Bonität einordnen können,[42] wobei sie im Allgemeinen auf das bereits vorhandene Wissen einer Kette von Freunden und Geschäftspartnern zurückgreifen konnten.[43]

Wie sein Vater Franciscus war auch Adam in den wichtigsten Kulturtechniken ausgebildet worden. Er konnte schreiben, rechnen (addieren, multiplizieren, Prozentrechnen) und lesen, besaß Kenntnisse über Maße und Gewichte, Kenntnisse zur Warenkunde und zur Pflege der Ware sowie über Fremdwährungen und

---

40 S. Steinbrink, Handeln am Oberrhein, in: Häberlein, Jeggle (Hg.), Praktiken, S. 193.

41 Markus A. Denzel, Handelspraktiken. Eine Einführung, in: Denzel, Hocquet, Witthöft (Hg.), Kaufmannsbücher, S. 11–17. Markus A. Denzel hat beispielhaft eine Handelspraktik aus dem Hause Fugger aus der 1. Hälfte des 16. Jahrhunderts für eine Edition aufbereitet und dazu einen Werkstattbericht geschrieben. Ders., Eine Handelspraktik aus dem Hause Fugger (erste Hälfte des 16. Jahrhunderts). Ein Werkstattbericht, in: Denzel, Hocquet, Witthöft (Hg.), Kaufmannsbücher, S. 125–152. Die Edition der Handelspraktik s. Ekkehard Westermann, Markus A. Denzel, Das Kaufmannsnotizbuch des Matthäus Schwarz aus Augsburg von 1548 (VSWG, B 215), Stuttgart 2011.

42 Alexander Engel, Homo oeconomicus trifft ehrbaren Kaufmann, in: Häberlein, Jeggle (Hg.), Praktiken, S. 145–172, hier S. 154–155.

43 Craig Muldrew, Zur Anthropologie des Kapitalismus, in: Historische Anthropologie 6 (1998), S. 167–199, hier S. 194.

Münzsorten. Auch die einfache Form der Buchführung war ihm geläufig. Wahrscheinlich hatte auch Sohn Adam die Gelegenheit, im väterlichen Geschäft zu lernen. Es ist auch anzunehmen, dass er die Deutsche Schule in Mühldorf besucht hat, wo die Lehrer auf *die Vermittlung von Kenntnissen und Fertigkeiten in Religion, Lesen, Schreiben, Rechnen und Moralität* achteten.[44]

Ludovici beschreibt für das 18. Jahrhundert den idealen Ablauf einer Kaufmannslehre, die im Alter von 13 bis 14 Jahren beginnen und drei bis fünf Jahre dauern sollte. Positive körperliche und mentale Eigenschaften werden ebenso vorausgesetzt wie Grundkenntnisse im Schreiben, Lesen und Rechnen. Der Lehrjunge solle *Lust und Inclination zur Handlung* haben, *geschickt zum Lernen, scharfsinnig, hurtig und aufgemuntert von Geiste* und gesund und *kräftig sein.* Der Lehrherr seinerseits war verpflichtet, den Lehrjungen in Gottesfurcht und christlicher Tugend zu erziehen, am besten sollte er mit dem eigenen guten Beispiel vorangehen. Im fachlichen Bereich solle er dem Lehrjungen alle Fertigkeiten beibringen, die ein guter Kaufmann brauche.[45] Die Tätigkeiten eines Lehrjungen umfassten zunächst das Kopieren von Briefen, die Registratur der eingehenden Briefe, die Führung der Portokasse, das Ausstellen kleinerer Rechnungen, das Herrichten der Frachtpapiere sowie die Überprüfung der eingehenden Güter mit den Rechnungen u. a. m.[46] Die Söhne von Handelsleuten wurden häufig nach dem Abschluss einer Grundausbildung zur weiteren Lehre zu einem Geschäftsfreund geschickt.[47] Diese Zeit diente dazu, die bereits vorhandenen Kenntnisse zu vervollkommnen und Wissen in Landes- und Produktkunde zu erwerben, Sprachen zu lernen und Kontakte aufzubauen, was weitere vier Jahre dauern konnte.[48] Die nächste Hürde war dann die Gründung oder Übernahme eines Geschäftes.

Welche Ausbildung genossen die Töchter aus Händlerfamilien? Aus den Haushaltsbüchern der Salzburger Seidenhändlerfamilie Spängler (1733–1785) geht hervor, dass dem Schulmeister ein *wöchentliches Schulgeld für den Unterricht* der Spängler-Kinder an der Deutschen Schule bezahlt wurde. Allerdings ist nicht ersichtlich, an welchem Ort die Geschwister unterrichtet wurden, ob sie die Deutsche Schule besuchten oder Privatunterricht erhielten. Es lässt sich auch nicht

---

44 Alfred Fickel, Die Entwicklung des städtischen Lehrerstandes von den Anfängen bis zum Beginn des 19. Jahrhunderts, illustriert an den Schulverhältnissen in Mühldorf am Inn, in: Johann Georg Prinz zu Hohenzollern, Max Liedtke, Schreiber, Magister, Lehrer. Zur Geschichte und Funktion eines Berufstandes, Bad Heilbronn/Obb. 1989, S. 162–119, hier S. 172.

45 Ludovici, Akademie, 3. Theil, 1767, Sp. 204–216.

46 Barth-Scalmani, Handelsstand, S. 201–202. Zur kaufmännischen Ausbildung der Lehrjungen Anfang des 18. Jahrhunderts s. a. Paul Jacob Marperger, Der wohl-unterwiesene Kauffmanns-Jung, Nürnberg 1715. Zur Weiterbildung der Kaufmannsgehilfen s. Ders., Der Getreue und Geschickte Handels-Diener, Nürnberg, Leipzig 1715.- Einen umfangreichen Überblick über die Wirtschaftspädagogik im 18. Jahrhundert gibt Erich Dauenhauer, Kaufmännische Erwachsenenbildung in Deutschland im 18. Jahrhundert, Diss. Erlangen-Nürnberg 1964.

47 Barth-Scalmani, Handelsstand, S. 195–196.

48 Dauenhauer, Erwachsenenbildung, S. 29.

feststellen, ob die Kinder gemeinsam unterrichtet wurden oder ob sie geschlechterspezifischen Einzel- oder Gruppenunterricht bekamen. Die Töchter der Familie Spängler besuchten keine weiterführenden Schulen; Einträge in den Haushaltsbüchern verweisen auf eine Ausbildung zur Haushaltsführung.[49] Auch Reininghaus stellt für das Ende des 18. Jahrhunderts fest, dass Mädchen in den Genuss von Privatunterricht kamen. *Hinzu kam die nahe Lebenswelt der Kaufmannschaft*,[50] in der die Kinder aufwuchsen und aus der sie sicher einige Kenntnisse mitnahmen.[51] Eine geregelte Ausbildung im kaufmännischen Bereich erhielten sie üblicherweise nicht.

Die Möglichkeiten, sich selbständig zu machen, waren zur Zeit von Franciscus für ausgebildete Kaufleute ohne familiären Hintergrund begrenzt: Man konnte entweder eine Konzession erben (wie Franciscus Ehefrau Catharina von ihrer Mutter), oder in ein bereits bestehendes Geschäft einheiraten (wie Andre Reischl, ein Nachfahre der Schmidts), oder man konnte, wenn genug Kapital vorhanden und eine Konzession frei war, eine solche kaufen.[52]

Franciscus hatte damit kein großes Problem, da er der Sohn eines Mühldorfer Bürgers war. Er erhielt nach einigen Einsprüchen seitens der Bruderschaft der Kaufleute, einzelner Mühldorfer Konkurrenten und des Stadtrats schließlich auf seinen Antrag hin im Juli 1645 die eigene Konzession bestätigt.[53]

3.5 Das Gewölbe

Franciscus Schmidt hatte sein Geschäft mit Verkaufsraum, dem Gewölbe, im heutigen Haus Stadtplatz 43 untergebracht. Möglicherweise wohnte die Familie im Obergeschoss. Die Geschäftsläden öffneten sich auf den überdachten Laubengang zum Stadtplatz hin. Je nach Art der Ware, der nachgefragten Menge und dem sozialen Rang der Kundschaft konnte sich ein Einkauf über dem *Laden* (Brett) am Fenster oder innen im Gewölbe abspielen.[54] Das heutige Haus Stadtplatz 43 zeigt an der Vorderfront eine Baunaht. Das Gewölbe, in dem Franciscus und Adam handelten, war wahrscheinlich in der linken Hälfte des jetzigen Hauses Stadtplatz 43 untergebracht. 1775 wurde unter Andreas Reischl, einem Nachfolger der Schmidts, das Nachbarhaus, das ehemalige Eiblbrauhaus erworben und angefügt.[55]

---

49 Christoph Brandhuber, Ausgaben für Bildung und Unterricht, in: Reith u. a. (Hg.), Haushalten und Konsumieren, S. 283–292, hier S. 283–284.

50 Reininghaus, Iserlohn, S. 517–519.

51 Gunda Barth-Scalmani, Ingrid Bauer, Sabine Fuchs, Frauen und Arbeit, in: Brigitte Mazohl-Wallnig u. a. (Hg.), Die andere Geschichte, Bd. 1, Salzburg, München 1995, S. 155–187, hier S. 166.

52 Barth-Scalmani, Handelsstand, S. 195–196.

53 Stadtarchiv Mühldorf, B 1/33, 7. Juli 1645.

54 Barth-Scalmani, Handelsstand, S. 258.

55 Meinrad Schroll, Brauereien in Mühldorf, in: Das Mühlrad 62, 2020, S. 19–70, hier S. 40.

In der Folge befand sich dort bis ins 20. Jahrhundert hinein das Kaufhaus Daxenberger, und erst 1968 wurde das Gebäude an die Volks- und Raiffeisenbank verkauft, die darin ihre Bankgeschäfte *führte*.[56] Es gab wohl noch ein Lager der Schmidts in Salzburg, denn in einem Eintrag in der Strazza von 1685 heißt es, dass über Marx Wolfsperger, einen Transporteur aus Reichenhall, ein Fass Schmalz mit einem Gewicht von 2 Zentnern brutto ins *Salzburger Laager* gebracht worden sei.[57]

Das Haus am Stadtplatz ist ein sog. Inn-Salzach-Haus.[58] Das Besondere an diesem Stil ist die an der Fassade, der Schauseite zum Platz hin, hochgezogene Vorschussmauer. So entsteht eine große ästhetische Einheitlichkeit in der Häuserzeile entlang des Platzes bzw. der Straße. Hinter den hohen Frontmauern verbergen sich Grabendächer und die Regenrinnen (Abb. 4).

Ein Grundriss des Hauses ist nicht überliefert, aber er dürfte lang und schmal gewesen sein. Wie bereits erwähnt, könnten sich möglicherweise im Obergeschoss die Wohnräume oder weitere Lagerräume befunden haben, ebenso weitere Lagerräume am Dachboden oder im Keller. Sicher gab es eine Remise und einen Hof zum Ab- und Aufladen der Waren und wohl auch einen Stall für die Pferde, mit denen die Schmidts unterwegs waren.

Über die Einrichtung des Gewölbes ist nichts bekannt. Wir sind aber durch die Arbeit von Robert F. Hausmann über die steirischen Kaufmannsläden im 17. und 18. Jahrhundert darüber unterrichtet.[59] Im Gewölbe stand ein großer Ladentisch mit Schubladen, darüber hing fast in jedem Laden eine Ladenschlange, an der Waren aufgehängt und zur Schau gestellt wurden. Sie erfüllte die Funktion einer Auslage bzw. eines Schaufensters. Außerdem gab es Truhen, Kästen und Stellagen mit Schachteln für Textilien, Gewürze, Spezereien etc. Auf jeden Fall brauchte der Kramer eine Waage mit Gewichten[60] und ein geeichtes Ellenmaß aus Eisen oder Messing zum Abmessen von Stoffen, Spitzen, Bändern etc. sowie eine gute Schere. Daneben gab es sicher auch Ölfässer, die Baumöl (Olivenöl) enthielten. Dann dürfte wohl auch eine Pfeffermühle oder wenigstens ein Mörser vorhanden gewesen sein,

---

56 Gollwitzer, Schmidt, S. 16–17.

57 [38] 7.2.1685.

58 Max Eberhard Schuster, Das Bürgerhaus im Inn- und Salzachgebiet (Das deutsche Bürgerhaus 5), Tübingen 1964.

59 Robert F. Hausmann, Im Gwölb. Waren in steirischen Kaufmannsläden des 17. und 18. Jahrhunderts, in: Zeitschrift des Historischen Vereins für die Steiermark, 95 (2004), S. 159–172, hier S. 163–164.

60 Hans Bleckenwegner hat in seiner Auswertung der Traunsteiner Inventare im Nachlass des Handelsmannes Grueber (1689 verstorben) 1 Goldwaage samt Gewichten, 1 große, eiserne Waage, 2 kupferne Schnellwaagen und 12 Schnellwaagen aus Messing gefunden, s. Bleckenwegner, Traunstein, S. 148. Die Gewichte waren geeicht und wurden routinemäßig vom Stadtrat kontrolliert, denn im Frühjahr 1655 beschlagnahmte der Stadtrat ein Gewicht aus dem Laden des Traunsteiner Kaufmanns Oberhueber mit der Begründung, es sei zu leicht. Norbert Schindler, Der Prozess der Zivilisation in der Kleinstadt. Die Traunsteiner Kaufmannsfamilie Oberhueber (1600–1800), Wien, Köln, Weimar 2007, S. 100–108.

Abb. 4: Außenfassade des Hauses Stadtplatz 43, um 1910. Foto: Stadtarchiv Mühldorf a. Inn

und wohl auch ein Rechenbrett. Dazu gab es sicher auch Tücher, Papiere und Seile zum Einwickeln der Waren und Behälter wie Flaschen, Lagerl (ein kleines Fässchen, ein Behälter für Flüssigkeiten[61]) oder Tonnen für Flüssigkeiten, wie sie in der Strazza der Schmidts als Verpackungsmaterialien abgerechnet wurden.

Wo wurde die Schreibarbeit erledigt? Es ist anzunehmen, dass es in den Kaufmannsgewölben sog. *Contoirs,* Schreibstuben oder zumindest einen abgeschirm-

61 Jacob und Wilhelm Grimm (Hg.), Deutsches Wörterbuch (DWB) – Neubearbeitung, Bd. 12, Sp. 61–63, online, 25.05.2021.

ten, ruhigen Ort gab, wo die Schreibarbeit wie Korrespondenz und Buchhaltung erledigt werden konnte. Im Nachlassinventar des Traunsteiner Händlers Balthasar Oberhueber von 1750 wird das *alte Schreibpult sambt der Tafl* und einigen *Scripturen* in der Schublade aufgeführt, sodass anzunehmen ist, dass Oberhueber nicht nur im Kontor sondern auch in der Wohnstube gearbeitet hat.[62] Ein wesentlicher Gegenstand im Verkaufsgewölbe oder der Schreibstube dürfte der Schreibtisch gewesen sein. Nach Ludovici war dieser nicht nur ein Schreib- und Arbeitsplatz, sondern diente auch der Geldprüfung.[63] Barth-Scalmani beschreibt einen solchen Schreibtisch aus einer Salzburger Handlung, in dessen Tischplatte eine Marmorfläche eingearbeitet ist. Der Händler ließ die Münze darauf fallen, und anhand des Klanges konnte er den Metallgehalt des Münzgeldes hören.[64] Das war nötig, da in den verschiedensten Währungen und Münzen bezahlt wurde. Die Einträge in der Strazza in Gulden und Kreuzer sind nur als Rechnungseinheiten zu verstehen.

Die Schmidts hatten sicher auch an den Mühldorfer Markttagen ihr Gewölbe geöffnet, sie besuchten aber auch *häufig* mit ihren Waren auswärtige Märkte, was sich aus einer Aussage von Adam Schmidt erschließen lässt. Er war 1698 in der Stadtratssitzung gefragt worden, ob er, er war bereits Stadtrat, nicht Nachfolger seines Vaters im Amt des Bürgermeisters werden wolle. Er lehnte mit dem Argument der Zeitnot ab, da er *sein Brot auf Märkten verdienen müsse und daher während des Jahres eine erhebliche Zeit nicht in Mühldorf sei.*[65] Das gleiche Argument des Zeitmangels aufgrund seiner Abwesenheit von Salzburg wegen der vielen Marktbesuche machte auch Franz Anton Spängler, ein Salzburger Tuch- und Seidenhändler, geltend, als er 1742 um die Entlassung aus seinen Funktionen beim Salzburger Bürgermilitär bat.[66]

Wie viele Personen im Gewölbe bzw. im Haushalt bei den Schmidts mitarbeiteten ist nicht eindeutig zu sagen. Auf jeden Fall sind in der Strazza vier verschiedene Schriften zu finden. Adam hatte 1671 das Bürgerrecht in Mühldorf bekommen[67] und war wohl zu dieser Zeit zur Unterstützung seines Vaters in das Geschäft eingetreten. Neben Vater und Sohn halfen wahrscheinlich auch noch die beiden Ehefrauen mit. In der Strazza wird am 30. November 1684 zweimal *Matthiß unnser Knecht* erwähnt. Er hatte ein Paar Socken und ein Paar Schuhe anschreiben lassen. Ihn werden die Schmidts wohl für die schweren Arbeiten wie das Auf- und Abladen von Waren u. Ä. gebraucht haben. Darüber hinaus taucht noch eine Köchin der Schmidts auf, wahrscheinlich gab es auch noch ein *Kindsmensch* im Haushalt.

---

62 Schindler, Kleinstadt, S. 216.

63 Ludovici, Akademie, 2. Theil, 1767, Sp. 614–168, hier Sp. 616.

64 Barth-Scalmani, Handelsstand, S. 261.

65 Gollwitzer, Schmidt, S. 6. S. a. Reininghaus, Iserlohn, S. 452. Auch die Iserlohner Kaufleute wollten politische Ämter im Rat der Stadt wegen der häufigen Ortsabwesenheit nicht ausüben.

66 Reinhold Reith, Familie, Haushalt und Handlung – Akteure, Netzwerke und Strategien, in: Ders. u. a. (Hg.), Haushalten und Konsumieren, S. 23–61, hier S. 30.

67 Gollwitzer, Schmidt, S. 4.

4 Die Strazza – Beschreibung der Quelle

Bei den Recherchen nach Objekten und Archivalien für die Ausstellung *Mühldorf a. Inn – Salzburg in Bayern*, die vom 8. Juni bis zum 27. Oktober 2002 in Mühldorf a. Inn im Haberkasten zu sehen war,[1] machte mich der Stadtarchivar Edwin Hamberger auf den Nachlass Daxenberger aufmerksam: Bei den Daxenbergers handelt es sich um die Nachfahren des Kramers Franciscus Schmidt. Nach dem Tod der letzten Firmeninhaberin Therese Daxenberger entschloss sich die Erbengemeinschaft bewusst, die noch vorhandenen alten Geschäftsunterlagen und einige Objekte aus dem Nachlass an das Stadtarchiv Mühldorf bzw. das Kreismuseum Lodronhaus zu geben. Zu dem Legat gehören u. a. vier Strazzen aus dem 17. und 18. Jahrhundert, wobei die ausgewertete Strazza mit der Signatur *Buch 1: 1684–1687* die älteste ist. Ein weiteres Buch mit der Archiv-Signatur *Buch 2* wurde in den Jahren 1718 bis 1721 geführt und ist mit der Originalnummerierung *Straza Puech No 5* versehen. Auf der Deckelinnenseite über dem Firmenlogo steht der Segen:

> *Gott göb Glükh und Haill / das Wenig Schlimb Schulden / mir werd(en) zu Thaill / Und Was herein geschriben / wirdt, das alles richtig / Wirdt contentirt.*

Der Rücken dieses Strazzabuchs ist mit einem Stück Pergament verstärkt, der Deckel ist aus Pappe und ist mit einem Leinenstoff gebunden, der ehemals mit einem ornamentalen Muster in grün, rot und schwarz bemalt war. Der erste Eintrag lautet: *Mit Gott A[anno] D[omini] 1718 in Mildorf 25. Juny.*Die dritte Strazza mit der Archiv-Signatur *Buch 3* wurde von 1739 bis 1741 geführt und hat keine Originalnummerierung. Wie die erste Strazza ist sie in Leder gebunden. Die Widmung lautet:

> *Sträza / Buech / Gott gebe Glickh und Heill, daß / keine schlime Schulden mir / Werdten zu Thaill Undt waß / Herein geschriben Wüdt / daß / alles Richtig Würdt Contendirt / 1739*
>
> *An Gottes Segen ist ales / gelegen*

Darunter ist das Firmenlogo mit unleserlicher Datierung zu sehen. Dieses Buch hat *Joseph Schmidt zu Milldorff* begonnen und benutzt. Der erste Eintrag stammt vom 15. Mai 1739 und das Buch endet im August 1741. Erwähnenswert ist die Schönschrift, eine sehr sorgfältig ausgeführte Schrift, die keine auffälligen persönlichen Eigenheiten verrät, sondern eher auf einen gut geübten Schreiber hinweist.

Das Buch 4, das von 1777 bis 1783 geführt wurde, trägt die Originalnummerierung *Stratza Buech No 2*. Der Bucheinband ist aus Pappe, der in bemaltes Leinen eingebunden ist. Die Farbe ist verblasst, es sind noch Rankenmotive zu erkennen, der Rücken wurde mit Leinenstreifen verstärkt. Die Einträge beginnen mit der Überschrift: *Laus Deo Ao 1777 Mo Jenner 1* und enden im Juli 1783. Dies ist das

---

1 S. Begleitband Salzburg in Bayern.

einzige Buch, das händisch paginiert ist. Die drei Bücher aus dem 18. Jahrhundert sind von einer bzw. höchstens zwei Personen geführt worden. Man erkennt durchweg eine runde, zügige und geübte Schreibweise mit einer dünnen Feder, ohne Korrekturen im Text, Tintenflecken oder anderen Unklarheiten.

Die Widmung lautet:

> *In Namen Der Aller-/ Heilligsten / Dreyfaltigkeit. Gott Vatter / Fang ich an dißes Neue / Strätzä Buch ein Zu Schreiben / Gott verleiche hier zu Seine gott: / liche gnad Und beystand. Das / alles Zu Seiner Göttlichen Ehr. / Und deß Nechsten Nutz, unßeren / Sellen Heil, gereicht Amen! Anno 1777*

Am Ende der Strazza ist ein alphabethisches Register der Schuldner eingebunden. Hinter den Namen der Kundschaft stehen verschiedene Zahlen, die auf die Seitenzahlen verweisen und damit auf die noch nicht bezahlten Posten in der Strazza. Etliche der Seitenzahlen sind durchgestrichen und mit dem Vermerk *zalt* oder *bezalt worden* versehen. Dem Strazzabuch beigelegt ist ein *Extract / zum gwölb Strazza Buch No 2 / Aller Schulden herein*, das ist eine Aufstellung der noch offenen Forderungen mit der Überschrift *Laus Deo Anno 1784 ad y 18. Jenner Milldorff. Extract /Auß der ganzen Strazza / No 2 / aller Schulden herein, Biß obigen/ Dato.*

Unter diesen Titel ist in einer anderen Handschrift und mit anderer Tinte notiert:

> *1792 den 27. Jenner sind alle / alle noch übrigen Schulden / herein, in das gwölb Strätzä / Buch No 5 Nottiert worden.*

Die Schulden, die am 27. Januar 1792 aus der Zusammenstellung von 1784 noch offen waren, sind übertragen worden. Auf der Rückseite unten steht in flüssiger Schrift *1785 den 23. März also Collationiert* [zusammengetragen]. Das Buch könnte von Andre Reischl (1730–1779) begonnen und vielleicht von seiner Ehefrau, Erbin und Nachfolgerin Katharina Reischl (1731–1802) weitergeführt worden sein.

Von den Schmidts ist leider keine Geschäftskorrespondenz erhalten geblieben, aus der man nähere Details über den Handel, die Lieferanten und die Kundschaft in Erfahrung hätte bringen können.

Das Hauptbuch des Andre Reischl, ein Nachfahre des Franciscus Schmidt, wurde in der Ausstellung 2002 als Beleg für die Handelstätigkeit in Mühldorf präsentiert. Reischl hatte es im Jahre 1774 begonnen, und es enthält eine Übersicht über seine getätigten Geschäfte. Andre Reischl (29.11.1730 – 8.10.1779) stammte aus dem heute bayerischen Piding, damals aber war das Dorf wie Mühldorf a. Inn salzburgisch und gehörte zum Pfleggericht Staufeneck. Er heiratete 1769 Maria Katharina Schmidt, eine Urenkelin von Franciscus (3.10.1731 – 19.1.1802) und betrieb mit ihr zusammen das Geschäft. Im Ehevertrag von Andre und Maria Katharina ist festgehalten, dass Andre Kenntnisse im Handel habe. Er hatte in Salzburg gearbeitet und war also vom Fach. Andre starb 1779 bereits im Alter von 49 Jahren, die Ehe war kinderlos geblieben. Die Witwe führte den Handel noch 20 Jahre weiter, ehe sie das Geschäft 1799 an ihre Nichte und deren Mann

Anton Daxenberger übergab.[2] Seither blieb das Geschäft bis 1968 in der Familie Daxenberger.

Das Interesse an den Geschäftsbüchern war groß und eine Auswertung lag nahe. Ich entschied mich für das älteste Buch, die Strazza, die von 1684 bis 1687 geführt worden war. Die Analyse versprach, sich mit Fragen nach den Waren, der Kundschaft und der Abwicklung eines Kaufes dem Alltag im 17. Jahrhundert annähern zu können. Außerdem schien der Einblick in das 17. Jahrhundert auch für die Stadtgeschichte von Interesse. Angeregt durch die von Mark Häberlein und Christof Jeggle organisierten Irseer Tagungen zu Handel, Handwerk und Wirtschaft in der Frühen Neuzeit,[3] insbesondere durch das Projekt zur Distribution von Waren durch die savoyischen Händler am Oberrhein im 18. und 19. Jahrhundert[4] und durch die Planung der Ausstellung *Salzburg in Bayern* im Jahre 2001 im Haberkasten in Mühldorf a. Inn lag die Beschäftigung mit der Strazza nahe.

Um die Einträge in der Mühldorfer Strazza auswerten zu können, war eine Transkription der handschriftlich mit Feder und Tinte notierten Positionen nötig. Die handschriftlichen Notizen wurden in eine Excel-Datei übertragen, deren Struktur jener der Strazzaeinträge entspricht.[5] Nach der laufenden Nummerierung und dem Datum des Eintrags folgt der Name der Kundschaft, der Ort und der Beruf derselben. Daran schließen die Warenmengen und Warenbezeichnungen an, dann folgen soweit vorhanden die Einzel- und die in der Strazza notierten Endpreise der Transaktion. Eine letzte Spalte diente dem Vermerk von Besonderheiten, z. B. ob die Ware per Boten verschickt wurde. Ein Kriterienkatalog half, die Art der Waren zu gliedern und bestimmten Warengattungen zuzuordnen. Für die Warengattungen wurden Oberbegriffe gefunden und mit drei Buchstaben abgekürzt, so z. B.

BOR für Bänder und Borten
DEL für Delikatessen
DIV für Diverses
FAS für Fastenspeisen
GES für Gesundheit
GEW für Gewerbliches
LED für Leder
NAE für Nähzubehör u. a. m.

---

2 Angelika Kromas, Zu Gottes Ehr, mir und dem Meinigen zum Nutzen, in: Begleitband Salzburg in Bayern, S. 108–117, hier S. 110.

3 Zu den Tagungsberichten: https://www.uni-bamberg.de/hist-ng/transfer/irseer-ak/. Tagungsbeiträge sind publiziert in: Häberlein, Jeggle (Hg.), Praktiken des Handels.

4 Häberlein, Savoyische Kaufleute.

5 An dieser Stelle möchte ich ganz besonders Doris Hörmann danken, die mir nicht nur kenntnisreich half, die Transkription zu überprüfen, sondern mir auch bei der Erstellung der Excel-Datei und den Auswertungen unermüdlich mit Rat und Tat zur Seite stand.

Bei der Transkription der einzelnen Einträge ergaben sich einige Schwierigkeiten. Es ließen sich vier verschiedene Handschriften feststellen, deren Lesbarkeit sehr unterschiedlich ist. Leider können die Handschriften keinen konkreten Personen zugeordnet werden, mit Ausnahme einer kleinen, etwas zitterigen Schrift, in der größere Summen und auch Steuern notiert sind. Vielleicht könnte man aufgrund des Verwendungszweckes und der Höhe der Summen auf den Seniorchef Franciscus Schmidt schließen.

Mit der Lesbarkeit verbunden sind etliche unbekannte Abkürzungen für Waren, die der Schreiberin bzw. dem Schreiber selbstverständlich geläufig waren, die heute aber schwer zu enträtseln sind. Außerdem sind Lesefehler zu erwarten, einige Wörter oder Passagen waren sehr undeutlich geschrieben oder auch durch Wasserschäden so beeinträchtigt, dass sie kaum oder nicht zu entziffern waren.

Als Hilfsmittel zur Identifizierung einzelner, inzwischen unbekannter Waren wurden historische Nachschlagewerke wie die Warenkunden von Ludovici[6] und Krünitz[7] u. a. herangezogen. Dazu muss angemerkt werden, dass diese Warenkunden nicht aus dem 17. Jahrhundert, sondern aus dem 18. und frühen 19. Jahrhundert stammen. Aus der frühen Neuzeit kann Georg Nicolaus Schurtz genannt werden.[8]

Die Strazza enthält 7.100 handschriftliche Einträge über die Verkaufsaktivitäten im Zeitraum vom 14. November 1684 bis zum 7. Mai 1687. Nur einzelne Positionen beziehen sich auf die Einkäufe von neuer Ware seitens der Schmidts. Die Strazza wurde im Gewölbe des Mühldorfer Kramers Franciscus Schmidt geführt und ist deshalb interessant, weil sie uns nicht nur Auskunft über die Waren gibt, die die Schmidts verkauften, sondern auch über die Kundschaft, die ihren Bedarf bei den Schmidts deckte.

Die Strazza (Abb. 5 u. 6) hat ein schmales und hohes Format (38,5 cm); in geschlossenem Zustand ist sie 16 cm breit und 5 cm dick. Der Einband ist aus Pappe, die mit geprägtem Leder überzogen ist. Das Buch hat eine Fadenheftung und war mit vier Lederstreifen zu verschließen. Auf dem Deckel sind außen noch Reste eines Papieraufklebers erhalten geblieben, worauf das Firmenlogo und die Jahreszahl 1684 zu entziffern sind. Die Kladde weist Gebrauchsspuren sowie einige Wasserschäden auf. Das Papier ist Lumpenpapier, wie es in der Zeit vor der Erfindung des Holzschliffs im 19. Jahrhundert üblich war. Wasserzeichen lassen sich nicht feststellen, es könnte aber Papier aus der Papiermühle von Raitenhaslach sein.[9]

---

6 Carl Günther Ludovici, Eröffnete Akademie der Kaufleute und vollständiges Lexikon, Leipzig, 3. Theil, 1767, Sp. 218–240.

7 Johann Georg Krünitz, Oekonomische Enzyklopädie 1773–1858 (242 Bde.), online, 24.05.2021. Es wurde generell die Online-Ausgabe benutzt.

8 Reinhold Reith, Stichwort Warenkunde, in: Enzyklopädie der Neuzeit (EDN), Bd. 14, Stuttgart, Weimar 2011, Sp. 649–652. Georg Nicolaus Schurtz, Neu eingerichtete Material-Kammer: Das ist gründliche Beschreibung aller führnehmsten Materialien und Specereyen …, Nürnberg 1673.

9 Zur Papiermühle in Raitenhaslach s. Alois Mitterwieser, Frühere Papiermühlen in Altbayern und ihre Wasserzeichen, in: Gutenberg Jahrbuch 1933, S. 9–22, hier S. 12–13.

Abb. 5: Die Strazza. Foto: Kromas

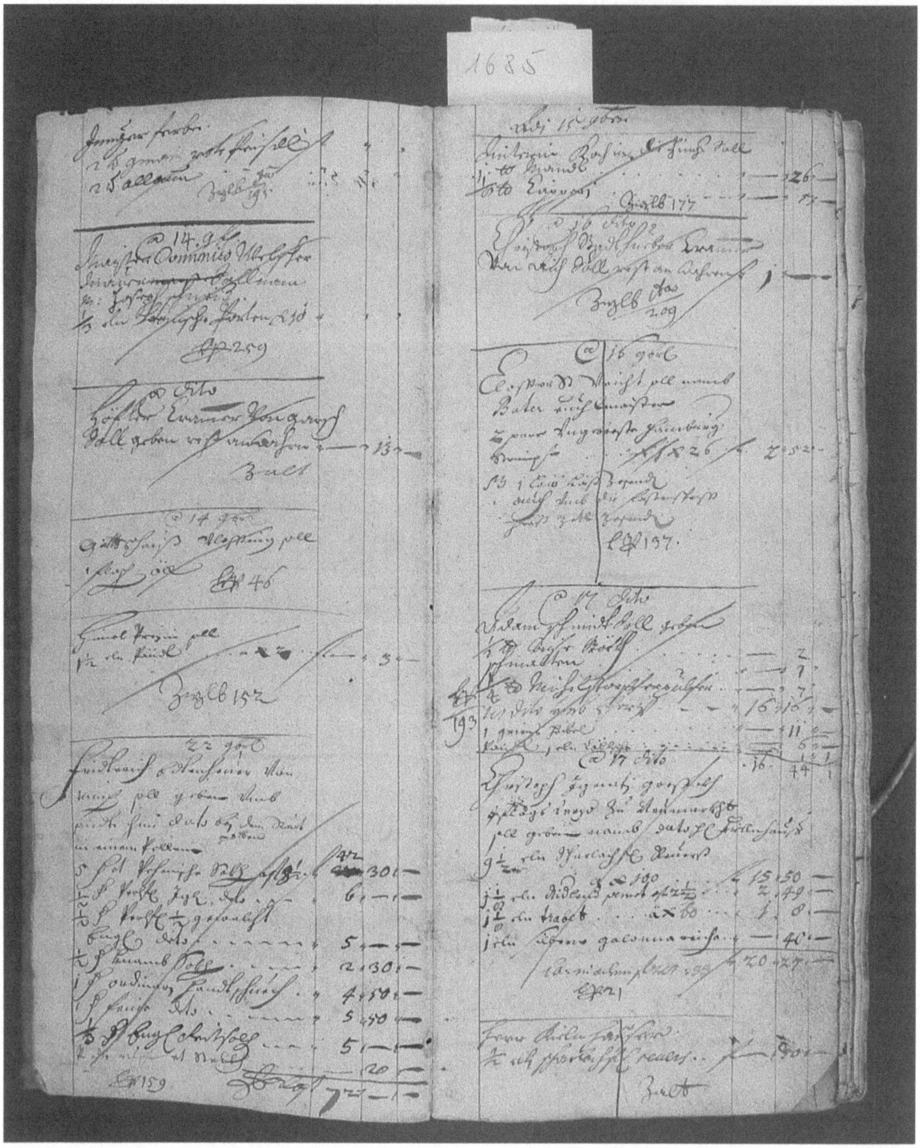

Abb. 6: Innenansicht der Strazza, ab 14. 11. 1684. Foto: Kromas

Es war üblich, die Einträge mit Feder und Tinte auf die Papierbögen zu schreiben und erst später beim Buchbinder binden zu lassen. Ein gedrucktes Formular gab es nicht. Die Seiten sind jeweils händisch mit Bleistift in fünf Spalten eingeteilt. Für die Einträge haben die Kramer eine einfache Gliederung verwendet. Die erste schmale Spalte ist selten beschrieben. Sie diente zum Vermerk des Warenzeichens, unter dem eine Sendung verschickt wurde. Die zweite, sehr breite Spalte enthält die umfangreichste Information, dort sind unter dem Tagesdatum der

Name der Kundschaft, die Waren und die Warenmengen eingetragen, und ob es sich um eine Forderung oder – eher selten – um eine Verbindlichkeit handelte, wer die Waren abgeholt, mitgenommen oder ausgeliefert hat sowie ein Vermerk zur Bezahlung des Postens. In den drei folgenden rechten Spalten sind die Preise in der Verrechnungseinheit Gulden (fl), Kreuzer (kr) und Pfennig (d) eingetragen. Die Seiten sind nicht paginiert, wurden aber auf den Fotokopien für die Auswertung händisch durchnummeriert (insges. 239 Seiten).

Die Berechnungen der Preise in den Einträgen sind meistens genau, was Stichproben gezeigt haben. Es gibt nur ganz selten Ungereimtheiten, wie z. B. der Eintrag, bei dem für Macheier-Stoff 66 kr (1 fl 6 kr) als Preis pro Elle eingetragen wurde, als Endpreis für 4 ½ Ellen aber nur 42 kr 2 pf berechnet wurden.[10]

Die Funktion des Buches war eine Art Gedächtnisstütze, in der die täglichen Verkäufe chronologisch aufgeschrieben wurden, um dann später in korrekter Form und Gruppierung in andere Bücher übertragen zu werden. Das leitende Ordnungskriterium der Einträge war die Chronologie der Geschäftsvorfälle. Gleichzeitig machte man die Transaktionen als Forderung (*soll geben*) oder als Verbindlichkeit (*soll haben*) kenntlich. Die Strazza war somit die Grundlage der Buchführung. Im kaufmännischen Sprachgebrauch nannte man diese Bücher Strazzen, Kladden, prima nota, Sudelbücher oder auch Ricordance.[11] Im vorliegenden Falle wurden alle Verkäufe (und einige Einkäufe) eingetragen, die nicht sofort bezahlt, sondern auf Kredit gekauft wurden, daher könnte man auch von einem Anschreibebuch sprechen.[12]

Auffallend ist, dass es in der Strazza kein Vorsatzblatt gibt. Die Einträge beginnen direkt auf der ersten Seite mit dem 14. November unter der Zeile *Laus Deo Anno 1684*. Ein Geschäftsbuch wurde in aller Regel mit einem längeren Segensspruch auf dem ersten Blatt begonnen. So hat Andre Reischl, einer der Nachfolger der Schmidts, sein Hauptbuch mit dem Segensspruch (Abb. 7) angefangen: *In Namen Der-/ Aller Heilligsten/Dreyfaltigkeit/ Gott Vatter, Sohn Und Heil: / Geist / Wie auch der Unbefleckhten Empfen/gnnus Und Himels Könign* (sic) *Maria, auch aller/ Lieben Heilligen Englen und Außerwölte Gottes / fange ich an Dißes Neüe Hadlungs Haubt/Buch No 1. Gott verleiche HierZu Mitls Seiner / Barmherzigkeit durch Vorbitt*

10 [183] 26.9.1686.

11 Franz-Josef Arlinghaus, Die Bedeutung des Mediums „Schrift“ für die unterschiedliche Entwicklung deutscher und italienischer Rechnungsbücher, in: Walter Pohl, Paul Herold (Hg.), Vom Nutzen des Schreibens. Soziales Gedächtnis, Herrschaft und Besitz im Mittelalter, Wien 2002, S. 237–268, hier S. 240–244; Balduin Penndorf, Geschichte der Buchhaltung in Deutschland, Leipzig 1913.

12 *Der Begriff ‚Anschreibebuch‘ ist kein Begriff der Alltagssprache, wir kennen ihn allenfalls noch als Bezeichnung für das Kundenbuch des Krämers, bei dem man nicht unmittelbar nach dem Kauf zu bezahlen brauchte.* S. Marie-Luise Hopf-Droste, Vorbilder, Formen und Funktionen ländlicher Anschreibebücher, in: Helmut Ottenjann, Günter Wiegelmann (Hg.), Alte Tagebücher und Anschreibebücher, Quellen zum Alltag der ländlichen Bevölkerung in Nordwesteuropa, Münster 1982, S. 61–84, hier S. 61.

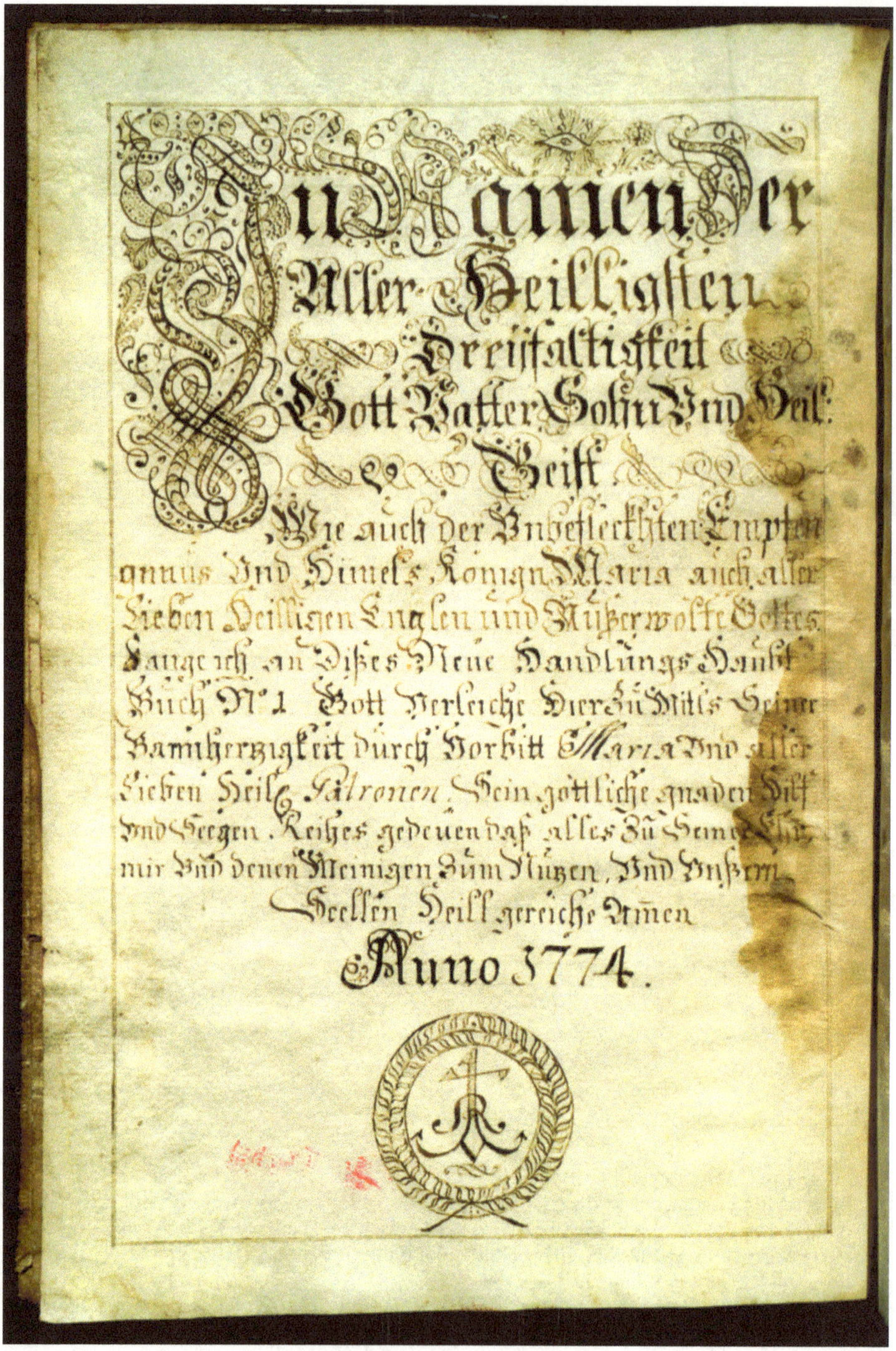

Abb. 7: Segensspruch aus dem Haupt-Buch des Andre Reischl, 1774, Stadtarchiv Mühldorf a. Inn.

Maria Und aller/Lieben Heil. Patronen Sein göttliche gnaden Hilf / und Segen. Reihes (sic) *gedeüen daß alles Zu Seiner Ehr, / mir Und denen Meinigen Zum Nutzen, Und Unßern Seellen Heill gereiche Amen. Anno 1774.*[13]

4.1 Schmidts Buchführung

Zweck einer guten Buchhaltung sei es, so Ludovici, Einnahmen und Ausgaben, *es sey an Geld oder Waaren, in guter Ordnung halten, und zwar dergestalt, daß sie entweder sich selbst, wenn es ihnen eigen ist, oder demjenigen, für den sie es verwalten, jederzeit auf Begehren Rede und Antwort geben können.*[14]

Durch eine ordentliche Buchhaltung ließ sich der wirtschaftliche Stand des Unternehmens feststellen. Grundlegende Methoden der Buchführung, speziell die heute noch gebräuchliche Form der doppelten Buchführung, entwickelten sich bis zum 14. Jahrhundert in Italien.[15] Seit dem 15. Jahrhundert, insbesondere durch das neue Medium Buchdruck, wurde dieses Wissen durch Lehrbücher auch nördlich der Alpen verbreitet.[16]

Die doppelte Buchführung war für große Unternehmen wie z. B. die Fugger, Welser und italienische Großhandelshäuser geeignet, um einen besseren Überblick über die einzelnen Unternehmungszweige und Faktoreien zu gewinnen.[17] Eine systematische Buchführung verlangte das Führen mehrerer Bücher: ein Memorial, ein Journal, ein Hauptbuch und ein Korrespondenzbuch.[18] Doch kaum ein Handelsunternehmen im Spätmittelalter und der Frühen Neuzeit benutzte das komplexe Verfahren der doppelten Buchführung bzw. schöpfte seine Möglichkeiten aus.[19] Verbreitet waren eher die verschiedenen, aus der jeweiligen Praxis erwachsenen Formen der einfachen Buchhaltung.[20]

Die neuere Forschung zum Thema Buchführung im Mittelalter und in der Frühen Neuzeit hat deutlich herausgearbeitet, dass es den Kaufleuten südlich und nördlich der Alpen in erster Linie um eine präzise und pragmatische Schuldenverwaltung ging und nicht um ein genaues Wissen um den Gesamtgewinn des Unternehmens. Eine *Bilanz* bzw. eine Inventur wurden in der Regel nur dann

---

13 Das Warensignet des Andre Reischl in seinem *Haubt-Buch*, Stadtarchiv Mühldorf a. Inn, ist publiziert im Begleitband Salzburg in Bayern, S. 111.

14 Ludovici, Akademie, Teil 2, 1767, Sp. 2241–2251, hier Sp. 2241.

15 Hierzu der sehr ausführliche Überblick bei Penndorf, Geschichte der Buchhaltung, S. 41–46.

16 Der Franziskanermönch Luca Pacioli hat 1494 die bestehenden Gebräuche zusammengefasst und in Buchform veröffentlicht, s. Penndorf, Geschichte der Buchhaltung, S. 41.

17 Hermann Kellenbenz, Wirtschaft und Gesellschaft Europas 1350–1650, in: Ders. (Hg.), Handbuch der europäischen Wirtschafts- und Sozialgeschichte, Bd. 3, Stuttgart 1986, S. 62.

18 Wilfried Reininghaus, Das Archivgut der Wirtschaft, in: Evelyn Kroker, Handbuch für Wirtschaftsarchive, München 1998, S. 60–98, hier S. 65.

19 Arlinghaus, Medium Schrift, S. 237.

20 Penndorf, Geschichte der Buchhaltung, S. 189–192; Kellenbenz, Wirtschaft Europas, S. 62.

erstellt, wenn das Unternehmen weitergegeben wurde (Tod, Erbschaft, Aufnahme eines neuen Teilhabers). Die Buchhaltung war vornehmlich ein Instrument mit memorativer Funktion, eine Gedächtnisstütze, um die offenen Posten im Auge zu behalten.[21]

Franz-Josef Arlinghaus verglich die Buchführung des toskanischen Handelshauses Datini / di Berto mit der von zeitgleichen Hansehandelshäusern und kam zum Ergebnis, dass südlich und nördlich der Alpen ein ähnliches System benutzt wurde. Bei den Kreditgeschäften ging man mehrheitlich folgendermaßen vor: *In unregelmäßigen Abständen zwar, aber kontinuierlich, zumeist alle drei bis sechs Wochen, sah man die Kladde auf noch nicht bezahlte Schulden durch und übertrug diese in das sogenannte Memoriale. Erfolgten die Notierungen in den Ricordanze in chronologischer Folge, so bemühte man sich im Memoriale darum, die einer Person zuzurechnenden Außenstände der zurückliegenden Periode zusammenzuführen. In noch größeren zeitlichen Intervallen von mehreren Monaten durchforstete man den Memoriale und trug die weiterhin nicht bezahlten Schulden, die nun bereits in ‚vorsortierter' Form greifbar waren, in den Libro grande ein. Die Konten in diesem Buch waren sehr gut strukturiert und übersichtlich angeordnet, so daß ein Erfassen der Schulden jedes Klienten leicht gelingen konnte.*[22] Diese Aussage macht Arlinghaus für das Spätmittelalter.

Marie-Louise Pelus-Kaplan kommt in ihrer Untersuchung über die Buchhaltung im hansischen Bereich für das 16. und 17. Jahrhundert zu vergleichbaren Ergebnissen. Es änderte sich nur die Terminologie. Sie hat bei der Analyse Lübecker Rechnungsbücher festgestellt, dass sie sich trotz unterschiedlicher Bezeichnungen an das *Prinzip der Trilogie* hielten.[23] Dieser pragmatischen Form der Buchführung nach dem *Grundschema Ausgaben – Einnahmen – Ergebnisse* haben sich auch die Mühldorfer Kramer im 17. und 18. Jahrhundert bedient. Das Verfahren entsprach jenem, das Arlinghaus herausgearbeitet hat.

Franciscus und sein Sohn Adam waren in der Lage, auf der Basis der Strazza ihre Außenstände zu kontrollieren, die Schuldner zur Zahlung zu mahnen bzw. die Schulden einzutreiben.[24] Die Strazza von 1684 bis 1687 enthält die täglichen Verkäufe im Gewölbe, dem Laden in Mühldorf. Nur in Einzelfällen lassen sich über das Datum, z. B. *Simonymarkt*, mögliche Verkäufe auf den Märkten Mühldorfs oder der Umgebung ausmachen. Ebenso vereinzelt sind die Einträge zu Einkäufen, daher gibt die Strazza kaum Auskunft über die Schulden, die die Schmidts ihrerseits bei ihren Lieferanten durch Warenkäufe gemacht haben. Die Einträge, man könnte sie auch Buchungen nennen, halten die Forderungen fest; aber nicht

---

21 Pelus-Kaplan, Geschichte der Buchhaltung im hansischen Bereich, S. 31–45; Franz-Josef Arlinghaus, Zwischen Notiz und Bilanz. Zur Eigendynamik des Schriftgebrauchs in der kaufmännischen Buchführung am Beispiel der Datini/di Berto-Handelsgesellschaft in Avignon, 1367–1373 (Gesellschaft Kultur und Schrift – Mediävistische Beiträge 8), Frankfurt am Main 2000, S. 358. Ders., Medium Schrift, S. 238.

22 Arlinghaus, Medium Schrift, S. 245.

23 Pelus-Kaplan, Buchhaltung, S. 40–41.

24 Dies war wahrscheinlich der Grund, warum die Strazza überhaupt aufbewahrt wurde.

immer sind der Preis der Waren oder die Endsumme des Einkaufs angegeben. Die sorgfältige Verwaltung der Forderungen war sehr wichtig. Wurden die *Schulden herein* nicht konsequent notiert, bestand die reale Gefahr, Posten zu übersehen und dadurch Einnahmeverluste zu haben.[25]

Das leitende Ordnungskriterium der Einträge ist das Tagesdatum, d. h., alle Einträge erfolgten chronologisch. Hin und wieder gibt es Unregelmäßigkeiten, wie auf der zweiten Seite, wo zwischen dem 14. und 15. November 1684 ein Verkauf vom 22. November eingeschoben wurde. Das ließe sich dadurch erklären, dass auf der Seite noch Platz war, den man ausnutzen wollte.[26] Die fortlaufenden Einträge bzw. Buchungen sind am Ende jeweils deutlich durch Absätze und Querstriche voneinander getrennt; es gibt keine Überträge auf die nächste Seite und keine Seitennummerierungen. Ins Auge fällt sofort, dass alle Einträge mit einem senkrechten oder diagonalen Federstrich[27] durchgestrichen und mit einem Kürzel versehen sind. Damit wurden die Eintragungen als erledigt gekennzeichnet, entweder durch Bezahlung der Schuld oder durch den Übertrag auf ein spezielles Schuldenkonto, vergleichbar mit dem Verfahren, das Arlinghaus vorstellte. Die Kürzel sind: *zalt*, *zlt* bzw. *kp*, *kp ta*, *k pecata* (Konto bezahlt), *zylb*, *zylb ta*, *nlb* u. a. Leider lassen sich nicht alle Kürzel auflösen, aber vielleicht handelte es sich um Hinweise über die Qualität der Schulden, ob sie noch einbringbar oder verloren waren. Bei allen Kürzeln mit Ausnahme der *zalt*-Hinweise ist immer eine ein- bis dreistellige Zahl angefügt, die sich als Seitenzahl eines anderen Kontobuchs, als Rückverfolgungsvermerk, lesen ließe. Daraus kann man ableiten, dass es mindestens ein weiteres *Schuldenbuch* zur besseren Übersicht über die Außenstände gegeben haben wird, in das die Schmidts in regelmäßigen, mehr oder weniger großen Abständen die offenen Posten übertragen haben. Ein solches Buch ist für das 17. Jahrhundert nicht überliefert. Aber es ist sicher anzunehmen, dass Franciscus und Adam Schmidt so wie ihre Nachfolger Andre und Maria Katharina Reischl ebenfalls ein Register der Schuldner anlegten. Wie es konkret ausgesehen haben könnte, ist nicht zu sagen, lässt sich aber in den Grundzügen am Beispiel eines Reischl-Geschäftsbuches aus dem 18. Jahrhundert rekonstruieren.[28] Dieses hatte ein alphabetisches Daumenregister mit mehreren Seiten pro Buchstaben für die Schuldnernamen und die Schuldsummen. So kann man unter dem Namen des Schuldners oder der Schuldnerin die aufgelaufene Summe auf einen Blick ersehen.

Die Umbuchungen der offenen Posten in ein Schuldenbuch mit Personenkonten sind in der Strazza in ziemlich regelmäßigen Abständen von drei bis vier Wochen durch die Erledigungsvermerke *bis hero alhier völlig eingetragen*[29] oder

---

25 Arlinghaus, Medium Schrift, S. 246.

26 [2] 14.11.1684.

27 In den ersten Monaten sind die *zalt*-Hinweise mit einem senkrechten Strich versehen. Dieses System wurde aber nicht durchgehalten.

28 Stadtarchiv Mühldorf a. Inn, Buch 4, 1777–1784.

29 [20] 9.1.1685

NB bis anhero alles eingetragen[30] nachzuweisen. Die Vermerke zum Übertrag sind gerade in den ersten Monaten der Strazza ausführlich, werden im Laufe der Zeit unauffälliger bis hin zu einem einzigen Wort: *eingetragen.*[31] Sicherlich wurden die Endsummen bei den Umbuchungen bei dieser Gelegenheit nochmals kontrolliert. Wurden die Schulden beglichen, fand die *Ausbuchung* des Postens statt.

4.2 Kaufen auf Kredit

Die in der Strazza eingetragenen Verkäufe waren Kreditverkäufe, die Kundschaft ließ die Waren anschreiben. Vermutlich wurde nur ein Bruchteil der Käufe bei den Schmidts sofort beim Kauf in bar beglichen. Ebenso kauften die Schmidts selbst auf Kredit, was sich aus den wenigen Notizen zu Wareneingängen ablesen lässt.

Kaufen und später zahlen ist keine neue Sache, sondern war bereits im Mittelalter und auch zur Zeit der Schmidts im 17. Jahrhundert in ganz Europa und in allen Schichten üblich.

Die Kunden waren auf das zeitliche Stunden der Zahlung angewiesen, und zwar nicht bei seltenen, außergewöhnlichen Anlässen, sondern bei den kleinen, alltäglichen Geschäften.[32] Ein Grund dafür dürfte der Münz- und Bargeldmangel in der Frühen Neuzeit gewesen sein.[33] Ein Netz von Stunden und Leihen, in dem jeder zugleich (potenzieller) Schuldner und Gläubiger war, verband die gesamte Gesellschaft.[34] Man könnte von der Allgegenwart des Kredits in der vorindustriellen Welt sprechen. Craig Muldrew hat für England im 16. Jahrhundert eine umfassende Einbindung der vorindustriellen Gesellschaft in finanzielle Abhängigkeiten gezeigt, es habe weder auf dem Land noch in den Städten Haushalte gegeben, die von der Selbstversorgung und ohne Marktbeziehungen leben konnten.[35] Banken gab es zwar bereits, sie spielten aber auf dem Land noch keine Rolle, man ließ üblicherweise anschreiben.[36] So kauften auch finanzstarke Kunden wie die Erzabtei St. Peter in Salzburg in den Jahren 1554–1557 Stoffe beim Salzburger Tuchhändler Benedikt Pietenberger. Man schrieb die Einzelkäufe auf Belege auf und rechnete später alle zusammen ab.[37] Da das gegenseitige Borgen

30 [47] 21.2.1685.

31 [123] 18.11.1686.

32 Schlumbohm, Zur Einführung, in: Schlumbohm (Hg.), Soziale Praxis, S. 7–13, hier S. 7.

33 Mark Häberlein, Kreditbeziehungen und Kapitalmärkte vom 16. bis zum 19. Jahrhundert, in: Schlumbohm (Hg.), Soziale Praxis, S. 37–51, hier S. 39. Michael North, Kleine Geschichte des Geldes. Vom Mittelalter bis heute, München 2009, S. 42–43.

34 Craig Muldrew, The Economy of Obligation, The Culture of Credit and Social Relations in Early Modern England, Basingstoke 1998, S. 95.

35 Muldrew, Anthropologie, S. 176.

36 Schlumbohm, Zur Einführung, in: Schlumbohm (Hg.), Soziale Praxis, S. 7–13, hier S. 7.

37 Herbert Klein, Die Tuchweberei am unteren Inn und der unteren Salzach im 15. und 16. Jahrhundert nach Salzburger Quellen, in: MGSL 106 (1966), S. 115–139, hier S. 129, Fußnote 69.

so verbreitet war, wurden beim Kreditverkauf keine Zinsen berechnet, im Gegensatz zum Geldverleih, wo Zinsen zur Risikoabdeckung seit Beginn des 17. Jahrhunderts üblich waren.[38]

Die meisten Geschäfte wurden mündlich vereinbart und waren verbindlich. Bei den Kreditbeziehungen ging es um mehr als nur um Geld und Zinsen. Wichtig waren die sozialen Verpflichtungen.[39] Die Gewährung und Abwicklung der vielen kleinen Warenkredite waren nur auf der Basis des gegenseitigen Vertrauens möglich. Ehre und Vertrauen einerseits und Kreditfähigkeit andererseits bedingten sich gegenseitig.[40] Grundlage dafür war die gemeinsame, in der Religion wurzelnde Überzeugung, dass man ein Versprechen nicht brechen dürfe, das Brechen eines Versprechens galt als Sünde.[41] Ebenso war der gute Ruf von beiden beteiligten Seiten wichtig. Die Überlassung von Ware auf Kredit setzte seitens des Kreditgebers Vertrauen in den Schuldner und seine Zahlungsfähigkeit und Zahlungswilligkeit voraus. Konnte jemand seine Schulden nicht bezahlen, wurde dies rasch bekannt. Der säumige Schuldner musste damit rechnen, seine Kreditwürdigkeit und damit sein Ansehen in der Gesellschaft und seine Ehre zu verlieren.[42] Andererseits gab es auch für den Kreditgeber langfristige Vorteile, denn die Kaufleute oder Kramer konnten ihre Kundschaft durch die zinslose Stundung der Ware an sich binden.[43]

Die Stundung beruhte auf der Erwartung einer zukünftigen Zahlung. Die Rückzahlungsfristen waren verschieden lang. Für die Begleichung gab es keine festgelegten Regeln, sie konnte zeitnah, wöchentlich, monatlich, halbjährlich, jährlich oder in noch größeren Abständen geschehen.[44] Manchmal machten beide Parteien einen festen Zahlungstermin aus, z. B. auf dem nächsten Markt oder der nächsten Messe, wenn man sich wieder traf, um Handel zu treiben. So dienten für viele Basler Kaufleute die Frankfurter Messen im Spätmittelalter als Zahlungstermine.[45]

---

38 Muldrew, Anthropologie, S. 186.

39 Schlumbohm, Zur Einführung, in: Schlumbohm (Hg.), Soziale Praxis, S. 8; Michaela Fenske, Kredit im Kontext der frühneuzeitlichen Marktkultur. Zahlungspraktiken auf einem Jahr- und Viehmarkt, in: Häberlein, Jeggle (Hg.), Praktiken, S. 477; Muldrew, Anthropologie, S. 178.

40 Muldrew, Obligation, S. 173.

41 Muldrew, Anthropologie, S. 189.

42 Häberlein, Kreditbeziehungen, in: Schlumbohm (Hg.), Soziale Praxis, S. 40; Gunda Barth-Scalmani, Vater und Sohn Mozart und das (Salzburger) Bürgertum oder „Sobald ich den Kredit verliere, ist auch meine Ehre hin“, in: Dieselbe, Brigitte Mazohl-Wallnig, Ernst Wangermann (Hg.), Genie und Alltag. Bürgerliche Stadtkultur zur Mozartzeit, Salzburg, Wien 1994, S. 173–202.

43 Schlumbohm, Zur Einführung, in: Schlumbohm (Hg.), Soziale Praxis, S. 10. Fenske, Marktkultur, S. 487.

44 Angelika Kromas, Bezahlt laut Conto. Alltägliche Kredite und Zahlungen, in: Reith u. a. (Hg.), Haushalten und Konsumieren, S. 259–269, hier S. 261–263. Lipp, Aspekte, in: Schlumbohm, Soziale Praxis, S. 19.

45 Davina Benkert, Messbücher und Messrechnungen. Zur Geschichte der Basler Messen bis 1647, in: Peter Rauscher, Andrea Serles (Hg.), Wiegen, Zählen, Registrieren. Handelsge-

Wie lange die Schmidts ihren Kunden und Kundinnen die Bezahlung der Waren stundeten, lässt sich nicht sagen, da bei den Erledigungsvermerken kein Tagesdatum eingetragen wurde, aus dem die Dauer der Kreditbeziehung hätte errechnet werden können. Es ist auch offen, wie die Schmidts mit unbezahlten Außenständen umgegangen sind, ob sie diese als Verlust, als unwiederbringlich ausgebucht oder durch eine Klage per Gericht eingetrieben haben. Steinbrink betont, dass der Basler Kaufmann Ulrich Meltinger im Falle einer verschleppten Be- bzw. Rückzahlung weniger an der sofortigen Begleichung der Schuld, sondern eher an einer langfristigen Zusammenarbeit interessiert gewesen war.[46] Vielleicht dachten die Schmidts ähnlich.

Bei den täglichen Verkaufsaktionen notierten die Schmidts wie bereits beschrieben die Namen der Kundschaften und die Waren in der Strazza. In den meisten Fällen fügten die Schmidts die Notiz *hat anstehen lassen* hinzu, sodass zweifelsfrei war, dass es sich um eine offene Forderung handelte. Häufig wurde eine Anzahlung gemacht, die mit *Zahlung*, *Anzahlung*, *hieran zalt*, *zalt restlich wahren* oder z. B. auch *zalt sein Hausfrau* gekennzeichnet war, die Restschuld blieb offen. In einigen Fällen ist in der Strazza auch die Bemerkung *yberzaltes* oder *ließ yberzaltes stehen* zu finden. Die Entstehung solcher Guthaben könnte möglicherweise mit der Münzknappheit zum Wechseln zusammenhängen. Vielleicht haben manche Kunden und Kundinnen aber auch bewusst ein Guthaben angelegt. Selten vorgekommen sind Vorauszahlungen oder Zahlungen à conto, mit denen ebenfalls ein Guthaben angelegt wurde. Es finden sich auch einzelne Einträge mit *ordenlich zesammen gerechnet worden*, worunter eine Abrechnung mehrerer Posten zu verstehen ist.

Es wird sich dabei um ein Kontokorrentkonto gehandelt haben, wie es zwischen Franciscus Schmidt und seinem Schwiegersohn David Oppenriedter aus Landshut ebenfalls bestanden hat. Ein Kontokorrentkonto (laufende Rechnung) ist ein Verrechnungskonto zwischen zwei Geschäftspartnern, die die gegenseitigen Leistungen und Verbindlichkeiten gegenüberstellen und das periodisch abgerechnet bzw. ausgeglichen wird. Die Geschäftsvorgänge werden somit nicht einzeln abgerechnet, sondern erst nach einem vereinbarten Zeitraum.[47] Oppenriedter lieferte u.a. größere Mengen an Johannesbrot nach Mühldorf, das als Süßigkeit, aber auch als Viehfutter Verwendung fand, kaufte aber bei den Schmidts seinerseits Feigen, Socken oder auch Stoffe ein. Um die gegenseitigen finanziellen Verpflichtungen nicht aus den Augen zu verlieren, führten üblicherweise beide Parteien das Verrechnungskonto, das in diesem konkreten Falle Franciscus Schmidt Anfang Dezember 1684 abrechnete und eine Verbindlichkeit von 42 fl 49 kr gegenüber

---

schichtliche Massenquellen und die Erforschung mitteleuropäischer Märkte (13.–18. Jahrhundert), Innsbruck 2015, S. 69–90, hier S. 71.

46 Steinbrink, Handeln am Oberrhein, in: Häberlein, Jeggle (Hg.), Praktiken, S. 203.

47 N. N., Der kleine Maier-Rothschild. Ein praktischer Führer durch das Gebiet der Handelswissenschaften, Berlin 1896, S. 472.

seinem Schwiegersohn feststellte.[48] Ob die Summe als Bargeld nach Landshut versendet wurde oder den Übertrag auf ein neu eröffnetes Kontokorrentkonto darstellt, ist nicht ersichtlich. Der Eintrag vermittelt den Eindruck, als handele es sich um ein Konto für Frachtkosten, die Oppenriedter für Schmidt ausgelegt hat. Schmidt wird von Oppenriedter mit den angeführten Waren beliefert worden sein, wobei der Kunde auch die Fracht zahlen musste. Nach ein paar Jahren dürfte er ihm eine Rechnung geschickt haben, die Schmidt dann so in seine Strazza eintrug. Er schrieb als Einleitung *so er eingebracht hat* – d. h., dass Oppenriedter die unterschiedlichen Posten in seiner Kontokorrentrechnung notiert hat.[49] Der Eintrag in der Strazza scheint Schriftbild und Tinte zufolge in einem Zug geschrieben worden zu sein. Vor jedem Posten wurde ein Aufzählungsstrich gesetzt, der bei der folgenden Kontrolle durchgestrichen wurde (Abb. 8 unten).

Im vorliegenden konkreten Fall wurde das Konto am 8. Dezember 1684 abgeschlossen, die ältesten Posten datieren aus September 1682. Mit einem Kontokorrentkonto konnte das Problem der frühneuzeitlichen Bargeldknappheit umgangen werden, außerdem vereinfachte man damit den Abwicklungsaufwand jeder einzelnen Transaktion. Man zahlte nicht jeden einzelnen Vorgang, sondern sammelte eine gewisse Zahl an Transktionen an. Der Begriff stammt aus Italien. Kontokorrentkonten wurden in Genua seit dem ausgehenden 12. Jahrhundert von Privatpersonen sowie von Handelsgesellschaften benutzt. Solche Kontokorrentkonten waren nur zwischen vertrauenswürdigen Geschäftspartnern oder -partnerinnen üblich, mit denen ein steter Geschäftsverkehr herrschte und auf deren Bonität man sich verlassen konnte.

In einigen Fällen haben die Schmidts sich auch auf verschiedene Zahlungsweisen, u. a. auch auf Tauschgeschäfte, eingelassen. Der Schuhmacher Benedikt Diewaldt aus Neumarkt-St. Veit hatte für seinen Einkauf von Corduanleder, Juchten und Pfundleder zunächst eine Anzahlung in bar gemacht und für den Rest von 4 fl 30 Ellen Leinwand *in Versaz gelegt*, d. h., als Sicherheit hinterlegt, dabei hatte sich beim Nachmessen herausgestellt, dass es tatsächlich nur 29 Ellen waren. Die nächste Zeile auf dem Konto lautet *dito zalt mit 29 ½* (!) *Elln leinwath a 13 kr*, also haben die Schmidts das Pfand schließlich als Zahlung angenommen.[50] Auffallend ist aber, dass nicht die ausgemessenen 29 Ellen angerechnet wurden, sondern eine halbe Elle mehr. Dafür wird aber nicht der volle Preis der 29 ½ Ellen notiert, sondern nur 6 fl. Die ursprünglich notierten 6 fl 23 kr sind dick durchgestrichen. Damit ist die Restschuld von 4 fl überzahlt und ein Guthaben von 2 fl entstanden. Davon wird im Januar 1 fl für *Drangeld* (Draufgabe) für Diewaldts Schwager eingetragen, das restliche Guthaben von 1 fl wird nicht mehr erwähnt.

---

48 [10] 8.12.1684.
49 Für die Unterstützung danke ich Doris Hörmann.
50 [26] 19. 1.1685.

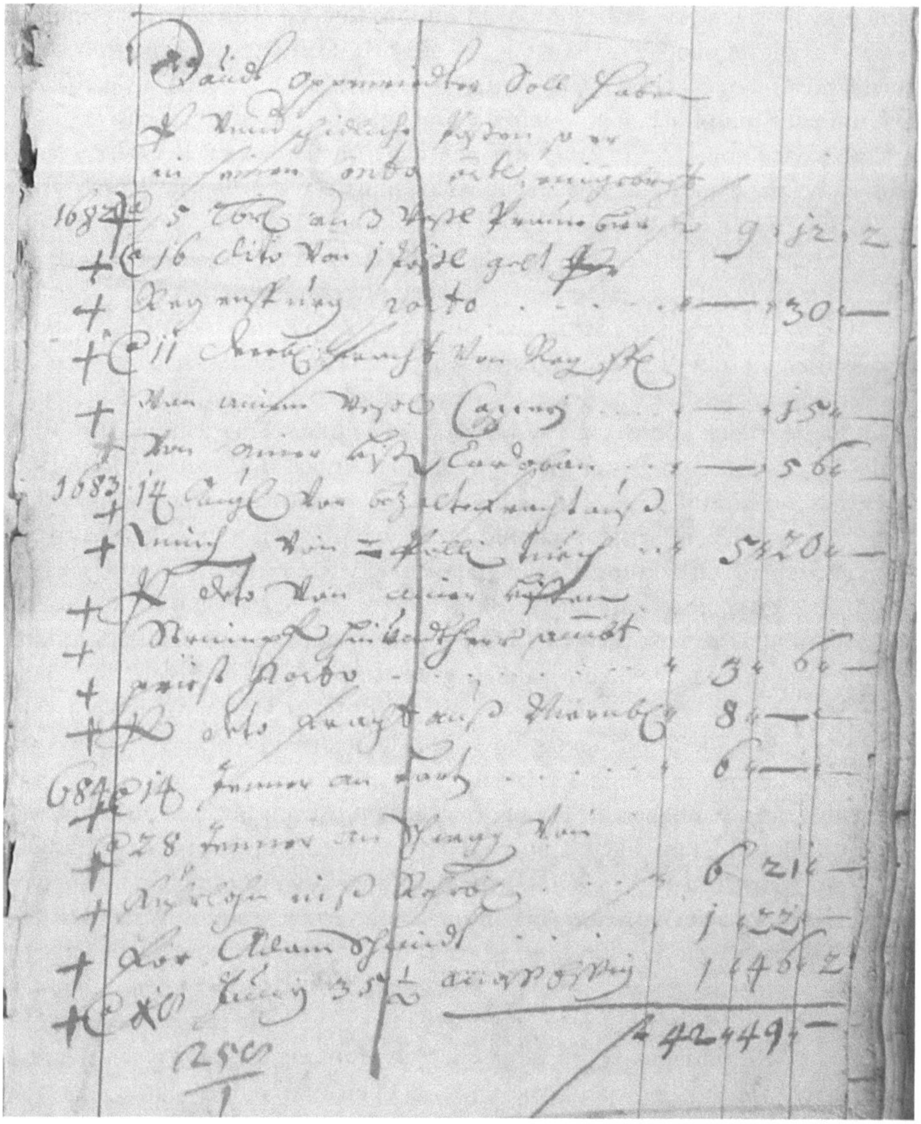

Abb. 8: Kontokorrentkonto mit Oppenriedter, Landshut. Foto: Kromas

Einige Male gibt es den Eintrag *zahle anstatt des …* So übernahm z. B. Franciscus 12 fl 30 kr für den Höllschmidt.[51]

Notiert wurden die Preise in der Rechnungseinheit Gulden und Kreuzer. Die Kunden zahlten aber mit verschiedenen Münzen, wenn sie ihre Schulden beglichen. Um sich selbst keinen wirtschaftlichen Schaden zuzufügen, mussten die Händler Kenntnisse über den jeweiligen aktuellen Wert und die Gültigkeit der

51 [3] 16.11.1684.

umlaufenden Münzen haben. Die Kaufleute mussten daher die Währungssysteme und Münzkurse in anderen Orten kennen. Dafür konnten sie auf Handbücher wie das *Taschenbuch eines Banquiers und Kaufmannes* von Johann Christian Nelkenbrecher oder auf amtliche Kurszettel zurückgreifen. Erich Erker verweist darauf, dass zur Kontrolle der Gewichtsunterschiede von Goldmünzen in den Kontoren neben speziell ausgestatteten Schreibtischen vorwiegend kleine Balkenwaagen mit Messinggewichten benutzt wurden.[52]

Die Schmidts selber zahlten mit den eingenommenen Münzen ihre eigenen Rechnungen oder wechselten die Münzen um. So schickten die Schmidts am 18. April 1685 einen Posten im Wert von 1.570 fl mit einer Warenlieferung von Mühldorf a. Inn weg, das Ziel erfahren wir nicht:[53]

1 Posten 1/1 fl	500 fl	Ganzer Gulden, Rechnungswert 60 kr
1 Posten ½ deto	180 fl	Halber Gulden, Rechnungswert 30 kr
1 Posten 15er	450 fl	Fünfzehnkreuzerstück
1 Posten 6er	250 fl	Sechskreuzerstück
1 Posten Groschen	150 fl	Dreikreuzerstücke
1 Posten X (Kreuzer)	50 fl	Einkreuzerstücke[54]

Einen Tag später wurde notiert: habe *yber nebensth*(ehendes) *mit mir nach gars genommen*

28 ungar. Dugaten[55]	26 ½ fl	
249 ganze Louis a 16? fl.	435 fl	45 kr
227 an ½ deto	397 fl	15 kr
1/1 et ½ Gulden	270 fl	30 kr
70 burg(undische?) Taller	116 fl	40 kr
15 er	57 fl	

52 Erich Erker, „In der Cassatruchen war vorhanden". Münzen und Medaillen als Zahlungsmittel, Geschenke und Sammlungsobjekte, in: Reith u. a. (Hg.), Haushalten und Konsumieren, S. 271–281, hier S. 272–273.

53 [67] 18.4.1686.

54 Für die Erläuterung der Münzsorten danke ich Dr. Erich Erker.

55 [67] 19.4.1686.

5 Waren – Textilien und Spezereien

Zur Kaufkraft

Der Wohlstand in der Mühldorfer Stadtgesellschaft war im 17. Jahrhundert sehr unterschiedlich verteilt. In der Steuerliste von 1624 lagen die zu versteuernden Vermögen zwischen 20 fl und 18.000 fl.[1] Die Elite bildete die gewerbliche Führungsschicht, deren Lebensstandard im Vergleich zu anderen Schichten hoch und vor allem stetig war.[2] Die arbeitende Unterschicht Mühldorfs lebte zwar nicht am absoluten Existenzminimum, aber der größte Teil des Einkommens wurde für das unmittelbare Überleben gebraucht.[3] Somit gehörten die unteren Einkommensschichten bis auf wenige Dienstboten, bei denen es aber auch nicht eindeutig ist, ob sie ihre Einkäufe bei den Schmidts tatsächlich selbst bezahlt haben, nicht zur Käuferschicht der Schmidts. Anhand der Einkommen der unteren städtischen Angestellten wie der Schiffmeister, Aufleger[4], Bruckmeister oder Zimmerleute (ohne Meisterqualifizierung) lässt sich dies eindrucksvoll zeigen. Sie arbeiteten zu einem geringen Tagelohn. Ein Schiffmeister bekam im Jahr 1681 von der Stadtverwaltung 10 kr, ein Aufleger 9 kr, ein Brückenmeister 12 kr und ein Zimmermann ebenfalls 12 kr Entlohnung pro Tag.[5] Diese Löhne galten für Sommer und Winter jeweils auch in den Jahren 1684 bis 1687.[6] Damit musste der Lebensunterhalt für die gesamte Familie bestritten werden: Brot, Fleisch, Milch, Käse, Gemüse (meistens Sauerkraut), Getränke, Mieten und Heizung.[7] Für ein halbes Pfund Zucker vom günstigen CF-Zucker, wofür Schmidt 10 kr verlangte, hätte ein städtischer Aufleger mehr als einen ganzen Tag arbeiten müssen.[8] Ebenso verhielt es sich mit Textilien, Möbeln, Haushaltsgegenständen, Werkzeugen oder seltenen Luxusausgaben wie Konfekt oder Lebkuchen. Solche Waren konnten

---

1 Steur Puech der Hochfürstlich Salzburgischen Statt vnnd Burckhfridts Mühldorf. Aufgerichtet Anno 1624, in: Das Mühlrad 19, 1977, S. 30–63.

2 Kathrin Pindl, Arbeit und Auskommen in Mühldorf a. Inn 1550–1700, in: Das Mühlrad 61, 2019, S. 103–143, hier S. 132.

3 Pindl, Arbeit und Auskommen, in: Das Mühlrad 61, 2019, S. 131.

4 Sie waren festangestellte Stadtarbeiter. Ihre Aufgabe war das Entladen der Innschiffe und das Beladen der Frachtwägen, hinzu kamen verschiedene Bauhoftätigkeiten für die Stadt. S. Reith, Handwerk und Zunft, in: Begleitband Salzburg in Bayern, S. 104.

5 Gollwitzer, Auszüge A–X, hier P. Der höhere Tagelohn ist im Vergleich zu den Auflegern als Skill-Prämie zu verstehen, die für die höhere Qualifikation bezahlt wurde. Pindl, Arbeit und Auskommen, in: Das Mühlrad 61, 2019, S. 119–120.

6 Appendix/CD zur Masterarbeit von Kathrin Pindl, Arbeit und Auskommen in der Vormoderne – Löhne, Preise und Lebensstandard in Mühldorf am Inn 1550–1700, Uni Regensburg 2013. Für die Hilfe bei der Beschaffung der Masterarbeit danke ich dem Stadtarchivar von Mühldorf a. Inn, Edwin Hamberger.

7 Pindl, Arbeit und Auskommen, S. 131.

8 [108] 2.9.1685.

von den städtischen Unterschichten in Notzeiten gar nicht, die Gebrauchsgüter nur gebraucht aus zweiter Hand erworben werden.[9]

5.1 Textilien

5.1.1 Zum Stand der Kleidungsforschung

Zur Kleidung des 17. Jahrhunderts gibt es wenig wissenschaftliche Forschung. Das Fach Volkskunde reklamierte die Kleiderforschung lange für sich, blieb aber den Volks- und Bauerntrachten verhaftet, die als Teil der bäuerlich-ländlichen Kultur betrachtet wurden und zum volkskundlichen Kanon gehörten. Die volkskundliche Forschung interpretierte die Tracht lange als statisch, traditionsverbunden, bewahrend, resistent gegen modische Einflüsse von außen und vor allem nicht dem *schnelllebigen* Modewandel unterworfen.[10] Die Erforschung der bürgerlich-städtischen und oberschichtlichen Kleidung überließ man der Kunstgeschichte, wodurch sich eine inhaltliche und sprachliche Trennung in *Tracht* und *Mode* herausbildete. Anfang der 1980er-Jahre wandelte sich die Trachtenforschung zur Historischen Kleidungsforschung, die versucht, alle Aspekte des textilen Produktions-, Vertriebs- und Konsumbereiches zu erforschen.[11]

In jüngster Zeit haben sich Museumsleute, Restauratorinnen und Restauratoren eingehend mit historischer Kleidung befasst und sie untersucht. Herausragend ist die Arbeit zu Haustextilien und Kleidung in der Frühen Neuzeit in Nürnberg von Jutta Zander-Seidel. Sie wertete Nürnberger Nachlassinventare, Kleiderordnungen, Handwerksordnungen, Handwerkerrechnungen, Bildquellen, Originalkleidungsstücke u. a. aus. Sie verließ den seit dem 19. Jahrhundert vorgegebenen Pfad der Kostümhistoriker, die die Stilvorstellungen der Kunstgeschichte auf das Erscheinungsbild der Kleidung übertrugen und die gesellschaftliche Einbindung von Kleidung vernachlässigten. *Einer primär am Erscheinungsbild unterschiedlicher Zeitmoden interessierten Kostümkunde ist eine funktional ausgerichtete Kleidungsforschung entgegenzustellen, bei der die historische Kleidung in ihren vielfältigen gesellschaftlichen Einbindungen im Vordergrund steht. Nicht nur das Aussehen der Schaube ist interessant, sondern auch, wer eine solche wann getragen hat, wo sie unter welchen Umständen und Voraussetzungen erworben werden konnte, wie sie aufbewahrt und gereinigt wurde, um nur einige Aspekte anzusprechen.*[12]

Johannes Pietsch hat zusammen mit Wolfgang Glüber und Jutta Reinisch 2016 die Ausstellung *Chic! Mode im 17. Jahrhundert* erarbeitet und dazu den Bestand

---

9 Pindl, Arbeit und Auskommen, in: Das Mühlrad 61, 2019, S. 128.

10 Nina Gockerell, Kleidung und Tracht, in: Edgar Harvolk (Hg.), Wege der Volkskunde in Bayern. Ein Handbuch, München – Würzburg 1987, S. 141–160, hier S. 141.

11 Gitta Böth, Kleidungsforschung, in: Rolf W. Brednich (Hg.), Grundriss der Volkskunde. Einführung in die Forschungsfelder der Europäischen Ethnologie, Berlin 1988, S. 153–169.

12 Zander-Seidel, Textiler Hausrat, S. 46.

im Hessischen Landesmuseum Darmstadt ausgewertet.[13] Darin werden achtzehn Kleidungsstücke aus dem 17. Jahrhundert vorgestellt, die von reichen Mitgliedern des Kölner Patriziats getragen worden sind.[14]

In seinem Beitrag hat Pietsch für das 17. Jahrhundert vier Perioden der Kleidungsgeschichte genannt. Die erste lag vor dem Dreißigjährigen Krieg, die zweite mitten im Krieg, die dritte nach dem Krieg bis etwa 1675. Die danach folgende vierte Phase stellt einen Übergang mit neuen Gewandformen dar, die bereits die Mode des 18. Jahrhunderts ankündigten. Er betont, dass es im 17. Jahrhundert zwei unterschiedliche Kleidungsstile gab, die nebeneinander existierten – einmal die am französischen und niederländischen Stil ausgerichtete Mode und zum anderen der sehr strenge, spanische Stil.[15]

Doch auch die ländliche Bevölkerung beteiligte sich am Modewandel. Schon Konrad Mautner und Viktor von Geramb stellten die Zunahme von *Beiwerk* in der bürgerlichen Kleidung während der ersten Hälfte des 17. Jahrhunderts fest. Im bürgerlichen Bereich galten Nesteln und Knöpfe als übliche Neujahrs- und sonstige Festgaben.[16] *Die Spitzen, Bandschleifen und Tressenmode der Zeit brachte es mit sich, daß das Beiwerk für den Aufputz der Kleider, Schärpen, Bänder, Nestel, Quasten u. dgl. gegen frühere Zeiten wesentlich zunahm.*[17] Dieser Befund ist für Mautner und Geramb deshalb wichtig, weil die *Verschnürungen, Band- und Quastenzierate* später auch an Volkstrachten zu finden sind.[18]

Aus Mangel an Abbildungen lässt sich nicht sagen, wie die Kleidung der Mühldorferinnen und Mühldorfer in der 2. Hälfte des 17. Jahrhunderts ausgesehen haben mag. Die Kleriker haben aus den Stoffen wohl Kutten, Soutanen und Messgewänder anfertigen lassen, bei den anderen Kunden wird es schon schwieriger, sich auch nur annähernd eine Vorstellung zu machen.

Da die allermeisten Kunden der Schmidts Bürger (Handwerker, Wirte, Verwaltungsleute, Priester, Händler und Kramer) waren und in der Strazza nur wenige als Knecht, Bauer, Pfarrköchin, Botin o. Ä. bezeichnet wurden, ist anzunehmen, dass sich die Kundschaft der Schmidts eher bürgerlich-städtisch kleidete und sich wahrscheinlich an der in Salzburg üblichen Mode ausgerichtet hat. Das Sortiment an Stoffen, Bändern etc. lässt über die Form keine Rückschlüsse zu, sie deuten aber auf ein modisch aktuelles Angebot hin.

---

13 Wolfgang Glüber, Johannes Pietsch, Jutta Reinisch, Chic! Mode im 17. Jahrhundert. Der Bestand im Hessischen Landesmuseum Darmstadt, Ausstellungskatalog Regensburg 2016.

14 Die Kostümteile kamen 1805 mit der Hinterlassenschaft des Kölner Sammlers Baron von Hüpsch nach Darmstadt. Sie wurden von der Abegg-Stiftung in Riggisberg bei Bern restauriert. S. Johannes Pietsch, Karen Stolleis, Kölner Patrizier- und Bürgerkleidung des 17. Jahrhunderts. Die Kostümsammlung Hüpsch im Hessischen Landesmuseum. Mit einem Beitrag von Nadine Piechatschek (Riggisberger Berichte 15), Riggisberg 2008.

15 Johannes Pietsch, Kölner Kleidung des 17. Jahrhunderts im europäischen Kontext, in: Glüber, Pietsch, Reinisch, Chic! Mode im 17. Jahrhundert, S. 21.

16 Mautner, von Geramb, Trachtenbuch 1, S. 397.

17 Mautner, von Geramb, Trachtenbuch 1, S. 397.

18 Mautner, von Geramb, Trachtenbuch 1, S. 399.

Die Porträts von Adam Schmidt und Cordula Heilrath anlässlich ihrer Hochzeit 1689 und das spätere Porträt des Nachfolgers von Schmidt, Andre Reischl, aus dem 18. Jahrhundert, geben einen kleinen Hinweis darauf. Die Porträts der beiden Schmidts sind als Dreiviertelpor-träts angefertigt, das Ehepaar Schmidt ist ganz in schwarz gekleidet mit einem jeweils sehr großen, auffallenden, weißen Spitzenkragen, sie folgen eher dem dunklen formellen spanischen Stil. Reischl, auch im Dreiviertelporträt, trägt bereits einen Justaucorps aus weinroter Seide, die ganz aktuelle Herrenmode des 18. Jahrhunderts, und folgt damit der französischen Linie.[19]

Nachlassinventare können keine Bildquellen ersetzen, sie enthalten aber im Allgemeinen neben den übrigen Besitztümern unter der Rubrik *Leibsgewand* eine Auflistung der hinterlassenen Kleidungsstücke. Dadurch erfahren wir zwar nichts über das konkrete Aussehen, aber etwas über den finanziellen Wert der hinterlassenen Kleider, über deren Funktionen und ihre Materialien, außerdem nennen die Inventare die Bezeichnungen der Kleidungsstücke.[20]

5.1.2 Stoffe für Kleidung und Haushalt

Franciscus Schmidt hatte am 8. April 1645 anlässlich seiner Aufnahme als Bürger um die Erteilung einer Kramergerechtigkeit gebeten sowie um die Erlaubnis für den Handel mit Tuchschnitt, d. h. für den Detailverkauf von Stoffen an die Endverbraucher. Dies spiegelt sich in der Strazza wider, denn ein großer Teil der Eintragungen, 20 Prozent der notierten Transaktionen, betrafen Stoffe. Diese bestanden aus den damals vorhandenen Rohstoffen wie Wolle, Leinen und auch der importierten Baumwolle oder aus Gemischen davon wie z. B. Barchentstoff, eine Mischung aus Leinen und Baumwolle. Seidenstoffe haben die Schmidts nicht geführt.[21] Dazu kamen noch Kurzwaren, die zur Anfertigung von Kleidung gebraucht wurden, wie Nähzubehör; Knöpfe, Borten, Bänder und Spitzen. Strümpfe, Socken, Mützen und Handschuhe ergänzten das Sortiment.

In der Folge werden die Stoffarten in der Reihenfolge der Anzahl der Erwähnungen in der Strazza aufgeführt.

Wolltuche kamen in den verschiedensten Qualitäten und Sorten auf dem Markt. Das seit dem Mittelalter blühende Gewerbe entwickelte sich im 17. und 18. Jahrhundert besonders intensiv.[22] Neben den Tuchmachern in der Kurmark produzierten die Weber in der Ober- und Niederlausitz, im Vogtland, in Schlesien, in

19 Kleiderordnungen sind für verschiedene Städte vorhanden, für das Ersztift Salzburg gibt es keinen Hinweis auf eine Kleiderordnung.

20 Vgl. die Aufstellung der Stücke unter „Leibsgewand" im Inventar des Tuch- und Seidenwarenhändlers Franz Anton Spängler von 1784, s. Reith, Verlassenschaftsinventar Spängler, S. 27–28.

21 Zu Gewinnung und Verarbeitung s. Almut Bohnsack, Spinnen und Weben. Entwicklung von Technik und Arbeit im Textilgewerbe, München 1981.

22 Reinhold Reith, Stichwort Weber, in: Ders. (Hg.), Lexikon des alten Handwerks. Vom späten Mittelalter bis ins 20. Jahrhundert, München 1991, S. 256–266.

Brandenburg sowie in Oberösterreich, Böhmen und in zahlreichen anderen Regionen und Städten Wolltuche bzw. Mischgewebe, die auch Wolle enthielten.[23] Die allerfeinsten Wollstoffe kamen aber aus Spanien, England und Holland.[24]

Der Weg bis zum fertigen Wolltuch war arbeitsintensiv. Die Qualität von Garn und Stoff hing vor allem von der Schafrasse, dem Alter der Tiere und der Körperpartie, von der die Wolle stammte, ab.[25] Nach der Schafschur musste die Wolle nach ihrer Qualität sortiert, aufwändig gereinigt, entfettet und zum Spinnen aufbereitet werden. Der Wollweber verarbeitete die gesponnenen Garne, ein festeres als Kettgarn (senkrechte Richtung im Stoff) und ein weicheres als Schussgarn (waagrechte Richtung). Nach dem Weben setzten bei den Tuchen im Gegensatz zu den leichteren Zeugen weitere Arbeitsprozesse ein wie das Walken, um den Stoff zu verdichten und zu verfilzen, es schloss sich das Färben an, und schließlich wurden die Tuche vom Tuchscherer bzw. Tuchbereiter geschoren, dabei wurden die unterschiedlich langen Fasern auf eine Länge gekürzt.[26] Das wärmende und Nässe abweisende Tuch wurde insbesondere für die Männer- und Reisekleidung verwendet, Frauen trugen Röcke und Mieder aus Tuch.[27]

Unter den von den Schmidts angebotenen Stoffsorten war das wollene Tuch mit Abstand das meistverkaufte Gewebe, denn 343 Einträge betreffen den Wollstoff. Davon hat man 27-mal nur *Tuch* eingetragen und die Ware nicht näher beschrieben.

Die Auswahl an Stoffqualitäten ist beeindruckend. Es gab grobes und feines Tuch, sowie breite, schmale und mittlere Webbreite. Leider sagt die Quelle nichts über die Maße aus, doch Schmidt und seine Handelsdiener wussten, was mit *breit*, *schmal* und *mittel* gemeint war.

Auch die Farbauswahl war groß. Die Schmidts führten Tuche in 29 verschiedenen Farben: blau, bleifarben, braun, ein unspezifiziertes „dunkles" Tuch, dunkelgrau, eisengrau, geblümt, graugrün, grün, haarfarben,[28] hellblau, hellgrau, indisch grau, meliert, mit feinem Muster (wohl eher eingewebt und nicht gefärbt), nelkenbraun, perlfarben, rot, scharlachfarben,[29] scarlat,[30] schwarz, silberfarben, tristamin-

---

23 Jutta Zander-Seidel, Textiler Hausrat. Kleidung und Haustextilien in Nürnberg von 1500–1650, München 1990, S. 402.

24 Ludovici, Akademie, Teil 5, Sp. 279–314, hier Sp. 296.

25 Claudia Selheim, Das textile Angebot eines ländlichen Warenlagers in Süddeutschland 1778–1824, Bd. 1, Würzburg 1994, S. 46.

26 Reith, Weber, S. 249.

27 Ludovici, Akademie, Teil 5, Sp. 79–314, hier Sp. 280. Selheim, Ländliches Warenlager, S. 51.

28 Mit *Haar* ist der Flachs gemeint, daher ist *haarfarben* als helles, gelbliches Beige zu verstehen.

29 Ludovici, Akademie, Teil 1, 1767, Sp. 472–474. Dieser kräftige, sehr beliebte Rotton wurde durch das Färben mit dem ausgepressten Saft der Scharlachbeeren, die auch Alkermeskörner genannt wurden, erreicht. Der Strauch kommt besonders im südlichen Frankreich, in Spanien, Italien und dem Orient vor.

30 Vermutlich ist *scarlat* dem *scharlachrot* ähnlich, da ebenfalls mit Scharlachbeeren gefärbt wurde. Krünitz, Enzyklopädie, Bd. 140, 1825. Krünitz verweist im 1. Viertel des 19. Jahrhunderts bei *Scarlat* auf die Scharlachbeeren, die einen dunkelroten bis schwarzen Farbstoff enthalten und u. a. zum Färben von Wolle verwendet wurden.

farben,[31] veilchenblau, violett, violett-karmesinrot, weiß, zimtfarben und gelb (dies aber nur beim Futtertuch).

Die Preise waren unterschiedlich hoch. So nahm Hans Reich, Bauer aus Gering, drei Ellen von einem Stoff, der 30 kr pro Elle kostete,[32] dagegen hatten die Schmidts auch eine mittlere Preislage von 1 fl 28 kr (pro Elle) im Angebot und einen sehr teuren Tuchstoff zu 3 fl 30 kr 2 pf.[33] Die Tuche, oft ohne genauere Kennzeichnung, verkauften die Schmidts im Detail in Ellen, im Stück[34] – dies vor allem an Wiederverkäufer – aber auch in Ballen. Die Ballen sandte man durch das Fuhrwerk eines Wirtes nach Salzburg, vielleicht zur Dult oder in das dortige Lager? Leider lässt sich bisher nicht feststellen, wie viele Ellen ein Stück bzw. ein Ballen jeweils hatte

Die Preise hingen nicht allein von der Wollqualität, der Webbreite und der Farbe ab, sondern auch vom Zeitpunkt des Wollkaufs sowie von Angebot und Nachfrage. Die Winterwolle war teurer als die Sommerwolle.[35] Die Schmidts zahlten für die Winterwolle zwischen 10 und 11 kr pro Pfund.[36] Auch infolge von Kriegen oder Viehseuchen stiegen die Wollpreise an.[37]

Durch die Einträge erfahren wir, welche Tuchsorten im Angebot waren. Die am häufigsten nachgefragten Sorten sollen im Folgenden genannt werden:

Das *Iglauer Tuch* aus Mähren wurde 29-mal in die Strazza eingetragen. Schmidt bot das Tuch schmal und breit an. Anders als beim holländischen Tuch war die Farbauswahl größer, es gab den Stoff in dunkelgrau, grau, grün, hellgrau, indisch grau, rot, tristaminfarben und weiß. In Iglau wurde seit dem späten Mittelalter Tuch gewebt, später gab es dort auch eine Tuchmanufaktur. Das Iglauer Tuch

---

31 Dieser Farbton konnte noch nicht identifiziert werden. Er ist bei Georg Nicolaus Schurtz, Neu-eingerichtete Maerial-Kammer. Das ist gründliche Beschreibung aller führnehmsten Materialien und Specereyen …, Nürnberg 1673, S. 103, online, genannt, aber nicht erklärt.

32 [120] 11.11.1685.

33 [29] 24.1.1685.

34 In der Mühldorfer Strazza kommt häufig die Abkürzung *St* vor. Als Auflösung bietet sich sowohl *Stab* als auch *Stück* an. Ich habe mich für *Stück* entschieden, weil die Stoffe und Bänder nachweislich in Stücklänge hergestellt wurden. Das *Stück* war eine Längenmaßeinheit und bezeichnete i. Allg. die Länge der Kettfäden, die auf der Haspel waren und auf den Webstuhl aufgebracht wurden. Ein *Stück* umfasste je nach Region und Artikel unterschiedlich viele Ellen. In den Niederlanden maß ein Stück beispielsweise 24 Brabanter Ellen, s. Selheim, Ländliches Warenlager, S. 325. Nach Krünitz maß ein Stück Tuch üblicherweise 22–32 Ellen, bei der Leinwand, Kattunen und bei Seide waren die Stücke allerdings von verschiedener Länge, s. Krünitz, Enzyklopädie, Bd. 176, 1841. Als Tuchlänge der Inn-Salzach-Tuche stellt Klein zwischen 26 und 28 Ellen fest, s. Herbert Klein, Tuchweberei, S. 127. Die Stücke der Augsburger Posamentierergesellen von 1734 schwankten je nach Breite zwischen 45 und 24 Ellen, s. Reinhold Reith, Lohn und Leistung. Lohnformen im Gewerbe 1400–1900, Stuttgart 1999, S. 433, Anhang Nr. 7.

35 S. Wollkonto der Schmidts, 2-047, 1686.

36 Ein Salzburger Pfund wog 560 gr. Vgl. Fritz Koller, Das Salzburger Landesarchiv, Salzburg 1987, S. 186.

37 Selheim, Ländliches Warenlager, S. 46.

war bekannt und wurde in großen Mengen *nach Oberdeutschland* exportiert,[38] im Vergleich zum holländischen Tuch war es preiswerter. Die Preise lagen zwischen 46 kr für weißes Tuch[39] und 1 fl 52 kr für dunkelgraues, breites Tuch.[40]

Mährisches Tuch ohne genauere Ortsnennung verkauften die Schmidts 18-mal auf Kredit. Auch dieses Wolltuch gab es in zwei unterschiedlichen Webbreiten und außerdem noch als grobes Tuch. Die Farben, die die Kundschaft aussuchten, waren braun, dunkel, eisengrau, grau, grün, rot und schwarz. Am billigsten kaufte Joseph Leinerter 3 ⅓ Ellen zu 50 kr die Elle,[41] Meister Georg, Binder aus Mühldorf, nahm 2 ½ Ellen vom *preit Märrisch duech* zu 1 fl 50 kr die Elle[42] – an diesen Beispielen zeigt sich, dass die Webbreite die Preise mitbestimmte.

Holländisches Tuch gehörte zu den besten Tüchern, nach Ludovici kam es in der Qualitätsstufe gleich nach dem englischen Tuch. Es werde aus der feinsten spanischen Wolle produziert und sei sehr *weich und subtil* beim Angreifen. Das holländische Tuch wurde in Harlem, Amsterdam, Utrecht und Leiden gemacht.[43] Es war bei den Schmidts in den Preiskategorien 2 fl 10 kr, 3 fl 15 kr, 3 fl 30 kr, 4 fl und 5 fl pro Elle vorrätig. Holländisches Tuch ist insgesamt elfmal auf Kredit verkauft worden, davon zweimal im Farbton tristamin, beim Rest handelte es sich um schwarzes oder feines schwarzes Tuch. Zur Kundschaft gehörten nicht nur der Kramer Dedutsch aus Tüßling, der die 13 ⅓ Ellen wohl für den Weiterverkauf an seine Kunden benötigte,[44] sondern auch Johannes Ferch, der Sohn des Turmbläsers und selber angehender Turmbläser,[45] der Pflegsverwalter von Mühldorf,[46] die Palhardtinger Bräuin[47] und andere Mühldorfer Bürger. Der Preis von 5 fl pro Elle für *fein schwarz holländisch* lässt auf eine besonders gute Qualität bzw. auf eine größere Webbreite schließen, von der der Pflegsverwalter 3 ½ Ellen anschreiben ließ.[48] Außer schwarzem taucht noch tristaminfarbenes holländisches Tuch zu ebenfalls 3 fl 30 kr auf. Davon nahm der Amtmann aus Neumarkt-St. Veit, Mathias Perehamb 2½ Ellen.[49]

---

38 František Mainus, Die mährische und schlesische Woll- und Baumwollwarenproduktion im 18. Jahrhundert. Zusammenfassung, übersetzt von M. Beck, o.O., 2013, S. 233, online: https://digilib.phil.muni.cz/bitstream/handle/11222.digilib/126638/SpisyFF_066-1960-1_17.pdf?sequence=1, 25.05.2021. Im 18. Jahrhundert war Iglauer Tuch sehr beliebt, wovon *bey ganzen Lastwagen voll nach Oberdeutschland geführet wurden*, d. h. nach Süddeutschland exportiert wurden. S. Ludovici, Akademie, Band 3, 1767, Sp. 311.

39 Januarius Salchern aus Ampfing, [18] 4.1.1685.

40 Der angehende Wagner aus Altmühldorf, [139] 8.2.1686.

41 [178] 24.8.1686.

42 [93] 12.7.1685.

43 Ludovici, Akademie, 1768, Teil 5, Sp. 299.

44 [1] 14.11.1684.

45 [5] 24.11.1684.

46 [198] 8.12.1686.

47 [7] 28.11.1684.

48 [198] 8.12.1686.

49 [152] 15.4.1686.

Das holländische Tuch muss über lange Zeit sehr verbreitet und beliebt gewesen sein, denn auch im 18. Jahrhundert – z. B. im Verlassenschaftsinventar von Franz Anton Spängler von 1784 – sind große Bestände davon in verschiedenen Farben, Webbreiten und Preisen aufgelistet.[50] Allerdings darf man nicht davon ausgehen, dass holländisches Tuch tatsächlich auch aus Holland kam, die Weber ahmten überall den begehrten Stoff nach und webten das Tuch nach holländischer Art.

Zum *Freystätter Tuch* gibt es neun Einträge. Möglicherweise handelte es sich dabei um Tuch aus dem im Mühlviertel gelegenen Freistadt in Oberösterreich. Dieses Tuch hat Schmidt nur stückweise verkauft. Die Tuchstücke lagen im Preis dicht beieinander, die kleinen Preisunterschiede beziehen sich wohl auf die Farben. Schmidt selbst berechnete sich 3 Stück *Freystötter* Tuch zu 14 fl 30 kr das Stück;[51] ein Stück tristaminfarbenes kaufte der Landshuter Nestler Georg Gebhard zum Preis von 17 fl,[52] zwei Stück in Schwarz hat Schmidt im Mai 1687 mit nach Salzburg genommen,[53] vielleicht zum Lager in Salzburg oder zur Frühjahrsdult.[54] David Oppenriedter, Kaufmann aus Landshut und Schwiegersohn von Franciscus, nahm zwei Stück rotes Freistätter Tuch zu je 15 fl,[55] der Mühldorfer Kramer Zauscher deckte sich mit einem Stück *rotem ordinari* Freistätter Tuch zu 16 fl ein,[56] und schließlich erwarben die Altöttinger Jesuiten ein Stück vom *schwarzen Freystätter.*[57] Ein Stück einfaches blaues Freistätter Tuch ließ der Kramer Mathias Gebhard aus Trostberg anschreiben.[58]

Das *englische Tuch* galt auch im 17. Jahrhundert nach dem spanischen Tuch als das Beste. Es zeichnete sich durch seinen schönen Glanz und durch Dauerhaftigkeit aus. Die englischen Tuche waren sehr breit und fein, *die Zubereitung und Melirung* galt als *sehr schön.* Voraussetzung dafür war die gute Wolle und die Webart. Nach Ludovici waren die Kettfäden aus englischer, die Schussfäden aber von feiner spanischer Wolle. Außerdem wurde jede Webzeile mit der Lade öfter angeschlagen als es sonst üblich war. Daher ergab sich die Festigkeit, aber auch ein etwas festerer Griff des Tuches. Um die Qualität zu sichern, gab es in jedem englischen Produktionsort eine sehr strenge Tuchbeschau.[59]

Es scheint, als hätten die Schmidts tatsächlich echtes englisches Tuch verkauft. Dazu gab es fünf Eintragungen. Die Schmidts boten den Stoff in *breit, fein, meliert*, ohne nähere Kennzeichnung und als englisches Tuch *modofarben No*

---

50 Reith, Verlassenschaftsinventar Spängler, S. 95.
51 [141] 19.2.1686.
52 [116] 5.11.1685.
53 [224] 2.5.1687.
54 Karl Adrian, Die Salzburger Dult: aus der Geschichte und dem Leben eines tausendjährigen Jahrmarktes, Salzburg 1927.
55 [217] 21.3.1687.
56 [199] 13.12.1686.
57 [215] 8.3.1687.
58 [175] 10.8.1686.
59 Ludovici, Akademie, 1767, Teil 2, Sp. 1373–1378.

1664 an. Dieser Eintrag enthält noch die Information *eln brob 22¾*, was wohl so zu interpretieren ist, dass man das Stück, das Tobias Sandner aus Braunau kaufte, abmaß und auf 22 ¾ Ellen Länge kam.[60] Es sollte aber nochmals darauf hingewiesen werden, dass es nicht klar ist, ob der Stoff wirklich in England produziert oder außerhalb Englands nachgemacht worden ist.

Ebenfalls fünf Einträge beziehen sich auf *Neuhauser Tuch*, das stückweise von anderen Kramern gekauft wurde, so von Peter Schwarz aus Wörgl in Tirol[61] und Mathias Gebhard aus Trostberg.[62]

Auch das *Tölzer Tuch*, das viermal notiert wurde, wurde nur stückweise verkauft. Auch diese Qualität wurde von anderen Kramern zum Weiterverkauf an die eigene Kundschaft bezogen. Peter Schwarz aus Wörgl in Tirol ließ drei Stück *dunkel* Tölzer Tuch zum Stückpreis von 15 fl 30 kr anschreiben, und Sohn Adam Schmidt ließ ein Stück in der Farbe eisengrau zum Preis von 14 fl 30 kr das Stück[63] und sechs Stück ohne weitere Farbangabe zu jeweils 13 fl 20 kr anstehen;[64] vielleicht wollte er den Stoff auf eigene Rechnung auf einem Jahrmarkt verkaufen.

Vom *Kerntuch*, das aus der Kernwolle, der feinsten, weißesten und zartesten Wolle des Schafes[65] gewebt wurde, kaufte der Trostberger Kramer Mathias Gebhard bei Schmidt ein Stück weißes Iglauer Kerntuch zum Preis von 10 fl 30 kr,[66] zwei Stück grünes Kerntuch kaufte Adam Schmidt selber und zahlte dafür 19 fl.[67]

Eine relativ teure Sorte war das wohl für Schürzen gedachte *fuedter duch (Schürzentuch)* zu 90 kr die Elle[68], das es auch in der Farbe gelb gab;[69] Vater und Sohn Schmidt erwarben davon – vielleicht für ihre Frauen – 3 bzw. 2 ¼ Ellen.

Eine Stoffart, die bisher nicht zu identifizieren war, ist *Amperelle* oder *Umbrella*. Dieser Stoff kommt in schwarz und als *leonischer Umbrella* vor und war vergleichsweise billig. Die Preise schwankten zwischen 5, 6, 7 und 8 kr. Von der teuersten Qualität leonischer Umbrella um 8 kr die Elle ließ der Stadtschreiber von Mühldorf zehn Ellen anschreiben.[70]

Meixner Tuch kam dreimal vor. Möglicherweise handelt es sich dabei um Meißner Tuch.[71] Ludovici betont, dass Meißen *fast das einzige Land in Deutschland gewesen ist, wo man vor Zeiten gute Tücher gemacht hat,* da es dort die *vortrefflichste* Wolle gab. Auch *itzt* (= 1768) gäbe es noch Tuchmanufakturen in Meißen. Selbst *hohe*

60 [48] 22.2.1685.
61 [59] 29.3.1686.
62 [163] 31.5.1686.
63 [127] 2.12.1685.
64 [133] 29.12.1685.
65 Ludovici, Akademie, 1768, Teil 5, Sp. 970.
66 [163] 31.5.1686.
67 [141] 19.2.1686.
68 [108] 2.9.1685.
69 [155] 28.4.1686.
70 [66] 16.4.1685.
71 Im Steirischen Trachtenbuch von Mautner und Geramb wird ein Männerrock aus einem Oberradkersburger Inventar aus Meixner Tuch erwähnt, die Herkunft des Meixner Tuchs wird aber nicht genannt, s. Mautner, von Geramb, Trachtenbuch 1, S. 383.

Standespersonen bräuchten sich wegen ihrer Kleider nicht zu scheuen, wenn sie aus diesen Stoffen gefertigt seien.[72] Vom breiten Meixner Tuch ließ Franz Salzburger aus Altötting eine Elle anstehen, die Elle kostete 1 fl 12 kr,[73] mit der gleichen Rechnung nahm er noch vier Ellen violettes Tuch zu 45 kr die Elle. Ein Stück vom roten Meixner erwarb Hauner aus Neumarkt-St. Veit.[74]

Braunauer Tuch taucht zweimal in der Strazza auf. Einmal gaben die Schmidts 5 ⅜ Ellen tristaminfarbenes Braunauer Tuch zum *Verrichten* an den Tuchscherer Meister Jakob. Der zweite Eintrag hält eine Kauftransaktion fest: Der Kramer Thomas Zauscher kaufte bzw. ließ ein Stück vom roten Braunauer Tuch anschreiben.[75]

Bei *Franc. Tuech No 748 Stab 14 ¾* könnte es sich um französisches Tuch gehandelt haben, bei dem das Stück nicht in Ellen, sondern in Stab bemessen wurde.[76]

Hinter dem *Hofer Tuch* könnte sich der sog. *Wurschet* verbergen. Der Kramer aus Tüßling, Dominico Groß, ließ zwei Stück zum Stückpreis von 2 fl 30 kr anschreiben.[77]

Einmal wurde der Verkauf von *Leichtuch* eingetragen. Das Leichentuch nahm die Herrschaft von Zangberg, 5 ⅓ Ellen zu einem Ellenpreis von 1 fl 20 kr. Es wurde sogar *hinfür getragen*,[78] also geliefert.

Weitere Tucharten wie Pöllner, Reichenbacher, Spanisches Tuch, Rischler, Rössler, Schlesisches Tuch, Stainauer, Vistrinzer und Weißengong(er) wurden nur vereinzelt verlangt, dennoch hatten die Schmidts sie im Angebot.

Ein weiterer großer Teil der angeschriebenen Stoffverkäufe (159 Einträge) betraf die *Leinwand*. Leinwand war ein vielseitig verwendbares Gewebe und ist wegen der hygienischen Vorteile und der Strapazierfähigkeit als Unterkleidung, als Tischwäsche, in der Küche sowie in den Betten sehr verbreitet gewesen.[79] Ludovici präzisiert die Funktion des Leinens als Stoff für Kleider, für deren Unterfutter, für Hemden, Hals-, Hand- und Schnupftücher sowie für Tisch- und Bettlaken.[80] Zander-Seidel stellt fest: *Ihre mannigfaltige Verwendung für Kleidung, Wäsche und Haustextilien dürfte selbst von Wollgeweben kaum erreicht worden sein.*[81]

Krünitz meint: *Bey den meisten Menschen ist die erste Bekleidung, wenn sie ans Tages Licht erscheinen, die Leinwand, und wenn sie von der Welt abscheiden, die letzte Mitgabe.*[82]

---

72 Ludovici, Akademie, Teil 5, 1768, Sp. 279–313, hier. Sp. 303–304.
73 [141] 23.2.1686.
74 [23] 14.1.1685.
75 [75] 16.8.1685.
76 [48] 22.2.1685.
77 [47] 26.2.1685.
78 [129] 27.11.1685.
79 Krünitz, Enzyklopädie, Bd. 76, 1799.
80 Ludovici, Akademie, Teil 3, 1767, Sp. 1341–1342.
81 Zander-Seidel, Textiler Hausrat, S. 400.
82 Krünitz, Enzyklopädie, Bd. 76, 1799.

Grundlage des Gewebes ist der *Lein* oder *Flachs*, wobei mit *Lein* die ganze Pflanze und mit *Flachs* nur das zum Spinnen vorbereitete Material gemeint war; mundartlich wurde das Material auch *Haar* genannt. Unter *Werg* verstand man schlechtes Material, oft auch Abfall mit kurzen Fasern.[83] Leinwand wurde nicht nur aus Flachs-, sondern auch aus Hanf- oder Wergfasern hergestellt, wobei die flächserne Leinwand die bessere, die Hanf- und Wergleinwand die gröbere Qualität war und eher für Säcke, Schürzen und als Warenverpackung verwendet wurde, während die feine Leinwand für leichte Sommerkleidung sehr beliebt war.[84]

Gottfried Christian Bohn unterrichtete seine Leserschaft 1805 – also rund 120 Jahre nach der Entstehung der Strazza – ausführlich über die Qualitäten des Leinens. Bohn unterschied ebenfalls zwei Hauptgattungen, die Hanf- und die Flachsleinwand, die jeweils nach Länge, Breite, Dichtigkeit, Grad der Weiße, Appretur, Bestimmung, Güte, Farbe, Muster (gestreift, gewürfelt) usw. verschiedene Einteilungen hatten. Diese Ware wurde insbesondere für Kleidung verwendet. Darüber hinaus gab es eine große Menge fassoniertes, gezogenes Leinen und Damastleinen. In vielen Gegenden sei die Leinenweberei für den Handel die *Hauptquelle des Wohlstandes*, nicht so für die Leinenweber selbst, die eine *kümmerliche Subsistenz dabei finden*. Über die Qualitäten sagt Bohn in seiner Warenkunde von 1805, dass die flandrische Leinwand die beste in ganz Europa sei, Voraussetzung dafür sei das gute Rohmaterial.[85] Bedeutende Leinwandregionen waren seit dem Mittelalter Nordfrankreich, Flandern, Brabant und die späteren niederländischen Provinzen.[86] In Deutschland lagen die Leinenregionen in Oberschwaben mit den Städten Augsburg, Konstanz, Ulm, Ravensburg, dem heutigen schweizerischen St. Gallen, Memmingen und Isny.[87] Weitere Leinwandgebiete waren Schlesien, Sachsen, Böhmen, Mähren aber auch Westfalen mit Osnabrück, Bielefeld und Münster sowie Hessen mit Kassel[88] und die Oberlausitz.[89]

Bohn hebt außerdem hervor, dass zwar in Böhmen große Mengen an Leinwand gewebt und exportiert wurden, dass sich aber die *schlesische Leinwand* durchgesetzt habe. Sie hatte eine viel bessere Appretur als die böhmische Leinwand aufzuweisen. Allerdings werde unter dem Begriff der schlesischen Leinwand oft auch

---

83 Carmen Halmdienst, Die Entwicklung der Leinenindustrie in Oberösterreich unter besonderer Berücksichtigung des Mühlviertels, Linz 1993, S. 7.

84 Krünitz, Enzyklopädie, Bd. 76, 1799; Selheim, Ländliches Warenlager, S. 202.

85 Gottfried Christian Bohns Waarenlager oder Wörterbuch der Produkten und Waarenkunde des wohlerfahrenen Kaufmanns, Zweyte Abtheilung, Hamburg 1805, S. 1066–1101, hier S. 1067, online, 25.05.2021.

86 Monika Thonhauser, Textile Landschaft Salzburg. Spitzenhafter Luxus und tägliches Brot 1600–1800, Salzburg 2017, S. 9.

87 Reith, Weber, S. 258.

88 Elisabeth Harder-Gersdorff, Leinen-Regionen im Vorfeld und im Verlauf der Industrialisierung (1780–1914), in: Hans Pohl (Hg.), Gewerbe- und Industrielandschaften vom Spätmittelalter bis ins 20. Jahrhundert, Stuttgart 1986, S. 203–253, hier S. 203–212.

89 Bohns Waarenlager, Zweyte Abtheilung, S. 1073.

die nicht ganz so gute böhmische Leinwand verkauft, wobei der Kunde nie wisse, *wie vielen Antheil die Böhmische Industrie an denen ihm zugesandten Waaren habe.*[90]

Die Herstellung des Flachsgarnes war überwiegend zeit- und arbeitsintensive Frauenarbeit. Der erste Bearbeitungsschritt war das *Riffeln*, dabei wurden mit hölzernen oder eisernen Kämmen die Samenkapseln entfernt. Danach kamen die Halme in die *Röste*, um durch Feuchtigkeit die Faser vom Stängel zu trennen. Dafür gab es zwei Verfahren. Bei der Wasserröste kamen die Flachsbündel für ca. zwei Wochen in Wassergruben zum Gären; bei der Tauröste legte man die Bündel auf Wiesen, Äcker oder Weiden und ließ die Witterung einwirken. Dabei bestand allerdings die große Gefahr der Fäulnis, was zu einer schlechten Faserqualität führte. Nun wurde der Flachs getrocknet, um ihn danach mit der Flachsbreche zu bearbeiten, um die festen Halmreste entfernen zu können. Beim Trocknen bestand die Gefahr des Übertrocknens, wobei die Faser infolge der Hitze ihren Fettstoff, d. h., ihre Dehnbarkeit einbüßte und sich beim nachfolgenden Reinigen mehr Werg (mindere Abfallqualität mit kurzen Faserstücken) als lange Fasern ergaben.[91] Dann mussten noch die letzten holzigen Teile durch das *Schwingen* entfernt werden. Der letzte Arbeitsgang war das *Hecheln* der Fasern, dabei zog man die Fasern bündelweise durch grobe, mittlere und feine Hecheln (Nagelbretter), um die Fasern zu ordnen und weich und spinnbar zu machen. Der Abfall, der dabei entstand, wurde als Werg bezeichnet.[92] Die Qualität des Fadens machte die Qualität des Stoffes aus.

Flachs und Hanf wurden auch im Erzstift Salzburg bis ins 19. Jahrhundert nicht nur zur Selbstversorgung angebaut. Christian Dirninger stellte fest, dass die Textillandschaft Salzburgs mit Flachsanbau und Leinenweberei den gesamten nördlichen Teil des heutigen EuRegio-Gebietes vom Traunsteiner Umland über den nördlichen Rupertiwinkel und weiter über den Raum Henndorf – Thalgau – St. Gilgen – Golling bis Hallein umfasste. Das Salzburgische Flache Land war seit dem Mittelalter eine *textile Landschaft* und verfügte auch noch in der Frühen Neuzeit mit den Tuchmachern in Mühldorf und Tittmoning, deren Blütezeit bis in das 16. Jahrhundert reichte, den angesehenen Salzburger Barchentern und Leinenwebern, deren Zunftordnungen 1510 erneuert und vermehrt wurden, sowie den vielen Landwebern über die ganze Palette des textilen Handwerks.[93] Noch um 1800 kaufte die Salzburger Militärverwaltung die nötige Leinwand in Mattsee ein.[94] Im Gericht Laufen wurden im 18. Jahrhundert auch noch 700 Zentner

90 Bohns Waarenlager, Zweyte Abtheilung, S. 1074.

91 Jakob Schuy, Hanf und Flachs. Bau und Verwertung, Salzburg 1950.

92 Selheim, Ländliches Warenlager, S. 200 f.

93 Christian Dirninger, Wirtschaft und Bevölkerung im späten 18. Jahrhundert, in: Heimat mit Geschichte und Zukunft. EuRegio Salzburg-Berchtesgadener Land, Traunstein 2004, S. 98–118, hier S. 104.

94 Joseph Ernst von Koch-Sternfeld, Die letzten dreissig Jahre des Hochstifts und Erzbisthums Salzburg. Salzburg 1816, S. 232.

Hanf erzeugt, die an ansässige Salzburger und Halleiner Seiler und darüber hinaus verkauft wurden.[95]

Ganz im Gegensatz zu Wollwebern und Tuchmachern, die ein städtisches Gewerbe bildeten, war die Leinenweberei überwiegend ein ländliches Heimgewerbe.[96] Für das Weben des Eigenbedarfs ließ man oft einen Störweber zu sich auf den Hof kommen oder brachte das Garn zu einem lokalen Weber. Markus Cerman hält für Oberösterreich fest, dass das in Heimarbeit gesponnene Garn an der Wende vom 15. zum 16. Jahrhundert an kleinstädtische Weberzünfte zur Weiterverarbeitung weitergegeben worden sei, dass aber im 16. Jahrhundert viele Beschwerden der städtischen Weber zeigen, wie stark sie der Konkurrenz nichtzünftiger Landweber ausgesetzt waren.[97] Dasselbe lässt sich auch über das Leinengewerbe in und um Mühldorf am Inn noch im 17. Jahrhundert sagen. Die Stadthandwerker beschwerten sich bei der Stadtverwaltung, dass die Landweber viel billiger für die Mühldorfer Bürgerschaft webten und dadurch ihr eigenes Einkommen geschmälert würde.[98]

Die Weber verarbeiteten normalerweise ungebleichtes Garn, doch die Leinwand aus gebleichtem Garn war weißer, aber wegen der Garnbleiche auch teurer. Sie war auch haltbarer, da das Garn bereits vor dem Webprozess gebleicht worden war und am Stoff keine mechanischen Prozesse mehr vorgenommen werden mussten. Die Weber webten glatte und gemusterte Leinwand. Zur ersten Gruppe gehörten der Zwillich und der Drillich, zur zweiten der Damast.[99] Die Leinwand wurde je nach Region breiter oder schmaler gewebt.[100]

---

95 Ernst Bruckmüller, Gerhard Ammerer, Die Land- und Forstwirtschaft in der Frühen Neuzeit, in: Heinz Dopsch, Hans Spatzenegger (Hg.), Geschichte Salzburgs. Stadt und Land,Salzburg 1991, Bd. II/4, S. 2501–2562, hier S. 2539.

96 Reith, Weber, S. 258.

97 Markus Cerman, Proto-industrielle Entwicklung in Österreich, in: Markus Cerman, Sheilagh C. Ogilvie (Hg.), Proto-Industrialisierung in Europa, Wien 1994, S. 161–175, hier S. 162 f.

98 Stadtarchiv Mühldorf, Stadtratsprotokolle 1660, 1. März.

99 Selheim, Ländliches Warenlager, S. 200. Zum Weben von Mustern brauchte der Weber einen Webstuhl mit mehr als zwei Schäften, damit die Kettfäden in unterschiedlicher Folge und Anordnung auf und ab gezogen werden konnten und zusammen mit dem Schussfaden das gewünschte Muster ergeben. Zwei Schäfte, die nur Fach und Gegenfach ermöglichen, ergeben immer die sog. Leinenbindung. Man kann die Schussfäden versetzt zu den Kettfäden einbringen und so verschiedene Muster weben. Mit vier Schäften kann man das sog. Köper herstellen, dabei werden zuerst die ersten zwei Schäfte hochgezogen, dann die letzten zwei (1+2 dann 3+4), ab der nächsten Tour wird versetzt gewebt (2+3; 4+1) usw., s. Bohnsack, Spinnen, S. 73–74.

100 Ludovici, Akademie, Teil 3, 1767, Sp. 1343.

Das Angebot an Leinenstoffen bei den Schmidts war umfangreich: Es gab Ware aus gebleichtem und ungebleichtem Garn, gefärbte oder gestärkte Stoffe,[101] preisgünstige Qualitäten aber auch eine sehr teure Holländische Leinwand.[102]

Woher die Schmidts das Leinen bezogen, ist nicht klar, es könnte aber durchaus – wie bereits erwähnt – aus dem Salzburgischen, aus Oberösterreich oder der bayerischen Nachbarschaft gekommen sein.[103] An der Wende vom 16. zum 17. Jahrhundert war Wels die zweitgrößte Stadt im Land ob der Enns und das Zentrum des Leinenhandels; auch Salzburger Kaufleute deckten sich dort ein.[104] Auf jeden Fall muss Schmidt außerdem noch Kontakt mit Leinenwebern gehabt haben, denn er gab Rohleinwand zum Färben aus, worauf der Eintrag *16 Ellen zum Färber Pichler schwarz zu* [färben] hinweist.[105]

Einen Hinweis auf den Bezug von Leinen geben uns zwei Einträge für einen Einkauf in kleinen Mengen beim Kramer Zauscher. Am 1. April 1686 notierte Schmidt *Zauscher soll haben für 5 ⅔* Ellen grüne Leinwand,[106] fünf Wochen später, am 8. Mai 1686, notierte er *Zauscher soll haben* für zwei Ellen gestärkte Leinwand.[107] Schmidt hat also nur kleine Mengen bei Zauscher eingekauft, was eher daraufhin deutet, dass Zauscher kurzfristig mit den Stoffen ausgeholfen hat; vielleicht waren sie Schmidt ausgegangen.

---

101 Gestärkte Leinwand bzw. Stärrleinwand wurde als stabilisierende Unterlage unter Knopfleisten oder Knopflöchern verwendet, s. Ludovici, Akademie, Teil 3, 1767, Sp. 1347; dazu s. a. Johannes Pietsch, Die Kostümsammlung Hüpsch im Hessischen Landesmuseum Darmstadt. Bestandskatalog der Männer- und Frauenkleidung. Studien zu Material, Technik und Geschichte der Bekleidung im 17. Jahrhundert. Diss., Technische Universität München 2008, S. 41, online: http://nbn-resolving.de/urn/resolver.pl?urn=urn:nbn:de:bvb:91-diss-20080821-619442-1-9, 20.04.2020. Ludovici warnt vor Fälschungen, weil der dünnen Leinwand oft durch Walken oder Stärken ein festes Aussehen gegeben wird, Ludovici, Akademie, Teil 3, 1767, Sp 1343/1344.

102 Als die beste, weil *glätteste, zarteste, dichteste* galt die holländische Leinwand. Auch hier warnt Ludovici davor, dass nicht alles, was so benannt sei, dort produziert oder zumindest mit holländischem Garn gefertigt worden sei. Oft komme es vor, dass einfache Leinwand irgendwo direkt vom Webstuhl weg von den Großhändlern gekauft und in die Stadt Harlem zum Bleichen gebracht werde, da Harlem angeblich die beste Bleiche habe. Dort werde die einfache Leinwand aufgebessert, um sie als holländische Leinwand zu verkaufen. Ludovici, Akademie, Teil 3, 1767, Sp. 1351–1352.

103 Dirninger, Wirtschaft und Bevölkerung, S. 74.

104 Halmdienst, Leinenindustrie in Oberösterreich, S. 64–65.

105 [172] 14.7.1686.

106 [149] 1.4.1686.

107 [158] 8.5.1686.

Aufstellung des preislich fein abgestuften Angebots

Quelle	*Leinwandart/Farbe*	*Preis*
[167] 16.6.1686	ungebleichte Leinwand	6 ½ kr
[167] 16.6.1686; [172] 23.7.1686	gebleichte Leinwand; grüne Leinwand	7 ½ kr
[212] 26.2.1687; [167] 16.6.1686; [108] 1.10.1685, [170] 6.7.1686	gestärkte Leinwand; gebleichte Leinwand; schwarze Leinwand; ungebleichte Leinwand	8 kr
[82] 1.6.1686; [167] 16.6.1686	schwarze steife Leinwand; ungebleichte Leinwand	9 kr
[167] 16.6.1686; [60] 4.3.1685	gebleichte Leinwand, schwarze Leinwand	10 kr
[122] 6.11.1686	schwarze Leinwand	11 kr
[209] 11.12.1686; [223] 26.4. 1687; [25] 17.1.1685; [99] 18.8.1685	Leinwand ohne bes. Anm.; gebleichte Leinwand, schwarze Leinwand, weiße Leinwand	12 kr
[84] 21.6.1685; [156] 2.5.1686; [54] 3/1685	Leinwand, geglänzte Leinwand, schwarze Leinwand	14 kr
[175] 10.8.1686; [149] 3.4.1686; [130] 2.11.1685	blaue Leinwand, grüne Leinwand, weiße Leinwand,	15 kr
[216]11.3.1687; [165] 11.6.1686; [223] 3.4.1685; [179] 3.9.1686; [126] 30.11.1685; [145] 17.3.1686	Leinwand ohne bes. Anm.; gebleichte Leinwand, grüne Leinwand, rote Leinwand, schwarze Leinwand, gesteifte Leinwand, tristaminfarbene Leinwand	16 kr
[8] (Franz Schmidt, kein Vergleichspreis)	Ländler Leinwand	17 kr
[170] 6.7.1686; [90] 3.7.1685; [28] 26.1.1685; [162] 27.5.1686	blaue Leinwand, feine Leinwand, grüne Leinwand, rote Leinwand	18 kr
[163] 28.5.1686	weiße Leinwand	20 kr
[37] 7.2.1685	weiße Leinwand	24 kr
[163] 28.5.1686	weiße Leinwand	26 kr
[28] 26.1.1685	schwarze Leinwand	28 kr
[183] 24.9.1686	weiße Leinwand	35 kr
[71] 7.5.1685	Holländische Leinwand	3 fl 24 kr

Wurschet wurde von der Kundschaft der Schmidts 87-mal nachgefragt. Dabei handelte es sich nach Schmeller um einen halbseidenen Stoff.[108] Jutta Zander-Seidel dagegen beschreibt Wurschet, Wurschat oder Burschat als ein Wollgewebe mittlerer bis einfacher Qualität, das seit dem frühen 16. Jahrhundert für Frauen- und Männerkleidung aller Art üblich war. Wurschet lässt sich im 17. Jahrhundert qualitativ mit dem *Macheier* vergleichen.[109] Der Stoff wurde in verschiedenen Farben angeboten: in blau, braun, haarfarben, hellblau, gelb bzw. grau geblümt, grau, grün, rot, tristaminfarben, schwarz und nacarafarben.

Die Nürnberger Kleiderordnung von 1693 hält fest, dass dem 5. Stand der einfachen Kramer, Handwerker und ähnlichen Berufen das Tragen einer schwarzwollenen Jacke oder Mantels mit dem Besatz eines schmalen Taftbandes als Schmuckelement erlaubt sei, kostbare Aufschläge aus Wurschet, Arras oder Pelz, Atlas, Taft, Borten und Spitzen seien jedoch verboten.[110] Den Ehefrauen und Töchtern war es erlaubt, die Oberteile aus *Sarge* (Serge), Arras, Wurschet und dergleichen zu machen und mit Seidenborten oder Gallonen, aber ohne Silberfäden, zu verzieren. Röcke und Schürzen sollten aus Arras und Wurschet und *dergleichen Zeuch* und Wolltuch sein, wobei die Elle allerhöchstens 2 fl kosten dürfe. Der Schurzfleck (Schürze) dürfe aus *Schamlott* (Kamelott), einem Stoff, der etwas besser war als Wurschet, oder aus billigem Zeug sein.[111] Mäntel durften nur aus Wurschet, Arras oder Macheier gefertigt werden, als Aufschläge waren ungewässerter Schamlott oder andere *geringe Zeuge* erlaubt, der untere Mantelsaum durfte nur mit zwei Seidenborten verbrämt werden.[112] Ähnliches schrieb auch schon die Kleiderordnung der bayerischen Herzöge Wilhelm und Ludwig von 1526 für Bürger und Kaufleute vor: Deren Frauen und Töchter sollten Röcke und Schauben aus *Schamalott*, Satin, Wurschet, Arras und gute Tücher, aber nicht aus Scharlach, einem sehr hochwertigen Wolltuch, tragen.[113]

Die Schmidts boten Wurschet in den Farben schwarz, tristaminfarben, grün, grau, haarfarben, hellblau, braun, blau, rot und geblümt an. Es ist auffallend, dass sich 51 der 87 Einträge in der Strazza der Schmidts auf den Verkauf in größeren Mengen wie Stück oder *Stickherl* beziehen. Der Rest ging als Ellenschnitt über den Ladentisch.

---

108 Johann Andreas Schmeller, Bayerisches Wörterbuch, München 1877, online, 24.05.2021.

109 Zander-Seidel, Textiler Hausrat, S. 403.

110 Nürnberger Kleiderordnung vom Jahre 1693, in: Der Nürnberger Geschichts-, Kunst- und Alterthumsfreund, Bd. 1, 22. Lieferung, 27. October 1842, S. 170–173, hier S. 171, online. Liselotte Constanze Eisenbart, Kleiderordnungen der deutschen Städte zwischen 1350 und 1700. Ein Beitrag zur Kulturgeschichte des deutschen Bürgertums (Göttinger Bausteine zur Geschichtswissenschaft 32), Göttingen1962; Julia Lehner, *Die* Mode *im alten* Nürnberg. *Modische Entwicklung und sozialer Wandel in* Nürnberg, aufgezeigt an den Nürnberger Kleiderordnungen (=Schriftenreihe des Stadtarchivs Nürnberg), Nürnberg 1984.

111 Nürnberger Kleiderordnung, Bd. 1, S. 171.

112 Nürnberger Kleiderordnung, Bd. 1, S. 172.

113 Zander-Seidel, Textiler Hausrat, S. 402.

Wer hat die großen Mengen gekauft? Als Käufer werden bis auf den Palhardtinger Bräu und den Tuchmacher Paulus meist Kramer oder Händler, also Wiederverkäufer, genannt. Sie nahmen den Schmidts jeweils ein bis fünf Stück ab.

Die Preise bewegten sich zwischen 3 fl 20 kr und 3 fl 30 kr pro Stück für Hofer Wurschet und 3 fl 15 kr für Nürnberger Wurschet. Eine Ausnahme stellt der Eintrag über zwei Stück Wurschet Nr. 88 dar, wofür dem Kramer Thomas Zauscher der hohe Preis von 6 fl 20 kr pro Stück berechnet wurde. Der Wurschet Nr. 68, den er mit gleicher Rechnung erwarb, kostete dagegen nur 3 fl 44 kr das Stück.[114] Außerdem ließ die *Edtmiller Braut* ein Stück Wurschet um 5 fl das Stück anschreiben.[115]

Sehr beliebt scheint der *Hofer Wurschet* gewesen zu sein, der offenbar in Konkurrenz zum *Nürnberger* stand. Die Schmidts boten darüber hinaus *glatten* und *feinen* Wurschet an. Vom *feinen* hatte die *Edtmiller Braut* 3 ⅔ Ellen zum Ellenpreis von 40 kr gekauft,[116] und vom *glatten schwarzen* hatte der Garser Kramer Johann Filßer 1 ¼ Ellen zum Endpreis von 20 kr genommen; das würde einem Ellenpreis von 16 kr entsprechen. Eine besondere Qualität kaufte der Kramer Thomas Zauscher, er ließ am 14.12.1686 ein Stück *fein nederl. Wurschet Doplet* anschreiben.[117]

57 Einträge in der Strazza beziehen sich auf *Barchent*, davon elf auf Bettbarchent. Barchent war ein festes Mischgewebe aus Leinen (als Kette) und Baumwolle (als Schuss) in Köperbindung, das gefärbt oder ungefärbt zu Kleidern aller Art, zu Jacken- und Hosenfutter, insbesondere aber zum Beziehen und Füllen der Matratzen verarbeitet wurde.[118] Charakteristisch für eine Köperbindung sind die diagonalen Linien auf der Oberseite des Gewebes, die dadurch entstehen, dass der Schussfaden (waagrechter Faden) über mehrere Kettfäden (senkrechte Fäden) und anschließend unter mehreren Kettfäden durchgeführt wird. Die Köperbindung erzeugte einen stabilen, strapazierfähigen Stoff. Durch die Leinenkette wurden sowohl Barchent als auch Bettbarchent sehr widerstandsfähig.[119]

Ende des 14. Jahrhunderts war im östlichen Teil der schwäbischen Leinenindustrielandschaft eine *Barchentindustrielandschaft* entstanden.[120] Um die Wende vom 16. zum 17. Jahrhundert konzentrierte sich die Produktion auf das Städtefünfeck Augsburg, Ulm, Biberach, Memmingen und Kaufbeuren,[121] aber auch

---

114 [211] 22.2.1687.
115 [193] 10.11.1686.
116 [193] 10.11.1686.
117 [199] 14.12.1686.
118 Zander- Seidel, Textiler Hausrat, S. 398.
119 Selheim, Ländliches Warenlager, S. 183.
120 Der Begriff Industrie wird hier in Anlehnung an von Stromer verwendet. S. Wolfgang von Stromer, Die Gründung der Baumwollindustrie in Mitteleuropa. Wirtschaftspolitik im Spätmittelalter, Stuttgart 1978, S. 15–18.
121 Rolf Kießling, Zur Entstehung von Wirtschaftslandschaften im Spätmittelalter, in: Helmut Flachenecker, Rolf Kießling (Hg.), Wirtschaftslandschaften in Bayern, Studien zur Entstehung und Entwicklung ökonomischer Raumstrukturen vom Mittelalter bis ins 19. Jahrhundert, München 2010, S. 15–54, hier S. 28.

in Nürnberg gab es Barchentweber, die 1535 ihre erste Ordnung erhielten.[122] Im 17. Jahrhundert war neben Nürnberg besonders Augsburg für seine Barchente berühmt, die in verschiedenen Qualitäten produziert wurden – schmale, breite, einfache und dicke Barchente.[123] Was die Länge der Barchentstücke betraf, schrieb die Augsburger Weberordnung von 1627 für die Barchenttuche eine Länge von 22 Ellen vor, daneben existierten allerdings auch noch andere Maße.[124] Zum breiten Barchent gehörte laut der Weberordnung von 1549 auch Bettbarchent, der seit dem 16. Jahrhundert in verschiedenen Ausführungen gewebt wurde.[125] Die breiten Barchente hatten entweder eine Länge von 37 bis 38 Ellen oder von 38 bis 40 Ellen.[126] Der Futterbarchent kam im 18. Jahrhundert in einer Breite von 5/4, 6/4 und 7/4 Ellen in den Handel.[127]

Die meisten Barchente kamen in verschiedenen Farben auf den Ladentisch, nur die feinere Sorte wurde gebleicht.[128] Die Schmidts verkauften Barchent in den Farben schwarz, rot, weiß, grün, grau, haarfarben, hellblau, blau, braun, tristaminfarben, nacarafarben, silberfarben, gestreift, geblümt, weiß gewürfelt und gebleicht – wobei nach dem Unterschied zwischen *weißem* und *gebleichtem* Barchent zu fragen wäre, denn *weiß* entstand nicht durch Färbung, sondern durch die Bleiche.

Die unterschiedlichen Preise in einer Abstufung von 10 kr, 16 kr, 18 kr, 20 kr und 22 kr hängen wohl von der Farbe und der Feinheit ab. Jutta Zander-Seidel hat als Verwendungszweck des Barchents *Kleidungsstücke aller Art (Brüstlein, Unterrock, Kittel, Schauben, Husecke, Wams, Hosen, Strümpfe)*, aber auch Kissenbezüge und -füllungen genannt.[129] Der Kramer Adam Schmidt nahm sich 1685 für den Eigenbedarf ¼ Elle silberfarbenen, 1687 sechs Ellen gebleichten Barchent und berechnete dafür einen Ellenpreis von jeweils 16 kr.[130] *Ihro Gnaden Herr zu Neuhaus* kaufte 1686 ebenfalls silberfarbenen Barchent, musste aber einen Ellenpreis von 18 kr bezahlen.[131] Schwarzer Barchent kostete ebenfalls 16 kr, so viel zahlten die Jesuiten aus Altötting für den Stoff,[132] es gab aber auch schwarzen Barchent für 18 kr die Elle, was an den Einträgen für Herrn Spagl aus Burghausen[133] und

122 Zander- Seidel, Textiler Hausrat, S. 398
123 Zur Augsburger Barchentweberei s. Claus-Peter Clasen, Die Augsburger Weber. Leistungen und Krisen des Textilgewerbes um 1600, Augsburg 1981. Ders., Augsburger Stoffarten im 17. und 18. Jahrhundert, in: Zeitschrift des Historischen Vereins für Schwaben 82 (1989), S. 105–142.
124 Clasen, Augsburger Stoffarten, S. 106.
125 Clasen, Augsburger Stoffarten, S. 118.
126 Clasen, Augsburger Stoffarten, S. 106.
127 Selheim, Ländliches Warenlager, S. 183–184.
128 Clasen, Augsburger Stoffarten, S. 105.
129 Zander-Seidel, Textiler Hausrat, S. 398.
130 [75] 18.5.1685; [215] 5.3.1687.
131 [183] 25.9.1686.
132 [18] 4.1.1685.
133 [195] 19.11 1686.

den Mühldorfer Pflegsverwalter[134] abzulesen ist. Zum selben Preis konnte man auch weißen Barchent erstehen.[135]

In der Strazza taucht einmal *Augsburger Barchent* auf. Die Jesuiten in Burghausen kauften zwei Stück schwarzen *Augsburger Barchent* zu 3 fl 45 kr.[136] Legt man das Maß aus der Augsburger Weberordnung von 1627 zugrunde, könnten das insgesamt 44 Ellen zu einem Ellenpreis von 5 kr gewesen sein, was im Vergleich zu den übrigen Stoffen für den berühmten Augsburger Barchent sehr niedrig erscheint. Es könnte sich um Tuch von minderer Qualität gehandelt haben, das zum besseren Verkauf schwarz gefärbt worden war. Denkbar wäre aber auch, dass Schmidt dem Jesuitenkloster für die abgenommene Menge einen Preisnachlass gewährt hat. Der Pflegsverwalter von Mühldorf dagegen ließ im September 1685 ⅓ Elle roten Barchent zum Ellenpreis von 19 kr 2 pf anschreiben.[137] Die Schmidts hatten außerdem schwarzen, roten, tristaminfarbenen und weißen Barchent für 20 kr die Elle im Angebot. Vom schwarzen Barchent sind 3 Ellen *dato zu des herrn Pfäffingers Clag* [Begräbnis] *außgenomben wordten*,[138] weißen Barchent ließ die *Alte Frau Richterin* von Zangberg anschreiben[139] und roten Barchent der Pflegsverwalter.[140] Zweimal ließ der Pfarrer von Floßing weißen Barchent zum Ellenpreis von 22 kr vom Schneidermeister Paul beim Kramer Schmidt abholen, die Kosten wurden angeschrieben;[141] möglicherweise war der Stoff für ein neues Messgewand bestimmt.

In der Strazza sind elf Einträge in verschiedenen Schreibweisen zu *Poto-Parchet*, *Pot Parchent*, *Pöt Parchent* verzeichnet. Die Preise schwanken zwischen 35 kr und 44 kr pro Elle. Der vergleichsweise hohe Preis deutet auf eine größere Webbreite des Stoffes und damit auch auf den Bettbarchent hin.[142]

Franz Schmidt nahm sich eine Elle Bettbarchent,[143] dann nochmal ⅞ Ellen einer Qualität zu 35 kr.[144] Von der 38-kr-Qualität versorgte sich auch der Herr Prukmayer aus Ampfing mit 5½ Ellen.[145] Bei der 40-kr-Qualität gab es eine Reklamation, denn von dem Stück Bettbarchent, das Mathis Augustin aus der Gegend von Landshut für 18 fl kaufte,[146] ging fünf Wochen später Ware für 17 fl wieder an Schmidt zurück.[147] In diesem Falle wurde die Länge des Stücks mit 27

134 [198] 8.12.1686.
135 [109] 8.10.1685.
136 [47] 21.2.1685. Der Augsburger Barchent war üblicherweise gebleicht, nur die minderen Qualitäten wurden gefärbt. Reith, Weber, S. 261.
137 [106] 21.9.1685.
138 [89] 23.6.1685.
139 [79] 26.5.1685.
140 [167] 19.6.1686.
141 [130] 2.11.1685.
142 Claus-Peter Clasen, Textilherstellung in Augsburg in der frühen Neuzeit, 2 Bde., hier Bd. 1: Weberei, Augsburg 1995, S. 223-224.
143 [10], 12.12.1684.
144 [8] 30.11.1684.
145 [111] 12.10.1685.
146 [193] 10.11.1686.
147 [184] 3.10.1686.

Ellen angegeben. Die *Edtmillner Braut* hingegen war offenbar mit den fünf Ellen Bettbarchent zufrieden, die sie im November wohl für die Aussteuer kaufte und anschreiben ließ.[148] Die nächsthöhere Qualität war die um 42 kr pro Elle. Sie wurde dreimal nachgefragt. Höllschmidt nahm 3 Ellen,[149] der Tuchmacher Balthasar Paullus ½ Elle[150] und der Pflegsverwalter ebenfalls ½ Elle.[151] Eine weitere Qualität war Barchent zu 44 kr. Davon nahm Adam Schmidt ¼ Elle tristaminfarben für sich[152] und der Schneider Mandust (?) nahm ebenfalls eine ¼ Elle.[153]

55 Einträge zeugen von einer lebhaften Nachfrage nach einer weiteren Stoffart, dem *Poy*, Boy oder Boie. Nach Jutta Zander-Seidel war Boy ein leichtes Wollgewebe von einfacher Qualität, das hauptsächlich als Futterstoff verwendet wurde.[154] Auch Meinert beschreibt Boie, (frz. boie, ital. bajetta) als grobes, lockeres Wollzeug aus einfacher Landwolle. Das fertige Gewebe wurde gerauht und gebürstet, seltener gewalkt. Nach Meinert wurde es überwiegend in Schwarz oder Weiß angeboten. Die Hauptproduktionsorte lagen in Mitteldeutschland, vor allem in sächsischen Orten wie Gera, Borna, in der Oberlausitz, Chemnitz, Hohenstein- Ernstthal, Öderan, Frankenberg, Glauchau, Meißen und Suhl.[155] Als der beste galt der englische Boy, aber in den genannten Orten in Sachsen wurde eine ebenso gute Qualität erzeugt, die auch manchmal als englische Ware verkauft wurde. Der schwarz gefärbte Boy wurde bei Trauer getragen und wird als Stoff bezeichnet, *womit vornehmlich Zimmer, Kutschen und Pferde bekleidet werden.*[156]

Die Schmidts hatten auch vom Poy verschiedene Sorten im Angebot. So verkauften sie sechs Ellen *Münchner Poy* an den Kramer Thomas Zauscher,[157] 3 ½ Ellen *mährischen Poy* zu 42 kr pro Elle an den Weinwirt Reschen, *englischen Poy* an den Schreiber Benedict Hosler zu 40 kr die Elle. Ein Stück *Pauzner Poy* für 25 fl ging an Simon Wagner (oder an den Wagner Simon) aus Tittmoning,[158] und 11 ¾ Ellen vom grünen *Iglauer Poy* nahm Michael Steinföll aus Mattighofen zu ebenfalls 40 kr pro Elle.[159]

Über die Webbreite erfahren wir nichts, es muss aber zwei verschiedene Breiten gegeben haben, denn der *welsche* Maurermeister Domenico Zugalli[160] kaufte

148 [193] 10.11.1686.
149 [189] 27.10.1686.
150 [200] 18.12.1686.
151 [198] 8.12.1686.
152 [108] 2.9.1685.
153 [175] 27.8.1686.
154 Zander-Seidel, Textiler Hausrat, S. 398.
155 Günther Meinert, Handelsbeziehungen zwischen Sachsen und Italien 1740–1814. Eine Quellenveröffentlichung, Weimar 1974, S. 364.
156 Ludovici, Akademie, Teil 1, 1767, Sp. 2049–2050.
157 [209] 4.2.1687.
158 [19] 8.1.1685.
159 [126] 27.11.1685.
160 Christoph Dominicus Zucalli (geb. vor 1650 in Roveredo, gest. vor dem 3. 11. 1702 in München) war Mitglied der berühmten Architektenfamilie Zuccalli (Zugalli) aus Roveredo in Graubünden. Er arbeitete mit seinem Vetter Kaspar im Innviertel, dann mit seinem Vetter

1 ¼ Ellen *breiten Iglauer Poy.*[161] Ebenso ließ der Pfarrer von Floßing 1 ¾ Ellen leibfarbenen *breiten Poy* für 50 kr die Elle anschreiben;[162] zum selben Preis erwarb die *Heimerl Bräuin* die Menge von 1 ⅓ Ellen karmesinroten, *breiten Poy* und blieb ihn zunächst schuldig.[163]

Mit 70 kr (1 fl 10 kr) war eine Stoffqualität am teuersten, deren Eintrag leider sehr schlecht zu entziffern ist und möglicherweise *Serfeß* (?) Poy heißt, den der Herr Pflegsverwalter anschreiben ließ.[164]

Die Schmidts hielten eine breite Farbpalette in rot, schwarz, grün, silberfarben, leibfarben, tristaminfarben, karmesinrot, scharlachrot und grau für ihre Kundschaft bereit. Geliefert wurde der Poy zum einen von Adam Schmidt selber, der im Januar 1687 5 ½ Ellen schwarzen englischen Poy abrechnete.[165] Leider setzt er uns auch über die tatsächliche Herkunft des Poy nicht in Kenntnis. Zum anderen bekamen die Schmidts Stoff vom Tuchbereiter Georg Janz aus München. Ihm hatte Schmidt Schafwolle verkauft und als Gegengeschäft 47 ¼ Ellen Münchner Poy zu 30 kr die Elle erhalten. Mit der Poy-Lieferung deckte Janz einen Teil der Schuld für die Wolle ab, blieb aber den Schmidts noch 18 fl 32 kr 2 pf schuldig.

Jutta Zander-Seidel konnte die Verwendung von *Kronrasch* seit dem 17. Jahrhundert vor allem für Frauenröcke, Schürzen und Trauermäntel nachweisen. Kronrasch ist eine Sortenbezeichnung des Rasch, eines leichten, lockeren, einfachen Wollgewebes,[166] von dem es sehr viele Varianten gab.[167] Außer Kronrasch gab es noch eine einfachere Sorte namens Tuchrasch[168], die die Schmidts aber namentlich nicht anboten. Meinert zählt den Kronrasch zu den Tuchraschen,[169] der auch Cadis genannt wurde.[170] Zur Herstellung des Gewebes ergänzt Selheim, dass der aus Wolle gewebte Kronrasch nicht nur gewalkt, sondern auch gerauht, gefärbt, geschert, gespannt und warm gepresst wurde.[171]

Wie beliebt der Stoff war, zeigen 48 Einträge in der Strazza. Die Schmidts boten Kronrasch in den Farben grün, haarfarben, schwarz, tristaminfarben, veilchenblau, weiß und zimtfarben an, außerdem sind englischer Kronrasch und feiner

---

Enrico am Schleißheimer Schloss zusammen. 1684 hatte er an der Wallfahrtskirche St. Salvator in Mühldorf-Ecksberg gearbeitet, im Auftrag des Stiftskanonikus Hellsperger. 1699 erstellte er die Maria-Eich-Kapelle, einen kleinen barocken Zentralbau, wiederum im Auftrag von Stiftskanonikus Cajetan Achaz Hellsperger in Mühldorf a. Inn. Zur Maria-Eich-Kapelle s. Irmengard Reindl-Witt, Die Eichkapelle Mater Dolorosa in Mühldorf, in: Das Mühlrad 62, 2000, S. 3-22.

161 [126] 26.11.1685.

162 [121] 14.11.1685.

163 [130] 4.11.1685.

164 [106] 23.9.1685.

165 [203] 12.1.1687.

166 Zander-Seidel, Textiler Hausrat, S. 400.

167 Ludovici, Akademie, Teil 4, 1768, Sp. 1074–1077.

168 Krünitz, Bd. 120, 1812.

169 Meinert, Handelsbeziehungen, S. 375.

170 Selheim, Ländliches Warenlager, S. 124.

171 Selheim, Ländliches Warenlager, S. 124.

doppelter Kronrasch aufgeführt. Beim englischen Kronrasch muss es sich nicht zwingend um importierten englischen Stoff handeln, sondern er könnte nach englischem Vorbild im Inland angefertigt worden sein, denn die Ortsnamen sind nicht immer die Herkunftsorte, sondern sind aus Marketinggründen vielfach zu Warenbezeichnungen für *gemacht in der Art von …* geworden.[172]

Einfacher Kronrasch kostete 60 kr (= 1 fl) pro Elle.[173] Bei *feinem doppeltem* Kronrasch wird es sich um doppelt breit gewebten Stoff handeln, der Ellenpreis lag allerdings nur 15 kr höher als der des normalen Kronrasch.[174] Die Preise für die farbigen Kronrasche waren ungefähr gleich hoch, denn für haarfarbenen Kronrasch verlangten die Schmidts vom Mühldorfer Pflegsverwalter 60 kr (1 fl) pro Elle,[175] ebenso viel zahlte man für den schwarzen Kronrasch.[176] Der Kramer Mathias Gebhard dagegen zahlte am Simonimarkt 1686 für 15 Ellen schwarzen Kronrasch nur 51 kr die Elle;[177] vielleicht war dies eine Art Messerabatt. Ein Sonderpreis von 52 kr die Elle vom grünen Kronrasch wurde auch Adam Schmidt berechnet.[178] Höher lag der *schwarze Extra* mit 76 kr, den Herr Spagl aus Burghausen anschreiben ließ.[179] Den grünen Kronrasch um 60 kr bezog der Pflegsverwalter von Mühldorf,[180] und 64 kr wurden Johann Lang aus Mühldorf berechnet.[181] Wie schon erwähnt zahlte Adam Schmidt für grünen Kronrasch nur 52 kr für die Elle. Der Preis für englischen Kronrasch[182] wurde nicht nach Ellen angegeben, sondern für die größere Einheit *St* mit 26 fl notiert.

Insgesamt 32-mal wurde der Verkauf von *Bombasin* notiert, meist ohne Farbangabe, einmal in Rot und sechsmal leibfarben. Schmidt verkaufte den Bombasin zur Hälfte (16 Einträge) stückweise an die Kramer der Umgebung, also an Wiederverkäufer, ansonsten elfmal ellenweise und bei fünf Einträgen gibt es keine Angabe. 20 kr pro Elle kostete der leibfarbene Stoff, von dem neun Ellen für die Neuanfertigung eines Rauchmantels gebraucht wurden, möglicherweise als Innenfutter. Leider wurde kein Name angegeben, wer die Materialien für das Messgewand bezahlt hat.[183] Eine kleine Menge der Qualität für 24 kr nahm Herr Angerer. Der Maurermeister Nicola Zuccalli[184] ließ zum gleichen Ellenpreis ¼

---

172 Selheim, Ländliches Warenlager, S. 28.
173 [1] 14.11.1684.
174 [10] 7.12.1684.
175 [177] 20.8.1686.
176 [158] 9.5.1686.
177 [190] Simonimarkt 1686.
178 [84] 7.6.1685.
179 [195] 23.11.1686.
180 [153] 22.4.1686.
181 [73] 13.5.1685.
182 [49] 23.2.1685.
183 [198] 9.12.1686.
184 Name und Berufsbezeichnung lassen die Vermutung zu, dass Nicola ein Verwandter von Domenico war, der zu dieser Zeit in Mühldorf arbeitete.

Elle für 6 kr anschreiben. Der Kramer Johann Filßer aus Gars am Inn erstand die Qualität um 18 kr.[185]

Sowohl Ludovici als auch Krünitz verweisen unter dem Stichwort *Bombasin* auf *Basin*, und auch Selheim führt aus, dass die beiden Begriffe in der zeitgenössischen Literatur des 18. Jahrhunderts zum Teil synonym verwendet worden seien. Ende des 18. Jahrhunderts war der Bombasin eher unter dem Namen *Basin* bekannt und bezeichnete einen aus Frankreich, Holland, Brügge und Ostindien importierten festen, gestreiften oder glatten Stoff.[186]

In Deutschland wurde Bombasin wie der Barchent aus Leinengarn und Baumwolle von Augsburger Webern vom 16. bis zum 19. Jahrhundert hergestellt. Zu Beginn des 18. Jahrhunderts gab es in Augsburg fünf Sorten in verschiedenen Breiten und Qualitäten.[187] Der Stoff ist nach Selheim schwer zu bestimmen, weil sich die Materialzusammensetzung oft geändert habe. Das *Stofflexikon* klassifiziert Bombasin als einen dichten, weich fließenden Kammgarnstoff in Seide, Halbseide oder Wolle. [188] Zander-Seidel führt Bombasin unter dem Namen *Wammasin* auf; sie bestimmt ihn ebenfalls als ein Mischgewebe aus Leinen und Baumwolle oder auch aus Wolle, das von den Barchentwebern produziert wurde und der Qualitätsschau unterlag.[189] Man verwendete den Stoff für Kleidung, Schürzen, Hemden, Badekittel, Mieder, Bettbezüge, Bettvorhänge, Decken und als Tauftuch oder eben auch für Messgewänder.[190]

Flor gehörte mit 31 Eintragungen ebenfalls zu den beliebteren Stoffen. Selheim zählt die Flore wie die Gaze und den Marly zu den *Schleiergeweben*, wobei der dünne, netzartige, durchsichtige Flor dichter war als die beiden anderen Stoffarten. Als Grundmaterialien dienten Seide, Leinen, Baumwolle oder Wolle. Es gab eine Vielzahl von Floren, z. B. *glatte, gestreifte, gemusterte, gegitterte, broschirte, bemalte, reiche, gemuschte, weiße, schwarze, bunte, à la Greque, à Marly, à Grosbeauté, Milchflor, Ausschneidflor, Besatzflor u. a.*[191] Meinert beschreibt ihn als ein *sehr leichtes, dünnes durchsichtiges Gewebe, zumeist aus roher Seide, aber auch aus Wolle, verschiedenartige Ausführungen.*[192]

Der schwarze, sowohl glatte als krause *Flor, wird viel zur Trauer, (insonderheit als eine Binde, welche die Mannspersonen entweder um den Arm oder um den Hut tragen, und welches eine Florbinde oder Trauerbinde heißt); und zu Mannshalstüchern, der*

185 Beide [25] 18.1.1685.

186 Selheim, Ländliches Warenlager, S. 167; Krünitz, Enzyklopädie, Bd. 6, 1775, 1784; Ludovici, Akademie, Teil 1, 1767, Sp. 1342–1347.

187 Clasen, Augsburger Stoffarten, S. 136.

188 Webadresse des Stofflexikons: http://www.stofflexikon.com, 24.05.2021.

189 Zander-Seidel, Textiler Hausrat, S. 402.

190 Zander-Seidel, Textiler Hausrat, S. 403.

191 Johann Christian Schedel, Praktisches Taschenwörterbuch der Waarenkunde; ein vollständiges Handbuch für Kaufleute bey dem Ein und Verkauf aller Produkte, Waaren und Handelsartikel, 2 Teile, Leipzig 1798, hier Teil 2, 1798, S. 111, zitiert nach Selheim, Ländliches Warenlager, S. 249, Fußnote 4.

192 Meinert, Handelsbeziehungen, S. 369; s. a. Ludovici, Akademie, Teil 2, 1767, Sp. 1714–1715.

bunte zu Frauenzimmerhalstüchern, der weiße aber zu allerhand Putze gebraucht. Die augspurger Frauenzimmer pf*legen die schwarzen Flöre, welche sie zur Winters=Zeit um den Hals und über ihre Kragen schlagen, mit Kanten zu frisieren.*[193]

Solche Florbänder wurden auch im Erzstift Salzburg getragen. Auf dem Land war der schwarze Halsflor als Halstuch bei der gesamten Bevölkerung im Flachland ebenso wie im Gebirge im 18. Jahrhundert noch allgemein verbreitet.[194] Jutta Zander-Seidel stieß bei ihren Recherchen nur auf die Nennung einer Haube aus Flor. Im Inventar des Johann Kastenbein von 1648 fand sie den folgenden Eintrag: *1648, Margaretha Kastenbein: 1 florene Haarhauben mit leibfarber Seiden ausgenäht*, im Werte von 20 kr.[195]

Die Schmidts hatten baumwollenen Flor, Seidenflor, feinen, breiten, schmalen und *etwas schmäleren Flor* im Sortiment. Alle Einträge sind ohne Farbbezeichnung bis auf eine Notiz, die ausdrücklich schwarzen Flor erwähnt.

Die Preise waren gestaffelt. Die Personalpreise, die sich Adam Schmidt für seine Entnahme berechnet hat, belaufen sich auf 6 kr pro Elle für 2 ½ Ellen Flor[196] oder 9 kr für eine Elle Flor.[197] Einen ähnlich günstigen Preis mit 8 kr pro Elle bezahlte der Pflegsverwalter von Mühldorf für 2 ½ Ellen Flor.[198] 10 kr pro Elle wurden für sechs Ellen (wohl schwarzen) Flor berechnet, die für die Beerdigung des Herrn Pfäffinger gekauft wurden.[199]

16 kr kostete auch der *feine Flor*, von dem der Richter von Zangberg zwei Ellen kaufte und anschreiben ließ.[200] Seidenflor wurde nur einmal vermerkt: Nicola Jaguz kaufte ein *St*[ück] davon zum Endpreis von 3 fl 48 kr.[201]

Der *praithe* und der *schmalle* Flor waren mit 12 kr pro Elle überraschenderweise gleich teuer, in beiden Fällen war der Kunde der Binder Georg Fischer.[202] Vom schwarzen Flor, hier wird die Farbe ausdrücklich erwähnt, kaufte der Kramer Mathias Gebhard aus Trostberg zwei Stück und ließ den Endpreis 9 fl 40 kr anschreiben.[203]

---

193 Krünitz, Enzyklopädie, Bd. 14, 1778, 1786.

194 Friederike Prodinger, Reinhard R. Heinisch, Gewand und Stand. Kostüm- und Trachtenbilder der Kuenburg-Sammlung, Salzburg, Wien 1983, S. 28. Die Kostüm- und Trachtenbilder stammen aus der gräflichen Familie Kuenburg. Der Volkskundler und Lehrer Karl Adrian entdeckte die Bilder und erkannte ihren Wert für die Salzburger Volkskunde und Geschichte. Die Gouachen und aquarellierten Zeichnungen sind eine Dokumentation der Kleidung unterschiedlicher Stände in Stadt und Erzstift Salzburg aus den Jahren 1782 bis 1790.

195 Zander-Seidel, Textiler Hausrat, S. 122.

196 [135] 5.1.1686.

197 [6] 27.11.1684.

198 [158] 9.5.1686.

199 [89] 23.6.1685.

200 [216] 13.3.1687.

201 [163] 28.5.1686.

202 [183] 26.9.1686.

203 [213] 26.2.1687.

Abb. 9: Junger Salzburger Adliger mit Trauerflor am Hut, aus: Kostüm- und Trachtenbilder. Foto: Privatbesitz

Die besten Flore kamen aus Italien oder der Schweiz.[204] Woher kam der Flor im Kramergewölbe der Schmidts? Im April 1685 war eine große Lieferung von einem der als Zwischenhändler agierenden Geschäftspartner der Schmidts vom Jahr-

[204] Krünitz, Enzyklopädie, Bd. 14, 1778, 1786.

markt in Gern bei Eggenfelden angekommen, *von Gehrn/Gihrn alhero kommen.*[205] Zu der Lieferung gehörten außer acht Stück vom baumwollenen Flor noch sechs Stück scharlachfarbener Quinet, zwei Stück blauer Wurschet, fünf Dutzend ungebreste Strümpfe, ⅔ Dutzend karmesinrote Hamburger Strümpfe, drei Dutzend nacarafarbene Hamburger Strümpfe, fünf Stück gelber Cadis, zwei Stück blassblauer Cadis, zwei Stück Bombasin und ein Stück schwarzer *Sarge* (Serge). Der Name des Händlers bzw. Produzenten ist nicht genannt, und wir erfahren auch keine Ellen- oder Endpreise.

Zander-Seidel definiert *Zeuge* als eine Gattungsbezeichnung für Woll-, Seiden-, Halbseiden und Leinenmischgewebe.[206] Als Zeug wurde meistens ein leichtes Wollgewebe bezeichnet, das in der Regel aus Kammgarn hergestellt wurde und billiger war als Tuch. Ein wesentlicher Unterschied zu den Tuchen bestand in der Leichtigkeit und dem Tragekomfort der Zeuge. Beide basierten auf der Schafwolle, wobei der Zeugmacher gekämmte Wolle verarbeitete, der Tuchmacher dagegen Streichwolle. Die Zeuge wurden in der Regel nicht gewalkt, dafür aber auf dem Webstuhl dichter angeschlagen, daher waren sie leichter und dünner als Tuch.[207] Doch keine Regel ohne Ausnahme, denn *In der Regel nicht gewalkt* bedeutet offenbar, dass es auch gewalktes Zeug gab, denn die Schmidts haben *grau gewalchtes Zeug* an Gottfried Matthias verkauft.[208] Ludovici schreibt, die Vorteile der leichteren Zeuge seien im Gegensatz zu den schwereren Tuchen weithin bekannt. Wegen der Leichtigkeit und Geschmeidigkeit seien die Zeuge gerade im Sommer für Männerhosen, Frauen- und Kinderkleider sehr angenehm und beliebt. Außerdem seien sie nicht teuer, und die warmen Stoffe Samt und Wolltuch trage man eher im Winter.[209]

Im 18. Jahrhundert spielte die Erzeugung von wollenen Zeugen besonders in Württemberg eine große Rolle, wobei die Calwer Zeughandlungskompagnie führend war. In der Folgezeit verdrängte die aufkommende Baumwolle die wollenen Zeuge allmählich vom Markt.[210] Trotz des großen Lobes von Ludovici finden sich in der Strazza mit 27 Posten relativ wenige Zeugverkäufe. Es ist aber denkbar, dass sich die *Zeuge* hinter anderen Bezeichnungen verstecken. Als Beispiel sei der Cadis erwähnt, der bei Selheim, allerdings für das 18. Jahrhundert, als *wollener Zeug* genannt ist.[211] Ein Eintrag von 1 ½ Stk. für Maria Schwartz bezog sich auf *Seidenzeug.*[212]

---

205 [68] 26.4.1685.
206 Zander-Seidel, Textiler Hausrat, S. 403.
207 Selheim, Ländliches Warenlager, S. 89.
208 [104] 16.9.1685. S. a. Ludovici, Akademie, Teil 5, 1768, Sp. 1099. Dort werden die gewalkten Zeuge als *tuchartige Zeuge* bezeichnet.
209 Ludovici, Akademie, Teil 6, Sp. 1780, zitiert nach Selheim, Ländliches Warenlager, S. 89-90, Fußnote 6.
210 Walter Troeltsch, Die Calwer Zeughandelskompagnie und ihre Arbeiter. Studien zur Gewerbe- und Sozialgeschichte Altwürttembergs, Jena 1897. Selheim, Ländliches Warenlager, S. 90.
211 Selheim, Ländliches Warenlager, S. 89.
212 [95] 22.7.1685.

Die Preise bei den Schmidts differierten erheblich, was auf Qualitätsunterschiede und vielleicht auch auf die Webbreite hinweisen könnte. Die niedrigsten Preise von 7 kr und 8 kr pro Elle wurden dem Seniorchef Franz Schmidt und dem Kramer aus Gars am Inn, Johann Filßer, in Rechnung gestellt. Franz Schmidt zahlte im Oktober 1685 7 kr Ellenpreis für 1 ⅓ Ellen silberfarbenen *Welßer Zeig*,[213] 8 kr pro Elle bekam er für *hell wollen zeig* berechnet, von dem er ⅞ Ellen nahm.[214] Johann Filßer zahlte denselben Preis für *Rieder Zeug*, von dem er jeweils 4 Ellen anschreiben ließ.[215] Damit wird auch klar, dass die Schmidts Zeuge aus Oberösterreich im Angebot hatten.

In der zweiten Preiskategorie finden sich Preise pro Elle von 12 kr, 14 kr und 25 kr. Einen Ellenpreis von 12 kr zahlte der Stiftsverwalter für ⅔ Ellen Zeug ohne genauere Kennzeichnung.[216] Einen Ellenpreis von 20 kr mussten der Kanzlist Patelli für tristaminfarbenen Zeug[217] und Wolf Vogl aus Altötting für vier Ellen grauen Welser Zeug bezahlen.[218] Wie bereits erwähnt, ließ Gottfried Matthias aus Wasserburg am Inn 6 ¼ Ellen *grauen gewalchten Zeug* zu einem Ellenpreis von 24 kr anschreiben.[219] Das Kloster Neumarkt-St. Veit nahm insgesamt elf Ellen silberfarbenen Welser Zeug und 15 ⅔ Ellen tristaminfarbenen Welser Zeug ab und zahlte 25 kr pro Elle.[220] Eine dritte Preiskategorie lag über einem Gulden pro Elle. Möglicherweise waren diese Zeuge breiter als die billigeren. So ließ der Tuchscherer Jakob Lang ⅓ Ellen Zeug ohne nähere Beschreibung zum Ellenpreis von 78 kr (= 1 fl 18 kr) anstehen.[221] Die teuerste Qualität aber nahm Franz Schmidt, der Seniorchef: Er ließ eine halbe Elle von nicht genauer beschriebenem Zeug für 45 kr anschreiben, was einem Ellenpreis von 90 kr (= 1 fl 30 kr) entspricht.[222]

Cadis war bei der Kundschaft der Schmidts sehr beliebt, was sich aus den 122 Einträgen zu diesem Stoff ablesen lässt. Nach Krünitz gab es zwei Arten des Stoffes: Bei dem einen handelt es sich um *eine Sorte geringen wollenen und gekreuzten Zeuges* (= Köperbindung), die überwiegend für Möbelbezüge verwendet wurde. *Mit eben diesem Namen beleget man auch noch eine andere Gattung feiner wollener gekreuzter und auf Tuchart zugerichteter Zeuge, die 1/2 Elle breit liegen.*[223] Dieser feine, wollene, geköperte und wie Tuche weiterverarbeitete Stoff fällt unter die *Zeuge*, hatte eine angenehme Trageeigenschaft und wurde deshalb allgemein gerne für Männerhosen, Frauen- und Kinderkleider verwendet.[224] Die Schmidts

213 [109] 5.10.1685.
214 [60] 3.4.1685.
215 [63] 11.4.1685.
216 [131] 9.12.1685.
217 [99] 20 8.1685.
218 [101] 1.9.1685.
219 [104] 16.9.1686.
220 [143] 4.3.1686.
221 [58] 29.3.1685.
222 [74] 16.5.1685.
223 Krünitz, Enzyklopädie, Bd. 7, 1776, 1784.
224 Selheim, Ländliches Warenlager, S. 89. Ludovici erwähnt, dass der stärkere Cadis für Hosen verwendet werde, die feinere Sorte aber für die Habite von Mönchen und Geistlichen.

boten Cadis in verschiedenen Preislagen und in den Farben aurorafarben, grau, *nökherfarben*[225], *rot et tristamin* (gemustert?), silberfarben, veilchenbraun, *zitergrien*, blau, blassblau, braun, dunkelgrau, gelb, grün, haarfarben, rot, schwarz, veilchenfarben und violett an.

Der normalbreite Stoff war nach Krünitz und Selheim eine halbe Elle breit[226] und kostete bei den Schmidts zwischen 14 und 24 kr pro Elle. Sie verkauften den meisten Cadis zu 15 kr pro Elle, fast einem Einheitspreis, dennoch gab es einige Ausnahmen, die darunter oder darüber lagen. So zahlte der Kramer aus Gars am Inn, Lorenz Groß, für 10 Ellen einen Ellenpreis von 20 kr,[227] die Mitterbaderin nahm sich tristaminfarbenen Cadis zu 18 kr die Elle[228] und der Baumeister Domenico Zuccalli ¾ Ellen von einer Qualität zu 24 kr pro Elle.[229] Einmal wurde ein *dopleter* Cadis zu 48 kr vom Kramer Jakob Dedutsch aus Tüßling verlangt; damit war sicher ein doppelt breit gewebter Cadis gemeint.[230] Am günstigsten war der Cadis (ohne Farbangabe), den der Kramer Mathias Gebhard bezog, denn er zahlte 14 kr pro Elle.[231]

Selheim macht darauf aufmerksam, dass Cadis auch *Tuchrasch* genannt wurde,[232] während Zander-Seidel *Cadis* im Glossar gar nicht aufführt und beim Begriff *Tuchrasch* auf *Kronrasch* verweist.[233] Es handelt sich aber in allen drei Fällen um wollene Zeugstoffe unterschiedlicher Qualitäten, die zwar fest gewebt, aber nicht so dick wie Tuch waren und gern für Kleidung genutzt wurden.

Auch Günther Meinert beschreibt zwei Arten von Cadis, einen feinen und einen *geringwertigen*. Die erste Qualität war ein *feines, geköpertes wollenes Zeug*, das es in unterschiedlichen Qualitäten gab, meistens weiß und schwarz gefärbt.[234] Als Hauptproduktionsorte nennt Meinert (für das 18. Jahrhundert) das Languedoc und die Gegend um Montauban.[235] Die geringwertige Art wollener, gekreuzter Zeuge (schmale und leichte Serge) wurde nach Meinert ebenfalls in Frankeich

---

225 Es könnte sich um *nacara* oder *nacra* handeln. Diese Farbe ist noch nicht eindeutig aufgelöst, es dürfte aber eine Rottönung gewesen sein. Georg Grüll schreibt, dass die Farben *hochrot* und *nacra* aus Cochenille, einer brasilianischen Lausart, hergestellt wurden. S. Georg Grüll, Die Strumpffabrik Ponneggen 1763–1818, in: Mitteilungen des Oberösterreichischen Landesarchivs 6 (1995), S. 4–135, S. 82.; Vgl. hierzu Mautner, von Geramb, Trachtenbuch 1, S. 454, Anm. 8, wo nacarafarben als „nacker" = leibfarben identifiziert wird.

226 Selheim, Ländliches Warenlager, S. 96; Krünitz, Enzyklopädie, Bd. 7, 1776, 1784. Die Kramerei-Elle differierte von Gericht zu Gericht, in der Stadt Salzburg galt bei Tuchen die vierspännige Elle, das sind rund 80 cm. Koller, Landesarchiv, S. 187.

227 [110] 8.10.1686.

228 [97] 6.8.1685.

229 [109] 8.10.1685.

230 [68] 20.4.1685.

231 [84] 7.6.1685.

232 Selheim, Ländliches Warenlager, S. 124.

233 Zander-Seidel, Textiler Hausrat, S. 402.

234 Meinert, Handelsbeziehungen, S. 366. Damit greift er auf Ludovici zurück, s. Ludovici, Akademie, Teil 3, 1767, Sp. 26–27.

235 Meinert, Handelsbeziehungen, S. 366. Ludovici, Akademie, Teil 3, 1767, Sp. 26–27.

in den Cevennen und in den an die Provinz Languedoc grenzenden Gebieten gewebt.[236] In Deutschland erlaubte ein Privileg von 1668 der Zeughandlungskompagnie im württembergischen Calw die Herstellung von Cadis.[237]

Über die Vorteile der Zeuge, zu denen Cadis gerechnet wurde, im Vergleich zu den Tuchen, schreibt Ludovici, man müsse den Nutzen der Zeuge *nicht mit vielen Worten beschreiben, da es mehr als zu bekannt* [ist], *daß sie um ihrer Geschmeidigkeit und Leichtigkeit willen von den Mannspersonen des Sommers zu Kleidern stark gebraucht, und alsdann die tuchenen und sammtenen Kleider an die Seite gelegt werden. Sie sind auch die gewöhnliche Tracht und Kleidung der Frauenspersonen und der Kinder, weil einige Arten der Zeuge leicht sind, und sich überaus wohl zu Kleidern schicken, und dabey kostbar und wohlfeil, wie man sie verlanget, zu haben sind …*[238] Vielleicht könnte man die Zeuge mit heutigen *cool wool-Stoffen* vergleichen?

Woher die Schmidts den Cadis bezogen, bleibt offen, aber er könnte auch aus Linz gekommen sein. Die Linzer Wollenzeugfabrik war 1672 als Privatunternehmen gegründet worden. Sie verarbeitete zunächst Wolle aus Ober- und Niederösterreich, und zur Fabrik gehörte auch eine Färberei.[239] Nach einigen Eigentümerwechseln kam die Fabrik 1754 in Staatsbesitz, um 1851 verkauft zu werden.[240] Die Linzer Wollenzeugfabrik fertigte in den ersten Jahren nach ihrer Gründung 1672 Cadis, Kronrasch, Serge und feine Tücher nach englischer und französischer Art an, dazu kamen noch Stoffe wie Scoli sowie Sarchet (Serge), wobei der Kronrasch, ein leicht geköpertes, gewalktes, gerautes, überwiegend grün gefärbtes Wollzeug, in der Produktion sehr bedeutend war.[241] 1762 erreichte der Fabrikbetrieb seine höchste Blüte, denn es waren insgesamt 48.526 Personen für die Fabrik tätig, darin eingeschlossen die vielen außerhalb der Fabrik arbeitenden Spinner und Spinnerinnen sowie die Weber.[242]

Zander-Seidel definiert *Samt* als einen hochwertigen Seidensamt, der zunächst – ständisch differenziert – in der bürgerlichen Kleidung als Verbrämung und Accessoire erlaubt war, dann aber als Kleidungsstück wie Goller (Krägen), Brüstlein (Mieder) und Kopfbedeckung, für die Oberschichten auch als Wams, Hose, Rock und Mantel Verbreitung fand. In erster Linie wurde schwarzer Samt verwendet, der farbige war noch stärker durch die Obrigkeit reglementiert. Das

---

236 Meinert, Handelsbeziehungen, S. 366; Ludovici, Akademie, Teil 3, 1767, Sp. 26–27.

237 Selheim, Ländliches Warenlager, S. 97.

238 Ludovici, Akademie, Teil 6, 1801, Sp. 1780, hier zitiert nach Selheim, Ländliches Warenlager, Würzburg 1994, S. 89-90, Fußnote 6.

239 Viktor Hofmann, Die Wollenzeugfabrik zu Linz an der Donau, in: Archiv für österreichische Geschichte, 108. Bd., 2. Hälfte (Beiträge zur neueren österreichischen Wirtschaftsgeschichte. I. Teil), Wien 1920, S. 358.

240 Hofmann, Wollenzeugfabrik, S. 523.

241 Hofmann, Wollenzeugfabrik, S. 359.

242 Hofmann, Wollenzeugfabrik, S. 432 u. 519. Ein wirtschaftliches Problem, das sich durch die gesamte Produktionszeit zog, waren die zu hohen Herstellungskosten, mit denen die Wollenzeugfabrik nicht konkurrenzfähig war, was 1851 schließlich zum endgültigen Niedergang führte. Gegen Ende der Fabrikzeit beschränkte man sich auf Teppichweberei und Wollenzeugdruckerei.

Gleiche galt für aufgeschnittenen Samt. Wohlhabende Haushalte hatten Decken und Kissenbezüge aus Samt. Die erste Nürnberger Seidenweberordnung von 1699 bezieht sich auch auf die Herstellung von *blisch* (Plüsch), *gestreifft, geblümt oder ungeblümten Sammet und Tripp.*[243]

Die Samtherstellung erforderte die Kenntnis einer besonderen Webtechnik. Anders als die meisten anderen Stoffe besteht der Samt nicht nur aus Kette und Schuss, sondern über der Grundkette aus festem, gezwirntem Faden liegt eine zweite Kette, die Florkette, aus locker gezwirntem Garn. Zur Bildung des Flors legte der Weber eine Rute ein, die er immer wieder herausziehen und in die nächste Reihe einlegen musste. Üblich war das Arbeiten mit mehreren Ruten. Je dünner die Rute, umso feiner wurde der Samt. Die dadurch entstandenen Schlingen mussten mit einem Spezialmesser aufgeschnitten werden, um den Flor zu erhalten.[244]

Die Mühldorfer Strazza verzeichnet 25 Einträge zu Samt. Die Preise waren den Qualitäten entsprechend unterschiedlich hoch. Am billigsten war der *Bubensamt* (s. u.), von dem Adam Schmidt im September ¾ Ellen zu einem Personalpreis von 26 kr je Elle bezog.[245]

Vom Trippsamt verkaufte Schmidt zweimal je vier Ellen schwarzen *Schlesinger* (wohl aus Schlesien) zu einem Ellenpreis von 40 kr an den Tüßlinger Kramer Dominik Groß[246] und zu 42 kr an Matthias Schmidtberger aus Wasserburg.[247] 5 ⅛ Ellen Trippsamt zu 40 kr die Elle gingen an den Kappenmacher Gregor Speckmayer in Altötting,[248] und 54 kr pro Elle wurden der jungen Öttinger Bäckerin berechnet, die im Mai 1685 ⅜ Ellen anschreiben ließ.[249] Einfach mit *Samet* bezeichnet wurden die ⅔ Ellen, die die Botin Maria Schwarz anstehen ließ. Der Ellenpreis von 45 kr lässt auf Trippsamt schließen.[250]

Die wirklich gute Qualität, der *schwarz fein Samet,* fing preislich bei 2 fl 20 kr pro Elle an. Davon hatte Frau Greislin aus Mühldorf 2¼ Ellen gekauft.[251] Die Preise reichten bis 5 fl pro Elle für feinen schwarzen Samt, von dem der Hofschreiber von Tüßling 2 ¾ Ellen anschreiben ließ,[252] aber auch die Pfarrköchin von Lohkirchen nahm davon ⅙ Elle. Ob der Stoff für sie selbst oder den Herrn Pfarrer bestimmt war, bleibt offen.[253] Preislich dazwischen lag der *Samt fff* zu 3 fl 45 kr die Elle, von dem der Tüßlinger Schneider Johannes Hain im Januar 1686

243 Zander-Seidel, Textiler Hausrat, S. 401 u. 398.
244 Selheim, Ländliches Warenlager, S. 247.
245 [108] 2.9.1685.
246 [47] 21.2.1685.
247 [113] 17.10.1685.
248 [75] 19.5.1685.
249 [76] 20.5.1685.
250 [223] 27.4.1687.
251 [224] 5.5.1687.
252 [92] 10.7.1685.
253 [110] 9.10.1685.

eine Elle erstanden hatte und anstehen ließ,[254] ebenso wie der *Floreth Sambt* zu 2 fl 40 kr, von dem der angehende Turmbläser Johannes Ferch eine halbe Elle kaufte.[255] *Niderlendisch Samet* verkauften die Schmidts für einen Ellenpreis von 2 fl 30 kr und 2 fl. Vom ersten ließ sich Christoph Ignatz Gresbeck von der Pflegsverwaltung Neumarkt-St. Veit 1 ⅛ Elle geben,[256] vom zweiten nahm die Widtmann Braut 2 ⅛ Ellen.[257] Der Preis lässt vermuten, dass es sich um einen Samt nach niederländischer Art handelte. Ein Eintrag bezieht sich auf den Einkauf von einer halben Elle Atlassamt von Johann Kaufmann in Salzburg[258] für den Preis von 1 fl 45 kr für die halbe Elle; der Ellenpreis wäre dann 3 fl 30 kr gewesen.

Die bisher erwähnten Samtarten waren alle schwarz und glatt. Es findet sich nur ein Eintrag zu *geplaimbten Samet*, leider ohne Preis. Davon kaufte die Frau vom Palhardtinger Bräu in Mühldorf ⅓ Elle.[259]

Quinet bzw. Quinette oder Quignette galt als kamelottartiges *Zeug*. *Kamelott* bestand aus Wolle und Ziegenhaar, war aber wesentlich hochwertiger als Quinet, was sich auch am Preis ablesen lässt. Kamelott kostete je nach Qualität, Färbung und Webbreite bis 2 fl 30 kr die Elle, der Quinet lag mit 30 oder 40 kr weit darunter. Aber auch der Quinet wurde teils aus Wolle, teils aus Wolle und Ziegenhaar, weiß, schwarz, farbig und bedruckt geliefert. Er wurde für Röcke, für Schlafröcke, als Futterstoff verwendet; der *weiße (geschwefelte) diente zu Klosterkleidungen.*[260] Ursprünglich wurde er in Flandern (Ryssel, Amiens), später auch in England, Frankreich und Deutschland hergestellt.[261] 50 Einträge in der Strazza betreffen Quinet, der bei Günther Meinert und Krünitz in der französischen Schreibweise als *Quinette* aufgeführt wird.[262] Die Preise in der Strazza waren sehr verschieden. In der ersten Preiskategorie verlangte Schmidt pro Elle 16 kr

---

254 [136] 21.1.1686.

255 [105] 19.9.1685.

256 [2] 17.11.1684.

257 [139] 12.2.1686.

258 [116] 9.11.1685. Johann Anton Kaufmann war einer der großen Handelsleute in Salzburg. Er war 1644 in Meran geboren, 1666 wurde er Salzburger Bürger und 1677 Stadtrat. Er war über seinen Schwiegersohn Johann Christof Pauernfeind von Eyß mit der bedeutenden Salzburger Händlerfamilie Pauernfeind verwandt. Über den raschen Erwerb seines stattlichen Vermögens gibt es folgende Legende: Salzburger Händler warteten schon lange auf das Eintreffen eines Handelsschiffes in Venedig. Man befürchtete einen Schiffbruch. Johann Kaufmann kaufte mit der Zustimmung seiner Salzburger Händlerkollegen das Schiff. Das war ein riskantes Geschäft und er versicherte sich höherer Mächte. Er machte ein Gelübde, dass er eine Kapelle für den hl. Antonius bauen lasse, wenn das Schiff in Venedig einlaufe. Tatsächlich kam das Schiff kurze Zeit später unversehrt in Venedig an und Johann wurde ein reicher Mann. Die Kapelle erbaute er in Söllheim, heute steht daneben das Restaurant Pfefferschiff. Vgl. Karl Ledóchowski, Beiträge zur Salzburger Familiengeschichte 37, Kaufmann von Söllheim, in: MGSL 77 (1937), S. 131–133. Günther Rauch, Johann Kaufmann aus Meran: der Erbauer des Barockschlosses Söllheim und der Kapelle zum hl. Antonius von Padua. In: Arx 36 (2014), S. 19–24.

259 [148] 30.3.1686.

260 Ludovici, Akademie, Teil 4, 1768, Sp. 1041.

261 Meinert, Handelsbeziehungen, S. 375.

262 Meinert, Handelsbeziehungen, S. 375; Krünitz, Enzyklopädie, Bd. 120, 1812.

bis 28 kr. Dabei handelte es sich um grünen, weißen und nacarafarbenen Stoff. Die nächste Preiskategorie beginnt bei 42 kr für Quinet ohne Farbangabe für Christoph Groß, Kramer aus Zangberg,[263] und 48 kr bezahlte das Kollegiatstift Mühldorf für Niederländischen Quinet auch;[264] den sehr hohen Preis von 75 kr für eine Elle entrichtete derSchreiber Ruprecht Forster.[265]

Auch bei der stückweise verkauften Ware gibt es zwei Preiskategorien, die sich aber teilweise durch die Farbe und durch die Webbreite erklären lassen. Für schwarzen Stoff ließ das Jesuitenkolleg in Burghausen pro Stück 4 fl 30 kr anschreiben.[266] Für *nöckera* (nacarafarbenen) Quinet, als *Stickherl* notiert, verlangte Schmidt von Matthias Augustin 5 fl 30 kr;[267] für scharlachroten Quinet notierten die Schmidts für das Stück 5 fl 45 kr für Thomas Kumpf aus Dorfen[268] und für ein Stück grauen Quinet 6 fl für den Trostberger Handelsmann Georg Endorfer.[269] Der Preissprung auf 11 fl pro Stück lässt sich wohl durch die doppelte Webbreite beim *Doplt Quinet* für Herrn Brimina erklären.[270] Diese Qualität wird allerdings nur einmal angeschrieben.

Auch beim Quinet im Schmidtschen Gewölbe lässt sich die Herkunft nicht eruieren. In der Strazza gibt es einen schwer zu entziffernden Eintrag, der sich auf eine Lieferung von sechs Stück scharlachfarbenen Quinet von *Girhn*, damit ist Gern bei Eggenfelden gemeint, beziehen könnte.[271] Er könnte aber auch aus Gera im Vogtland/Thüringen oder aus Borna, Penig oder Rochlitz in Sachsen gekommen sein, wo nach Krünitz der Quinet 20, 25, 40, 50 bis 60 Ellen lang und ⅞ bis ¾ Ellen breit sowie von verschiedener Farbe und Feinheit produziert wurde. Vielleicht stammte der Quinet auch aus der näher gelegenen Linzer Wollzeugfabrik, wo man noch um 1812 schmale, mittelbreite, grobfädige, extrafeine, glatte, schwarze oder weiße, gemischte, feinfarbige, gedruckte etc. Quinetstoffe herstellte.[272]

Insgesamt wurde von den Schmidts 34-mal *Serge* oder *Sergette* an ihre Kundschaft auf Kredit verkauft. Sechs der Eintragungen sind nicht ohne weiteres aufzulösen; mit Sarhet,[273] Scherschet,[274] Scherschedt,[275] Schärschet[276] und ähnlichen Schreibweisen könnte Sergette, ein schmaler Sarsche aus Frankreich, gemeint

263 [149] 1.4.1686.
264 [28] 26.1.1685.
265 [114] 24.10.1685.
266 [47] 21.2.1685.
267 [166] 10.6.1686.
268 [56] 26.3.1685.
269 [60] 3.4.1685.
270 [87] 14. 6. 1685.
271 [68] 26. 4. 1685.
272 Krünitz, Enzyklopädie, Bd. 120, 1812.
273 [196] 21.11.1686.
274 [179] 3.9.1686.
275 [105] 19.9.1686.
276 [135] 18.1.1686.

sein.[277] Serge, Sersche oder Sarsche ist ein geköpertes wollenes Zeug, *gewalkt, gerauht und geschoren, die Kette von glatt gesponnener, der Einschlag von gekrempelter Wolle*, also ein kräftiger, dichter, langlebiger Stoff. Serge gab es in vielen Farben, Ausführungen und Qualitäten; eine sehr leichte und schmale Variante aus Frankreich wurde Sergette genannt.[278] Nicht geköperte leinwandbindige Serge hießen *Tuchsersche*. In Italien wurde auch Serge aus Seide angefertigt, in Oschatz in Sachsen und andern Orten dagegen die übliche Qualität.[279] Schedel erwähnt, dass Serge *mancherley Zunamen, nach dem Ort, wo sie verfertigt werden, nach den Angebern derselben, oder auch nach dem Einfall des Fabrikanten gehabt haben.*[280] Weil der Stoff strapazierfähig war, wurde er häufig für Männerhosen verwendet.[281]

Diese Stoffe waren nicht billig. Von den 34 Eintragungen sind ungefähr ein Drittel ohne Preise notiert. Die ausgepreisten Verkäufe bewegten sich allerdings zwischen 45 kr und 1 fl 30 kr pro Elle. Ungewöhnlich billig war nur der Einkauf der Altöttinger Jesuiten am 11. Februar 1685. Sie bezogen *55 Stab, thuen 78 Ellen* Serge, zum Ellenpreis von 15 kr,[282] als Endpreis waren 19 fl 30 kr zu bezahlen.

Von der nächsten Qualität zu 45 kr die Elle, einem feinen tristaminfarbenen Sarge de Lontres (möglicherweise ist damit London gemeint), kaufte der Hofschneider Andre Claudty 6 ¾ Ellen.[283] Schwarzer Sarchet kostete 48 kr, von dem *der Hr. Pflegsverwalter von Mühldorf* 2 ½ Ellen kaufte und zunächst schuldig blieb.[284] Franz Schmidt ließ für sich selbst ¾ Ellen *Sarge* (Serge) anschreiben und zahlte 36 kr dafür, das wäre ein Ellenpreis von 48 kr gewesen. Als Zusatz ist notiert *cost die E*[lle] *49* kr.[285]

Es gab aber auch schwarzen *Sarhe* zu 55 kr zu kaufen, von dem der Kramer Dominico Groß aus Tüßling zwölf Ellen nahm, möglicherweise für den eigenen Kramerhandel.[286] Der als *welscher Kramer* bezeichnete Johann Meixner aus Kraiburg am Inn ließ im Dezember 1686 sieben Ellen *weise gröb Sahet* zum Ellenpreis von 58 kr anschreiben.[287] Die Burghausener Jesuiten kauften *schwarz Sarchet* zu 60 kr die Elle, insgesamt brauchten sie ein Stück mit der Länge von 23 Ellen.[288] Silberfarbener *Sarge* kostete ebenfalls 60 kr, davon bezog Wolfgang Pfäffinger im Mai 1685 sechs Ellen.[289]

---

277 Krünitz, Enzyklopädie, Bd. 153, 1830.
278 Ludovici, Akademie, Teil 4, 1768, Sp. 1577–1581.
279 Meinert, Handelsbeziehungen, S. 376.
280 Schedel, Teil 2, 1798, S. 282, zitiert nach Selheim, Ländliches Warenlager, S. 125, Fußnote 248.
281 Selheim, Ländliches Warenlager, S. 104.
282 [43] 11.2.1685.
283 [57] 28.3.1685.
284 [158] 9.5.1686.
285 [60] 3.4.1685.
286 [47] 21.2.1685.
287 [198] 9.12.1686.
288 [144] 11.3.1686.
289 [72] 8.5.1685.

Einen scharlachroten Serge hatten die Schmidts für 1 fl 20 kr die Elle im Angebot, Niklas Jaguz ließ davon zwei Ellen anschreiben.[290] Der Handelsmann Georg Endorffer aus Trostberg ließ 25 fl für ein Stück *feinen Scarlet Sarge No 6* anstehen. Nimmt man ein Stück mit 23 oder 25 Ellen an wie beim schwarzen Serge, den die Burghausener Jesuiten anschreiben ließen, so dürfte die Elle 60 kr oder 65 kr (1fl bzw. 1 fl 5 kr) gekostet haben.[291]

Der Kramer Tobias Sandtner von Braunau hatte Ende Februar 1685 einen sehr großen Einkauf bei den Schmidts getätigt, leider sind weder die Einzelpreise noch die aufgelaufene Endsumme angegeben. Es findet sich aber ein kleiner Hinweis, der auf den Einkaufspreis für Schmidt hindeuten könnte: *1 Stück schwarz Sarge Dedomas No 5 … cost mich 19* fl.[292] Schmidt verkaufte im März 1686 an die Burghausener Jesuiten ein Stück mit 23 Ellen Länge *schwarz Sarchet* für 23 fl.[293] Setzt man bei beiden Geschäftsfällen die gleiche Ellenzahl pro Stück und auch die gleiche Qualität voraus, so hätte Schmidt für 19 fl eingekauft und für 23 fl verkauft, somit könnte Schmidt ca. 21 Prozent auf den Einkaufspreis aufgeschlagen haben. Frau Kirchiserin kaufte im Januar 1686 ⅓ Elle *nöcker Sarhet*. Der Stoff könnte für das Brautkleid der Tochter bestimmt gewesen sein, denn zuvor hatte es einen Eintrag gegeben, der sich auf das *Praitclaidt* der Tochter bezog.[294]

24-mal notierten die Schmidts den Verkauf von *Kherntuch*. Krünitz schreibt über das Kerntuch, dass es *das beste aus der Land=Wolle verfertigte Tuch* sei, ein aus Kernwolle produzierter Wollstoff.[295] Die Kernwolle ist die ausgesuchte, beste Wolle von Rücken und Nacken der Schafe.[296] Kerntuch wurde bei den Schmidts zu sehr unterschiedlichen Preisen verkauft. Wie bei den anderen Stoffarten wird dies mit der Qualität, der Webbreite oder der Färbung zusammenhängen, allerdings lässt sich das nur über die Preise als Indikatoren vermuten. Die günstigste Variante, das wohl schmalere Tuch, kostete zwischen 33 kr und 36 kr pro Elle. Thomas Zauscher, der Kramer aus Mühldorf, zahlte im Mai 1685 beim Einkauf von 9 ⅓ Ellen *Iglauer Kerntuch* einen Ellenpreis von 33 kr,[297] im Dezember 1684 waren ihm bei 3 ⅛ Ellen 34 kr pro Elle angerechnet worden.[298] Hanns Müllner aus Mettenheim hatte im März 1686 für 4 ½ Ellen weißes Kerntuch 36 kr pro Elle zu zahlen gehabt.[299]

---

290 [163] 28.5.1686.
291 [34] 5.2.1685.
292 [48] 22.2.1685.
293 [144] 11.3.1686.
294 [136] 21.1.1686.
295 Krünitz, Enzyklopädie, Bd. 37, 1786.
296 Grimm, DWB, Bd. 11, Sp. 612–614; s. a. Selheim, Ländliches Warenlager, S. 46.
297 [75] 16.5.1685.
298 [11] 11.12.1684.
299 [148] 28.3.1686.

Die übrigen Einträge nennen Ellenpreise über 1 fl, so z. B. 1 fl 12 kr für *ordinari Kern*[300] oder 1 fl 30 kr für roten Kern.[301] Scharlachroter Kern kostete 2 fl 30 kr die Elle.[302] Der Preisunterschied wird durch die Färbung zu erklären sein, denn der inländische Krapp für die Farbe Rot war billiger als die Färbung mit Cochenille für Scharlachrot. Der Sohn Adam Schmidt hatte zwei Stück *Stainauer Kern* in schwarz für 22 ½ fl pro Stück aus dem Geschäft mitgenommen, der Posten ging als Reklamation wieder zurück.[303] Interessanterweise berechnete Adam Schmidt sich für dieses Stück schwarzen Stainauer Kern 22 ½ fl,[304] für die gleiche Menge und Qualität bezahlte der Kramer Thomas Zauscher 24 fl.[305] Ein Eintrag ist überraschend hoch. Sicher bestimmten hier die Webbreite und die scharlachrote Färbung den Preis. Vinzenz Gaibinger, Kramer aus Biburg bei Gars, kaufte ein Stück breiten, scharlachroten Kern und wurde dafür mit 44 fl in der Strazza belastet.[306] Ein weiterer Eintrag zeugt von der Unternehmertätigkeit der Schmidts. Sie gaben Meister Jakob, dem Scherer u. a. 5 ⅜ Ellen scharlachfarbenen Kern *zum verrichten*, d. h. zum Bearbeiten und Appretieren.[307] Das erforderte mehrere Arbeitsgänge. Nach dem Walken kam das feuchte Tuch zum Tuchscherer, der es auf den Spannrahmen spannte und in Form zog. Danach rauhte er den Stoff auf und scherte die langen Flusen ab, was eine große Erfahrung erforderte, um das Tuch nicht zu beschädigen. Das Rauhen und Scheren wurden wiederholt je nach Qualität des Stoffes. Als letzter Arbeitsgang des Veredelns schloss das Bürsten an.

Taft war ein einfaches, ungemustertes Seidengewebe in Leinwandbindung (Kette-Schuss), das vielseitig verwendbar war. Für den Zeitraum von 1500 bis 1650 fand Zander-Seidel Hinweise auf die Verwendung des Gewebes als Futtertaft bei Mänteln und Hosen, Miedern, Röcken, Schauben (Mänteln), Regentüchern bis zur Verwendung bei Zöpfen, als Hosenbänder und Leibbinden. Im Haushalt wurde Taft für Decken und Vorhänge genutzt.[308] Auch Meinert bestätigt *vielfältige Ausführungen und verschiedene Qualitäten* von Taft.[309]

In der Strazza sind 22-mal Verkäufe von Taft auf Kredit notiert. Möglicherweise wurde aber mehr Gewebe dieser Art verkauft, denn Taft konnte auch unter einem anderen Namen geführt werden, wie z. B. Tobin, ebenfalls eine Art gewässertes Seidenzeug, Taffet oder Chamelot bzw. Kamelott,[310] den die Schmidts ebenfalls

300 [224] 6.5.1687.
301 [224] 6.5.1687.
302 [182] 24.9.1686.
303 [220] 13.4.1687.
304 [220] 13.4.1687.
305 [211] 22.2.1687.
306 [125] 24.11.1685.
307 [128] 19.1.1685.
308 Zander-Seidel, Textiler Hausrat, S. 399.
309 Meinert, Handelsbeziehungen, S.376.
310 Krünitz, Enzyklopädie, Bd. 179, 1842.

im Sortiment hatten. Im November 1685 kaufte der Stiftsverwalter aus Mühldorf 9 ⅔ Ellen *fein tobin schw*[arz] zu einem Ellenpreis von 2 fl 15 kr.[311]

Die Schmidts führten glatten, glänzenden und gewässerten Taft, ebenso eine Auswahl in den Farben schwarz, karmesinrot, blau, grün, nacarafarben, tristaminfarben und weiß. Die Preise lagen überwiegend bei 2 fl und mehr pro Elle, auch für jene Stoffe, die nicht ausdrücklich als *dopplet* (= doppelte Breite) beschrieben wurden. Die Preise, die um 1 fl und darunter lagen, könnten bis auf die zwei Positionen, die Adam Schmidt für sich selbst erworben hat,[312] für einfache Breiten oder einfachere Qualität verlangt worden sein. So kauften die Jesuiten aus Burghausen 18 Ellen schwarzen Taft zu 52 kr pro Elle auf Kredit.[313] Die Herrschaft von Tüßling ließ 1 ⅔ Ellen nacarafarbenen Taft anschreiben; dafür wurden 75 kr (= 1 fl 15 kr) pro Elle berechnet. Die Dienerin Magdalena Drispl ließ 1 ⅓ Ellen schwarzen Taft für 1 fl 50 kr pro Elle anstehen.

Libmer wurde bei den Schmidts 21-mal in der Strazza angeschrieben. Leider lässt sich der Begriff in den verwendeten Nachschlagwerken nicht finden, aber es dürfte sich um einen hochwertigen Wollstoff gehandelt haben, denn der Eintrag *Englischer Kern Libmer* deutet darauf hin. Kern war wie erwähnt die feinste und beste Rückenwolle des Schafs. Ebenso deuten die Preise auf eine gute Qualität hin, denn immerhin kostete eine Elle roter Libmer 58 kr, also fast einen Gulden.[314] Auffallend ist auch, dass insgesamt nur dreimal kleinere Mengen gekauft wurden, alle drei von Meister Jakob, wohl ein Schneidermeister. Die übrigen Einträge wurden auf jeden Fall in größeren Mengen in *St* (*Stab* oder *Stück*), von Kramern aus der Umgebung als Wiederverkäufer abgenommen.

In der Strazza gibt es 19 Einträge zu *Musselin*. Der Name soll sich wegen der orientalischen Muster von der Stadt Mosul im Nordirak ableiten. Jutta Zander-Seidel hat bei ihren Forschungen zu Textilien in der Frühen Neuzeit keine Objekte aus Musselin gefunden, denn der Stoff wurde erst im 17. Jahrhundert über Frankreich bekannt und hatte seine Blütezeit aufgrund der Empire-Damenmode erst im 18. und 19. Jahrhundert. Das bedeutet, dass die Schmidts Ende des 17. Jahrhunderts ihrer Kundschaft bereits einen der aktuellsten und modischsten Stoffe anboten.

Nach Meinert handelt es sich dabei um ein feines, leichtes, leinwandbindiges Gewebe aus Baumwolle, auch Nesseltücher genannt, ursprünglich in Ostindien, später auch in Europa hergestellt. Vielfältige Ausführungen werden erwähnt: glatt, geblümt, gegittert, broschiert, genäht und später auch bedruckt, in Sachsen im Vogtland, in Crimmitschau und in Chemnitz angefertigt mit bedeutendem Export nach Italien und der Levante.[315] Es gab Musselin aber auch aus feingesponnener Kammgarnwolle. Selheim ergänzt, dass Musselin wegen der nötigen Feuchtigkeit des Fadens in Kellern gewebt wurde; die besseren Musseline webte

311 [103] 11 9.1685.
312 [72] 10.5.1685; [100] 27.8.1685.
313 [159] 13.5.1686.
314 [128] 19.1.1685.
315 Meinert, Handelsbeziehungen, S. 373.

man sogar nass, wozu das Garn für den Schuss durch Leimwasser gezogen und nass aufgespult wurde.[316] Es gab glatte, streifige, gegitterte, geblümte, durchbrochene, broschierte, genähte, gedruckte Musseline und solche nach englischer und nach Schweizer Art.[317] Die Qualitäten wurden in *fein, mittelfein* und *extrafein* eingeteilt. Die Preise richteten sich nach der Feinheit des Garnes und der Webdichte. Je dünner gewebt, umso höher der Preis.[318] Verwendet wurde Musselin zu Schürzen, Halstüchern für beide Geschlechter, Hauben, Manschetten, Halsbinden, Westen, Oberhemden und Frauenkleider und wegen der leichten Reinigung auch zu Kinderkleidung.[319]

Die Schmidts hatten verschiedene Farben und zweierlei Breiten im Angebot. Am günstigsten mit 8 kr pro Elle war der grüne Musselin, den Adam Schmidt gekauft hat, allerdings kann es sich dabei wieder um einen Vorzugspreis gehandelt haben.[320] Er zahlte nämlich auch für seinen zweiten Einkauf nur 8 kr pro Elle für sechs Ellen Musselin.[321] 10 kr für haarfarbenen Musselin[322] bzw. 12 kr für Musselin ohne nähere Angaben[323] waren für die übliche Webbreite zu zahlen, für die *doplete* Breite verlangte der Kramer Schmidt vom Maler Rambl 19 kr[324] oder sogar 26 kr für melierten, doppelten Musselin, von dem Herr Wallenberger 3 ½ Ellen nahm.[325] Darüber hinaus verkauften die Schmidts auch silber- und goldfarbenen Musselin.

Kamelott wurde 13-mal in der Strazza notiert. Jutta Zander-Seidel bezeichnet den Camelott/Kamelott als *Schamlott* und beschreibt ihn als ein *hochwertiges Wollgewebe, bisweilen mit Kamel- oder Ziegenhaaranteil, das ‚gewässert' und ‚ungewässert' angeboten wurde.*[326] Auch von dieser Stoffart wurden mehrere Qualitäten produziert. Das Material konnte entweder aus echtem Kamelgarn oder aus dem gleichnamigen, aber von der Angoraziege stammenden Kamelgarn, sein. Zudem gab es Kamelotte, die aus hochwertiger Kammgarnwolle oder ganz aus Seide gewebt waren. Es gab auch Qualitäten mit einer Kette aus Leinenfäden und einem wollenen Schuss und eine weitere Qualität mit einer halbangorahaarenen und halbseidenen Kette und wollenem Schuss.[327] Schmidt bot sogar einen Castor (=

---

316 Selheim, Ländliches Warenlager, S. 143
317 Krünitz, Enzyklopädie, Bd. 179, 1842.
318 Selheim, Ländliches Warenlager, S. 144.
319 Selheim, Ländliches Warenlager, S. 145.
320 [85] 9.6.1685.
321 [73] 13.5.1685.
322 [170] 30.6.1686.
323 [204] 13.1.1687.
324 [90] 3.7.1685.
325 [187] 15.10.1686. Johann Paul Wallperger erlangte am 22. April 1672 sein Bürgerrecht. Er wird als Handelsmann und Kaufmannsdiener aus Schwaz geführt. Den Hinweis verdanke ich dem Stadtarchivar von Mühldorf a. Inn, Edwin Hamberger.
326 Zander-Seidel, Textiler Hausrat, S. 402.
327 Selheim, Ländliches Warenlager, S. 107; Meinert, Handelsbeziehungen, S. 372.

Biberhaar)-Kamelott an, von dem Franciscus Wämppel, Arzt aus Altötting, sechs Ellen zu einem Ellenpreis von 2 fl kaufte.[328]

Die Kette des Kamelott wurde aus zweifach gezwirntem Faden geschärt, der Schussfaden bestand aus 3-fach bzw. 4-fach gezwirntem Faden.[329] Damit ergab sich ein sehr dichtes Gewebe. Schmidt hatte sogar einen *6-dratigen*, d. h. 6-fädigen Kamelott in seinem Angebot. Davon ließ Tobias Sandtner aus Braunau ein *St* (Stab oder Stück) anschreiben.[330] Die Breiten und Längen waren je nach Herstellungsort verschieden, ebenso die Farben und Muster. Gefärbt wurde entweder die Wolle, das Garn oder das Gewebe.[331] Krünitz erwähnt, dass das Gewebe oft direkt vom Webstuhl in die Farbe gekommen sei.[332] Später nahm die Auswahl noch zu, und es gab melierte, gestreifte, geflammte, gewässerte und Ende des 18. Jahrhunderts bedruckte Kamelotte zu kaufen.[333]

Kamelotte kamen aus Frankreich und Italien, aber auch aus dem deutschen Reich, vor allem aus Weida, Gera, Göttingen, Osterode, Mühlhausen, Hanau, Penig in Sachsen, Tübingen und Calw. Aber auch in Braunau wurde bereits seit 1512 Kamelott hergestellt,[334] daher ist es nicht unwahrscheinlich, dass Schmidt den Kamelott von dort bezogen hat.

Entsprechend den Kleiderordnungen verarbeitete man die (wollenen) Kamelotte im 16. und 17. Jahrhundert hauptsächlich zu Schauben, Röcken, Husecken (Überwurfmantel) und Mänteln,[335] andere Qualitäten verarbeitete man zu Bettvorhängen, Möbelbezügen, Kirchenornaten wie Messgewänder, Altarverkleidungen u. a.[336] Der Kamelott war wohl etwas empfindlich, denn Krünitz weist extra darauf hin, dass Produzenten und Händler den Stoff sorgfältig lagern müssten, denn Falten seien kaum zu glätten.[337]

Die Hoch-Zeit des Kamelott wurde mit dem Aufschwung der Baumwollindustrie im letzten Drittel des 18. Jahrhunderts allmählich beendet, die Erzeugung und der Absatz der Kamelotte gingen von da an ständig zurück.[338]

Die Einträge in der Strazza betreffen unterschiedliche Kamelotte, doch im Vergleich zu anderen Stoffarten waren dies teure Qualitäten. So bezahlte der Schneider Jacob Wacht aus Altötting 2 fl 30 kr pro Elle für *Castor Cameloth*, also Biberhaar-Kamelott.[339] Für die *Clag* anlässlich der Beerdigung des Herrn Pfäf-

---

[328] [7] 13.12.1684.
[329] Selheim, Ländliches Warenlager, S. 107.
[330] [48] 22.2.1685.
[331] Selheim, Ländliches Warenlager, S. 108.
[332] Krünitz, Enzyklopädie, Bd. 7, 1776, 1784.
[333] Selheim, Ländliches Warenlager, S. 108.
[334] Herbert Klein, Tuchweberei, S. 122.
[335] Zander-Seidel, Textiler Hausrat, S. 402.
[336] Selheim, Ländliches Warenlager, S. 109. Krünitz, Enzyklopädie, Bd. 7, 1776, 1784. Ludovici, Akademie, Teil 3, 1767, Sp. 831.
[337] Selheim, Ländliches Warenlager, S. 109. Krünitz, Enzyklopädie, Bd. 7, 1776, 1784. Ludovici, Akademie, Teil 3, 1767, Sp. 831.
[338] Meinert, Handelsbeziehungen, S. 371.
[339] [72] 8.5.1685.

finger wurden 1 fl 50 kr für *fein dirgisches Kanaloth* (sic) ausgegeben,[340] dagegen erscheinen der tristaminfarbene Kamelott, von dem Johann Köstlinger elf Ellen kaufte mit 70 kr und die 1¾ Ellen schwarzer Kamelott für 48 kr die Elle vergleichsweise preiswert.[341]

Eine Qualität konnte noch nicht aufgelöst werden: *fein gesoten Camaloth* (= gesotten, gekocht oder mit heißem Wasser behandelt). Krünitz erwähnt in seinem Artikel über Camelot den *camelot d'eau*, der nach dem Weben eine *gewisse Zurichtung mit Wasser, und sodenn die warme Presse bekommen, wovon er einen schönen Glanz erhalten hat.*[342] Könnte es sich darum handeln? Auf jeden Fall nahm Mathias Gebhard aus Trostberg 12 ⅜ Ellen vom *fein gesoten Camaloth* zum Preis von 1 fl 40 kr mit und ließ dafür in der Strazza 20 fl 37 kr 2 pf anschreiben.[343]

In der Strazza wurde neunmal ein Stoff namens *Zendel* angeschrieben. Zendel war nach Kenntnis von Zander-Seidel die geringwertigste unter den Taftseiden und wurde häufig als Futterseide für Mäntel, Hosen, Wämser und Mieder verwendet. Zendel kam gewässert (moiriert)[344] und ungewässert in den Handel, und es gab diverse Sorten wie Statzendel, Zendelschilher und Postzendel.[345] Von der von Zander-Seidel erwähnten Sorte Statzendel verkaufte Schmidt im November 1684 ein Stück zu 8 fl an Franz Prunnera aus Altötting.[346] Bei den übrigen Verkäufen handelte es sich umvergleichsweise kleine Posten. Die Preise lagen bei 14 kr bzw. bei 18 kr. Schmidt verkaufte am 4. Januar 1685 an die Jesuiten in Altötting zwei Ellen leibfarbenen Zendel um 36 kr.[347] Der Kramer Christoph Freyzweig ließ 18½ Ellen zu je 14 kr anschreiben.[348]

Die Bezeichnung *Capizol* war bisher noch nicht wirklich aufzulösen, es gibt aber in der Strazza acht Eintragungen dazu. Im Nachlassinventar des Salzburger Tuch- und Seidenhändlers Franz Anton Spängler von 1784 gibt es zwei Posten *Capizollpafl*. Als *Pafl* wurde *eine Art Cattun, oder ein sehr grobes Gewebe aus weißen baumwollenen Fäden* bezeichnet.[349] Andererseits lagen die Ellenpreise der Schmidts im Verkauf bei 60 kr bzw. 1 fl 12 kr und beim Einkauf bei 53 kr. Der erste Eintrag vom 20. Dezember 1686 betrifft einen Einkauf von 5 ⅓ Ellen auro-

---

340 [91] 6.7.1685.
341 [173] 30.7.1686.
342 Ludovici, Akademie, Teil 3, 1767, Sp. 826.
343 [214] 3.3.1687.
344 Claudia Selheim beschreibt den Arbeitsvorgang des Moirierens bzw. des Wässerns am Beispiel eines Moirébandes so: Man besprengte das fertige Band mit Wasser, versah es mit Papierspänen und preßte es zwischen zwei starke, glatte Eisenplatten, wodurch das Muster entstand, das sich aber bei Feuchtigkeit verlor. Wollte man ein haltbareres Muster, nutzte man ein Gemisch aus Flöhsamen und Gummiwasser, das man auf das nasse Gewebe auftrug und ebenfalls stark presste. Selheim, Ländliches Warenlager, S. 315.
345 Zander-Seidel, Textiler Hausrat, S. 403.
346 [3] 17.11.1684.
347 [8] 4.1.1685.
348 [202] 10.1.1687.
349 Reith, Verlassenschaftsinventar Spängler, S. 91 u. S. 125.

rafarbenem Capizol durch die Herrschaft von Zangberg.[350] Die Ware ging als Reklamation zurück an Schmidt, und die Herrschaft ließ zwei Tage nach dem ersten Einkauf nochmals 7 ½ Ellen anschreiben, was man wohl als Reklamation bzw. Umtausch werten kann.[351] Eine andere Kundschaft, Frau Elmayer, ließ ebenfalls ⅙ Elle aurorafarbenen Capizol anschreiben; sie schuldete somit den Schmidts 10 kr, was einem Ellenpreis von 60 kr entspricht.[352] Ebenso hoch war der Ellenpreis für blassblauen Capizol, von dem die Pfarrköchin von Ampfing ⅛ Elle für 7 kr 2 pf erwarb.[353] Teurer war der tristaminfarbene Stoff, von dem der Schneidermeister Filipp ¼ Elle nahm; hier wird in der Strazza der Ellenpreis mit 1 fl 12 kr angegeben.[354]

Woher der Stoff kam, lässt sich nur vermuten. In einem Eintrag bekam Adam Schmidt, also der Juniorchef, für 7 ½ Ellen 53 kr pro Elle, insgesamt 6 fl 37 ½ kr vergütet.[355] Es ist anzunehmen, dass Adam den Stoff auf einem Markt, vielleicht in Salzburg, gekauft hatte. Der zweite Eintrag über eine Lieferung betraf den Salzburger Kaufmann Adam Aniser, der am 13. November 1686 5 ⅔ Ellen *grien geplämbt Capicol* nach Mühldorf lieferte, tags zuvor hatte er tristaminfarbenen Seidenfaden gesandt.[356] Der Hinweis im Eintrag, dass es sich nicht um Salzburger Ellen von ca. 80 cm,[357] sondern um preußische Ellen mit ca. 67 cm Länge handelte, lässt einen Import vermuten. Auf jeden Fall kann man einen Einkaufspreis von 53 kr und einen Verkaufspreis von 60 kr nachweisen, das würde einen Aufschlag von mindestens 7 kr (= 13 %) bedeuten.

Loden wurde nicht oft verlangt, denn es gibt nur acht Einträge zu dieser Stoffart. Der Loden war ein ungefärbtes, gewalktes und strapazierfähiges Tuch aus Schafwolle. Die spezifische *filzige* Art des Lodens entstand durch den zusätzlichen Arbeitsgang des Walkens. Nach dem Weben wurde das Gewebe zum Verdichten und Verfilzen in der Walkmühle gewalkt. Bei der weiteren Zurichtung unterschied sich der Loden vom Tuch. Der Loden wurde nicht weiter behandelt, weder gefärbt noch geschoren, während die besseren Tuche vom Tuchscherer bzw. Tuchbereiter geschoren und appretiert wurden.[358]

Die dichte, warme Qualität des heutigen Lodens dürfte dieser Stoff aber wohl noch nicht erreicht haben. Die Lodenweberei entwickelte sich im 15. Jahrhundert in Bayern rasch. Ihre größte Bedeutung erlangte sie vor dem Dreißigjähri-

350 [188] 20.10.1686.
351 [188] 22.12.1686.
352 [148] 30.3.1686.
353 [154] 24.4.1686.
354 [91] 2.7.1685.
355 [188] 22.10 1686.
356 [194] 13.11.1686. Adam Aniser war Tuch- und Weißwarenhändler in Salzburg und betrieb seine Handlung Am Alten Markt 11. Er erhielt am 22. Januar 1677 das Bürgerrecht in Salzburg und war der Vater von Franz Aniser (1686–1747), vgl. Ausgabenbücher Spängler, https://www.spaengler-haushaltsbuecher.at/, 24.05.2021.
357 Für das Abmessen von Tuchen galt in Salzburg die vierspännige Elle, das waren 80 cm. Koller, Landesarchiv, S. 187.
358 Reith, Weber, S. 257.

gen Krieg.[359] Die bayerischen Loder betrieben einen lebhaften Handel nach Tirol und Italien.[360] Der Loden bestimmte in der ersten Hälfte des 15. Jahrhunderts die Arbeits- und Alltagskleidung im gesamten bayerischen, österreichischen und italienischen Alpengebiet.[361] Im Dreißigjährigen Krieg wurden die meisten Schäfereien vernichtet, wodurch die bayerische Lodenweberei ihre Rohstoffbasis verlor. Dadurch gingen die Produktion und der Absatz von Loden zurück.[362] Außerdem entsprach die Qualität häufig nicht den Ansprüchen der Käufer, da die Lodenweber meist die schlechte, krause, inländische Wolle verarbeiteten.[363] Daher konnte Krünitz auch um 1800 etwas herablassend schreiben, der Loden sei *eine Art geringe Wollenzeuge, die das Mittel zwischen Boi und Tuch halten, und hier und da in Schwaben, besonders Nördlingen, gewebt werden.*[364]

Ein Zentrum der Lodenweberei war Augsburg. 1615 zählte das Handwerk 67 Meister, deren Zahl aber bis 1802 stetig abnahm.[365] Die reichsstädtischen Augsburger Lodenweber bezogen ihr Rohmaterial vor allem aus Ungarn, der Türkei und Mazedonien, vereinzelt verarbeiteten sie auch fränkische Wolle.[366] ganz im Gegenteil zu Nördlingen, wo sich die Lodenweberei noch im 16. Jahrhundert neben der Tuchmacherei behaupten konnte.[367]

Trotz der Kategorisierung als ungefärbte Stoffe sind die Loden, deren Verkauf bei den Schmidts notiert wurde, farbig, wobei rot am beliebtesten war, blau und weiß (wohl naturfarben) ergänzten die Farbpalette. Der Kramer Thomas Zauscher lieferte Schmidt vier Ellen blauen Loden,[368] vielleicht zur Überbrückung eines kurzfristigen Mangels?

Die Preise schwankten zwischen 21 kr pro Elle für weißen Loden,[369] 28 kr für Loden ohne Farbangabe, den der Kramer Mathias Gebhard kaufte,[370] und dem höchsten Preis von 34 kr pro Elle für roten Loden, den der Mühldorfer Binder Meister Georg anschreiben ließ.[371] Allerdings gab es auch roten Loden zu 30 kr,

---

359 Zur Wollweberei in Bayern bis zur Mitte des 17. Jahrhunderts s. Bruno Kreuter, Beiträge zur Geschichte der Wollengewerbe in Bayern im Zeitalter des Merkantilsystems, in: Oberbayerisches Archiv für vaterländische Geschichte 50 (1897), S. 231–338, hier S. 247.

360 Kreuter, Wollenweberei, S. 236.

361 Reith, Handwerk und Zunft, in: Begleitband Salzburg in Bayern, S. 104.

362 Schremmer, Wirtschaft Bayerns, S. 485.

363 Kreuter, Wollenweberei, S. 241.

364 Krünitz, Enzyklopädie, Bd. 80, 1801, 1807.

365 Reinhold Reith, Arbeits- und Lebensweise im städtischen Handwerk. Zur Sozialgeschichte Augsburger Handwerksgesellen im 18. Jahrhundert, 1700–1806 (Göttinger Beiträge zur Wirtschafts- und Sozialgeschichte 14), Göttingen 1988, S. 28.

366 Reith, Arbeits- und Lebensweise, S. 29.

367 Sakuma, Nürnberger Tuchmacher, S. 56.

368 [164] 5.6.1686.

369 [114] 25.10.1685.

370 [84] 7.6.1685.

371 [6] 26.11.1684.

von dem die Greißlin eine Elle nahm,[372] und zu 32 kr, denn von dieser Qualität kaufte die Herrschaft von Zangberg ebenfalls eine Elle.[373]

In der Strazza der Schmidts gibt es acht Einträge für *Tabinet*. Der Stoff gehörte zu den wertvolleren Geweben, denn der Preis war relativ hoch. Die Franziskaner aus Altötting kauften im Juni 1685 7 ½ Ellen blauen Tabinet zum Ellenpreis von 2 ½ fl und 5 ⅛ Ellen karmesinroten Tabinet für 3 fl pro Elle.[374] 2 fl 30 kr zahlte auch Dr. Gebharti aus Burghausen pro Elle für *citronfarbenen Tabinet*, von dem er im April 1685 5 Ellen anschreiben ließ.[375] Vier Ellen schwarzen Tabinet ließ Georg Hoburger aus München (?) anschreiben, ihm wurde 1 fl 50 kr pro Elle berechnet.[376] Der Stiftsverwalter von Mühldorf kaufte 7 ⅛ Ellen grünen Tabinet und blieb ihn ebenfalls zunächst schuldig.[377] Schließlich kaufte der Pfarrer von Floßing ⅙ Elle Tabinet zum Ellenpreis von 2 fl 26 kr[378] auf Kredit. Magdalena Derffl aus Altötting ließ im Februar 1686 17 ⅔ Ellen Tabinet zum Ellenpreis von 1 fl 30 kr anschreiben.[379]

Bei einem Eintrag ist es nicht klar, ob es sich dabei tatsächlich um Tabinet handelte. Im November 1684 nahm Herr Gerspeck von der Pflegsverwaltung 1 ⅛ Ellen *Trabet* zum Ellenpreis von 60 kr.[380] Der relativ niedrige Preis von 60 kr bzw. 1 fl spricht dagegen, denn die anderen Einträge zu Tabinet nennen Ellenpreise um das Doppelte und mehr.

Im 18. Jahrhundert gab es dreierlei *Damaste*: man fertigte sie aus Seide, Leinen und Wolle. Der eigentliche Damast wurde aus Seide mit Atlasbindung und darin eingewebten Blumen, Ranken und anderen Mustern gefertigt. Er gehörte neben Atlas und Samt zu den hochwertigsten Seidengeweben, die die Kleiderordnungen für bürgerliche Kleidung erlaubten. Schon 1506 gestattete die Kleiderordnung in Nürnberg allen Frauen vom Patriziat bis in die unterbürgerlichen Schichten *Goller* aus *Atlas, Damaskat oder ander seiden gewandt*' zu tragen.[381] Damast gab es einfarbig und gefärbt. Die Seidendamaste waren für Kleider sehr beliebt, großgemusterte Damaste wurden dagegen eher als Polsterstoff oder Wandbespannung[382] oder für Bett- und Fenstervorhänge[383] verwendet. In wohlhabenden Haushalten benutzte man Tisch- und Bettwäsche aus Damast.[384] Nach Krünitz kamen

---

372 [29] 26.1.1685.
373 [126] 30.11.1685.
374 [84] 7.6.1685.
375 [65] 16.4.1685.
376 [44] 14.2.1685.
377 [103] 11.9.1685.
378 [130] 2.11.1685.
379 [138] 10.2.1686.
380 [2] 19.11.1684.
381 Als *Goller* wurde ein über Kleid und Hemd, Brust und Schultern kragenartig bedeckendes Kleidungsstück bzw. ein ärmelloses kurzes Jäckchen bezeichnet. Zander-Seidel, Textiler Hausrat, S. 80 f.
382 Selheim, Ländliches Warenlager, S. 241.
383 Krünitz, Enzyklopädie, Bd. 8, 1776, 1785.
384 Zander-Seidel, Textiler Hausrat, S. 399.

die schönsten seidenen Damaste aus Italien, besonders aus Venedig, Lucca und Genua.[385] Für Möbeldamaste dienten auch die *indianischen, persischen und chinesischen Damaste, die zwar von schlechterer Qualität waren, aber wegen des niedrigen Preises gerne gekauft wurden. Sie kamen per Schiff nach England und Holland oder auf dem Landwege durch Karavanen nach Russland, von wo die Stoffe als ‚moscovitische Damaste' bis nach Deutschland gelangten, ungeachtet in Rußland gar kein Damast gearbeitet wird.*[386] In Nürnberg wird in der ältesten Seidenweberordnung von 1699 erstmals die Damastherstellung erwähnt.[387]

In Schmidts Sortiment gehörte Damast zu den sehr teuren Stoffen: So verlangte Schmidt von Jakob Dedutsch aus Tüßling für eine Elle karmesinroten Damast 2 fl 30 kr.[388] Derselbe Ellenpreis wurde ihm bereits bei seinem Einkauf im Februar von 6 ½ Ellen karmesinrotem Damast berechnet.[389] Am teuersten war der schwarze Damast Nr. 88 zu 4 fl 30 kr pro Elle,[390] von dem Sebastian Wüchl 1 *St* nahm und dafür 6 fl 45 kr anschreiben ließ. Hier taucht wieder das Problem auf, das sich durch die Auswertung der ganzen Strazza zieht. Wie sind die Abkürzungen der Maße aufzulösen? In diesem Fall ist als Maßeinheit *St* notiert, was sowohl als *Stück* als auch als *Stab* gelesen werden kann. In diesem Fall ist m. M. nach *Stab* mit einer Länge von 1½ Ellen gemeint. Anlehnend an den Preis, den Dedutsch pro Elle zahlte, lässt sich bei den anderen Eintragungen eine Länge von 1½ Ellen dem Maß *St* zuordnen, was eher auf den kleineren *Stab* schließen lässt als auf die größere Maßeinheit *Stück*. Quasi als Gegenprobe ist festzuhalten, dass beim Eintrag des schwarzen Cadis für die Beerdigung von Herrn Pfäffinger 28 *Stöb* als 42 Ellen berechnet wurden, das sind ebenfalls 1½ Ellen pro Stab.[391] Legt man diese Länge zugrunde, lassen sich die Ellenpreise für den Damast ausrechnen und die Endpreise bestätigen.

Ist der hohe Preis vielleicht der Grund dafür, dass es nur sechs Einträge gibt? Für einen Stab grauen Damast, den Nicola Jaguz nahm und anschreiben ließ, verlangte der Kramer Schmidt 4 fl,[392] was bei einer angenommenen Stablänge von 1,5 Ellen einen Ellenpreis von 2 fl 40 kr ausmachte. Der schwarze Damast, von dem Sebastian Wüchl zwei Stäbe mit je 1 ½ Ellen Länge zu insgesamt 7 fl 30 kr kaufte, kostete wie der carmesinrote auch 2 fl 30 kr pro Elle.[393] Für den schwarzen Damast Nr. 88, den Wüchl mit gleicher Rechnung anschreiben ließ, zahlte er für den Stab mit ebenfalls 1 ½ Ellen 6 fl 45 kr, was einem Ellenpreis von 3 fl entsprach.

385 Krünitz, Enzyklopädie, Bd. 8, 1776, 1785.
386 Krünitz, Enzyklopädie, Bd. 8, 1776, 1785.
387 Zander-Seidel, Textiler Hausrat, S. 399.
388 [77] 23.5.1685.
389 [49] 23.2.1685.
390 [64] 11.4.1685.
391 [89] 23.6.1685.
392 [119] 7.11.1685.
393 [64] 11.4.1685.

In der Strazza kommt öfter die Bezeichnung *cremosin* oder *cremosinroth* als Farbe eines Stoffes vor. Dabei handelt es sich um eine Verfälschung des französischen Begriffes *cramoisin* für die hochrote Farbe, die *ein wenig in das Blaue fällt* und durch die Färbung mit Cochenilleläusen entsteht.[394]

Bolamit taucht in der Strazza fünfmal auf, zweimal wurde Bolamit ohne Farbangabe, einmal silberfaberner Bolamit und einmal schwarzer Bolamit nachgefragt.[395] Dann notierte Schmidt den Verkauf von einem Stück schwarzem *Gerover* Bolamit an den Kramer Domenico Groß aus Tüßling, von dem allerdings umgehend 13 ⅓ Ellen zurückgesandt wurden, die Elle zu 28 kr.[396] Groß dürfte mit dem Stoff nicht zufrieden gewesen sein, da Schmidt den Bolamit zurücknahm.

Der Begriff Bolamit ist in den benutzten Nachschlagewerken nicht erwähnt, und es wird wohl Polimit bzw. Polimitt gemeint sein. Dabei handelte es sich um ein leichtes, kamelottartiges Zeug.[397] Die älteren Warenkunden präzisieren, dass Polimit entweder ganz aus Wolle, aus einem Wolle-Leinen-Gemisch, die Kette aus Wolle, der Schuss aus Kamel- oder Ziegenhaaren oder zur Gänze aus Kamel- oder Ziegenhaaren gefertigt sein konnte.[398] Ludovici bezeichnet Polimit als ein Gewebe, das mit 4-fädigem, gezwirntem Faden produziert wurde.[399] Krünitz berichtet darüber hinaus, dass Polimit im 18. Jahrhundert überwiegend in den ehemaligen Niederlanden hergestellt wurde und etwa Ellen breit war, wobei die Länge unterschiedlich sein konnte.[400]

Günther Meinert bezieht sich ganz auf die Ausführungen von Ludovici, wenn er Polimit ebenfalls als ein einfaches wollenes, kamelottartiges Zeug mit gezwirnter Kette und einfachem Einschlag (Schussfaden) beschreibt, das weiß, gefärbt, gestreift und gemustert geliefert wurde, und ursprünglich in Flandern, später auch in Deutschland, vor allem in Gera, angefertigt wurde.[401] Könnte der schwarze *Gerover Bolamit*, der reklamiert wurde, aus Gera stammen?

Nach *Federitten* bzw. *Föderitt* bestand nur eine geringe Nachfrage, lediglich fünf Eintragungen gibt es zu diesem Stoff, wobei die Schmidts selbst viermal als Käufer vermerkt sind. Im Deutschen Wörterbuch wird Federit als *pettziech* bzw. Bettbezug klassifiziert.[402] Genauer wird Föderit bzw. Federitt in Georg Gottfried Strelins Realwörterbuch für Kameralisten und Ökonomen beschrieben:

Federitten oder Bettenzwilch heißt derjenige dichte gewebte Zwilch, welcher zu dem Ingefütter der Liegebetten gebraucht wird, und so dichte gewebt seyn muß, daß die

394 Adelung, Bd. 1, Sp. 1309–1310. Karmesin ist eine hochrote Farbe, die ins Blaue geht. Das Wort ist abgeleitet vom Färbemittel Kermes (arab.) und wird auch *cremosin* oder *carmoisin* geschrieben.
395 [74] 16.5.1685.
396 [64] 11.4.1685.
397 Reith, Verlassenschaftsinventar Spängler, S. 125, Anm. 51.
398 Krünitz, Enzyklopädie, Bd. 114, 1810. Ludovici, Akademie, Teil 4, 1768, Sp. 834.
399 Ludovici, Akademie, Teil 4, 1768, Sp. 834.
400 Krünitz, Enzyklopädie, Bd. 114, 1810.
401 Meinert, Handelsbeziehungen, S. 375.
402 Grimm, DWB, Bd. 3, Sp. 1401.

Federn nicht durchstechen können. Er hat die Breite eines gewöhnlichen Bettes und unterscheidet sich dadurch von den übrigen Zwilcharten. Zu Deckbetten ist er zu schwer und sie werden daher von Barchent gemacht.[403]

Für Federitt nutzte man billiges Grundmaterial. So ließ die Hofmarksherrin von Tutzing am Starnberger See, die Freifrau von Vieregg, aus dem groben Werg bzw. Hanfwerg, dem *abkämpens*, das beim Auskämmen der Leinenfasern als Abfall entstand, beim Weber Zwilch und *föderit* weben.[404] Jutta Zander-Seidel beschreibt die textile Ausstattung der Betten im 18. Jahrhundert, die der aus dem 16. und 17. Jahrhundert glich. Dazu gehörte als unterste Schicht der Strohsack, ein mit festen Strohlagen gefüllter Sack aus Zwilch oder blau-weißem *Köllnisch*. Dieser Stoff wurde von den Schmidts nicht angeboten. Von der Funktion her entsprach dies dem Federitt, wie er von Strelin beschrieben wurde.[405]

Die Preise für Federitt lagen für den weißen Stoff bei 15 kr pro Elle,[406] für einfachen Federitt bei 10 kr,[407] allerdings ist zu berücksichtigen, dass in beiden Fällen die Schmidts selber den Federitt kauften, vom weißen nahm Franz Schmidt eine Elle, vom einfachen nahm Adam 6 ¾ Ellen. Der Weinwirt Reschen zahlte dagegen für eine Elle weiß gebleichten Federitt 14 kr, das wäre 1 kr pro Elle weniger als Franz Schmidt sich für weißen Federitt in Rechnung stellte.

Machey wurde lediglich viermal notiert. Es handelte sich dabei wohl um den von Zander-Seidel erwähnten Macheier, einem Wollgewebe von mittlerer bis einfacher Qualität, das gewässert und ungewässert in den Handel kam. Nach Zander-Seidel war der Macheier als günstiger Ersatz für den teureren Kamelott/Schamlott in den zeitgenössischen Kleiderordnungen erlaubt.[408] In der Strazza sind keine Ellenpreise angegeben mit Ausnahme des Einkaufs von Adam Schmidt, der ¾ Ellen blauen Macheier zum Ellenpreis von 12 kr anschreiben ließ.[409] Dabei ist zu beachten, dass Schmidt sich regelmäßig einen Personalrabatt einräumte und auch dieses Mal der Verkaufspreis für seine Kunden wohl wieder etwas höher gelegen haben mag.

Die Berechnungen der Endpreise und die Additionen sind bei den Geschäftsfällen im Allgemeinen sehr genau, wie Stichproben ergeben haben. Aber beim Einkauf von 4 ½ Ellen Macheier durch den Kramer Thomas Zauscher aus Mühldorf ist der Ellenpreis von Macheier mit 66 kr angegeben und der Endpreis für 4 ½ Ellen aber nur mit 42 kr 2 pf berechnet worden.[410] Ein Ellenpreis von 66 kr

---

403 Georg Gottfried Strelin, Realwörterbuch für Kameralisten und Oekonomen, Bd. 3, Nördlingen 1786, S. 486.

404 Beate Spiegel, Adliger Alltag auf dem Land. Eine Hofmarksherrin, ihre Familie und ihre Untertanen in Tutzing um 1740 (Münchner Beiträge zur Volkskunde 18), Münster, New York , München, Berlin 1997, S. 314.

405 Zander-Seidel, Textiler Hausrat, S. 339.

406 [76] 20.5.1685.

407 [5] 24.11.1684.

408 Zander-Seidel, Textiler Hausrat, S. 401.

409 [6] 27.11.1684.

410 [183] 26.9.1686.

ist eindeutig zu hoch für den einfachen Stoff, wie die 12 kr bestätigen, die Adam Schmidt anschreiben ließ.

Mit *Terzinelle*, Terzinel, Terzenell bzw. Terzanell ist sowohl ein schmaler gerippter Gros de Tours als auch ein leichtes seidenes Sommerzeug benannt, das aus gezwirnten seidenen Fäden gearbeitet wurde.[411] Man unterschied schwere und leichtere Sorten, die in Italien, aber auch in der Schweiz und in Deutschland (Sachsen: Langensalza) hergestellt wurden.[412] Krünitz erklärt, dass das Gerippte beim Weben dadurch erzeugt werde, *daß der Arbeiter einmal einen sechsfachen, und zweimal einen einfachen Faden einschießt.* Terzinel hatte eine sehr geringe Webbreite.

Nur viermal hat Schmidt Terzinel angeschrieben. Möglicherweise lag dies am hohen Preis. Der Stiftsverwalter von Mühldorf ließ anfangs Oktober 1685 ¾ Ellen schwarzen Terzinel zum Ellenpreis von immerhin 2 fl 10 kr anschreiben,[413] Frau Greißl kaufte 3 ¼ Ellen Terzinel ebenfalls für 2 fl 10 kr pro Elle.[414] Dr. Weinpel (= Wämppel) aus Altötting nahm 11 ⅙ Ellen schwarzen Terzinel auf Kredit; ihm wurden 2 fl 15 kr pro Elle angerechnet.[415] Schließlich hat der Pfleger von Mörmoosen, Michael Verst, ½ Elle zum gleichen Ellenpreis anschreiben lassen.[416]

Beuteltücher wurden vom Mai bis November 1686 dreimal vom Müller Hans aus Dingfurt, einem Ortsteil von Mettenheim, gekauft. Dreimal zahlte er einen anderen Preis. Der Müller nahm zweimal je fünf Ellen zu 10 kr[417] bzw. 12 kr[418] und 2 ½ Ellen zu 11 kr.[419]

Bei den Beuteltüchern handelte sich um Siebtücher bzw. Sieb-Leinwand,[420] die vor allem die Müller zum Trennen des Mehls von der Kleie – daher auch der französische Name foile à moulins – benutzten. Man verwendete sie auch zum Durchseihen von Suppen und Milch, Gewürzpulver etc. aber auch für das Sticken von Mustertüchern mit Kreuzstickereien u. Ä.[421] Es war *ein aus nicht gar zu zarten, aber doch vest gedreheten, wollenen Fäden weitlöchericht zubereiteten, kaum 2 Viertel breites schlechtes Gewebe.*[422] Es kann aber auch aus flächsener Leinwand[423] oder später aus Baumwolle[424] gewesen sein.

---

411 Ludovici, Akademie, Teil 5, 1768, Sp. 118; Krünitz, Enzyklopädie, Bd. 182, 1843.
412 Meinert, Handelsbeziehungen, S. 376.
413 [108] 3.10.1685.
414 [69] 30.4.1685.
415 [105] 21.9.1685.
416 [87] 16.6.1685.
417 [194] 18.11.1686.
418 [160] 11.5.1686.
419 [160] 11.5.1686.
420 Ludovici, Akademie, Teil 1, 1767, Sp. 1647.
421 Selheim, Ländliches Warenlager, S. 94–96.
422 Johann Heinrich Zedler, Großes vollständiges Universal-Lexikon. 64 Bde., 4 Supplementbde. Halle, Leipzig 1732–1754, Nachdruck Graz 1961–1964, hier Bd. 3, 1733, Sp. 1587, zitiert nach Selheim, Ländliches Warenlager, S. 94–96, hier S. 94.
423 Krünitz, Enzyklopädie, Bd. 4, 1774.
424 Selheim, Ländliches Warenlager, S. 94–96.

Adam Schmidt ließ für sich Anfang September 1685 ¾ Ellen *pueben Sammeth* (Bubensamt) zum Ellenpreis von 26 kr anschreiben.[425] Im Gegensatz zum hochwertigen Seidensamt, von dem die billigste Variante 40 kr die Elle kostete, war der *Bubensamt* oder der *Trippsamt* – beide Stoffarten verkaufte Schmidt – sowie Plüsch ein billiger Ersatz. Dabei handelte es sich um ein Florgewebe aus Leinen, Baumwolle oder Wolle, das je nach Florlänge als Samt- und Pelzersatz bei Mantelaufschlägen u. Ä. Verwendung fand. Wie beim Samt unterschied man zwischen glattem und gemustertem, aufgeschnittenem und unaufgeschnittenem Bubensamt. Tripp bezeichnete Krünitz als ein *sammetartiger kurz geschorener Zeug, der wie Samt oder Plüsch … gewebt wird.*[426] Das Tragen von Bubensamt war in Nürnberg im 16. und Mitte 17. Jahrhundert durch Kleiderordnungen geregelt.[427] Jutta Zander-Seidel beschreibt den Fall einer Messerergattin, die 1569 in Nürnberg wegen der Streifen aus Bubensamt an ihrer Schaube (Mantel) verwarnt und aufgefordert wurde, bei Strafe künftig keinen Bubensamt mehr zu tragen.[428]

Aus Bubensamt wurden Wämser und Hosen genäht, in erster Linie diente Bubensamt aber wie bereits erwähnt für Mantelaufschläge, Verbrämungen und Besätze sowie für Kissen und Tischteppiche. Als Beispiel führt Zander-Seidel *1 schwarz schamlotine Schauben mit schwarzem rauhen Futter und mit Pubensammat verbremt* aus dem Besitz des Söldners Wolfgang Wildnauer aus dem Jahre 1538 an.[429] Hat sich Adam Schmidt auch einen neuen Mantel mit Bubensamtverzierung machen lassen?

Brocad, Broccat, Brokat, Fr. Brocard, Brocart, ein künstlich [kunstvoll] gewebter Zeug, von Gold, Silber oder Seide, mit erhabenen Blumen, oder anderen Zierrathen, nach dem Einfalle der Kaufleute oder der Arbeiter, so die Moden erfinden.[430] Der Begriff Brokat bzw. Brocat stammt von dem lateinischen Wort broccare (sticken) ab. Demnach sind Brokate schwere, mit Metallgespinsten durchwebte Seidenstoffe. Die Muster stehen erhaben aus dem Stoff. Es gab auch ganz aus Gold- und Silberfäden bestehende Brokate.[431] Beliebt waren Brokatstoffe als Möbelstoffe, Kissenbezüge, Tapetenstoffe und für Prunkgewänder und Schuhe. Nach Ludovici hatten vor allem Holland, Italien, Frankreich, Genf, China und verschiedene Städte Deutschlands erfolgreiche Produktionen.[432]

Für den bereits erwähnten Rauchmantel wurden bei Schmidt drei Ellen roter Brokatstoff zu 7 fl 30 kr die Elle und 9 ½ Ellen zu 8 fl 30 kr die Elle gekauft. Leider ist nicht ersichtlich, wer die Ausgaben für den neuen Rauchmantel übernommen hat, vielleicht hat sogar Franziskus Schmidt selbst den Stoff und 1 fl für den

425 [108] 2.9. 1685.
426 Krünitz, Enzyklopädie, Bd. 188, 1846.
427 Zander-Seidel, Textiler Hausrat, S. 398.
428 Zander-Seidel, Textiler Hausrat, S. 295.
429 Zander-Seidel, Textiler Hausrat, S. 164.
430 Ludovici, Akademie, Teil 1, 1767, Sp. 2199.
431 Webadresse des Stofflexikons: http://www.stofflexikon.com, 24.05.2021.
432 Ludovici, Akademie, Teil 1, 1767, Sp. 2200.

Schneider gestiftet, denn die Eintragungen sind in der kleinen, zittrigen Schrift notiert, die Franziskus Schmidt zugeschrieben werden könnte.

Zander-Seidel erwähnt *Tobin* als eine Taftseide, gewässert und ungewässert, die in den Nürnberger Kleiderordnungen von 1500 bis 1650 als den Geweben *Daffet, Grobgrün* und *Seidenrupfen* gleichwertig angesehen wurde. Die Männer trugen Tobin als Mäntel, die Frauen als Röcke, Brüstlein und Schürzen.[433] Krünitz erwähnt Tobin als eine Art des gewässerten Seidenzeuges, Taffent oder Chamelot;[434] Adelung führt Tobin als eine Sorte von gewässertem Taffet auf,[435] und auch das Deutsche Wörterbuch bezeichnet Tobin als einen gewässerten Doppeltaft.[436] Ludovici ordnet Tabin unter dem Doppeltaffet ein.[437]

Tobin wird nur einmal verkauft. Zwischen Tobin und Tabinet gibt es Übereinstimmungen, beide werden als Taftseiden charakterisiert, dennoch waren es wohl zwei verschiedene Stoffe, denn der Mühldorfer Stiftsverwalter hat im September 1685 mit gleicher Rechnung 7 ½ Ellen grünen Tabinet für einen Ellenpreis von 2 fl 30 kr und 9 ⅔ feinen schwarzen Tobin für 2 fl 15 kr die Elle erworben und anstehen lassen.[438]

In der Strazza gibt es einen Eintrag über *Schlösunger Trill* zu 45 kr pro Elle. Allerdings ist nicht zu entziffern, ob es sich um einen An- oder Verkauf handelte.[439] Die Unterscheidung zwischen *Zwillich* und *Drillich* bzw. Drell ist nicht ganz einfach.[440] Klar ist nur, dass es sich bei beiden Stoffen um eine Köperbindung, also einen festen Stoff aus Flachs, Hanf oder (später) auch Baumwolle handelte. Weißer Zwillich wurde besonders in der Gegend von Zittau in Sachsen in großer Menge angefertigt. Aus dem Stoff wurden *Bettgeräthe, Handtücher oder Quelen, Tischzeug, Halstücher, Weiberhosen, Camisöler, Zelte für Soldaten, Reitstrümpfe auf der Jagd, Säcke etc.* gemacht. Er werde je nach Landstrich auch als Drillich bezeichnet.[441] Zander-Seidel erwähnt, dass Barchentweber den Zwillich als unterschiedlich breites und dichtes Leinengewebe in Köperbindung herstellten, und sie brachten es gefärbt, gebleicht oder ungebleicht in den Handel. Sie geht auch auf die Verwendung des Stoffes ein, der oft für Kleidung, Tisch- und Bettwäsche genutzt wurde. Bei ihrer Forschung in den Nachlassinventaren des 16. und 17. Jahrhunderts in Nürnberg stieß sie auf Schauben, Röcke, Wämser, Brüstlein und Hauben aus Zwilch. *Steiffer Zwilch* oder *Münchner Zwilch* diente als Versteifung für Krägen, Ärmel und Schöße. Außer Bettbezügen, Laken und Tischtüchern aus Zwillich gab es *zwilchen Inngefieder* als Füllung von Kissen, Polstern

433 Zander-Seidel, Textiler Hausrat, S. 402.
434 Krünitz, Enzyklopädie, Bd. 185, 1844.
435 Adelung, Bd. 4, Sp. 611.
436 Grimm, DWB, Bd. 2, Sp. 1200.
437 Ludovici, Akademie, Teil 5, 1768, Sp. 40.
438 [103] 11.9.1685.
439 [104] 16.9.1685.
440 Selheim, Ländliches Warenlager, S. 234.
441 Ludovici, Akademie, Teil 5, 1768, Sp. 1280.

und Strohsäcken. Jagdtaschen, Beutel, Mehl- und Küchensäcke waren ebenfalls aus geköpertem Zwillich.[442]

Der *Schlösunger Trill*, den die Schmidts im Angebot hatten, könnte aus Schlesien gekommen sein oder aber nach schlesischer Art von einheimischen Webern angefertigt worden sein; aber auch in Sachsen, in Westfalen und in Schwaben wurde Drillich produziert.[443]

Herkunft der Stoffe

Woher Schmidt seine Handelsware bezog, ist weitgehend unklar, aber die einfachen Tuche könnten durchaus aus Mühldorf selbst oder aus der näheren salzburgischen und bayerischen bzw. oberösterreichischen Umgebung gekommen sein. Herbert Klein hat festgestellt, dass es bereits Mitte des 14. Jahrhunderts Wollweber in Mühldorf gegeben hat. Ein Erlass der Stadt von 1360 regelte den städtischen Tuchhandel. Danach haben die Weber offenbar nur graues Tuch hergestellt, wohl aus ungefärbter, naturbelassener Wolle. Zum Schutz der Produzenten durfte niemand außerhalb der Jahrmärkte solch graues Tuch verkaufen, es sei denn, dieses Tuch wäre besser und *hochgültiger* als das einheimische. Der Verkauf von schwarzem (wahrscheinlich gefärbtem) und weißem (wahrscheinlich gebleichtem) Tuch war dagegen erlaubt, denn diese Qualität produzierten die Mühldorfer Weber nicht.[444] Nach Klein dürfte die Blüte der Weberei noch im 16. Jahrhundert angehalten und danach einen Rückgang erlitten haben, und im 19. Jahrhundert ganz zum Ende gekommen sein.[445] Im Steuerbuch von 1624 sind für Mühldorf a. Inn elf Tuchmacher aufgeführt.[446] Dem Salzburger Steuerkataster von 1779 zufolge gab es in Mühldorf nur noch vier reale (auf dem Haus ruhende) Tuchmachergewerbe und in Tittmoning fünf Gerechtigkeiten sowie eine gemeinschaftlich betriebene *Tuchmacherwalch*.[447] Klein kommt zu dem Schluss, dass die Mühldorfer Weber wohl nur einen Teil der Wolle aus der vermutlich ansehnlichen Schafhaltung selbst verarbeiteten. Als Beweis führt er die Wollfuhren an, die Braunauer Schiffer von Burghausen und Mühldorf auf dem Inn nach Passau verfrachteten. Er sieht darin einen Hinweis darauf, dass der intensiven Schafzucht eine geringere Verarbeitung der Wolle gegenübergestanden haben muss und der Wollüberschuss verkauft wurde.[448] In der Folgezeit muss es einen Wandel bei der Menge oder der Qualität der Schafzucht gegeben haben, denn die Tittmoninger Tuchmacher – die Stadt gehörte wie Mühldorf zum Erzstift Salzburg – bezogen

---

442 Zander-Seidel, Textiler Hausrat, S. 403.
443 Selheim, Ländliches Warenlager, S. 237.
444 Klein, Tuchweberei, S. 120.
445 Klein, Tuchweberei, S. 130.
446 Steur Puech, S. 30–63.
447 Klein, Tuchweberei, S. 127.
448 Klein, Tuchweberei, S. 120.

im 17. Jahrhundert ihre Wolle nur noch zum geringen Teil aus der Umgebung, zum größeren Teil aus Bayern oder sogar aus Böhmen.[449]

Die Schmidts kauften nachweislich bei Händlern auf der Gerner Dult bei Eggenfelden ein.[450] Gern war eine Hofmark östlich der niederbayerischen Stadt Eggenfelden.[451] Die Besonderheit bei der Hofmark Gern war ihr Jahrmarkt, der gleichzeitig ein bedeutender Ross- und Viehmarkt war, der Gerner, der seit 1348 als Privileg des bayerischen Herzogs Ludwig vergeben wurde und am Georgitag (23. April) stattfand und bis heute als großes Volksfest begangen wird.[452] 1548 führte Herzog Wilhelm IV. für das gesamte bayerische Herzogtum den *Neuzoll* ein, einen Ausfuhrzoll auf landwirtschaftliche Produkte, Lebensmittel und Tiere, die aus Bayern ausgeführt wurden.[453] Dieser Zoll war während der Zeit des Gerner Marktes zu zahlen und wurde durch den Markt Eggenfelden an drei Mautstellen außerhalb des Ortes unter dem Schutz bewaffneter Bürger eingehoben. Die Mautstellen waren an den wichtigsten Zufahrtsstraßen postiert: am Lauterbachbruckhäusl, beim Alram in der Tiefstadt und beim Wald.[454] Die Umgehung dieser Maut brachte Franciscus Schmidt einmal in Bedrängnis. 1682 wurde ein Fuhrmann des Händlers Franciscus Schmidt von Mühldorf gefangen genommen, weil er auf der Heimfahrt vom Gerner *beim Alram in der Tiefstadt durchdringen* (das war eine der drei Mautstellen) konnte, also die Gerner Maut nicht bezahlte. Er wurde von Amtsboten aus Eggenfelden bei Geratskirchen eingeholt und seine Ware vom Amtmann beschlagnahmt. Der Fuhrmann wurde ins Gefängnis gebracht und musste von seinem Herrn, dem Mühldorfer Krämer Franciscus Schmidt, ausgelöst werden.[455]

Die Schmidts hatten aber auch intensiven Kontakt mit dem Salzburger und Linzer Markt und standen in Geschäftsbeziehungen mit Salzburger, Münchner und Landshuter Händlern, von denen sie Waren erhandelt haben könnten.

---

449 Herbert Hassinger, Johann Joachim Bechers Kampf gegen Frankreich und die Gründung einer Wollmanufaktur in Salzburg im Jahre 1677, in: MGSL 78 (1938), S. 160–185, hier S. 178.

450 [68] 26.4.1685.

451 Eine Hofmark war ein räumlicher und juristischer Bezirk im Besitz einer geistlichen oder weltlichen Grundherrschaft. Die Hofmark Gern war Anfang des 14. Jahrhunderts vom bayerischen Herzog der adeligen Familie Closen verliehen worden. S. Guntram Graf von Lösch (Hg.), Der Gerner. Historische Notizen von der niederbayerischen Hofmark Gern und ihrem Jahrmarkt, Gern 1975, S. 4, online: https://www.gernerdult.de/wp-content/uploads/2014/03/Gerner_Dult_1348-1975.pdf, 24.05.2021.

452 Lösch (Hg.), Der Gerner, S. 4.

453 Lösch (Hg.), Der Gerner, S. 8.

454 Lösch (Hg.), Der Gerner, S. 8–9.

455 Lösch (Hg.), Der Gerner, S. 11.

Schmidts Handelsgerechtigkeit bezog sich in erster Linie auf den Tuchschnitt. Daran hielt er sich beim Verkauf. Die Einträge zu Stoffverkäufen machen ca. 20 Prozent der gesamten notierten Transaktionen in der Strazza aus. Die Vielfalt der Stoffe aus den verschiedensten Produktionsorten, die die Schmidts in ihrem Gewölbe der Kundschaft anboten, ist beeindruckend. Allein rund 20 verschiedene Tucharten zusätzlich zu 32 anderen Stoffarten lassen sich aus den Eintragungen in der Strazza herauslesen, die jeweils noch in verschiedenen Farben und Qualitäten zu haben waren und auch gekauft wurden. Mit ihrem Sortiment entsprachen sie nicht nur der Kundennachfrage, die Schmidts boten auch ihrerseits die aktuellste und modernste Ware an, so hielten sie bereits in den 80er-Jahren des 17. Jahrhunderts Musselin vor, der erst einige Zeit später allgemein in Mode kam. Halten wir fest, dass in einer Kleinstadt ein solch breit gefächertes Angebot Absatz finden konnte.

5.1.3 Bänder, Borten und Spitzen

Bänder und *Borten* nehmen unter den Verkäufen in der Strazza neben den Stoffen einen prominenten Platz ein. Schmidt bot mehr als 20 verschiedene Sorten in den unterschiedlichsten Farben, Ausarbeitungen und Breiten an.

Ehe Basel ein wichtiger Produktionsort von Bändern wurde, war Italien in der Herstellung von Bändern führend. Andrea Caracausi blickt in seiner Untersuchung mit einer wirtschafts-, sozial- und kulturgeschichtlichen Perspektive auf die frühneuzeitliche Seidenbandproduktion in Italien und stellt eine viel dynamischere Ökonomie fest, als es von der Forschung lange Zeit behauptet wurde.[456] Die italienische Seidenbandproduktion bestand seit dem 14. und 15. Jahrhundert. Im 17. Jahrhundert lag Italien zusammen mit den Niederlanden immer noch an der Spitze in Europa. Langfristig verlagerte sich die Führung in der Bandwarenproduktion in Städte wie Basel, Krefeld, Coventry und Lyon.[457] Die Herstellung lag in den Händen von zünftigen wie unzünftigen Produzenten. Es gab eine starke geschlechtsspezifische Arbeitsteilung. Da, wo es wie in Vigevano, Padua oder an der ligurischen Riviera keine Zünfte gab, war das Weben nach den Geschlechtern gegliedert, die Männer webten gemusterte, die Frauen schlichte Bänder. In jenen Städten, in denen die Weberzünfte stark waren, war die weibliche Arbeit mit Ausnahme für Ehefrauen, Witwen und Meistertöchtern verboten.[458] Der Verkauf der Bänder fand im 17. Jahrhundert zunächst über die lokalen Modehändler statt, die um die Mitte des 17. Jahrhunderts selbst mit der Produktion von Bändern

[456] Caracausi, Seidenbänder, S. 39–60.
[457] Caracausi, Made in Italy, S. 45.
[458] Caracausi, Made in Italy, S. 47.

und der Konfektionierung von Kleidung begannen.[459] Wanderhändler brachten die Ware direkt zu den Kundinnen. Aber auch auf Märkten wurden die Bänder abgesetzt. Italienische Bänder wurden im 17. Jahrhundert ein wichtiges Produkt im außereuropäischen Fernhandel bis nach Brasilien und Ostasien.[460]

Bänder und Borten aus verschiedenen Materialien und unterschiedlichen Breiten waren im 17. und 18. Jahrhundert ein sehr beliebtes modisches Detail an der Kleidung von Männern und Frauen, an Hüten oder in der Frisur. *Die Bänder waren jene Kleinigkeiten, bei denen sich neue Ideen am raschesten durchsetzten, und die man auch ohne besonderen Aufwand wechseln konnte.* Man trennte einfach die alten Bänder ab und nähte die aktuelleren auf.[461] *Die Gold= Silber= und Seiden=Bänden* (sic) *werden zum Putz der Kleidungen, und von Frauenzimmern auf dem Kopfe gebraucht. Diejenige Art von Floret=Band, welche man im Französischen Padoues nennet, wird von den Schneidern, Nähterinnen, u. a. m. und die Wollen= und Zwirn=Bänder von den Tapezierern, Sattlern, und andern dergleichen Handwerkern, gebraucht; insonderheit aber ist das Zwirnband an einigen Stücken der Wäsche und des Geräthes ganz unentbehrlich.*[462]

Seidenbänder galten um 1670 als Inbegriff von Luxus und Reichtum. *Ehrsucht, Eitelkeit und Standesbewusstsein spiegelten sich bei Frauen und Männern in einer Ueberfülle von Bändern an der Kleidung wider*[...], *sogar an den Schuhen durften die Bänder nicht fehlen.*[463] Die Städte versuchten dem Bekleidungsaufwand mit Beschränkungen und Kleiderordnungen zu begegnen.[464] Ungeachtet der obrigkeitlichen Verordnungen fanden die Bänder eine weite Verbreitung in allen sozialen Schichten. *Die Bauerntrachten in Deutschland, namentlich in Braunschweig und Hollstein, verzierten Basler Florettbänder, die sogenannten Frisalets. Wasserbänder schmückten im süddeutschen Raum Hauben und Kappen. Die Pfeifenschnüre und Haarschleifen waren begehrte Artikel.*[465] Auch an Urkunden, Taschen, Notizbüchern und Kästchen verwendete man Seidenbänder.[466]

Die Begriffe Bänder und Borten wurden vielfach synonym verwendet.[467] Dennoch bestanden Unterschiede zwischen den beiden Artikeln, die im Material und der Webart zu suchen sind. Daraus ergaben sich die unterschiedlichen Verwendungsarten.

---

[459] Caracausi, Made in Italy, S. 53.
[460] Caracausi, Made in Italy, S. 55-56.
[461] Moriz Dreger, Zu den Anfängen der Seidenbandweberei in Wien, in: Kunst und Kunsthandwerk XIX (1916), S. 397–494, hier S. 409 u. 412.
[462] Ludovici, Akademie, Teil 1, 1768, Sp. 1235–1245, hier Sp. 1238.
[463] Paul Fink, Die Geschichte der Basler Bandindustrie 1550–1800 (Basler Beiträge zur Geschichtswissenschaft), Basel, Frankfurt am Main 1983, S. 75.
[464] Fink, Basler Bandindustrie, S. 75.
[465] Fink, Basler Bandindustrie, S. 76.
[466] Irene Amstutz, Sabine Strebel, Seidenbande. Die Familie De Bary und die Basler Seidenbandproduktion von 1600 bis 2000, Baden 2002, S. 17.
[467] Sellheim, Ländliches Warenlager, S. 331.

Bänder waren weicher und als Binde- und Haltebänder und für Schleifen geeigneter,[468] Borten wurden eher zum Besatz und Verstärken der Kleiderkanten und für Möbel verwendet. Der Bortenbesatz war immer über den Nähten oder entlang der Kanten, auch zu beiden Seiten der Knopflöcher angebracht. Der Besatz sollte die Nähte überdecken und die Kanten stabilisieren.[469] Die Bänder konnten aus allen Materialien angefertigt werden, die auch bei der Stofffabrikation verwendet wurden: Leinen, Wolle, Seide, Baumwolle oder Mischungen davon. Es gab die *einfachen* und die *reichen* Bänder. Zugleich *finden sich hier fast alle jene Modifikationen der Gewebe wider* (sic), *welche der Weberei im Allgemeinen eine so ausgezeichnete Mannigfaltigkeit verleihen.* Band *ist eine aus Zwirn, Wolle, Seide oder Gold zu mancherley Gebrauch und Zierrath platt gewebte Sache, unterschiedlicher Breite und Farbe. Also gibt es Zwirnband, Taffetband, gesticktes, gemahltes, mit güldenen und silbernen Blumen durchwürcktes Band u. d. g. Eigentlich verfertigen bey uns fast aller Orten das Band die Bortenwürcker, Posamentierer und Schnürmacher, es wird in Stücken und in Ellen verkauft durch Galanteriewarenhändler und Italiäner.*[470]

Borten *heissen die aus Gold, Silber, Seide gewirkte Schnüre von mancherlei Arten als Tressen, Galonen mit welchen man beydes Manns- und Frauen-Kleider einfasset, werden von Bortenmacher, Bortenwirker, Posamentierer gemacht aus Gold, Silber und Seide, die Schnüre dienen zur Besetzung von Kleidern. Sie verfertigen allerhand Schnüre und Posamenten, womit die Kleider besetzet, bordiret und mit allerhand Band gezieret werden … auch machen sie Frantzen, kurze, lange, dünne, dicke und allerhand breite und schmale, runde und viereckige Schnüre, die auch bisweilen mit Gold und Silber durchzogen.*[471]

Das Angebot war sehr vielfältig. Aus einer Quelle zu Konflikten über Gesellenlöhne ist zu entnehmen, dass 1625 in Leipzig bei der Einigung der Lohnsatz der Gesellen für 49 Bandsorten festgelegt wurde. 1631 legten die Dresdner Posamentierer die Lohnsätze für 22 Sorten mit bis zu 21 Unterteilungen fest.[472] Auch das Musterbuch der Leutschauer Posamentierer enthält Verkaufspreise und Arbeitslöhne für die Mitglieder der Zunft im 18. Jahrhundert für die Herstellung von mindestens sechzehn Band- und Bortenarten in diversen Breiten und Materialien.[473]

Bänder und Borten wurden in der vorindustriellen Zeit händisch auf der Bortenlade bzw. dem Posamentierhandstuhl, ein dem Webstuhl für breite Stoffbahnen

468 Ludovici, Akademie, Teil 1, 1768, Sp. 1235–1245, hier Sp. 1236.
469 Pietsch, Kostümsammlung Hüpsch, S. 82.
470 Bandfabrikation, in: Johann Josef Prechtl, Technologische Encyklopädie oder alphabetisches Handbuch der Technologie, der technischen Chemie und des Maschinenwesens, Bd. 1, Stuttgart 1830, S. 419–461, hier S. 419,
471 Ludovici, Akademie, Teil 1, 1767, Sp. 1991–1992.
472 Reith, Lohn und Leistung, S. 161.
473 Otto Domonkos, Musterbuch der Leutschauer Posamentierer (1702, 1709, 1712, 1753, 1767), in: Katrin Keller, Gabriele Viertel, Gerald Diesener (Hg.), Stadt, Handwerk, Armut. Eine kommentierte Quellensammlung zur Geschichte der Frühen Neuzeit, Leipzig 2008, S. 293–298.

ähnliche Konstruktion, hergestellt. Die Fachbildung – das Auseinanderspreizen von oberer und unterer Reihe der Kettfäden, um den Schussfaden durchzuführen – geschah mit Hand und Fuß über Schäfte und Tritte. Der Schussfaden und der Ladenanschlag – das Durchführen des Querfadens und das feste Anschlagen des neuen Fadens an das schon gewebte Stück mit der Lade – gingen per Hand vor sich. Je fester angeschlagen wurde, umso stabiler wurde der Stoff bzw. das Band. Durch spezielle Positionen der Kett- und Schussfäden ließen sich verschiedene Muster oder Bänder mit Leinwand- oder Köperbindung herstellen. Allerdings ließ sich auf dem Posamentierstuhl immer nur ein Band weben, wodurch der Arbeitsaufwand auch für die schmalen Bänder sehr hoch war.[474] Man hatte auch schon Bandmuster in Streifen auf Stoffbreite gewebt und die Streifen auseinandergeschnitten, dabei waren aber die Ränder nicht steif genug.[475]

Eine Weiterentwicklung des eingängigen Bandwebstuhls war der mehrgängige *Schubstuhl*. Auf dem *Schubstuhl* konnten mehrere *Gänge* (Bänder) nebeneinander gewebt werden, er war aber in der Breite begrenzt.[476] Beim eingängigen Bandwebstuhl musste das Weberschiffchen, der *Schütze*, mit dem Schussfaden manuell durch das Fach der Kettfäden geschoben werden. Beim Schubstuhl ermöglichte eine spezielle Halterung des Schützens an der Weblade in Form einer Zahnstange mit aufrecht stehenden eisernen Zähnen, auch *Rechen* genannt, mit einer einzigen Bewegung des Rechens gleichzeitig mehrere Schützen mit den Schussfäden durch die Kettfäden mehrerer Arbeitsstücke durchzuschießen. Die Hin-und-Her-Bewegungen des Rechens nannte man *Schieben*, daher der Name Schubstuhl.[477] *Es handelte sich bei diesem Webstuhl allerdings noch um keine Maschine, sondern um ein verbessertes Werkzeug, dieses Arbeitsinstrument ersetzte kein menschliches Organ, weder die Hände noch die Füße des Webers*,[478] aber wenn alles funktionierte, konnte man mehrere Bänder gleichzeitig weben und somit die Produktion erhöhen. Bei den Bandwebern in der Lausitz war der Schubstuhl sehr verbreitet, die Bandweber hielten an ihm fest, denn er war finanzierbar und durch die örtlichen Tischler, Zimmerleute oder Stellmacher zu bauen bzw. zu reparieren.[479]

Die nächste Maschinengeneration, die vollmechanisierte *Bandmühle*, war Anfang des 17. Jahrhunderts in den Niederlanden entwickelt worden, war aber vermutlich erst im ersten Drittel des 18. Jahrhunderts voll ausgeprägt. *Bei der ‚Bandmühle‘ waren schließlich Fachbildung, Schußeintrag und Ladenanschlag mechanisiert, der Antrieb erfolgte über die Hauptwelle, die durch den ‚Drehbaum‘ in Bewe-*

474 Reinhold Reith, Technische Innovationen im Handwerk der frühen Neuzeit? Traditionen, Probleme und Perspektiven der Forschung, in: Karl Heinrich Kaufhold, Wilfried Reininghaus (Hg.), Stadt und Handwerk in Mittelalter und Früher Neuzeit, Köln, Weimar, Wien, 2000, S. 22–60, hier S. 37.

475 Dreger, Seidenbandweberei in Wien, S. 400.

476 Reith, Technische Innovationen, S. 38.

477 Reith, Technische Innovationen, S. 38.

478 Bernd Schöne, Kultur und Lebensweise Lausitzer Bandweber (1750–1850), Berlin 1977, S. 35.

479 Schöne, Lausitzer Bandweber, S. 39.

gung gesetzt wurde[480] und nicht mehr durch das Treten der Tritte mit den Füßen. Auf der Bandmühle konnten zunächst nur Leinen- und Florettbänder produziert werden. In ihrer Entstehungszeit bis in die erste Hälfte des 17. Jahrhunderts war sie in deutschen Territorien noch ziemlich unbekannt.[481] Die Bortenmachermeister lehnten diese Innovation ab, weil nicht jeder Meister finanziell in der Lage war, sich eine solche Bandmühle anzuschaffen und die Gefahr sich vergrößerte, in die Abhängigkeit der Verleger zu gelangen, zumal durch die hohen Rohstoffkosten verlagsartige Verhältnisse entstehen konnten.[482] Außerdem protestierten die zünftigen Posamentierer- und Bandwirkermeister gegen die neue Bandmühle auch aus Angst vor Arbeitslosigkeit, weil mit den Bandmühlen eine Person, auch Ungelernte, Jugendliche und Frauen, in der gleichen Zeit mehr Bänder weben könne, als es bisher den Meistern möglich war, und sie eine erdrückende Konkurrenz fürchteten.[483] Dennoch erreichten das kaiserliche Einfuhrverbot von sog. Kunststuhlbändern in die Reichsstädte aus dem Jahre 1684 sowie die beiden kaiserlichen Edikte gegen die Bandmühlen in den Jahren 1684 und 1719 nicht viel.[484] Die Stühle setzten sich mithilfe der Verleger an bestimmten Standorten durch.

Doch die Arbeitsproduktivität war offenbar nicht so hoch wie angenommen, denn die Stühle funktionierten noch nicht wirklich reibungslos. Je mehr gewebt wurde, umso mehr Fehler passierten, die Fäden rissen, und der Arbeitsprozess musste zum Richten unterbrochen werden. Auch waren die herkömmlichen Bandwebstühle nicht gänzlich zu ersetzen, denn die Bandmühle blieb bis ins 19. Jahrhundert auf die glatten und ungemusterten Bänder (Taft- und Florettbänder) als preiswerte Massenware beschränkt. Eine breite Palette von gängigen Bändern, vor allem die luxuriösen und gemusterten Bänder, waren auf dem neuen Gerät nicht herzustellen. Das blieb das Produktionssegment der ausgebildeten Meister.[485] Noch um 1820 wurde die Qualität und Schönheit der Bänder von Handwebstühlen gelobt.[486]

Die allgemeine Beliebtheit von modischen Bändern ist auch für Mühldorf nachzuvollziehen. Aus den Einträgen in der Strazza lässt sich ablesen, dass die Schmidts ihrer Kundschaft ein breit gefächertes Sortiment an Borten und Bändern im Gewölbe anboten, das auch intensiv nachgefragt wurde. Knapp acht Prozent der Eintragungen in der Strazza betreffen Bänder, Borten, Nesteln und Rundschnüre in verschiedenen Farben, Breiten, Qualitäten und Preisen. Sie sind nach den Herkunftsorten, den Materialien, nach den einzelnen Sorten oder – seltener – nach dem Verwendungszweck benannt. Die Bänder wurden von Schmidts Kunden überwiegend ellenweise, in mehreren Ellen oder in Bruchteilen davon

480 Reith, Technische Innovationen, S. 38.
481 Reith, Technische Innovationen, S. 38.
482 Reith, Technische Innovationen, S. 38.
483 Fink, Basler Bandindustrie, S. 32–34.
484 Fink, Basler Bandindustrie, S. 54.
485 Reith, Technische Innovationen, S. 39.
486 Reith, Technische Innovationen, S. 40.

Abb. 10: Augsburger oder Basler Bänder, um 1720. Foto: Stadtarchiv Augsburg

erworben. Kleinere Kramer aus der Umgebung wie Gars, Winhöring oder Buchbach, die als Wiederverkäufer fungierten, kauften die Bänder häufig stückweise bei Schmidt ein.

In der Folge werden die Bandsorten nach der Häufigkeit ihrer Nennung in der Strazza vorgestellt. Dabei muss festgehalten werden, dass die Einträge nicht die tatsächliche Nachfrage abbildeten, sondern nur jene Transaktionen, die beim Einkauf nicht bezahlt, sondern angeschrieben wurden. Auch ist zu berücksichtigen, dass die Einträge nicht immer vollständig sind, so fehlen häufig die Farben oder die genauere Qualitätsbezeichnung, sodass diese Auswertung nur eine Annäherung sein kann.

Mehr als hundert Einträge in der Kladde betreffen ganz allgemein *Bänder, Borten, Pertl* oder *Pendl*. Darunter befanden sich Bänder in verschiedenen Breiten, Farben, Farbzusammenstellungen und Preisen. Die Preise lagen zwischen 1 kr 2 pf und 67 kr. Ein *guldtenes Pertl* kostete 1 fl 45 kr je Lot.[487] Die Kundschaft konnte unter weißen, tristaminfarbenen, leibfarbenen, roten, grünen, silberfarbenen und anderen Farben auswählen, außerdem gab es noch gemusterte Bänder.[488]

Die Färbung hatte ebenso wie das Material und die Bandbreite Einfluss auf den Preis. Augenfällig wird dies beim scharlachfarbenen Band, das pro Elle 1 fl 7 kr kostete und mit Cochenille gefärbt worden war. Leider gibt es bei den erwähnten Eintragungen keine Hinweise auf die verwendeten Materialien. Lediglich beim *guldtenen Pertl* kann man vermuten, dass es sich um einen echten Goldfaden handeln dürfte, da der Preis pro Lot (= 16,7 Gramm) angegeben ist.

Nicht nur die Färbung, sondern auch die Breite der Bänder war differenziert. Bohn unterscheidet breite Bänder mit vier Fingern, halbbreites mit zwei Fingern Breite und ganz schmales, sog. Holländisches Band oder Paternosterbändchen (bei Schmidt als *Peter Pendl* notiert), Strohbändchen oder *Bislint*.[489] Nach Johann Josef Prechtls Enzyklopädie wurden die Bänder im Handel in der Breite durch Nummern unterschieden. Je höher die Nummer, umso breiter war das Band.[490] Die Nummerierung der Bandqualitäten spielte auch bei der Lohnabrechnung der Webergesellen eine Rolle. Die Stücklöhne, die die Gesellen des Augsburger Posamentiergewerbes z. B. 1734 verdienten, waren nach der Qualität der Borten gestaffelt und durch die Bandnummern unterscheidbar. Je höher die Nummer, umso höher der Lohn.[491]

Die Auswertung der Strazza zeigt jedenfalls, dass der Preis durchaus in Beziehung zur Bandnummer stand: So gab es *Schwarzes Jenfer Band No1* zum Ellenpreis von 1 kr 2 pf,[492] *Pändl No 2* zum Ellenpreis von 2 kr,[493] schwarze Bänder Nr. 2 zum Ellenpreis von 3 kr[494] und *silbernf. Jenfer* Band Nr. 3 zum Ellenpreis von 7 kr 2 pf.[495]

---

487 [175] 10.8.1686. Dass nicht in Ellen, sondern in Lot abgerechnet wurde, lässt darauf schließen, dass es sich hier um ein echtes Goldgarn handelte; das Band war zur Verwendung für den *Rauchmantel* (Pluviale) gedacht.

488 [219] 29.3.1687.

489 Bohns Waarenlager, Zweyte Abtheilung, S. 172.

490 Selheim, Ländliches Warenlager, S. 311; Prechtl, Technologische Encyklopädie, S. 422–423. Bei der Nummerierung der Bänder gab es je nach der Herkunft kleine Unterschiede, aber die Einteilung wurde im Prinzip gleich gehandhabt. Dagegen heißt es bei Leuchs, dass die Nummern keine Bedeutung gehabt hätten. Johann Carl Leuchs, Allgemeines Waren-Lexikon oder vollständige Warenkunde mit Angabe der Erzeugungs- und Bezugsorte, der Art und Menge des Verbrauchs, der Preise und des Ganges des Handels. 2 Theile, 2. verb. Aufl., Nürnberg 1835/36, hier Theil I, 1835, S. 70.

491 Reith, Lohn und Leistung, S. 433.

492 [1] 14.11.1684.

493 [10] 7.12 1684.

494 [155] 28.4.1686.

495 [1] 14.11.1684.

Abb. 11: Kasel Max Gandolphs von Kuenburg, 1668.Foto: Dommuseum Salzburg/J. Kral

Die *Peter Pendl 9er, 1 Pundt zu 30* kr – schmale Rosenkranzschnüre – fallen nicht in die beschriebene Nummern-Systematik.

Ein Artikel, der ebenfalls mit 108 Einträgen stark nachgefragt wurde, waren die *Galonen*, die zu den reichen Borten zählten. Galonen sind feste Borten aus Gold-

oder Silberfäden bzw. mit Silbergespinst umwickelten Seidenfäden, sie können aber auch aus Wolle, Seide oder aus Zwirn gewebt sein. Die preisgünstigeren, seidenen und wollenen Galonen stellten Posamentierer her, die Livreeborten die Bandmacher, wie Krünitz für das Ende des 18. Jahrhunderts festhält.[496]

Die Galonen dienten als Besatz für Kleidungen von Standespersonen beiderlei Geschlechts *oder wenigstens für die, so reich sind, oder dafür wollen angesehen seyn.*[497] *Daher ‚eine galonirte Manns=Person', Fr. un homme galonné, einer, dessen Kleid galonirt oder mit Tressen besetzt ist.*[498] Beate Spiegel fand in den Rechnungsbüchern der Freifrau von Vieregg, einer Hofmarksherrin in Tutzing, für das Jahr 1740 einen Hinweis auf die Verwendung von Galonen. Die Freifrau kaufte für den Besatz ihrer Mieder *vor 2 ehlen galonnen zu mein mieder einfassen 5 x oder 3 Ellen blauer Galonen zu zusammen 8 x.*[499] Ansonsten wurden Galonen für Kirchenornate, Möbelbezüge in Palästen und großen Häusern verwendet, häufig waren das aber Galonen mit falschem Gold und Silber. Besonders beliebt waren diese Borten als Zierde *für die Hüte der Cavaliers und der Kriegsleute.*[500] Samtartige Livreeborten gab es in sehr vielen Arten, sie wurden als Auszier der Dienstbotenlivreen verwendet und häufig auf die Wappenfarben des Dienstherrn abgestimmt, um an den Kleidern der Bedienten *die Pracht ihres Herrn sehen zu lassen, als auch seinen Stand und sein Haus zu unterscheiden.*[501]

Die besten Qualitäten aus Gold- und Silberfäden wurden in Frankreich hergestellt, daher auch der französische Name *Galon* für Tresse oder Borte. Aber auch in Dresden und Leipzig wurde gute Ware von den Posamentierern produziert.[502] Offensichtlich bestand allgemein eine sehr gute Nachfrage, denn der Wiener Seidenbandmanufaktur war es in der 2. Hälfte des 18. Jahrhunderts nicht gestattet, *die geblumbte oder brochierte, oder auch reiche und halbreiche Bänder von gutem Gold und Silber, weeder die gantz und Halb-Seidene musirte Gallonen, auf den Mühlstühlen zu verfertigen*, um die Bandweber, die im Gegensatz zu den Manufakturen die Galonen auf ihren Webstühlen handwerksmäßig in relativ kleinen Mengen webten, zu schützen.[503]

Ein Relikt, das es auch noch im 21. Jahrhundert gibt, sind *Hosengalonen*, feste Bänder, die an die Außennähte von Uniform- und Abendanzugshosen gesetzt werden, damit die Hosenbeine schön straff fallen und die Nähte vertuschen, die Länge aber betonen.[504] Ein weiteres Beispiel wären die Uniformen von Amtspersonen und auch von einzelnen Berufen wie z. B. den Flugkapitänen. Auch in der aktuellen Damenmode werden wieder Galonen verarbeitet.

---

496 Krünitz, Enzyklopädie, Bd. 15, 1778 und 1786.
497 Ludovici, Akademie, Teil 2, 1767, Sp. 1970–1972, hier Sp. 1971.
498 Krünitz, Enzyklopädie, Bd. 15, 1778 und 1786.
499 Spiegel, Adliger Alltag, S. 276.
500 Ludovici, Akademie, Teil 2, 1767, Sp. 1971.
501 Ludovici, Akademie, Teil 2, 1767, Sp. 1972.
502 Ludovici, Akademie, Teil 2, 1767, Sp. 1972.
503 Dreger, Seidenbandweberei in Wien, S. 442.
504 Für die Auskunft danke ich den Mitarbeiterinnen von Knopf Mayer, Salzburg.

Die Schmidts hatten drei Kategorien von Galonen im Angebot.[505] Die Preisunterschiede dürften auf die Bortenbreite, die Qualität des Materials und wohl auch auf die Farbe zurückzuführen sein. Viele der preisgünstigeren Käufe sind als *Galona* ohne weitere Kennung notiert. Die Preise für die einfachen Galonen, die vielleicht aus Seide, Wolle oder Zwirn gearbeitet waren und die den Hauptanteil am Verkauf ausmachten, lagen je nach Farbe zwischen 3 und 5 kr pro Elle. Im Einzelnen gab es rote, schwarze, grüne und nacarafarbene Galonen zum Preis von 3 kr bis zu 4 kr 3 pf, leibfarbene Galonen zu 4 bzw. 5 kr und scharlachfarbene Galonen zu 4 kr.

Der mittlere Qualitätsbereich umfasste Ware zwischen 6 und 18 kr. *Guete Gallona*[506] kostete 6 kr pro Elle, *guett silberner Gallonna* 7 kr bzw. 10 kr und *silberen Gallona* 18 kr. Bei Letzteren handelt es sich wohl um die von Ludovici erwähnten Galonen, die keine echten Silberfäden enthielten. Ein Ersatz für Galonen waren die leonischen Borten.

Für die teuerste Qualität im Angebot, die Galonen mit echten Silberfäden, berechnete Schmidt den Preis nicht mehr im Längenmaß Elle, sondern im Gewichtsmaß Lot, was der korrigierte Eintrag vom 3. Mai 1685 eindeutig zeigt. Dort ist in der Strazza der Elleneintrag durchgestrichen und am Rand links durch das Gewichtsmaß Lot ersetzt worden.[507] Auch im hochpreisigen Segment gab es Abstufungen, die sich zwischen 40 kr pro Elle für *reiche silbern Gallona*[508] und *preidt guat silbern Gallona* zu 90 kr (1 fl 30 kr) das Lot[509] bewegten; die *schmaler deto* kosteten 80 kr (1 fl 20 kr) pro Lot.[510] Schmidt hatte auch Goldband im Angebot, das er aber nur äußerst selten verkaufte, so z. B. *guldtenes Pertl* zu 1 fl 45 kr je Lot.[511]

Es waren Kunden aus der Oberschicht, die sich diese Qualität leisteten. Der Prokurator Augustin Ristner aus Neumarkt beispielsweise hat am 3. Mai 1685 über seinen Schneider Wolf Geiseter bei Schmidt *1 ⅛ loth preidt guat silbern Gallonna* um 90 kr das Lot – das war die teuerste Qualität, die Schmidt aufzubieten hatte – und 2 ⅛ *Lot schmalere silberne galonna* um 80 kr das Lot gekauft.[512] Da der Schneider noch etliche andere Artikel wie Stoffe, Bänder und Spitzen im Auftrag von Ristner mitgenommen hatte, wäre es denkbar, dass sich Ristner eine neue Amtsrobe schneidern ließ.[513] Die Herrschaft von Tüßling erwarb am 11. September 1685 11 5/16 Lot *reiche Gallona*, die ebenfalls mit 90 kr das Lot in Rechnung

505 Die Einteilung stammt von der Autorin, der besseren Übersicht wegen.
506 [218] 24.3.1687, Herr Wolf Stanner; [105], 19.9.1685; {161] 24.5.1686, [123] 19.11.1685.
507 [70] 3.5.1685.
508 [2] 17.11.1684, Christoph Ignaty Gerspeck, Pflegsverwaltung Neumarkt-St. Veit.
509 [70] 3.5.1685.
510 [70] 3.5.1685.
511 [175] 10.8.1686. Dass nicht in Ellen, sondern in Lot abgerechnet wurde, lässt darauf schließen, dass es sich hier um ein echtes Goldgarn handelte; das Band war zur Verwendung für den *Rauchmantel* (Pluviale) gedacht.
512 [70] 3.5.1685.
513 Nach dem Eintrag ins Sterbebuch der Pfarrei St. Veit starb Ristner am 28. November 1693. Diesen Hinweis verdanke ich Herrn Walter Jani, Archivpfleger in St. Veit.

gestellt wurden.[514] Es gab auch noch eine etwas billigere Variante zu 60 kr das Lot, wovon der Mühldorfer Gerichtsschreiber am 24. Mai 1685 ⅝ Loth erwarb.[515]

Wie auch in anderen Fällen hat Adam Schmidt für den Eigenbedarf niedrigere Preise berechnet. Am 7. Dezember 1685 nahm er 7/16 Lot der *silbern fein Gallona* für sich aus dem Laden, dafür berechnete er 73 kr das Lot;[516] das dürfte vielleicht der Einkaufspreis gewesen sein. Angenommen, die *silbern fein Gallona*, die sich Adam Schmidt nahm, entspräche qualitativ der *schmalere(n) silberne(n) galonna*, die der Schneider für Ristner anschreiben ließ, so käme der Preisunterschied zwischen dem Einkaufspreis von 73 kr und dem Verkaufspreis von 80 kr 7 kr pro Lot zustande, ein Aufschlag von 8,75 Prozent. Dieser Aufschlag ist nicht direkt mit dem Gewinn gleichzusetzen, denn der Kramer hatte ja auch noch Ausgaben, die davon abgingen, wie beispielsweise die Personalkosten.

Es stellt sich auch hier die Frage nach dem Bezug der Galonen. Dazu gibt es zwei Einträge: Der Lieferant von silbernen Galonen könnte der Mühldorfer Zinngießermeister Christoph Seider gewesen sein, der ursprünglich aus Ingolstadt kam und 1670 als Bürger in Mühldorf a. Inn aufgenommen wurde.[517] Von ihm erstand Schmidt am 14. Februar 1685 zwei Ellen *silberne Gallona* zu je 30 kr; vielleicht fungierte Christoph auch nur als Zwischenhändler.[518] Die textilen Galonen bezog Schmidt vom Mühldorfer Bortenwirker Georg Tanner. Dieser belieferte Schmidt regelmäßig mit Galonen und anderen Borten wie z. B. Wollbändern, die offenbar bei seiner Kundschaft sehr beliebt waren.

Köln gehörte zu den bedeutendsten Standorten der Bandproduktion.[519] Ludovici beispielsweise betonte in seiner Warenkunde die Bekanntheit der *cöllnischen Bandmanufacturen, oder vielmehr die zu Mühlheim bey Cölln.*[520] Die Kölner Seidenbanderzeugung war schon im späteren Mittelalter von großer Bedeutung,[521] wo vom 13. bis zum 16. Jahrhundert große Mengen Seidenbänder hergestellt wurden. Es bestand bereits seit dem ersten Drittel des 17. Jahrhunderts ein eigenes Posamentieramt. Auch Gottfried Christian Bohn hebt hervor, dass in Köln überwiegend gute Qualität und große Mengen an Samt- und Seidenbändern produziert und weithin verkauft wurden.[522]

Leider gibt es für Mühldorf keine Angaben zu den Lieferanten, daher lässt es sich nicht feststellen, ob die von Schmidt verkauften *Cöllner Bänder* auch tatsächlich Bänder aus Köln bzw. Umgebung waren oder ob *Cöllner Band* zu einer Handelsbezeichnung für Samt- und Seidenbänder aus dem Rheinland geworden war,

514 [103] 11.9.1685.
515 [78] 24.5.1681.
516 [131] 7.12.1685.
517 Reith, Handwerk und Zunft, in: Begleitband Salzburg in Bayern, S. 107.
518 [44] 4.2.1685.
519 Reinhold Reith, Stichwort Bortenmacher, in: Ders. (Hg.), Lexikon des alten Handwerks, S. 38.
520 Ludovici, Akademie, Teil 1, 1767, Sp. 1238.
521 Dreger, Seidenbandweberei in Wien, S. 397.
522 Bohns Waarenlager, Stichwort Band, Bd. 1, S. 79.

wie es Claudia Selheim[523] für das schmale, leinene Niederländer-Band festgestellt hat, oder ob das Umland unter dem Namen nach Art des Kölner Bandes für den Handel produzierte. Schmidt bot *Cöllische Pandt* in den drei Breiten Nr. 1, 2 und 3 an sowie in unterschiedlichen Farben wie rot, grün, goldfarben, tristmainfarben und schwarz. Bei der Mühldorfer Kundschaft waren die *Kölner Bänder* (87 Einträge) recht beliebt. Die Schmidts boten auch hiervon eine reiche Auswahl an Farben und Breiten an. Die Bänder konnten einfarbig in den Farben schwarz, grün, tristaminfarben, rot, goldfarben, nagelbraun, hellblau sowie rot mit tristamin und silberfarben gemustert erworben werden, wobei besonders schwarz häufig nachgefragt wurde. Das Kölner Band gab es bei den Schmidts in den Breiten Nr. 1, 2 und 3, also vergleichsweise schmal. Die Preise begannen mit einem Ellenpreis von 1 kr, zu den teuren Artikeln gehörte rotes Band zu 10 kr und schwarze Kölner Spitze zu 12 kr die Elle.

Nicht ganz so oft wie das Kölner Band ließen die Kunden *Jennfer Band*[524] anschreiben (53 Mal). Der Name könnte sich von der französischen Aussprache der Stadt Genf, Genève, ableiten.[525] Schmidt hatte auch vom *Jennfer bzw. Jenffer Band* eine große Auswahl an verschiedenen Qualitäten und Farben zu unterschiedlichen Preisen im Angebot. Die Jennfer Bänder verkauften die Schmidts einfarbig in schwarz, grün, silberfarben, tristaminfarben, braun sowie grün und schwarz gemustert, allerdings sind nicht bei allen Eintragungen die Farben vermerkt. Sehr beliebt waren offenbar Bänder in schwarz und grün. Es gab Bänder in den Breiten Nr. 1, 2, 3 und 4. Die Preise bewegten sich zwischen 2 kr und 4 kr. Am teuersten waren die silberfarbenen und die braunen Bänder, sie kosteten 8 kr[526] bzw. 10 kr pro Elle.[527] Beide Bandarten verkaufte Schmidt relativ selten, das silberfarbene nur dreimal in den Jahren von 1684 bis 1687, wobei Adam Schmidt selbst einmal 3 ½ Ellen silberfarbenes Band für sich entnahm.[528] Das braune wurde ebenfalls nur dreimal aufgeschrieben.

Interessant ist bei den Jennfer Bändern auch, dass beinahe die Hälfte (23 von 53) von Kramern aus der Umgebung zum Weiterverkauf in der größeren Einheit Stück und nicht in Ellen eingekauft wurde. Der stückweise Erwerb durch kleinere Kramer zum Weiterverkauf kam auch bei den übrigen Bändern vor. Es ist anzunehmen, dass sie guten Absatz fanden.

---

523 Selheim, Ländliches Warenlager, S. 325.

524 In der Arbeit von Bleckenwegner kommt das Jannf(f)erband ebenfalls vor. Es wird sich wohl nur um eine unterschiedliche Schreibweise handeln, während das *Jannfferartband* darauf hindeutet, dass dieses Band kein Original war, sondern nach Art der Jennfer Bänder gearbeitet wurde. Bleckenwegner, Traunstein, S. 194.

525 Valerius Anshelm, genannt Rüd, Die Berner Chronik, Bern 1833. Für diesen Hinweis danke ich Doris Hörmann.

526 [1] 14.11.1684.

527 [88] 21.6.1685.

528 [18] 4.1.1685. Hier war ein Preis von 3 kr notiert, bei einem Einkauf von 3½ Ellen wäre der Endpreis 10 kr 2 pf gewesen, allerdings sind nur 7 kr als Gesamtsumme eingetragen. Handelt es sich um einen Rechenfehler oder hat Adam Schmidt wieder den Personaltarif verrechnet?

In der Reihenfolge der Häufigkeit der Eintragungen sind hier die *Schnüre* und *Kordeln* zu nennen (42 Mal). Krünitz unterscheidet die runden Schnüre von breiten oder eckigen. *Bei den Posamentierern ist die Rund= oder Schraubenschnur ein von Zwirn, Wolle, Kameelgarn, Seide, Silber oder Gold rund und sehr stark gedrehtes Schnürchen, welches zur Besetzung der Kleider, der Uniformen bei dem Militair= und Civilpersonen, der Bettdecken etc. etc. vorn auf den Rändern, theils zur Zierde, theils auch, damit sie sich nicht ausfasern, gebraucht wird.*[529] Auch die Freifrau von Vieregg, Hofmarksherrin aus Tutzing, erwarb um 1740 seidene *schnieramb* in den Farben rot, blau, weiß und schwarz als Verschluss ihres Mieders und zum Verschenken.[530]

Die Schmidts verkauften *schnierl* oder *rundschnier* in verschiedenen Qualitäten und Farben. Man führte einfache, silberfarbene, tristaminfarbene, grüne, schwarze, zweifarbige, z. B. in rot und silber gemusterte, leibfarbene, leonische mit einem unechten Metallfaden, gute silberne mit einem echten Metallfaden, ungarische und schwarz seidene Kordeln im Angebot. Wie bei den bisher aufgeführten Waren unterschieden sich die Preise auch hier nach der Qualität. So verlangte der Kramer für die einfachsten Rundschnüre 2 kr pro Elle,[531] am teuersten waren mit 27 kr die *guet silberne*, die möglicherweise einen echten Silberfaden enthielten.[532]

Die Kordeln bezogen die Schmidts ebenfalls vom örtlichen Bortenmacher Georg Danner.[533] Es lassen sich sieben Lieferungen nachweisen, darunter eine von *ungerischen* Kordeln. Die Summe von 4 fl für diese Lieferung ist vergleichsweise hoch, aber leider lässt sich daraus weder auf den Ellenpreis noch auf die gelieferte Menge schließen.

Kordel-Lieferungen vom Bortenmacher Georg Danner

Quelle	*Datum*	*Menge*	*Ware*
[38]	9.2.1685	2 Stück, o. P.	silberfarbene *Schnier*
[75]	16.5.1685	für 2 fl	silberfarbene *Schnierl*
[115]	26.10.1685	für 1 fl	tristaminf. *Schnierl*
[130]	2.11.1685	für 1 fl 30 kr	*Rundschnierl*
[148]	1.4.1686	für 4 fl	ungerische Schnierl
[197]	4.12.1686	für 2 fl 30 kr	*Rundtschnier und Bometln*
[215]	6.3.1687	für 1 fl 30 kr	*Rundschnier*

529 Krünitz, Enzyklopädie, Bd. 128, 1820.
530 Spiegel, Adliger Alltag, S. 276.
531 [17] 2.1.1685.
532 [60] 3.4.1685.
533 Die Rundschnüre waren ein Produkt der Posamentierer, im 18. Jahrhundert konnten sie rationeller auf Riemenmaschinen produziert werden. Selheim, Ländliches Warenlager, S. 338.

In der Strazza finden sich 27 Einträge zum Verkauf von *Taftbändern*, die zu den Seidenbändern zählten. Tafet, Daffet ist ein einfaches, ungemustertes, leichtes Seidengewebe in Leinwandbindung (Kette und Schuss), das häufig als Futterstoff bei Mänteln und Hosen, für Oberteile, Röcke, Frauenhauben bzw. Schauben und Regentücher verwendet wurde. Taftbänder wurden auch als Hosenbänder und Leibbinden genutzt.[534] In Lyon wurden bereits um 1670 große Mengen an Taftband auf Kunststühlen hergestellt und nach Deutschland versandt.[535] Claudia Selheim führt für das letzte Viertel des 18. und für das 1. Viertel des 19. Jahrhunderts elf Sorten Taftbänder auf.[536]

Die Schmidts verkauften in den Jahren 1684 bis 1687 schmale und breite Taftbänder überwiegend in schwarz, vereinzelt wurden auch *citeriohnenfarben*, blaue, rote, leibfarbene, tristaminfarbene und einmal gemusterte Taftbänder verlangt. Im Preis waren die Taftbänder jenen der Kölner und Jennfer Bänder ähnlich: Die Preise schwankten zwischen 2 kr 2 pf (diesen Betrag zahlte Franz Schmidt),[537] 3 kr für unspezifiziertes,[538] leibfarbenes,[539] blaues und rotes[540] Band, 8 kr für breites[541] und 12 kr für nicht näher bezeichnetes *taffet bandt.*[542]

16-mal wurde der Verkauf von *Leinenband* notiert. Die Leinenbänder webte man aus Flachsgarn oder dem stärkeren Flachszwirn. Sie kamen leinen- oder köperbindig, weiß, bunt, einfarbig oder gestreift in verschiedenen Breiten, Längen, und Qualitäten auf den Markt.[543] Die Leinenbänder von feiner Qualität wurden auch als *Niederländer Bänder* bezeichnet. Daneben gab es auch eine gröbere Qualität, die unter der Bezeichnung *Strippenbänder* oder *Struppen* im Handel war. Die Leinenbänder wurden in verschiedenen Farben gefärbt, konnten aber auch vielfältig farbig gemustert sein, *welche zum Gebrauch für die gemeineren Volksklassen bestimmt sind. Die Leinenbänder waren schmal, die schmälsten hatten nur 8 Kettfäden.*[544] Krünitz nennt als Verwendungszweck Schürzeneinfassungen und Strumpfbänder.[545]

Leinenbänder wurden bis ins 17. Jahrhundert in großen Mengen in Elberfeld und Barmen, der heutigen Stadt Wuppertal, hergestellt.[546] Sie waren unter der Bezeichnung *Lint* im Handel. Außer der glatten Bandware, weiß oder farbig, in

534 Jutta Zander-Seidel, Textiler Hausrat, S. 398–399.
535 Fink, Basler Bandindustrie, S. 35.
536 Selheim, Ländliches Warenlager, S. 312–317.
537 [10] 7.12.1684.
538 [60] 3 4.1685.
539 [97] 6 8.1685.
540 [83] 4.6.1686.
541 [199] 11.12.1686.
542 [70] 3.5.1685.
543 Selheim, Ländliches Warenlager, S. 324.
544 Prechtl, Technologische Encyklopädie, S. 420.
545 Krünitz, Enzyklopädie, Bd. 3, 1774 und 1782.
546 Walter Dietz, Die Wuppertaler Garnnahrung. Geschichte der Industrie und des Handels von Elberfeld und Barmen 1400–1800, Neustadt an der Aisch 1957, S. 10.

einfacher oder mit Köperbindung, wurde in Elberfeld auch geflochtenes Material, flach als Litzen oder rund als Kordel produziert.[547]

Im Nachlassinventar des Salzburger Tuch- und Seidenhändlers Franz Anton Spängler von 1784 sind *leinene Bettenschnürl*, das sind Rosenkranzbänder aus Leinen, verzeichnet.[548]

Die Schmidts hatten breite schwarze Leinenbänder, leibfarbene, braune, weiße und blaue Bänder zu unterschiedlichen Preisen im Angebot. Auffallend ist, dass von sechzehn Einträgen neun Kramer aus der Umgebung betreffen. Sie kauften die Leinenbänder stückweise ein: Den höchsten, im Vergleich zu anderen Sorten aber immer noch niedrigen Preis von 11 kr verlangte Schmidt für ein Stück *leinen pentl* in *Nagl braun*.[549]

Der Verkauf Leonischer Bänder auf Kredit ist in der Strazza 13-mal notiert. *Lyonische, auch lionische oder leonische Arbeit, so wie leonisches Gold und Silber, franz., Faux trait, Or faux trait, Argent faux trait' heißen diejenigen unächten und falschen Gold= oder Silberfäden, oder derjenige falsche Gold= und Silberdraht und die daraus verfertigten Arbeiten an allerley Lahn, Tressen und Spitzen, die von vergoldetem oder versilbertem Kupferdraht gemacht sind. Allem Anschein nach hat die Arbeit ihren Nahmen daher, weil sie vermuthlich zu Lyon mag erfunden worden sein.*[550] Max Beckh hat festgestellt, dass die Leonischen Bänder nach der französischen Stadt Lyon benannt sind, wo sie seit dem 16. Jahrhundert hergestellt wurden.[551] Rawitzer betont in ihrer Arbeit, dass Leonische Ware als ein Sammelbegriff zu verstehen ist, unter dem alle metallischen und metallisch-textilen Erzeugnisse zusammengefasst werden, die aus Leonischem Material bestehen. Darunter fallen in erster Linie Leonische Drähte, Plätt, Flittern, Gespinste, dann Borten, Spitzen, Litzen, Tressen, Girlanden u. a.[552]

Den Kern des Leonischen Drahtes konnte entweder ein Kupferdraht oder stattdessen ein Textilfaden aus Baumwolle, Seide oder Leinen bilden. Um den Kernfaden, die Seele, wickelte man Plätt oder Lahn, so heißt der flachgewalzte Draht, der spiralförmig um den Faden gewickelt wurde, um dann als Textil-Metall-Faden weiter verarbeitet zu werden.[553] Posamentierer und Bortenwirker konnten aus den Gold- und Silberfäden, ähnlich wie aus rein textilen Fäden, Borten und Bänder auf Bortenwebstühlen weben.[554] Solange die Leonischen Borten neu und nicht gebraucht waren, unterschieden sie sich optisch kaum vom Original. Nur durch Befühlen war der Unterschied festzustellen. Die Leonische Ware fühlte sich

---

547 Dietz, Garnnahrung, S. 53.
548 Reith, Verlassenschaftsinventar Spängler, S. 113.
549 [165] 8.6.1686.
550 Ludovici, Akademie, Teil 3, 1767, Sp. 1491–1494, hier Sp. 1492.
551 Max Beckh, Die Nürnberger echte und leonische Gold- und Silberdrahtindustrie (Statistische und Nationalökonomische Abhandlungen), München 1917, S. 7.
552 Barbara Rawitzer, Leonische Drahtwaren und Gespinste: Studien zu einem Spezialgewerbe in Mittelfranken anhand der Archive des 19. Jahrhunderts, Würzburg 1988, S. 14.
553 Rawitzer, Leonische Drahtwaren, S. 14.
554 Rawitzer, Leonische Drahtwaren, S. 10.

rau, hart, scharf und *spießig* an. Außerdem verfärbte sich der Ersatz an der Luft, und nach längerem Gebrauch wurde er rot.[555]

Verwendung fand der Leonische Faden oder Draht als Spitze und Borte an der Kleidung; besonders wichtig waren leonische Produkte bei Uniformen. *Die haarklein nach Rang, Wert und Preis abgestuften Besatzstücke von Uniformen geben ein beredtes Abbild des strengen hierarchisch organisierten Beamtenstatus und -staates.*[556] Sehr verbreitet war auch die Verarbeitung in *Klosterarbeiten*, die nicht nur in den Frauenklöstern, sondern auch in Werkstätten und in Heimarbeit hergestellt wurden. Sie enthielten neben anderen Materialien die ganze Palette leonischer Erzeugnisse wie Drähte, Flittern, Plätt, Bouillon, Gespinstfäden, Spitzen u. a. m.[557]

Seit dem 16. Jahrhundert war Nürnberg und seine Umgebung für Deutschland der wichtigste Erzeugungsort von Leonischer Ware, sowohl von Fäden bzw. Draht als auch von Borten, von wo aus die Verleger die Ware auf den großen Messen weiter verkauften.[558] Auch Krünitz nennt Nürnberg als bedeutende Produktionsstätte: Der Gold- bzw. Silberdraht komme größtenteils aus Nürnberg auf Röllchen gewickelt, die gerade vier bis acht Lot wiegen. Die Grade der Feinheit unterscheiden sich in den Nummern von 1 bis 8, wobei Nr. 1 die gröbste und Nr. 8 die feinste Sorte ist.[559]

Woher die Schmidts die Leonischen Bänder bezogen haben, ist der Strazza nicht zu entnehmen. Es ist auffallend, dass von den dreizehn Einkäufen sieben von der Geistlichkeit und drei von Mitgliedern der Verwaltung bzw. in einem Falle von der Ehefrau des Mühldorfer Stadtschreibers getätigt wurden. Die übrigen drei Käufer waren Handwerker und Schmidt selbst. Die Ware wurde ellenweise abgegeben. Die Preise pendelten zwischen 3 kr und 18 kr. Von dieser teureren Qualität kaufte der Schneider Philliph 6 ¼ Ellen, wohl für eine Kundschaft.[560]

Nestel finden sich zwölfmal in der Strazza. Nestel oder auch Senkel sind lange Riemen aus Leder oder Zwirn, Wolle, Seide, Silber oder Gold. Sie sind an einem oder an beiden Enden mit Metallspitzen aus Zinn oder Messing beschlagen. Je nach Verwendungszweck sind sie rund oder flach und verschieden lang. Die Lederschnüre stellten die Nestler her, die anderen die Posamentierer oder Bortenwirker. Verwendet wurden die Nesteln zum Schnüren der Kamisole und Korsette, als Zierrat für Uniformen von Soldaten, Pagen und Lakaien und zum Befestigen der Hose am Wams.[561] Verkauft wurden die Nesteln im Einzelnen oder im Paket

555 Ludovici, Akademie, Teil 3, 1767, Sp. 1491–1494, hier Sp. 1494.
556 Rawitzer, Leonische Drahtwaren, S. 22–23.
557 Rawitzer, Leonische Drahtwaren, S. 20.
558 Beckh, Gold- und Silberdrahtindustrie, S. 18 ff. Rawitzer, Leonische Drahtwaren, S. 10.
559 Ludovici, Akademie, Teil 3, 1767, Sp. 1491–1494, hier Sp. 1494.
560 [96] 29.7.1685; [51] Februar 1685.
561 Glüber, Pietsch, Reinisch, Chic! Mode im 17. Jahrhundert, S. 22.

zu je 12 Stück von Galanteriewarenhändlern und Kramern.[562] Die Knöpfe als Verschlussmöglichkeit verdrängten erst allmählich die Nesteln.

Die Schmidts verkauften Xer, 16er, 20er und 24er Nestel im Dutzend bzw. zu mehreren Dutzend oder in der Einheit *Brief*.[563] Leider war nicht festzustellen, was die Zahlen bedeuten, ob sie sich auf die Länge und Dicke beziehen oder auf die Anzahl der Nesteln in einem Brief. Die 16er Nesteln waren mit 1 fl pro Brief am teuersten,[564] 20er Nesteln kosteten pro Brief 56 kr,[565] *kleinere* 48 kr.[566]

Die Nesteln bezogen die Schmidts vom Nestler Hannß Georg Oittner aus Landshut. Er lieferte am 22. Februar 1685 zum einen sechs Briefe 16er Nöstl zum Preis von 52 kr pro Brief und zum anderen einen Brief schwarze Xer Nesteln ebenfalls zu 52 kr.[567] Im Verkauf verlangten die Schmidts für die 16er Nestel 1 fl pro Brief. Das macht einen Aufschlag von 8 kr und entspricht 15 Prozent.[568]Im 17. Jahrhundert muss sich in Landshut eine Hauptlade der Nestler befunden haben, doch Ende des 18. Jahrhunderts gab es laut der Dachsbergischen Volksbeschreibung nur noch einen Nestler in der Stadt.[569]

Seidenbänder waren in einer verwirrend großen Auswahl an Webarten, Bandbreiten, Farben und Mustern auf dem Markt. Claudia Selheim führt mehrere Arten an Taftbändern aus Seide an, die als Leinwandbindung gewebt waren: Doppelband, Fortbänder, Franzband, Glacébänder, Grosgrainbänder, Hutband, Lotbänder, Moiréband, Passefins- und Taftbänder, Rayés, Renforcébänder sowie Atlasbänder und Englische Bänder,[570] aber auch köperbindige Seidenbänder, die stabiler waren (Florettbänder, Frisoletbänder, Zwilchbänder, Florbänder, Samtbänder, baumwollene Bänder, Leinenbänder, Herrnhuter Band) sowie Hosenträgerbänder, Stiefelbänder und Rundschnüre.[571]

In der Strazza haben die Schmidts zehnmal den Kauf von Seidenbändern vermerkt. Die Preise schwanken zwischen 3 und 4 kr pro Elle, wobei die Elle vom rot-grün gemusterten Band 3 kr kostete.[572] Außer diesen ausdrücklich als *Seidenband* notierten Bändern führten die Schmidts Taftbänder, Samtbänder, Cöllner Bänder und Atlasbänder, die alle ebenfalls aus Seide waren.

---

562 Ludovici, Akademie, 4. Theil 1768, Sp. 120.

563 Brief = zusammengelegtes Papier, kleines Paket, Tüte. Der Brief wurde häufig für Tabak und für Näh- und Stecknadeln verwendet, in: Grimm, DWB, Bd. 2, Sp. 379–380.

564 [4] 22.11.1684.

565 [79] 26.5.1615.

566 [37] 7.2.1685.

567 [48] 22.2.1685.

568 Hans Georg Oittner ist von 1681 bis 1721 als Eigentümer des Altstadthauses Nr. 272 in Landshut nachgewiesen. Vgl. Theo Herzog, Landshuter Häuserchronik, Bd.1, Neustadt an der Aisch 1957, S. 133 u. S. 300. Die Angaben verdanke ich Mario Tamme, Stadtarchiv Landshut.

569 Denzel, Professionen, S. 9.

570 Selheim, Ländliches Warenlager, S. 311–318.

571 Selheim, Ländliches Warenlager, S. 318–329.

572 [101] 1.9.1685.

Woher die Schmidts ihre Bänder bezogen, ist offen. Seidenbänder wurden an sehr verschiedenen Orten gewebt, die Konkurrenz war riesig, Ware aus französischen bzw. Basler Manufakturen wurden in fast alle europäischen Länder verhandelt. Im 17. Jahrhundert wurden Basel, Hamburg, Frankfurt, Straßburg, Köln, Augsburg und Nürnberg zu bedeutenden Produktionsstandorten, die sächsischen und erzgebirgischen Orte bestanden bereits seit dem 16. Jahrhundert.[573]

In der Kladde gibt es acht Eintragungen über den Verkauf von *Rollband*. Es handelte sich dabei eigentlich um eine Art der Verpackung, die Bänder waren über ein Röllchen Papier oder eine Karte gewickelt im Gegensatz zu den auf Bruch zusammengefalteten Bändern,[574] wobei nach Ludovici eine Lage ein Fuß lang war.[575] Welche Bandart sich hinter dem Begriff *Rollband* verbirgt, ist unklar. Vor allem Woll- und Zwirnband kam als *Rollband* auf den Markt. Auch das Schweizerband aus Basel, Aarau, Zürich etc. wurde entweder glatt zusammengelegt oder auf Rollen in einer Länge zu 56 Leipziger Ellen aufgerollt.[576] Die Schmidts hatten leibfarbenes, rotes, weißes und schmales zur Auswahl, sie verkauften Rollband zu 4 kr pro Elle (auch das schmale), lediglich das *mußsirethe* Band kostete 12 kr.[577]

In den Jahren von 1684 bis 1687 gibt es in der Kladde sieben Einträge über den Verkauf von *Posamentierband*. Nach Krünitz kommt das Wort Posament von frz. *Passement* und meint Besatzartikel für Kleidung und anderes *von gesponnenem Golde und Silber, Seide, Wolle oder Kameelhaar*. Er vermerkt, dass diese Besatzteile im 18. Jahrhundert, zur Zeit der Herausgabe seines Nachschlagewerkes, nicht mehr sehr verbreitet seien, aber immer noch verwendet werden.[578] Das Material entspricht ungefähr dem der Galonen. Bei einem Preisvergleich stellt sich allerdings schnell heraus, dass die von Schmidt angebotenen Posamentierbänder keine vergleichbare Qualität gehabt haben dürften. Für Galonen verlangte er teilweise 90 kr (= 1 fl 30 kr) pro Lot, für die Posamentierbänder nur zwischen 22 kr bzw. 24 kr für normale Breite pro Stück und 42 kr für eine breitere Sorte pro Stück.[579] Auffallend ist aber, dass bei sieben Einträgen nicht eine Schnittware dabei ist, alle wurden als *Stücke* gekauft. Von den sieben Einkäufern stammten fünf Kramer aus der Umgebung; sie deckten sich bei Schmidt für ihren Detailverkauf ein.

Schmidt hat sechs Verkäufe von *Atlasbändern* notiert, alle im Jahre 1685. Atlas war einer der hochwertigsten Seidenstoffe neben Damast und Samt. Das Band wurde nach dem Stoff benannt. Durch eine spezielle Atlasbindung entstand ein Stoff mit einseitigem Glanzeffekt. Beliebte Farben waren weiß, aschfarben, gelb, blau und schwarz. Es wurden aber auch geblümte Atlasse gewebt.[580] Atlasbänder

---

573 Reith, Lohn und Leistung, S. 160, S. 164.
574 Ludovici, Akademie, Teil 1, 1767, Sp. 1245.
575 Dabei ist zu bedenken, dass die Maßeinheit *Fuß* regional unterschiedlich lang war. In Salzburg maß ein *Fuß* 29,67 cm. Koller Landesarchiv, S. 186.
576 Bohns Waarenlager, Stichwort Band, Bd. 1, S. 81.
577 [97] 6.8.1685.
578 Krünitz, Enzyklopädie, Bd. 3, 1774 und 1782.
579 [183] 26.9.1686.
580 Krünitz, Enzyklopädie, Bd. 2, 1773 und 1782.

wurden einfach oder als Doppelgewebe hergestellt. Um ihnen den charakteristischen Glanz zu verleihen, half man etwas nach und tauchte das Gewebe in Gummiwasser aus Tragant, Gummiarabicum, Eiweiß und Bier, oder man spannte das Band auf und rieb es mit dieser Lösung ein. Preiswerte Atlasbänder kamen aus der Schweiz, insbesondere aus Basel.[581]

Offenbar hatte Schmidt zwei Qualitäten bzw. Farben im Sortiment, ein Atlasband zu 3 kr und eines zu 4 kr. Die Bänder wurden vermutlich als Schmuck an der Kleidung verwendet, denn außer dem Garser Kramer, der das Atlasband wahrscheinlich als Schnittware an seine Kundschaft weiterverkaufte, wurden die übrigen Einkäufe überwiegend von Schneidern abgeholt.

Es gibt sechs Einträge zu *Bometln*, sie verteilen sich auf vier Verkäufe und zwei Einkäufe. *Bometlen* oder *Pometlen* waren wohl Bänder mit eingestickten Knötchen, vermutlich war dies ein Erzeugnis aus dem Bereich der leonischen Drahtwarenproduktion.[582] Immerhin verlangte Schmidt für eine Elle grünseidenes,[583] rotes oder schwarzes schmales Bometlband 14 kr, für ein einfaches schwarzseidenes nur 4 kr.

Der Mühldorfer Bortenmacher Georg Danner lieferte zweimal *Pometl* an Schmidt, am 16. Mai 1685 bezahlte Schmidt dem Bortenmacher Danner 2 fl für eine unbekannte Menge schwarzer Bometl,[584] am 6. März 1687 1 fl 30 kr für grüne Bometl.[585] Nach Rawitzer war es durchaus üblich, dass Bortenmacher und Posamentierer leonische Waren auf Bortenwirkerstühlen produzierten,[586] daher ist es nicht unwahrscheinlich, dass auch der Bortenmacher Georg Danner für Schmidt Bometl webte. Den beiden Einkäufen stehen nur vier Verkäufe gegenüber. Die Nachfrage war demzufolge nicht sehr groß; das könnte auch am Preis gelegen haben.

Johannes Filßer, ein Kramer aus Gars am Inn, ließ im Februar 1685 zwei Ellen grünseidene Bometl zum Ellenpreis von 14 kr anschreiben, und denselben Preis zahlte er für schwarze, schmale Bometl, von denen er ebenfalls zwei Ellen nahm und anstehen ließ.[587] 14 kr pro Elle kosteten auch die roten Bometl, von denen Lorenz Groß, ebenfalls Kramer aus Gars am Inn, 6 Ellen auf Kredit kaufte.[588] Um diese Zeit dürfte der Vorrat an den schwarzen Bometl aufgebraucht gewesen sein, denn Mitte Mai kam die neue Lieferung von Georg Danner bei Schmidt im

---

581 Selheim, Ländliches Warenlager, S. 317–318; s. a. Ludovici, Akademie, Teil 1, 1767, Sp. 999.

582 Selheim, Ländliches Warenlager, S. 337; Mautner und Geramb haben bei ihrer Forschung zum Steirischen Trachtenbuch in ihren Quellen der steirischen Nachlassinventare und Steckbriefen ebenfalls *Pametel* gefunden. Sie halten die Ableitung vom französischen pomette = Äpfelchen, Knöpfchen, Stickerei-Knötchen ebenfalls am wahrscheinlichsten. Mautner, von Geramb, Trachtenbuch 1, S. 398.

583 [31] 1.2.1685; [33], 7.2.1685; [31] 1.2.1685; [186], 11.10.1685.

584 [75] 16.5.1685.

585 [215] 6.3.1687.

586 Rawitzer, Leonische Drahtwaren, S. 10.

587 [31] 1.2.1685.

588 [33] 7.2.1685.

Gewölbe an. Thoman Erber aus Thal bei Mühldorf kaufte im Oktober 4 Ellen zu 16 kr die Elle schwarze, seidene Bometl.[589] Dem Preis nach müssen sie etwas breiter als die übrigen Bometl gewesen sein.

Fünf Einträge betreffen *Halfterband*. Nach Adelung ist ein Halfter ein Hosenträger.[590] Krünitz beschreibt die Sache ausführlicher: *die Hosenhebe, der Hosenträger, in einigen oberdeutschen Gegenden die Hosenhalfter, Fr. Bettelles, ein breites Band, welches an dem Hosenbunde befestigt ist, und von da über die Schultern geht, die Beinkleider bey gemeinen Leuten zu befestigen, damit sie nicht herunterfallen.*[591] Das Halfterband könnte auch als Zügel gedient haben.[592] Zwirnernes Halfterband ist auch im Warenbestand des Traunsteiner Kramers Huber aufgeführt. Neben dem Halfterband bot Huber auch Hosenträger an, dabei handelte es sich wohl auch um Band, denn die Hosenträger wurden nicht als Einzelstücke sondern nach Ellen inventarisiert.[593]

Die Preise bei Schmidt hingen wohl wieder von der Breite und der Farbe ab, denn ein Eintrag betrifft grünes[594] Halfterband zu 8 kr die Elle, ein anderer Einkauf macht 6 kr pro Elle für grünes seidenes Halfterband aus,[595] die übrigen Einträge erfolgten ohne Preisangaben.

Lange wurden die Hosen mit Nesteln an das Oberteil befestigt.[596] Wie wurde aber das Halfterband verarbeitet und wie sahen Hosenträger 1686 aus? Viktor von Geramb hat sich mit der trachtigen Bekleidung in der Steiermark beschäftigt und stieß dabei auch auf Hosenträger. Er bezeichnet die Hosenträger als eine *sehr wichtige trachtliche Neuerung*, die seiner Meinung nach zum ersten Mal als Abbildung auf einer Leobener Trachtenscheibe aus dem Jahre 1669 zu sehen sei.[597] Die gemalten Hosenträger *sind schmal, von roter Farbe und bestehen aus zwei senkrechten Hauptbändern, einem waagrechten Querband über die Brust und einer V-förmigen Mittelstütze, die vom vorderen Mittelknopf am oberen Hosenrand beiderseits schräg aufwärts reicht.*[598]

In den von ihm untersuchten bäuerlichen Inventaren erscheinen sie erst nach 1720. Nach Gerambs Forschungen haben sich die Hosenträger von der Steiermark aus über Oberösterreich nach Bayern und Tirol usw. verbreitet. In modischen Kostümabbildungen konnte er Hosenträger ebenfalls erst seit Beginn des 18. Jahrhunderts nachweisen, *als man ihn nach der französischen Revolution auch in*

589 [186] 11.10.1686.
590 Adelung, Bd. 2, Sp. 918–920.
591 Krünitz, Enzyklopädie, Bd. 25, 1782 und 1790.
592 Grimm, DWB, Bd. 10, Sp. 226–227.
593 Bleckenwegner, Traunstein, S. 194.
594 [110] 9. 10. 1685.
595 [156] 1. 5. 1686.
596 In der Arbeit von Zander-Seidel für das 16. und 17. Jahrhundert kommen die Begriffe Hosenheber oder Hosenträger nicht vor. Zur Verwendung von Nesteln s. Glüber, Pietsch, Reinisch, Chic! Mode im 17. Jahrhundert, S. 22.
597 Mautner, von Geramb, Trachtenbuch 1, S. 451.
598 Mautner, von Geramb, Trachtenbuch 1, S. 451.

Frankreich und England sichtbar über der Weste zu tragen begann, nannte man das als ,Tiroler Art'.[599] Claudia Selheim fand nur in den Inventaren aus dem 19. Jahrhundert neben Hosenträgerbändern auch Hosenträgerschnallen, die man zur Fertigung von Hosenträgern brauchte.[600]

Wiederum fünf Einträge betreffen *Samtbänder.* Die guten Samtbänder waren aus Seide gewebt, dabei waren die Kette sowie die Florkette, die später aufgeschnitten wurde und die flauschige Oberseite bildete, und der Schuss aus Seide. Bänder wurden in der gleichen Weise gewebt wie der Stücksamt. *Als Material für die Grundkette und den Schuss wählte man Water-twist, der fest gezwirnt war und für die Florkette locker gezwirntes Garn.*[601] Bei billigeren Stoffen wurden oft Leinenfäden als Kette genommen, der preiswerte Manchestersamt war aus Baumwolle.[602] Um die Schlingen zu bekommen, musste der Weber Ruten einlegen und nach dem Schuss wieder herausnehmen. Die aufgeschnittenen Schlingen bildeten den samtartigen Charakter des Stoffes.

Die Samtbänder bei den Schmidts kosteten 5 kr,[603] 6 krund 7 kr pro Elle. Es ist nur einmal explizit die Farbe schwarz[604] angegeben, es kann aber leicht sein, dass sich auch hinter den übrigen Einkäufen schwarzes Samtband verbirgt.

Vier Einträge betrafen *Wollband*, zwei betrafen Verkäufe, zwei Einkäufe. Wollbänder kamen u. a. auch als *Rollbänder*, über ein Röllchen oder eine Karte gewickelt, in den Handel.[605] Diese Bänder waren aus Wolle entweder köper- oder leinwandbindig und in vielen verschiedenen Versionen gefertigt. Es handelte sich dabei um Massengebrauchsartikel.

Üblicherweise dienten Wollbänder u.a. als Haar-, Einfass-, Schuh-, Strumpf-, Stiefel-, Binde- und Windelbänder. So kaufte die Freifrau von Vieregg, Hofmarksherrin von Tutzing, in den 1730er-Jahren für ihren Sohn Max passend zur neuen roten Weste rote Wollbänder zum *strümpf bündten.*[606]

Die Schmidts bezogen das Wollband beim Bortenwirker Georg Danner aus Mühldorf. Er produzierte es in größeren Mengen und wohl auch in verschiedenen Farben. So lieferte er im November 1684 acht Stück[607] und ungefähr ein Jahr später sechs Stück.[608] Im Verkauf verlangte Schmidt 1 kr pro Elle, auch das blaugefärbte Wollband[609] kostete nicht mehr.

In kleinen bzw. Kleinstmengen verkaufte Schmidt die folgenden Bandsorten: Drei Einträge (ein Einkauf und zwei Verkäufe) betreffen *Arrasbänder* bzw. *Arras-*

---

599 Mautner, von Geramb, Trachtenbuch 1, S. 451–452.
600 Selheim, Ländliches Warenlager, S. 328.
601 Selheim, Ländliches Warenlager, S. 247.
602 Selheim, Ländliches Warenlager, S. 246
603 [107] 1.10.1685; [191] 4.11.1686; [64]11.4.1685.
604 [191] 4.11.1686.
605 Selheim, Ländliches Warenlager, S. 322.
606 Spiegel, Adliger Alltag, S. 307, Fußnote 1.
607 [4] 22.11.1684.
608 [122] 16.11.1685.
609 [10] 7.12.1684.

borten. Schmidt trug 1685 zwei Verkäufe von Arrasbändern bzw. -borten in seiner Kladde ein. Er verkaufte zwei Stück *Arras Päntl* zum Endpreis von 22 kr zusammen mit einem Stück *Arras Bertl* zu 25 kr an den Kramer Georg Fridter aus Mässing.[610] Der Preisunterschied legt aber verschiedene Qualitäten bzw. Bandbreiten oder Farben nahe. Schmidt ließ beim Bortenwirker Georg Danner schwarze Arrasbänder weben, was der Eintrag vom 16. Mai 1685 zeigt. Schmidt bezahlte 1 fl 12 kr an den Bortenwirker für drei Stück *schwarze arres Pertl.*[611] Wollband und Arrasband sind beide aus Wolle hergestellt, aber da beide namentlich genannt sind, bestand wohl ein Qualitätsunterschied zwischen den beiden Bandarten.

Für *Fransenband* gibt es ebenfalls drei Einträge, zwei für den Einkauf des Bandes und einen Verkauf. Das Fransenband diente als Schmuck auf Frauenkleidern, Schürzen, Mänteln, Decken, Vorhängen u. a.[612] Es kam wieder von Georg Danner. Die Schmidts kauften zwei Arten von Fransenband beim Mühldorfer Bortenmacher Georg Danner: Die eine Sorte dürfte mit Metallgespinsten gewoben worden sein, weil sie in Lot gewogen wurde und 6 kr das Lot kostete.[613] Die 16 Ellen *grienen Fransen* lieferte Danner für 3 kr die Elle.[614] Vermutlich dürfte es sich bei den *grienen Fransen*, die vom Gotteshaus Stephanskirchen am 8. Mai 1686 gekauft wurden, wohl nicht um die gleiche Art gehandelt haben, denn für sie berechnete Schmidt ebenfalls 3 kr pro Elle, d. h., der Einkaufs- und der Verkaufspreis wären hier gleich gewesen.

Beim *Elberfelder Band* wird es sich wohl um Band aus Elberfeld im Wuppertal gehandelt haben.[615] Elberfeld lieferte glattes, gestreiftes, auch broschiertes Band in großen Mengen, alle Gattungen von glattem und gezacktem Band, außerdem schwarz-seidene Frisolet in Köperbindung, wahrscheinlich aus Leinen gewebt (s. o.).[616] Allerdings muss der Ellenpreis im Pfennigbereich gelegen haben, denn Schmidt verkaufte das Stück zu 8 kr.[617] Im Februar verkaufte er 2 Pakh[618] *Ebenfelder Band*, Angaben zum Preis und zur Farbe u. a. fehlen.[619]

Beim *Fuerduechband* handelte es sich wahrscheinlich um ein Schürzenband. Der Preis war günstig, für 1 kr bekam die Kundschaft 2 Ellen.[620] Ein Eintrag betrifft *Linzerband*. Der Schreiber von Ampfing kauft im April 1/3 Elle *weise[s], breite[s] Linzerband*. Dieses konnte möglicherweise von den kleineren selbständigen Webern in der Umgebung von Linz produziert und unter dem Namen *Linzer-*

610 [77] 23.5.1685.
611 [75] 16.5.1685.
612 Selheim, Ländliches Warenlager, S. 333.
613 [91] 5.7.1685.
614 [158] 8.5.1686.
615 Dietz, Garnnahrung, 1957.
616 Bohns Waarenlager, Stichwort Band, Bd. 1, S. 81.
617 [65] 14.4.1685.
618 Ein *Paket* feines holländisches oder Haarlemer Köperband umfasste 24 Stücke, wobei ein Stück 24 Brabanter Ellen maß. S. Selheim, Ländliches Warenlager, S. 325. Wie viel Elberfelder Band in *2 Pakh* waren, ist nicht ersichtlich.
619 Bild [48] 22.2.1685.
620 [137] 22.1.1686.

band verkauft worden sein,[621] denn neben der k. k. Wollenzeugfabrik gab es in der umliegenden Gegend ... *schon von älteren Zeiten her eine Menge Weber, besonders im Mühlviertel, wo beinahe jeder Bauer einen oder mehrere Webstühle hat, und wo sich Weber befinden, welche dreissig bis sechzig Stühle beschäftigen.*[622]

Mit dem *Hutband* wurde der äußere Rand des Hutes eingefasst. Dabei handelte es sich meistens um ein schwarzes Seidenband, das in acht verschiedenen Breiten zu erwerben war.[623] Schmidt verkaufte es wohl nicht oft, zumindest gibt es nur einen Eintrag in der Strazza zu *Hutband*; die Elle kostete 7 kr.[624]

In der Strazza werden weitere Bänder genannt, die aber bisher nicht zu identifizieren waren, so z. B. das *Kuttenband*, das bei Bleckenwegner als halbseiden beschrieben wird,[625] das *Oberfellner Band*, das *Pfennigband* und ein Band, das in sehr unterschiedlicher Schreibweise notiert ist: das *bollizeipertl* oder die *polcey porten*. In Traunsteiner Nachlassinventaren kommt ein Band in ähnlicher Schreibweise als *Polliery Pertl* bzw. *Polirey Pertl* vor.[626]

Die Schmidts waren auch mit ihrem Bandangebot modisch auf dem Laufenden. Sie boten für sehr viele Funktionen Bänder und Borten an. Sie führten eine große Auswahl davon in verschiedenen Webarten, Breiten, Farben und Mustern sowie Materialien (Metallfäden, Seide, Leinen, Wolle, Baumwolle, oder im Einzelfall auch aus echtem Gold- und Silberfaden). Die Farben waren vielfältig, aber schwarz überwog. Die Preise bewegten sich vom Pfennigband und Elberfelder Band für wenige Pfennige über Wollband zu 1 kr die Elle bis zum außerordentlich teuren Goldband für das Pluviale zu 90 kr das Lot.

Privatpersonen und Schneider kauften jene Mengen, die sie gerade für ihre Kundschaft brauchten, während die Kramer in der Umgebung die Bänder und Borten in größeren Mengen stückweise einkauften, um sie als Schnittware an ihre Kunden weiterzuverkaufen.

Die Schmidts boten natürlich auch *Spitzen* an, aber im Vergleich zu den Borten und Bändern war die Auswahl an Spitzen und die Nachfrage danach um einiges geringer. 115 Einträge in der Kladde betreffen Spitzen.

Im 17. und 18. Jahrhundert war der Spitzenbesatz an der Kleidung als Kantenzier an Hauben, Ärmeln, Hals- und Taschentüchern außerordentlich beliebt. Die Literatur spricht geradezu von einer *Spitzenleidenschaft* vom 17. bis ins 19. Jahrhundert: *Zu dieser Zeit war die Spitze ein Prestigeobjekt des Adels, der hohen Geistlichkeit, der reichen Kaufmannschaft und des angesehenen Bürgertums und ein unverzichtbarer Bestandteil der vornehmen höfischen Mode.* Die Gleichung lautete: je höher der

---

[621] Gustav Otruba, Linz, seine neue Strafanstalt, die Messingfabrik im Schloß Lichtenegg bei Wels und die Wollzeugfabrik in Linz, in: Oberösterreichische Heimatblätter 43, Heft 4, 1989, S. 295–318, hier S. 316–318.
[622] Otruba, Linz, S. 303.
[623] Selheim, Ländliches Warenlager, S. 313
[624] [157] 4 5.1686.
[625] Bleckenwegner, Traunstein, S. 194.
[626] Bleckenwegner, Traunstein, S. 194.

Rang umso mehr Spitze. Regulierende Kleiderordnungen der Obrigkeit blieben relativ erfolglos.[627] Nach der Französischen Revolution verloren die Spitzen wohl vorübergehend an Bedeutung, kamen aber um 1800 wieder in Mode.[628]

Die Entstehungsgeschichte der Spitze ist noch nicht restlos geklärt, und sie dürfte aus der Zeit der Renaissance und möglicherweise sogar aus Venedig stammen. Allerdings steht auch Flandern im 16. Jahrhundert als Geburtsort vor allem der Klöppelspitze zur Diskussion. Beide Länder hatten blühende Textilindustrien für hochwertige Leinenprodukte und genügend qualifizierte Arbeitskräfte. In kurzer Zeit verbreitete sich die Spitzenmacherei nach Frankreich, England Dänemark, Deutschland, Schweiz und nach Österreich.[629]

Man unterschied geklöppelte und genähte Spitzen bzw. Nadelspitzen. Außerdem kam es im 18. Jahrhundert zu einer Spezialisierung in der Spitzenherstellung, es bildeten sich typische Merkmale heraus, die nur für jeweils einen Herkunftsort galten, man sprach nun von Brüsseler, Mechelner u. a. Spitzen. Je feiner der Faden umso feiner die Spitze und umso höher der Arbeitsaufwand, was sich natürlich im Preis niederschlug.[630] Die Anfänge der Klöppelei im Salzburgischen flachen Lande sind nicht datierbar, aber von 1600 bis ins späte 19. Jahrhundert wurde nachweislich mit der *weißen wahr* gehandelt.[631]

Der größte Teil der Spitzenproduktion wurde allgemein, nicht nur im Salzburger flachen Land, als Heimarbeit, in Form der Hausindustrie von Frauen und Mädchen hergestellt und von den Verlegern, den Spitzenhändlern, organisiert, indem sie den Zwirn vorstreckten, die aktuellen Muster brachten, die Arbeit bezahlten und das fertige Produkt auf eigenen Gewinn verkauften.[632] Für das 18. Jahrhundert schreibt Lorenz Hübner, dass der Lohn trotz intensiver Arbeit kärglich gewesen sei. Er erwähnt Henndorf in der Nähe von Salzburg, ein Dorf mit 360 Einwohnern gegen Ende des 18. Jahrhunderts, von denen ein großer Teil mit der *Verfertigung der weißen Fadenspitzen*, die vor allem von Frauen und Kindern geklöppelt wurden, beschäftigt war. Die Verleger brachten ihnen den Zwirn und zahlten für die fertige Arbeit den *bedungenen* Lohn. Über das Einkommen der Klöpplerinnen schreibt er:

So allgemein diese Arbeit hier ist, so kann sie dennoch des geringen Lohnes und der erforderlichen Zeit wegen, da die Fleißigen an der Elle dieser Spitzen nur 4–9, 10 höchstens 20 Kreuzer, wenn sie sehr fein sind, verdienen, wenig Gewinn und nur sehr kärglichen Unterhalt verschaffen. Hübner verweist auf die vielen Bettler in der Gegend, die mit ihren Kindern umherziehen.[633]

---

627 Thonhauser, Textile Landschaft, S. 66.
628 Selheim, Ländliches Warenlager, S. 303.
629 Thonhauser, Textile Landschaft, S. 73.
630 Monika Thonhauser, Das Salzburgische flache Land – eine textile Landschaft: Klöppelei, ein protoindustrieller Broterwerbszweig der Frühen Neuzeit und im Konnex von Frauenerwerb und Heimatschutz nach 1900, Diss. phil. (masch.), Salzburg 2006, S. 102.
631 Thonhauser, Das Salzburgische flache Land, S. 30.
632 Thonhauser, Textile Landschaft, S. 109 f.
633 Hübner, Beschreibung, Bd. 1, S. 190.

Von 118 Einträgen kommt die Bezeichnung *Spitzen* in der Strazza insgesamt 21-mal ohne irgendeine Differenzierung vor, der Rest ist mit einer Farb- oder Materialbezeichnung genauer beschrieben. Hinter den Spitzen ohne nähere Kennzeichnung verbergen sich dennoch verschiedene Qualitäten, denn die Ellenpreise bewegen sich zwischen 5 kr,[634] wovon der Münchner Bräu 2 ⅛ Ellen nahm, und 15 kr, von dem Johannes Hain, Schneider aus Tüßling, 6 Ellen brauchte, dazu ließ er mit gleicher Rechnung 7 Ellen einer Qualität Spitzen zu 12 kr die Elle anschreiben.[635]

Farbige Spitzen gab es in blau, grün, *gefärbt* – vielleicht sollte damit ausgedrückt werden, dass die fertigen Spitzen und nicht der Faden gefärbt worden war,[636] und auch in schwarz, u. a. Kölner Spitze. Die schwarzen Spitzen wurden wie die Seidenspitzen und Samtspitzen als Besatz für Kleidung, vor allem an der Trauerkleidung, und für den Rand von Hauben benötigt.[637]

Die Preise waren kreuzerweise gestaffelt und hingen wohl wieder von der Breite der Spitze, der Farbe und dem verwendeten Material ab. Die schwarze Spitze war im Allgemeinen nicht unter 10 kr die Elle zu haben, eine Ausnahme bildete das *schwarze Spizl* um 4 kr, wovon die Elbmayerin 1 ¼ Ellen erwarb und anstehen ließ.[638] Ebenfalls 4 kr kostete die Elle der blauen Spitze, von der der Richter von Guttenberg 2 Ellen nahm.[639] Das dürfte wohl ein schmales Muster aus Zwirn gewesen sein. Viel aufwändiger werden die folgenden Spitzen ebenfalls nicht gewesen sein, wenn man die Preise betrachtet. 5 kr verlangten die Schmidts für einfache Spitze; davon ließ Herr Stormer 4 ½ Ellen anstehen.[640] 6 kr pro Elle zahlte der Gerichtsprokurator Augustin Ristner aus Neumarkt-St. Veit, er brauchte 3 Ellen davon.[641] Grüne Spitze kostete 7 kr pro Elle, davon nahm sich der Altmühldorfer Wirt Paulus Niedermayr 1 ¼ Ellen. 8 kr pro Elle zahlte der Schneider Johannes Hain aus Tüßling, er besorgte sich 6 Ellen davon.[642] Der Wirt Angerer kaufte 2/3 Ellen von einer Spitzensorte zu 9 kr ein.[643]

Ab 10 kr betrugen die Preise für die schwarzen Spitzen, davon nahm die Pfarrköchin von Ampfing 3 ¼ Ellen.[644] 12 kr pro Elle zahlte Leyenberger, der nur ¼ Elle davon nahm.[645] 2 kr mehr pro Elle zahlte der Stiftsverwalter von Mühldorf, er blieb vorerst 19 ½ Ellen schuldig.[646] Von der Qualität um 15 kr pro Elle nahm

634 [61] 5.4.1685.
635 [136] 21.1.1686.
636 [70] 3.5.1685.
637 Selheim, Ländliches Warenlager, S. 308–309.
638 [148] 30.3.1686.
639 [138] 15.2.1686.
640 [59] 1.4.1685.
641 [70] 3.5.1685.
642 [136] 21.1.1686.
643 [23] 15.1.1685.
644 [159] 9.5.1686.
645 [74] 16.5.1685.
646 [103] 11.9.1685.

die Scheidtschachin aus Neuötting neun Ellen und ließ sie anschreiben.[647] 1/8 Elle der schwarzen Spitze um 16 kr erwarb der Pflegsverwalter von Mühldorf.[648] Für *geforbte Spiz* zahlte der Gerichtsprokurator Augustin Ristner aus Neumarkt-St. Veit 18 kr pro Elle, er nahm 6 Ellen davon.[649] Schwarze Spitze zu einem Ellenpreis von 22 kr erwarb der Pflegsverwalter von Mühldorf in einer Menge von 6 ½ Ellen.[650] Darüber hinaus wurden auch Spitzengalonen, Klöppelspitzen und leonische Spitzen verlangt.

21-mal sind die *Spitzengalonen* erwähnt. Es gab sie in grün-weiß, hellblau, rot, tristaminfarben und in schwarz. Die schwarze Version war besonders beliebt, denn sie wurde neunmal aufgeschrieben, der Preis lag mit 3 kr pro Elle nicht höher als bei den übrigen Spitzengalonen. Der Galonen-Preis war allgemein nicht sehr hoch, er lag bei 3 bzw. 4 kr die Elle, so kaufte der Lederer Ruep Edtenbrunner sechs Ellen Spitzengalonen zu je 3 kr.[651] Die grün-weiße Version nahm der Schneidermeister Burkhard und ließ davon drei Ellen zu je 4 kr anschreiben.[652]

Neunzehn Einträge gibt es konkret zu *Klöppelspitzen*. Mehr als die Hälfte dieser Einträge betraf Klöppelspitze ohne nähere Beschreibung. Es handelte sich wohl hauptsächlich um geklöppelte Spitzen aus weißem Leinenzwirn, die gewaschen, gebleicht oder gefärbt und gestärkt in den Handel kamen. Die Preise dieser Spitzen waren höher als die Galonenpreise und lagen bei 12, 14 und 20 kr. Über die Farbauswahl erfahren wir nichts, außer dass schwarze Klöppelspitzen siebenmal notiert wurden. Die schwarze Klöppelspitze lag preislich zwischen 8 kr und 19 kr, wobei sich die Preisunterschiede wohl auf die Breite oder die Kompliziertheit des Klöppelmusters zurückführen lassen. Die Schmidts boten auch von den Klöppelspitzen offenbar unterschiedliche Breiten an, denn es wurde einmal ausdrücklich eine Elle *khlakhelt Spiz, khleinere* für nur 6 kr die Elle auf Kredit an den Wirt Angerer verkauft.[653]

Zwölf Einträge betreffen *leonische Spitzen*. Leonische Spitzen sind wie die Leonischen Borten aus unechten Metallfäden hergestellt. Die Preise waren unterschiedlich hoch. Die billigste Version kostete nur 3 kr, dann folgten Spitzen um 5 kr, 9 kr, 10 kr, 12 kr, 13 kr, 15 kr, 17 kr und schließlich *fein vermengte leonische Spitz* um einen Ellenpreis von 27 kr, von der die Altöttinger Franziskaner 21 Ellen brauchten. Dazu nahmen sie gleich noch vier Ellen *fein vermengte claine leonische Spitze* zu einem Ellenpreis von 7 kr, was klar macht, dass es auch bei den leonischen Spitzen unterschiedliche Breiten gab.[654]

---

647 [90] 2.7.1686.
648 [152] 13.4.1686.
649 [70] 3.5.1685.
650 [103] 11.9.1685.
651 [145] 17.3.1686.
652 [168] 21.6.1686.
653 [13] 19.12.1684.
654 [84] 7.6.1685.

Außer den explizit genannten leonischen Spitzen wurden weitere Spitzen angeschrieben, die zwar nicht als leonisch bezeichnet wurden, aber ebenfalls Metallfäden enthielten. 42 kr kostete die Elle *silber Gold vermengte Spiz*, von der der Mühldorfer Pflegsverwalter 1/3 Elle nahm und anschreiben ließ.[655] Der Einkauf der Maria Schwarz, die ab und zu als Botin für Schmidt gearbeitet hat, von 1/2 Elle *silber Spiz* wurde zum Ellenpreis von 18 kr notiert.[656] Es ist ein wenig verwirrend, aber ohne Objekte und nur über die Bezeichnungen lassen sich keine eindeutigen Aussagen treffen. Da die beiden genannten Einkäufe vom Pflegsverwalter und Maria Schwarz in Ellen notiert sind, handelte es sich wohl nicht um echte Goldfäden, denn die Preise bei vier Einträgen von Spitzen mit echten Edelmetallfäden wurden im Gewichtsmaß Lot berechnet.

Zur Identifikation der besonderen Qualität der Spitzen trägt der hohe Preis bei, aber auch das Gewichtsmaß Lot, das anstatt des Längenmaßes Elle verwendet wurde. Die Käufer waren ein Arzt und die hohe Beamtenschaft. Es ist anzunehmen, dass diese Kunden die reiche Spitze für ihre Galauniformen benötigten. Für die echten *Gold mit silber vermengte Spiz* verlangten die Schmidts 1 fl 50 kr pro Lot, von diesen besonderen Spitzen ließ der Pflegsverwalter von Mühldorf 7/8 Lot im April 1687 anschreiben.[657] 6 ¾ Lot *fein silberne Spiz* wurden für Dr. *Gebharti*, Arzt aus Burghausen, angeschrieben, der Grundpreis war 1 fl 45 kr.[658] 6 ½ Lot von einer *fein silber mit Golt vermengte[n] Spitz* zum Lotpreis von 1 fl 40 kr kaufte Wolf Holtenperger, Marktschreiber von Kraiburg.[659] Die Herrschaft aus Tüßling nahm 9/32 Lot kleine silberne Spitze.[660]

Seidenspitzen wurden fünfmal erwähnt, einmal davon als Einkauf von schwarzen Seidenspitzen beim Bortenweber Georg Danner, der für 2 fl schwarze Seidenspitzen lieferte.[661] Nach Selheim kamen Spitzen aus Seide erst gegen Ende des 17. Jahrhunderts auf, und erst um 1770 kam die Gattung der gewebten Spitzen hinzu.[662] Der Eintrag vom 2. November 1685 über den Ankauf von schwarzen Seidenspitzen von Danner könnte diese Aussage stützen. Ob diese Seidenspitzen gewebt oder gewirkt waren, lässt sich am Eintrag nicht ablesen.[663] Die günstigsten Seidenspitzen ohne nähere Beschreibung kosteten 3 kr pro Elle, wovon sich die Herrschaft aus Tüßling eine Elle anschreiben ließ.[664] Von dieser Qualität nahm auch der Metzgerknecht Sebastian Henninger vier Ellen, er zahlte 3 kr 2 pf pro Elle.[665] Beim gleichen Einkauf ließ er 8 ⅚ Ellen von der grünen Seidenspitze

655 [222] 22.4.1687.
656 [110] 9.10.1685.
657 [221] 20 4.1687.
658 [65] 16.4.1685.
659 [10] 7.12.1684.
660 [30] 31.1.1685.
661 [130] 2.11.1685.
662 Selheim, Ländliches Warenlager, S. 303.
663 [130] 2 11.1685.
664 [92] 10.7.1685.
665 [63] 4.41.1685.

anschreiben, die allerdings 5 kr die Elle kostete. Ebenfalls 5 kr pro Elle wurde der *Edtmüller Braut* für Spitze ohne nähere Beschreibung berechnet, von der sie 13 Ellen kaufte.[666]

Samtspitze war ebenfalls fünfmal notiert und war zu 7 kr, 8 kr und 9 kr zu haben. Die *Sailer Braut* kaufte 1⍰ Ellen zum Ellenpreis von 9 kr;[667] die *Röschin* nahm 2/3 Ellen schwarze Samtspitze zum Ellenpreis von 8 kr und der Bräu Lützenkirchner ließ 2⍰ Ellen schwarze Samtspitze für 7 kr die Elle anstehen.[668]

Auch bei den Spitzen führte Schmidt ein breites Angebot, wenn auch nicht so umfangreich wie bei den Borten. Einen kleinen Teil davon machten Spitzen aus echtem Gold- und Silberdraht aus, die nicht nach Ellen abgemessen, sondern nach Gewicht berechnet wurden. Leonische Spitzen aus unechten Metallfäden, Spitzengalonen, seidene und Samtspitzen ergänzten die Auswahl ebenso wie Klöppelspitzen aus Leinenfaden. Dabei ist anzumerken, dass dies ähnlich wie bei den Borten und Bändern nur ein Teil der Produktion war und lange nicht das vielfältige Angebot der Hersteller darstellte. Die Preise schwankten – wie bei den Borten und Bändern – je nach Qualität, Farbe und Breite der Ware.

Wie bereits erwähnt, bezogen die Schmidts Seidenspitzen vom Mühldorfer Bortenwirker Georg Danner. Woher die übrigen Spitzen kamen, ist nicht zu klären. Die Klöppelspitzen könnten aber durchaus im Erzstift gekauft worden sein. Klöppelspitzen wurden wohl bereits nach 1600 im heutigen Salzburgischen Flachgau in hausindustrieller Produktion hergestellt und über Verleger auf Messen abgesetzt.[669] Die Spitzen können aber auch aus anderen Regionen und Ländern über die größeren Märkte gekommen sein, denn geklöppelt wurde auch in anderen Regionen.

5.1.4 Kurzwaren

Unter die Rubrik Kurzwaren fallen neben Näh- und Steppseide, Haken, Ösen, Nadeln und Fischbein vor allem die Knöpfe. Nähzubehör kauften die Einzelkunden oder die Schneider für ihre Kunden zumeist zusammen mit dem Stoff, den Bändern und Spitzen für das anzufertigende Kleidungsstück ein, und vor allem der Seidenfaden wurde farblich abgestimmt, wenn man nicht einen schwarzen Faden bevorzugte. Auch die Kramerkollegen kauften bei Schmidt ihren Bedarf an Nähzubehör.

Garne kamen aus verschiedenen Fasern in den Handel, sie konnten aus Flachs-, Baumwoll-, Woll- und Seidenfasern gesponnen sein. Unterschiede gab es auch

666 [193] 10.11 1686.
667 [208] 1.2.1687.
668 [163] 28.5.1686.
669 Thonhauser, Textile Landschaft, S. 121ff.

hinsichtlich der Drehung der einzelnen Fäden. Zwirne waren aus mehreren Fäden zusammengedreht.[670]

Die Schmidts trugen mehr als 300 Verkäufe von Faden ein, und es gab eine reichliche Auswahl an farbigen Garnen. Da die Einträge oft nur *Seide* und dazu die Farbe des Fadens vermerken, könnte man geneigt sein, dies als Stoffverkauf anzusehen, aber die Stoffe sind immer in einem Längenmaß und in einer genaueren Bezeichnung der Stoffqualität notiert worden, während die Fäden im Gewichtsmaß Lot angegeben sind. Auch differieren die Preise der beiden Warengattungen stark. Ein weiteres Indiz, dass es sich um Faden handelt, ist auch die Position des Eintrages, denn die Fäden stehen überwiegend am Ende des Einkaufes; man wählte zuerst den Stoff und dann farblich dazu passend den Faden.

Die Einträge umfassen Nähgarn, Nähseide, aber auch Stepp- und Stopfgarn in verschiedenen Farben. Ein Unterschied in der Stärke und der Funktion lässt sich aus den Eintragungen nicht direkt ablesen, es ist aber schon so, dass die stabilere Steppseide teurer war als die dünnere Nähseide. So ließ der Weinwirt Reschen für 1 Lot schwarze Steppseide 38 kr anschreiben,[671] während der Pfarrer von Lohkirchen für 1 Lot schwarze Nähseide nur 16 kr schuldig blieb.[672] Das Deutsche Wörterbuch versteht unter *nähen* das Verbinden *mittels Nadel und Faden*[673] und unter *steppen nähen, stellenweise stechen, reihenweise nähen.*[674] Da das Steppgarn stärker war, wurden damit wohl dickere Stoffe oder mehrere Lagen in einer Art Plattstich in einer sichtbaren Schmucknaht zusammengenäht. Darüber hinaus wurde auch Stopfseide verlangt. So nahm Georg Hoburger grüne Stopfseide.[675]

Der Bortenmacher Georg Danner bezog von Schmidt ganz besondere Garnqualitäten, und das nicht kleinweise, sondern in größeren Gebinden, den Docken, das ist ein *Strang*. Das Deutsche Wörterbuch definiert eine *Docke* als *ein bündel, etwas zusammengewickeltes, gedrehtes, geflochtenes, geschnürtes, daher ein spinnrocken, strang von gesponnenem flachs, wolle, seide …*[676] Danner verarbeitete grünes Mittelgarn,[677] feines Garn,[678] weißen Linzer Faden, möglicherweise aus Wolle und nicht aus Seide,[679] und Cusir-Seide.[680] Nach Claudia Selheim ist unter *Cusir-Seide* Näh- und Steppseide aus zwei bis sechs gedrehten oder ungedrehten Rohseidenfäden zu verstehen, abgeleitet von *Cusirino*, einer sehr feinen und festen Sorte Nähseide, allerdings bezieht sie sich auf ihre Forschung Ende des 18. Jahrhunderts.[681]

---

670 Selheim, Ländliches Warenlager, S. 341.
671 [154] 25.4.1686.
672 [105] 18.9.1685.
673 Grimm, DWB, Bd. 13, Sp. 292.
674 Grimm, DWB, Bd. 18, Sp. 237.
675 [44] 14.2.1685.
676 Grimm, DWB, Bd. 2, Sp. 1208 bis 1213.
677 [4] 22.1.1684.
678 [16] 29.12.1684.
679 {178] 26.8.1686.
680 [82] 1.6.1685.
681 Selheim, Ländliches Warenlager, S. 342.

Nicht zu vergessen ist das *dirgisch Gahrn*, das besonders teure rote Türkische Garn, ein Baumwollgarn, das sich durch eine leuchtend rote Alizarin-Färbung auszeichnete, die weder durch die Sonne noch durch das Waschen ausgebleicht wurde. Die Türkischrotfärberei war eine geheim gehaltene, sehr komplizierte und u. U. auch gesundheitsschädliche Färbung, die mit Erfolg in Kleinasien, aber auch in der Schweiz praktiziert wurde.[682] Trotz des hohen Preises war das *dirgisch gahrn* sehr beliebt. So kaufte Sebastian Stängl, Kramer aus Engelsberg, 20 ¾ Lot[683] und der Kramerkollege aus Mühldorf, Thomas Zauscher, 1 ⅝ Pfund bei den Schmidts.[684] Bei beiden Einträgen ist leider kein Preis angegeben. Ein ebenfalls teures Garn war das *niederlendisch gahrn*, von dem der Kramer Niklas Nadl aus Moosbach 1 Docke zum Preis von 1 fl 34 kr nahm und die Schuld anschreiben ließ.[685]

Zum Nähen gehörte nicht nur ein Faden, sondern auch *Nadeln*. Der Verkauf von Nadeln war bei den Schmidts allerdings gering, möglicherweise deckten sich die Schneider, Näherinnen, Hausfrauen u. a. an anderer Stelle damit ein, vielleicht bei Hausierern. Die Schmidts verkauften die Nadeln briefweise, es ist aber nicht klar, wie viele Nadeln ein Brief enthielt und woher die Schmidts die Nadeln bezogen.

Die Nadler produzierten nicht nur einfache Nähnadeln und Stecknadeln, sondern auch Nadeln für gewerbliche Zwecke, wie z. B. für Bader, Handschuhmacher, Hutmacher, Perückenmacher, Riemer, Sattler, Schneider, Schuhmacher u. a. Zu den sog. *Nadlerwaren* gehörten außerdem noch Haken, Ösen, Ketten, Schnallen, Gardinenringe, Stuhlfedern, Kämme der Wollweber, Messketten für Landvermesser, Stifte, Drahtgeflechte für Fliegenfenster, Vogelkäfige, Mausefallen, Drahtsiebe, Papiermacherformen, Angelhaken etc.[686]

Die Qualitätsanforderungen im 18. Jahrhundert könnten auch bereits zu Schmidts Zeiten Geltung besessen haben: Die Nähnadeln *sollten eine länglichte und scharfe Spitze haben, nicht aber gerade ausgehen und nur vorne ein wenig zugespitzt seyn* und *ein längliches Öhr, nicht aber bloß ein rundes Loch haben*. Sie sollten *beym Gebrauch sich weder biegen, folglich nicht zu weich, noch brechen, mithin nicht zu hart* sein.[687]

In der Regel wurden Steck- und Nähnadeln nur von einem Handwerk gefertigt, in Nürnberg dagegen von den Stecknadlern und *Hefftleinmachern* einerseits und den Nähnadlern und Fischangelmachern andererseits.[688] Das Ausgangs-

---

682 Selheim, Ländliches Warenlager, S. 360–361.
683 [53] 11.3.1685.
684 [65] 16.4.1685.
685 [52] 7.3.1685.
686 Herbert Aagard, Stichwort Nadler, in: Reith (Hg.), Lexikon des alten Handwerks, S. 172–176, hier S. 173.
687 Krünitz, Enzyklopädie, Bd. 101, 1805. Zitat nach Herbert Aagard, Die deutsche Nähnadelherstellung im 18. Jahrhundert. Altena 1987, S. 91.
688 Aagard, Nadler, S. 173; s. a. Anke Keller, Das Schneiderhandwerk. In: In Mode. Kleider und Bilder aus Renaissance und Frühbarock. AK GNM 2015, S. 208–219, hier S. 214,

material war Draht, bei Nähnadeln Eisen- und Stahldraht, bei Stecknadeln vorwiegend Messingdraht. Der Draht wurde in Stücke von doppelter Schaftlänge geschnitten, die man an beiden Enden anspitzte und in der Mitte auseinanderschnitt, so erhielt man zwei Nadelstücke. Bei Nähnadeln wurde anschließend das stumpfe Schaftende mit dem Hammer flachgeklopft und das Nadelöhr mit dem Meißel eingeschlagen, bei Stecknadeln setzte man stattdessen den Nadelkopf auf, der aus einem spiralförmig aufgewickelten Draht bestand. Danach erhielten die Nadeln eine Politur. Zum Verkauf wurden mehrere Nähnadeln oder Stecknadeln auf Papier, die *Nadelheftchen*, gesteckt und mit der Nummer und dem Logo des Herstellers gestempelt,[689] wobei die Anzahl der Stecknadeln pro Heft je nach Herkunft unterschiedlich war.[690]

Produktionsschwerpunkte waren Holland, England, Frankreich und Deutschland.[691] In Deutschland wurden im 17. Jahrhundert Nadeln vor allem in Nürnberg mit dem Raum Monheim-Pappenheim-Weißenburg sowie Schwabach, südlich von Nürnberg, hergestellt. Aber auch Aachen war ein wichtiges Produktionszentrum.[692] Aus Nürnberg kamen seit dem Mittelalter auch Haken und Ösen.[693] Verschickt wurden Nadeln von den Herstellern in großen Paketen zu 50.000 Stück, unterteilt in kleine Päckchen zu 250 Stück. Darin war die kleinste Einheit ein Wurf zu fünf Nadeln. Sie waren mit Papier, Schweineblasen und Leinen sehr gut verpackt, um sie vor Feuchtigkeit und somit vor Rost zu schützen. Die Größe der Nähnadeln teilte der Hersteller in Nummern von 1 (die Stärksten) bis 22 (die Feinsten),[694] die der Stecknadeln dagegen in Nummern von 3 bis 20 ein.[695]

Stephan Högl, Kramer aus Winhöring, ließ 8 kr für einen Brief *Sperl* (Stecknadeln) anstehen,[696] und der Kramer von Gars, Hanns Filßer, nahm einen Brief *große Sperl* und blieb 12 kr dafür schuldig.[697] Der Tüßlinger Kramer Joseph Hägl ließ 30 kr für 2 *priefl spanische Nadeln* aufschreiben.[698] Darunter versteht Krünitz *eine uneigentliche Benennung einiger Arten deutscher Nähnadeln und Stecknadeln, weil sie nach Spanien starken Vertrieb haben.*[699] Herbert Aagard erwähnt ebenfalls,

---

Objektbeschreibung 133.

689 Aagard, Nadler, S. 174. Zur Beschreibung der Herstellung von Stecknadeln s. a. Patrick Cassitti, „Nürnberger Waren“. Materielle Kultur und geographische Verbreitung von Buntmetallobjekten des Mittelalters und der frühen Neuzeit. Bd. 1, Habilitationsschrift (masch.) Bamberg 2018, S. 189–195.

690 Ludovici, Akademie, Teil 4, 1768, Sp. 6–20, hier Sp. 16.

691 Ludovici, Akademie, Teil 4, 1768, Sp. 6–20, hier Sp. 6.

692 Aagard, Lexikon des alten Handwerks, S. 176.

693 Cassitti, Nürnberger Waren, S. 9ff.

694 Ludovici, Akademie, Teil 4, 1768, Sp. 6–20, hier Sp. 8–9.

695 Ludovici, Akademie, Teil 4, 1768, Sp. 6–20, hier Sp. 15.

696 [39] 9.2.1685.

697 [63] 11.4.1685.

698 [28] 25.1.1685.

699 Zitiert nach Aagard, Nähnadelherstellung, Altena 1987, S. 90. Krünitz macht Folgendes klar: *Man unterscheidet zwar im Handel die Nähnadelware in englische, französische und spanische, aber sehr uneigentlich; denn alle diese vermeindlichen Landesarten sind im Grunde deutscher Herkunft. Weil man in Deutschland gewohnt ist, nur das, was der Ausländer liefert, für*

dass es üblich war, den Nähnadeln regionale Bezeichnungen zu geben wie Holländische, Spanische, Clevische, Schwabacher u. a., *wobei jedoch nicht so sehr der tatsächliche Produktionsort, sondern eine bestimmte Beschaffenheit der Nadeln gekennzeichnet werden sollte. Es gehörte zu den Fachkenntnissen der Arbeitskräfte, über die äußeren Merkmale dieser Nadeln Bescheid zu wissen …*[700] Wahrscheinlich besaßen auch die Schmidts diese Fachkenntnisse.

Wieder stellt sich die Frage, woher die Schmidts ihren Bedarf an Nadeln deckten. In Mühldorf gab es nur einen Nadler.[701] Nach Markus A. Denzel sei die Stadt Traunstein, ca. 50 km von Mühldorf entfernt, mit sieben Nadlern *das kurbaierische Zentrum der Nadler* gewesen.[702] Hans Bleckenwegner dagegen hat in seiner Dissertation über das Handwerk in Traunstein festgestellt, dass in den Traunsteiner Steuerregistern zur Zeit der vorliegenden Untersuchung ab 1632 bis 1680 nur jeweils ein bis zwei Meister und ab 1682 bis 1776 nur noch ein einziger genannt werden. Die Meister arbeiteten auch eher allein und betrieben keine großen Werkstätten.

Bei *Fischbein* handelt es sich um biegsame dunkelbraune Hornstäbe, die aus den Barten der Wale hergestellt wurden. Das leicht zu bearbeitende Material wurde seit dem späten Mittelalter bis ins 19. Jahrhundert in großen Mengen genutzt und diente als Stabilisierung der Frauenmieder, als Reifen für Reifröcke, als Streben für Sonnen- und Regenschirme, für Fächer, für Reitpeitschen u. a. Die Fischbeinstäbe wurden vom Produzenten nach Gewicht verkauft, nachdem Fischbeinreißer die mannshohen Barten der Wale in mehreren Arbeitsgängen gesäubert und auf verschiedene Längen und Breiten zurechtgeschnitten hatten. Es gab Korsett-Fischbein, Kleider-Fischbein und Peitschen-Fischbein, worunter das Korsett-Fischbein die schlechteste Qualität war, das Kleider-Fischbein war seltener, aber sehr geschmeidig, das Peitschen-Fischbein war extrem elastisch. Am teuersten und seltensten war das weiße Fischbein, das in hellen Kleidern unsichtbar war.[703] Nach Krünitz kam das meiste Fischbein, das in Deutschland verbraucht wurde, aus Holland, Hamburg und Bremen.[704]

In der Strazza finden sich 59 Einträge zum Verkauf von Fischbein. Von den Endverbrauchern wurde das Material lotweise gekauft. Die Kramer, die das Fischbein

---

gut und schön anzusehen, so lassen die englischen und französischen Stahlarbeiter die deutschen Nadeln, wie vorhin bemerkt wurde, in Menge kommen, fahren darüber noch ein paarmahl hin, und geben ihnen mehrere Politur, hernach packen sie die Waare in buntes oder Gold= und Silberpapier ein, und verkaufen nun die umgetauften Nadeln dem Deutschen und Fremden für ihr eigenes Fabrikat zu einem viermahl höhern Preise, als sie in den deutschen Fabriken gekostet haben. Spanische Nadeln gibt es gar nicht; es wird nur eine Gattung Nadeln, die meist nach Spanien bestimmt ist, mit diesem Nahmen belegt, s. Krünitz, Enzyklopädie, Bd. 101, 1805.

700 Aagard, Nähnadelherstellung, S. 91.

701 Den Hinweis verdanke ich dem Stadtarchivar von Mühldorf a. Inn, Edwin Hamberger. S. a. Hübner, Beschreibung, Bd. 1, S. 43.

702 Denzel, Professionen, S. 70 u. S. 249.

703 Michaela Vieser, Von Kaffeeriechern, Abtrittanbietern und Fischbeinreißern: Berufe aus vergangenen Zeiten, München 2012, S. 53–61, hier S. 54.

704 Krünitz, Enzyklopädie, Bd. 13, 1778.

weiterverhandelten, nahmen es pfundweise ab. Die Preise waren unterschiedlich, aber nicht hoch, sicherlich spielte dabei die Länge und Breite der Fischbeinstangen eine Rolle. So zahlte der Schneider Baumann 6 Pfennig pro Lot und ließ 9 ½ Lot anschreiben.[705] Der Binder Georg Fischer erwarb 7 Lot zu je 1 kr 2 Pfennig.[706] Der Kramer Lorenz Groß aus Gars am Inn ließ 8 Pfund 2 Lot *langes Fischbein* zu 28 kr das Pfund anschreiben. Danach dürfte es sich beim Einkauf des Jakob Groß, ebenfalls aus Gars am Inn, von 6 ⅓ Pfund zu je 26 kr wohl auch um lange oder besonders breite Stäbe gehandelt haben.[707] Auch der Einkauf der *Widmann Bräuin*, sie nahm ½ Pfund Fischbein für 36 kr, wird wohl lange Stäbe betroffen haben.[708] Nur einmal wurde *weißes Fischbein* zu 6 kr das Lot notiert, das der Gürtler aus Mühldorf gekauft hat.[709]

Haken und Ösen waren zur Zeit der Schmidts neben Nesteln und Bindebändern als Verschluss noch üblich. Sie gehörten zum Produktionsprogramm der Nadler, die Haken und Ösen aus Messing- oder Eisendraht ohne viele Werkzeuge in einem kleinteiligen, Geduld erfordernden Arbeitsvorgang anfertigten. Die fertigen Messingteile konnten ohne weitere Bearbeitung verkauft werden, während die Eisenösen noch blank gescheuert werden mussten. Dies geschah durch das Rütteln und Schütteln in einem Sack, wo die Teilchen aneinander rieben. Manche wurden aber auch noch verzinnt.[710]

In der Strazza finden sich 30 Einträge zu Haken und Ösen. Bis auf drei Einträge, die sich auf „gelbe“, also Messinghaken beziehen, waren die übrigen Haken wohl aus Eisen. Aus den Einträgen geht nicht hervor, wie viele Einzelstücke davon gebraucht wurden, es heißt nur Haken gekauft *per 1* kr[711] oder *per 2* kr.[712] Einige Male kaufte die Kundschaft zusammen mit den Haken auch gleich den Zwirn zum Annähen, wie der Herr Stiftsverwalter, *der Häffl et Zwirn per 4* kr anschreiben ließ.[713] Einmal werden für den *Winer Pöckhers Breitgam* (Bräutigam) explizit *Hosenhaken* notiert, ebenfalls für 1 kr.[714] Die Haken und Ösen waren Pfennigwaren, denn ein Einkauf von 100 Haken machte insgesamt 9 kr aus.[715]

Auch bei dieser Ware wissen wir nicht, woher sie kam, obwohl ein Einkauf notiert wurde. Der Mühldorfer Kramer Zauscher erhielt im September 1686 von Schmidt 2 kr für *gelbe Haken*, wahrscheinlich Messinghaken.[716]

---

705 [15] 29.12.1684.
706 [217] 21.3.1687.
707 [80] 28.5.1685.
708 [56] 27.3.1685.
709 [197] 2.12.1686.
710 Krünitz, Enzyklopädie, Bd. 10, 1805. Zur Herstellungsweise von Haken und Ösen in Nürnberg s. a. Cassitti, Nürnberger Waren, S. 195–198.
711 Frau Greislin, [69] 1.5.1685.
712 Herr Spagl aus Burghausen, [195] 1.11.1685.
713 [103] 22.9.1685.
714 [1] 14.11.1684.
715 Georg Piernkhammer, [36] 7.2.1685.
716 [180] 3.9.1686.

Bereits im Altertum waren Verschlüsse mit *Knöpfen* bekannt. Im 14. Jahrhundert aber trug man die Kleidermode allgemein so körpernah, dass man die Kleidung vorne aufschnitt und mit Knöpfen verschloss. Aus dieser Zeit stammt auch das Knopfloch, damit wurden die bis dahin üblichen Kleiderverschlüsse durch Haken, Ösen und Nesteln von Knopf und Knopfloch allmählich abgelöst. Im 16. und 17. Jahrhundert waren Knöpfe über ihre Funktion des Verschließens hinaus zu zentralen Schmuckelementen insbesondere der Männergarderobe geworden und sie fanden sich an Röcken, Wämsern, Ärmeln, Hosen und Mänteln oft dutzendweise.[717] Silberne Knöpfe wurden auch als Sammelstücke bzw. finanzielle Reserve aufbewahrt. Als Beispiel sei hier auf den Nachlass des Traunsteiner Händlers Balthasar Oberhueber von 1750 verwiesen, wo *ein vornehmer brauner Rock* mit 63 Silberknöpfen[718] und ein ‚Silberschatz' im Wert von 58 fl, der vor allem aus 121 losen silbernen Rock- und 50 Kamisolknöpfen bestand, aufgeführt sind.[719] Frauenkleidung wurde aber immer noch häufiger mit Haken und Ösen oder Bindebändern geschlossen.[720] Eine Knöpfrichtung gab es noch nicht, die setzte sich erst Mitte des 19. Jahrhunderts durch, seither verschließen die Damen rechts auf links, die Herren links auf rechts.[721] Auf einem Stich von 1673 ist zu sehen, dass die Schmuckknöpfe auch im geistlichen Bereich beliebt waren. Im Frontispiz einer Thesenschrift von 1673 übergibt ein Student dem Erzbischof Max Gandolph von Kuenburg seine Arbeit. Max Gandolph trägt eine ganz besondere Soutane, sie hat einen Umlegekragen, am Armgelenk schauen weiße Unterärmel mit Rüschen hervor. Das Auffallendste aber sind die vielen Knopflöcher mit Litzenschmuck und Knöpfen auf der Vorderseite der Soutane und an den Ärmeln.[722]

Prinzipiell wurden Knöpfe je nach Material von unterschiedlichen Handwerksberufen hergestellt. Die Drechsler fertigten Knöpfe aus organischen Stoffen wie Holz, Bein, Elfenbein oder Horn. Gold- und Silberschmiede, Zinngießer und Gürtler produzierten die aus Edelmetallen, Messing und Zinn gegossenen oder getriebenen Knöpfe, die Glasschleifer bearbeiteten Knöpfe aus Glas.[723]

Die Schmidts verkauften auch viele textile Knöpfe. Ursprünglich gehörte die Herstellung von textilen Knöpfen zum weiten Arbeitsbereich der Posamentierer. Ab dem 16. Jahrhundert spezialisierten sich einzelne Meister auf die Herstellung von textilen Knöpfen, trennten sich von den Posamentierern und gründeten

717 Annamaria Stauffer, Die Bremer Textilfunde. In: In Mode. Kleider und Bilder aus Renaissance und Frühbarock. AK GNM 2015, S. 190–207, hier S. 200.

718 Schindler, Kleinstadt, S. 218.

719 Schindler, Kleinstadt, S. 222.

720 Adelheid Rasche, Luxus in Seide. Mode des 18. Jahrhunderts. AK GNM 2018. Das Seidenkleid, das im Zentrum des Kataloges und der Ausstellung im GNM stand, weist keinen einzigen Knopf aus. Es wurde mit schmalen Bändchen geschnürt bzw. gebunden.

721 Martina Rauch, Textile Knöpfe, Salzburg 2008, S. 5.

722 Christoph Brandhuber, Reinhard Gratz (Hg.), Fürsterzbischof Maximilian Gandolph Graf von Kuenburg: Regisseur auf vielen Bühnen 1668–1687, AK Dommuseum, Salzburg 2018, S. 86.

723 Ludovici, Akademie, Teil 3, 1767, Sp. 956–959, hier Sp. 957.

Abb. 12: Erzbischof Max Gandolph (1622–1687), Zeichner Frans de Neve (1632– nach 1704), Stecher Georg Andreas Wolfgang d. Ä. (1631–1716). Foto: Universitätsbibliothek Salzburg, R 1960 II

eigene Zünfte. Die Knopfmacher fertigten neben den Knöpfen noch Gängelbänder, Schleifen, Quasten, Banderolen, Kniegürtel u. a. an.[724] Die textilen Knöpfe entstanden mit wenigen Hilfsmitteln, und der Knopfmacher bzw. die Knopfmacherin schuf sie mit *freier Hand* aus einem Rohling aus Holz oder Pappe bzw. einem Ring, selbst gedrehtem und gefärbtem Faden oder Litze und eventuell mit einem Haltewerkzeug, auf dem der Knopfrohling aufgesteckt war, und einem Fingerhut. Der Rohling wurde mit feinem Gold-, Silberfaden oder farbigen Seiden- oder Wollfäden in den verschiedensten, komplizierten Mustern umwickelt (= *umsponnen, genäht*) oder mit Stoffen überzogen.[725] Es gab auch noch sog. Zwirnknöpfe, ebenfalls textile Knöpfe, die in erster Linie für Leib- und Bettwäsche gedacht waren und viele Waschvorgänge aushielten. Hier war die Grundlage ein Metallring, der mit Zwirn umwickelt wurde. Dabei wurde zunächst das Fadengerüst (ein Stern, ein Kreuz oder noch kompliziertere Formen) um den Ring gewickelt, die *Speichen* wurden dann mit Nadel und Faden ausgenäht und damit gefestigt, der teilweise noch sichtbare Ring wurde als Rahmung nochmals mit Faden umschlungen.[726] Sehr oft wurden die Knöpfe und deren Farbe und Musterung auf den Kleiderstoff abgestimmt. Die Auswahl war riesig, sie wurden auch nach den Kundenwünschen in Einzelanfertigung gearbeitet.[727] Die Posamentierer webten dazu oft extra Bänder mit kleinen Motiven hintereinander, die sie abschnitten und die Knöpfe damit bezogen.[728] Eine große Konkurrenz zu den gelernten Knopfmachern stellte das Heer der armen Frauen, Witwen und auch invaliden Soldaten dar, die sich aufgrund des geringen Aufwandes an Gerätschaften mit dem Knopfmachen ernährten.[729] Daneben verkauften die Schmidts auch metallene und gedrechselte Knöpfe. In der Strazza verweisen 155 Einträge auf Knopfeinkäufe, ca. ein Fünftel davon ohne genauere Beschreibung. Die Knöpfe sind nicht einfach zu identifizieren, ohne Abbildungen sind wir auf Vermutungen angewiesen.[730]

Folgende Knopfarten wurden im Gewölbe gehandelt, die Liste ist in der Reihenfolge der Nennung der Einträge angelegt: Hinter den 33 nicht spezifizierten Knopfverkäufen verbergen sich die unterschiedlichsten Qualitäten, denn die Preise liegen pro Dutzend bei 3 bis 20 kr.

Zu *Zinnknöpfen* gibt es insgesamt 22 Einträge, 17 davon waren einfache Zinnknöpfe, zwei hatten Holzanteile, zweimal wurden Zinnknöpfe mit *silbernen Plattl*

---

724 Wolfgang Gürtler, Stichwort Knopfmacher, in: Reith, Lexikon des alten Handwerks, S. 131–134, hier S. 132.

725 Monika Hoede, Sabine Krump, Jürgen Sturma, Posamentenknöpfe, Augsburg 2014, S. 10–11.

726 Hoede u. a., Posamentenknöpfe, S. 104–105.

727 Hoede u. a., Posamentenknöpfe, S. 66.

728 Beschriftung an einer Vitrine mit Textilien in der Ausstellung „Barocker Luxus“, Bayer. Nationalmuseum München, 2019.

729 Gürtler, Knopfmacher, S. 133.

730 Die Mitarbeiterinnen der Fa. Knopf Mayer in Salzburg konnten auch nur Vermutungen anstellen, ihnen waren die Bezeichnungen nicht mehr geläufig.

und einmal große Zinnknöpfe notiert. Zinnknöpfe stellte der Knopfgießer oder Weißknopfmacher her.[731]

Eine besondere Bedeutung hatten die Zinnknöpfe seit dem 17. Jahrhundert als Uniform- und Livreeknöpfe erlangt. Ihre Oberflächen konnten flach, gewölbt, glatt oder gerändert, mit Zahlen, Wappen oder sonstigen Zeichen verziert sein. Es gab sie in verschiedenen Größen und Ausformungen, oft vergoldet, versilbert oder vernickelt. Sie sind meistens mit einer Öse zum Annähen versehen.[732]

Die Zinnknöpfe wurden oft hohl gegossen. Bei den Zinnknöpfen mit Holz dürfte der Unterboden aus Holz gewesen sein.[733] Unter Zinnknöpfen mit silbernem *plattl* wird man sich ein kleines rundes, ausgestanztes, poliertes Silberblech vorstellen können, das auf eine zinnerne Unterlage gelötet wurde oder vor dem Gießen in die Form gelegt worden war und sich beim Gießvorgang schmelzend mit dem Corpus verband. Sollten Wappen, Buchstaben oder andere Zeichen auf den Knöpfen zu sehen sein, verwendete man aufbereitete Formen oder stanzte die Signatur in das Plättchen.[734]

Die Preise bewegten sich im unteren bis mittleren Bereich von 4 bis 8 kr. Üblicherweise wurden die Zinnknöpfe im Dutzend gekauft, mit einer Ausnahme: Jakob Groß aus Gars am Inn ließ ein *Pundt* für 56 kr anschreiben.[735] Leider ist bisher nicht bekannt, wie viele Dutzend das waren, aber nähme man z. B. einen Dutzendpreis von 4 kr an, wären es 14 Dutzend. Ebenfalls bundweise kaufte der Kramer Thomas Zauscher große Zinnknöpfe.[736] Die *Ziner Knöpf mit holz*, von denen die Botin Maria sechs Dutzend nahm, kosteten nicht mehr als die normalen Zinnknöpfe, nämlich 5 kr das Dutzend.[737] Die *Zinnerne knepf mit silberne Platlen* kosteten dagegen schon 10 kr das Dutzend: Die Frau Gerichtsschreiberin deckte sich mit zwei Dutzend davon ein.[738]

Von *farbigen Knöpfen* gibt es insgesamt sechzehn Einträge, darunter grün (1), rot (5) und schwarz (10). Das könnten gedrechselte, gefärbte Holzknöpfe gewesen sein. Sie kosteten jeweils 6 kr pro Dutzend, und von den grünen ließ der Herr Pflegsverwalter ein Dutzend anschreiben,[739] von den roten nahm der Schneidermeister Melchior ein Dutzend,[740] und von den schwarzen Knöpfen ließ der Pfarrer von Ampfing ein Dutzend anstehen.[741] Die schwarzen Knöpfe gab es auch in einer etwas besseren Qualität zu 7 kr pro Dutzend, davon ließ der Mühldorfer Stadtschreiber Hieronymus Heilrath vier Dutzend bei seinem Schwiegervater

731 Friedrun Wiesinger, Der Knopf. Funktion, Entwicklung, Herstellung. Salzburg o. J., S. 92.
732 Wiesinger, Der Knopf, S. 93.
733 Selheim, Ländliches Warenlager, S. 373.
734 Wiesinger, Der Knopf, S. 92.
735 [80] 28.5.1685.
736 [92] 10.7.1685.
737 [218] 23.3.1687.
738 [57] 31.3.1685.
739 [140] 15.2.1686.
740 [156] 29.4.1686.
741 [104] 13.9.1685.

bzw. -sohn anschreiben,[742] denn Heilraths Tochter Cordula war die dritte Ehefrau von Adam Schmidt.[743] In einem Eintrag, der die Wirtin Frau Reschin betraf, werden die schwarzen Knöpfe als *schwarz schene Knöpf* bezeichnet; sie hatte sechs Dutzend zu 7 kr anschreiben lassen.[744] Von der teuersten Kategorie unter den schwarzen Knöpfen für 8 kr das Dutzend ließ der Stadtschreiber Heilrath bei einem zweiten Einkauf nochmals neun Dutzend anstehen.[745]

Es gibt nur einen Eintrag über den Verkauf eines einzelnen *silbernen Knopfes*. Am 14. April 1685 erwarb Herr Bridl (?) aus Haag in Oberbayern ein *Silber khnöpfl* für 2 kr.[746] Vielleicht musste er einen verlorenen Knopf ersetzen? Ebenfalls aus Silber dürfte dem Wortlaut des Eintrages nach das halbe Dutzend *guat silbern Knöpf* zum Dutzendpreis von 10 kr gewesen sein, das der Neumarkter Gerichtsprokurator Augustin Ristner im Mai 1685 anstehen ließ.[747]

Desweiteren gibt es zehn Einträge mit unterschiedlichen Schreibweisen: *Silber plath Khnöpf* (1), *silberplattl khnöpf* (2), *silberne Plättl khnöpf* (3) oder *silberne blätl knöpf* (2). Die *Silber plath Khnöpf* kosteten 8 kr pro Dutzend, Herr Reschen ließ 6 Dutzend anschreiben.[748] Von der zweiten Kategorie, den *silberplattl khnöpf*, nahm der Stiftsverwalter Hemb zwei Dutzend zum Dutzendpreis von 9 kr[749] und der Gerichtsschreiber von Mühldorf acht Dutzend zum Dutzendpreis von 10 kr.[750] Von den *silberne Plättl khnöpf ließ* Adam Schmidt *3 ½ Dutzend* zum Preis von je 7 kr anstehen. Der Hofschreiber der Verwaltung von Tüßling zahlte einen Dutzendpreis von 8 kr bei einer Abnahme von 18 Dutzend. Vielleicht mussten die Livreen der Diener aufgefrischt werden?[751] Der dritte Eintrag betraf den angehenden Bräu Nidermair, der zwei Dutzend zu je 11 kr anschreiben ließ.[752] *Silberne blätl knöpf* nahmen der Schlosser Paumann aus Mühldorf[753] – neun Dutzend zu je 8 kr – und der Höninger Bräu, zwei Dutzend zu je 7 kr.[754] Die beste Qualität kostete 12 kr das Dutzend, dabei handelte es sich wie ausdrücklich vermerkt um *guett silber plättl Khnöpf*, diesen Luxus leistete sich der Binder Meister Georg, der davon sechs Dutzend erwarb.[755]

Bei diesen Knöpfen könnte es sich möglicherweise um solche handeln, die nicht gegossen wurden, deren Herstellung aber mehrere Arbeitsgänge erforderte. Der Knopfmacher stanzte aus gewalztem Silberblech ein rundes *Plattl* aus. Wenn

---

742 [96] 3.8.1685.
743 Gollwitzer, Schmidt, S. 4.
744 [155] 28.4.1686.
745 [146] 23.3.1686.
746 [65] 14.41685.
747 [70] 3.5.1685.
748 [108] 10.2.1685.
749 [61] 6.4.1685.
750 [58] 29.3.1685.
751 [103] 11.9.1685.
752 [179] 3.9.1686.
753 [73] 13.5.1685.
754 [14] 22.12.1684.
755 [93] 12.7.1685.

es ein halbrunder Knopf werden sollte, legte der Handwerker das Plättchen in eine *Anke*, das war ein Blech mit Vertiefungen, und formte damit mit Spezialwerkzeugen aus dem Plättchen eine Halbkugel. Für die Unterböden verwendete man neben Metall- auch aus Holz ausgestanzte Scheibchen. Die Ober- und Unterteile klebte man mit Harz zusammen oder lötete sie aneinander. Bei beiden Versionen polierte man die Naht und lötete eine Öse zum Annähen an. Ähnlich ging der Gürtler bei Messingknöpfen vor.[756]

Es gibt noch zwei Positionen an *Knöpfen mit Silber Pleth.* Das könnten Knöpfe mit aufgebrachtem Plätt sein.[757] Zum einen kaufte Simon Presch, Mautner aus Ampfing, acht Dutzend zum Dutzendpreis von 10 kr davon,[758] den zweiten Einkauf tätigte der Tuchscherer Jacob Lang, er ließ sechs Dutzend zu 7 kr anstehen.[759]

Dazu gibt es neun Einträge, weitere vier beziehen sich auf schwarze *Seidenknöpfe* und weitere zwei auf Seidenknöpfe *mit Silber vermengt.* Die Knöpfe lassen sich bezüglich ihres Aussehens aufgrund der spärlichen Angaben kaum zuordnen – waren sie mit Seidenstoff umwickelt oder mit Seidenfäden oder Seidenlitzen in komplizierten Mustern wie die Wäscheknöpfe umsponnen? Bei zwei Sorten wurde noch ein Silberfaden eingearbeitet.

Wiesinger schreibt, dass das Flechten und Sticken die Techniken der Seidenknopfmacher gewesen seien. Die Knopfmacher oder Knopfmacherinnen besorgten sich vom Drechsler Knopfscheiben, Rohlinge aus Holz oder Bein mit einem Loch in der Mitte, oft waren die Scheiben schon eingefärbt. Der Seidenknopfmacher bzw. die Seidenknopfmacherin umwand die Holzform mit verschiedenen Fäden in mehreren Fadenlagen in einem Muster; diese Fadenlagen konnten auch noch bestickt werden.[760]

Es gab die Seidenknöpfe jedenfalls in verschiedenen Preiskategorien. So wurden für die Beerdigung des Herrn Angerer zwei Dutzend seidene Knöpfe zum Dutzendpreis von 4 kr angeschrieben;[761] dem Anlass entsprechend dürften es schwarze Knöpfe gewesen sein. Der Schneider aus Tüßling nahm sechs Dutzend zu je 6 kr am Simony-Markt 1686 mit;[762] der Pflegsverwalter ließ zwei Dutzend zu je 7 ½ kr anstehen,[763] und der Schreiber Benedict Hosler blieb die Bezahlung für ein Dutzend Knöpfe zu 12 kr ebenfalls zunächst schuldig.[764]

---

756 Wiesinger, Der Knopf, S. 90–91. Rohlinge (Pressbleche) dafür könnten vielleicht auch von Flinderschlager hergestellt worden sein? S. Cassitti, Nürnberger Waren, S. 21–24.

757 Plätt = ein flach gewalzter Draht, s. Abschnitt „Leonische Ware“, S. 68.

758 [190] 30.10.1686.

759 [212] 26.2.1687.

760 Wiesinger, Der Knopf, S. 94 f. Posamentierer hatten, wie bereits beschrieben, noch eine weitere Ware im Angebot. Sie webten Bänder mit kleinen Mustern in Abständen, die sie auseinanderschnitten und die Knopfrohlinge damit überzogen. Wiesinger bezeichnete solche Knöpfe nicht als Seidenknöpfe, sondern als Posamentiererknöpfe. Allerdings taucht diese Bezeichnung nicht in der Strazza auf.

761 [196] 21.11 1686.

762 [190] Simony-Markt 1686.

763 [187] 28.10.1686.

764 [3] 17.11.1686.

Von den schwarzen Seidenknöpfen kaufte Herr Gspan, Wirt aus Mühldorf, vier Dutzend zum Dutzendpreis von 6 kr.[765] Der angehende Turmbläser Johannes Ferch kaufte sechs Dutzend *seidtne mit silber Vermengte Khnöpf.* Er ließ pro Dutzend 20 kr anstehen.[766] Vielleicht brauchte er die Knöpfe für seine neue Uniform als zukünftiger städtischer Turmbläser? Einen besonders großen Posten von 40 Dutzend seidener Knöpfe zu je 8 kr nahm Johann Friedrich Grasper aus Niederbayern und ließ ihn anschreiben. Er wird wohl ein Kramer gewesen sein und sich bei den Schmidts für den eigenen Handel eingedeckt haben.

Neun Einträge – acht Verkäufe und ein Einkauf – beziehen sich auf *modo* oder *modi Knöpfe*. Auch zu diesen Knöpfen lässt sich nichts Konkretes sagen, außer dass es sich wohl um modisch-aktuelle Knöpfe gehandelt haben wird. Adam Schmidt kaufte kurz vor Jahresende 1686 für das Gewölbe drei *brädl* von den *besten gröb Modo Knöpf* ein.[767] Die Verkaufspreise im Laden bewegen sich zwischen 3 kr und 15 kr das Dutzend. Zwei Dutzend von den ganz billigen modi Knöpfen zu je 3 kr nahm Ruprecht Forster, Schreiber aus Neumarkt[768], von den teuersten zu 15 kr das Dutzend kaufte Herr Hemb von der Stiftsverwaltung Mühldorf neun Dutzend ein.[769]

Zu *kleinen Knöpfen* finden sich sechs Einträge. So kaufte beispielsweise der Neumarkter Schreiber Ruprecht Forster zehn einzelne kleine Knöpfe zu je 2 pf;[770] das Neumarkter Kloster ein Dutzend um 4 kr[771] und die Mühldorfer Pflegsverwaltung ein Dutzend für 6 kr.[772]

Fünf Einträge beziehen sich auf *tristaminfarbene Köpfe*. Es sind möglicherweise textile Knöpfe, die sich mit 5 kr und 8 krund 12 kr pro Dutzend[773] preislich im mittleren Bereich bewegen.

In der Strazza wurden *Agstainknöpfe* fünfmal notiert. Das Material ist Gagat bzw. Jet/Pechkohle.[774] Zwölf Dutzend à 8 kr ließ *Ihro Ehrn Herr Johann Gspann, Pfarrer von Polling*, anstehen,[775] abgeholt wurden die Knöpfe nicht von einem Schneider, sondern von seiner Köchin, was darauf hindeutet, dass die Knöpfe an älteren Kleidern des Herrn Pfarrers von der Köchin bzw. im Pfarrhaushalt selbst ersetzt wurden. Ein weiterer großer Posten waren 12 ½ Dutzend Jetknöpfe, die der Tüßlinger Kramer Jakob Dedutsch gekauft hat. In diesem Eintrag wird er als

765 [67] 19.4.1685.
766 [105] 19.9.1685.
767 [201] 28.12.1686.
768 [114] 24.10.1685.
769 [53] im März 1685.
770 [119] 7.11.1685.
771 [143] 4.4.1686.
772 [192] 8.11.1686.
773 [67] 19.4.1685; [131] 17.12.1685; [211] 23.2.1687.
774 Selheim, Ländliches Warenlager, S. 367.
775 [74] 16.5.1685.

welscher Kramer[776] bezeichnet. Er zahlte 7 kr pro Dutzend.[777] Die übrigen Einträge umfassen Einkäufe von zwei, drei oder vier Dutzend Knöpfen, allerdings werden dabei keine Preise genannt.

Hornknöpfe wurden gedrechselt, und erst im 19. Jahrhundert presste man sie aus dem erweichten Material.[778] Knöpfe wurden generell vom Hersteller ein- oder zweidutzendweise auf Kartonkarten aufgenäht und je nach Größe mit Nummern versehen.[779]

Silberfarbene Knöpfe sind besonders schwer einzuordnen. Mit *silberfarben* ist wohl nicht *silbern* als Metall gemeint. Der Pfleger von Kraiburg, Caspar Coller, kaufte bei den Schmidts sechs Dutzend silberfarbene Knöpfe zu je 6 kr ein. Dieser Einkauf wurde in der Strazza zusammen mit weiteren sechs Dutzend tristaminfarbenen Knöpfen auch zu je 6 kr abgerechnet, zusammen machte das 1 fl 12 kr aus.[780] Franz Schmidt, der Senior, ließ 1 ½ Dutzend silberfarbene Knöpfe im Gesamtwert von 7 kr 2 pf anstehen, ein Dutzend würde somit 20 pf bzw. 5 kr kosten.[781] War dies wieder ein Personalrabatt, indem er sich den Einkaufspreis von 5 kr pro Dutzend berechnete? Der dritte Eintrag zu den silberfarbenen Knöpfen betraf einen Einkauf durch Adam Schmidt, den Juniorchef.[782]

Der Begriff *Brötl Knöpfe* ist bisher nicht aufzulösen gewesen. Im November 1684 kaufte der Dorfener Schneider Nicola Philiph 27 *brötl* Knöpfe, als Verkaufspreis wurden 3 kr angegeben. Es ist nicht klar, worauf sich die 3 kr beziehen, auf einen Knopf oder auf ein *brötl*.[783] Der Organist Georg Grasch aus Neumarkt-St. Veit ließ 12 Dutzend zu je 8 kr anschreiben. Insgesamt ließ er 1fl 36 kr anschreiben.[784] In einem Zusatz heißt es *4 broth 12 Dtz Knöpf*. Bezeichnet *brötl/broth* möglicherweise die Art und Weise der Verpackung, dann machten wohl drei Dutzend ein *brötl/broth* aus?

---

776 *Welsche* Händler, insbesondere Savoyarden, spielten in der Frühen Neuzeit am Oberrhein eine bedeutende Rolle, zunächst als Hausierer und Jahrmarktbeschicker. Im 17. und 18. Jahrhundert ließen sie sich als Ladenbesitzer in kleinen Städten und Marktorten sowie als Großkaufleute in Reichs- und Residenzstädten nieder. Dort bildeten sie familiengeführte Handelsunternehmen. S. Häberlein, Savoyische Kaufleute, S. 87-88. In der Strazza sind vier welsche Kramer aus der Umgebung von Mühldorf bzw. aus dem Rottal verzeichnet: Domenico Groß aus Tüßling [78, 24.5.1685], welscher [58, 29.3.1685], welscher Groß aus Mößling bei Altenmarkt a. d. Alz [58, 29.3.1685], Jakob Dedutsch, ebenfalls aus Tüßling [198, 9.12.1686] und Nicola Jaguz aus dem Rottal [206, 25.1.1687]. Es gibt keine Forschung über diese Händlergruppe, aber vermutlich bildeten sie keine große Kolonie.

777 [121] 13.11.1685.

778 Wiesinger, Der Knopf, S. 52.

779 Rauch, Textile Knöpfe, S. 81.

780 [211] 23.2.1687.

781 [109] 5.10.1684.

782 Dieser Eintrag enthält wohl einen Schreibfehler, denn laut Niederschrift bekam er aus der Handlungskasse für sechs Dutzend der silberfarbenen Knöpfe zu je 5 kr insgesamt 2 fl. Das kann nicht stimmen, denn sechs Dutzend à 5 kr wären nur 30 kr (= ½ fl) und nicht 2 fl; legt man den Endpreis von 2 fl zugrunde, hätte das Dutzend 20 kr und nicht wie eingetragen 5 kr gekostet.

783 [7] 28.11.1684.

784 [97] 12.8.1685.

Am 8. Januar 1687 schickte Schmidt ein großes Paket, gekennzeichnet mit *No 8*, nach Nürnberg. Es enthielt verschiedene Stoffe, ein separat verpacktes Paket mit *Coccionnilli*, einer *köstliche(n) rothe(n) Purpurfarbe*[785] aus der mexikanischen Schildlaus, und ein *Paquertl Messingknöpfe.*[786] Aus einem anderen Eintrag erfahren wir, dass der Mühldorfer Gärtner Christoph Grueber vier Dutzend Messingknöpfe zum Dutzendpreis von 7 kr erwarb und den Einkauf wie üblich anschreiben ließ.[787] Die Messingknöpfe waren nicht gegossen, sondern aus dickem Blech geschnitten. Eine angelötete Öse diente zum Annähen. Für eine glänzende Oberfläche sorgten das Schleifen und das Polieren. Die wichtigste Produktionsstätte für gegossene Knöpfe war Nürnberg.[788]

Auch die Bezeichnung *Gräbe Knöpf* konnte bisher noch nicht aufgelöst werden. Der Wirt Resch ließ im Abstand von einer Woche zweimal den Kauf von je 6 Dutzend *gräbe Knöpf* zu einem Dutzendpreis von 8 kr anschreiben.[789]

Die Schmidts verkauften seidene und leonische *Schneckenknöpfe*. Da ausdrücklich *seidene* und *leonische* erwähnt werden, kann es sich bei den Schneckenknöpfen nicht um Perlmutt oder ähnliche Materialien von Schnecken oder Muscheln gehandelt haben. Möglicherweise waren es mit Seidenfäden oder Bändern, Litzen o. Ä. schneckenartig, spiralförmig umwickelte textile Knöpfe. Der Unterschied zwischen den beiden Arten lag wohl im Faden. Die seidenen Schneckenknöpfe hatten die Schmidts nicht im Vorrat und mussten sie im Auftrag des Kramers Benedict Hoser erst bestellen; das macht der Zusatz *NB d[a]s ybrige seid. Schneggen Knöpfe zubestellen* klar.[790] Die leonischen Schneckenknöpfe erwarb der Stiftsverwalter von St. Nikolaus in Mühldorf, er ließ für zwei Dutzend Knöpfe 24 kr anschreiben, was einem Dutzendpreis von 12 kr entsprach.[791]

Stockknöpfe wurden nur einmal in der Strazza notiert: Der Metzger Zellner kaufte die kleine Menge von einem halben Dutzend und ließ sie vom Schneider Meister Purkhardt abholen.[792]

6 ½ Dutzend von den *feinen Knöpfen* ließ sich der Seniorchef, Franz Schmidt, zum Dutzendpreis von 5 kr anschreiben.[793]

Wenn die Schmidts die gewünschte Ware nicht vorrätig hatten, bemühten sie sich, diese zu besorgen, denn im Eintrag des Schreibers Ruprecht Forster heißt es *NB große Modo Knöpf bestellt.*[794] Vielleicht waren die notierten *hohen Knöpfe* Posamentierknöpfe mit einem hohen textilen Aufbau. Davon kaufte der Mühldorfer

785 Krünitz, Enzyklopädie, Bd. 8, 1776, 1785.
786 [20] 8.1.1685.
787 [62] 8.4.1685.
788 Wiesinger, Der Knopf, S. 92.
789 [164] 31.5.1686; [165] 7.6.1686.
790 [71] 7.5.1685.
791 [118] 5.11.1685.
792 [45] 15.2.1685.
793 [93] 12.7.1685.
794 [195] 20.11.1686.

Pflegsverwalter 1 ½ Dutzend zum Dutzendpreis von 8 kr.[795] Hatte der Mühldorfer Stiftsverwalter an seiner Kleidung möglicherweise einen *goldenen Knopf* verloren, den er ersetzte? Im Eintrag heißt es *goldes knöpfl P(er) 2 krl.*[796] Johanna Elisabeth Hochenbürgerin aus Altötting kaufte vier Dutzend *mit golt beronegte(?) Knöpf* und ließ den Betrag anstehen.[797]

Möglicherweise handelte es sich bei den *Kamisolknöpfen* um besonders gestaltete, farblich abgestimmte Knöpfe als Schmuck für ein gestricktes Jäckchen. Kamisole waren im Allgemeinen feine, häufig aus Seide und feinen Goldfäden gestrickte Westchen, die bezüglich ihrer Verwendung wahrscheinlich der Leib- und Nachtwäsche zuzuordnen sind.[798] Der Stiftsverwalter Hemb kaufte ein Dutzend tristaminfarbene Kamisolknöpfe zum Preis von 6 kr.[799]

Ist mit *Kranzlknopf* eine Knopfvariante mit einem Ring aus Metall oder einem anderen festen Material als Kränzl gemeint oder ein Posamentenknopf mit einem umschlungenen Rand als Abschluss? Auf jeden Fall kaufte die Mitterbaderin aus Mühldorf am Inn ein Dutzend zum Preis von 7 kr und ließ die Schuld anstehen; ebenfalls ein Dutzend nahm der Stiftsverwalter von Mühldorf.[800]

Zwirnknöpfe sind Wäscheknöpfe, die nicht rosten dürfen und viele Waschvorgänge überstehen müssen. Sie werden mithilfe eines Rings hergestellt, der mit weißem Zwirnfaden in einem kunstvollen Muster umwickelt wird.[801] Herr Greisl nahm vier Dutzend zu je 6 kr auf Kredit.[802]

Die *weißen Knöpfe* sind wahrscheinlich ebenfalls weiße textile Knöpfe zum Dutzendpreis von 4 kr. Der Pfarrer von Ampfing ließ ein halbes Dutzend[803] und der zukünftige Wagner von Altmühldorf zwei Dutzend[804] anschreiben. Ein Eintrag betrifft den Einkauf der weißen Knöpfe. Am 10. März 1687 bekamen die Schmidts von der Salzburger Knopfmacherin Rosina Grueberin sechs *Stangl* weiße Knöpfe geliefert.[805] Im Salzburger Bürgerbuch von 1640 bis 1715 ist unter dem Datum vom 18. September 1654 Hans Grueber, Aiterschlag, mit dem Zusatz *Weiße Wahr*, eingetragen. Er könnte möglicherweise mit weißen Wäscheknöpfen gehandelt haben.[806]

---

795 [198] 8.12.1686.
796 [108] 3.10.1685.
797 [104] 16.9.1685.
798 Jutta Zander-Seidel, Das gestrickte Kamisol: Pracht im Verborgenen, in: In Mode. Kleider und Bilder aus Renaissance und Frühbarock, AK GNM 2015, S. 190–207, S. 104–109, hier S. 104.
799 [61] 6.4.1685.
800 [108] 3.10.1685.
801 Rauch, Textile Knöpfe, S. 61.
802 [110] 9.10.1685.
803 [123] 20.11.1685.
804 [139] 8.2.1686.
805 Für die Unterstützung bei der Suche nach Salzburger Knopfmacherinnen danke ich Dr. Sabine Veits-Falk, Stadtarchiv Salzburg.
806 Stadtarchiv Salzburg, Bürgerbuch Salzburg, BU 17, online: https://www.stadt-salzburg.at/migrationsarchiv/quellen-zur-migrationsgeschichte-im-stadtarchiv/buergerbuecher/,

Die Schmidts hatten der vorangehenden Aufstellung zufolge mehr als 20 verschiedene Knopfsorten mit diversen Unterformen im Angebot. Es waren sicher noch einige mehr, denn manche der Einträge sind nicht zu entziffern, und unter den Knöpfen ohne genauere Bezeichnung werden sich ebenfalls noch weitere verbergen. Darüber hinaus besorgten sie kurzfristig für ihre Kundschaft gewünschte Knopfarten, die sie nicht im Gewölbe vorrätig hatten.

Eine Art der Knöpfe fehlt bei Schmidt logischerweise völlig, das sind die mit Stoff bezogenen Knöpfe, die zur jeweiligen Kleidung passen sollten und von den Schneidern mit den Kleiderstoffen selbst überzogen wurden. Dafür kauften sie die Rohlinge wahrscheinlich direkt bei den Drechslern ein.

Die Knöpfe wurden bei den Schmidts im Allgemeinen im Dutzend, als ein Bruchteil oder ein Mehrfaches davon verkauft, als *Broth/broth/brädl*, was vielleicht eine etwas größere Menge gewesen sein könnte, die Messingknöpfe aus Nürnberg als *Pacquerl*, weiße Knöpfe als *Stangl* und zinnerne Knöpfe als *Pundt*; bei den beiden letzten Maßeinheiten waren die Knöpfe vielleicht in einer gewissen Menge auf einen Stab oder eine Schnur aufgefädelt. Krünitz erwähnt, dass Knöpfe *nach ihrer Verschiedenheit einzeln, par- und dutzendweise, auch nach der Garnitur, oder auch nach dem Groß (Anzahl von 12 Dutzend)* in den Handel kämen.[807]

5.1.5 Vorgefertigte Kleidung

Beinkleider bzw. Strümpfe haben eine lange Ahnenreihe mit vielen Vorformen. Der Vorläufer unserer Hose wurde althochdeutsch *Bruche* und der unserer Strümpfe *hosa* genannt. Bis ins 13. Jahrhundert trugen adelige Männer an den Beinen *hosa* aus Leder, Leinen oder Scharlach, einem leicht elastischen Wolltuch, die vom Schneider zugeschnitten und genäht wurden, sie wurden mit schmalen Bändern an Wams, Leibgurt oder an der *Bruche* angenestelt.[808] Diese Beinbekleidung musste hinten zu einem Schlauch zusammengenäht werden, dabei ließ meistens die Passform zu wünschen übrig. Damit sie eng am Bein saßen, ließ man sie einlaufen bzw. walkte sie. An Fürstenhöfen und beim Klerus waren die Strümpfe bei besonders feierlichen Anlässen aus kostbarem, mit Goldfäden durchwirktem oder besticktem purpurfarbenem Seidenstoff genäht. Das Landvolk trug blaue oder braune Strümpfe oder Leinensocken bei der Arbeit. Bei Festen hatten Bäuerinnen rote *Golzen* an. Erst im 16. Jahrhundert wurde der Begriff *Strumpf* allgemein.[809]

Ab der ersten Hälfte des 16. Jahrhunderts hatte sich die Hofkleidung der neuen politischen und wirtschaftlichen Weltmacht Spanien in Europa langsam aus-

---

24.05.2021. Für den Hinweis danke ich Univ.-Prof. Dr. Reinhold Reith.

807 Krünitz, zitiert nach Selheim, Ländliches Warenlager, S. 365.

808 Mechthild Meyer-Schneidewind, Vom Soccus zur Computersocke. Die Entwicklungsgeschichte des Strumpfes, in: Mechthild Meyer-Schneidewind, Ilona Sauerbier, Strümpfe, Mode, Markt und Marketing, Frankfurt am Main 1992, S. 10–53, hier S. 12.

809 Meyer-Schneidewind, Strümpfe, S. 13.

gebreitet. Dazu gehörte für die adeligen Herren eine Hose, die bis zum halben Oberschenkel oder bis zu den Knien reichte. Dazu trug der modebewusste Herr gestrickte Seidenstrümpfe, *die durch ihre Enge das ganze Bein fast bis zur Hüfte modellierten.*[810] Die Damen trugen unter ihren Kleidern unauffällig farbig abgestimmte, ebenfalls seidene Strümpfe, ihnen war es verboten, Bein zu zeigen.[811]

Im 16. und 17. Jahrhundert waren Strümpfe (und auch Schuhe), bedingt durch die *beinsichtige* Hosenmode, ein sehr wichtiges Accessoire für Männer und blieben auch im 18. Jahrhundert ein dominierendes Männerkleidungsstück[812], bis sie nach der Französischen Revolution unter den langen Hosen, den Pantalons, verschwanden.

Daher wurden mit der neuen Hosenmode im 16. und 17. Jahrhundert die langen Strümpfe für Männer begehrt. Die eigentliche Neuheit aber waren die gestrickten Seidenstrümpfe, die rasch zu einem Objekt der Luxusentfaltung wurden.[813] Wie Zander-Seidel in ihrer Untersuchung für die Zeit von 1500 bis 1650 feststellte, handelte es sich noch überwiegend um italienische Importware aus Mailand, Verona, Lucca und Venedig. Sie konnte aber um 1600 auch niederländische und englische Strümpfe in den Nürnberger Inventaren nachweisen. Dem Luxus versuchten die städtischen Kleiderordnungen entgegenzuwirken, schließlich kostete ein Paar Seidenstrümpfe immerhin 3 fl und mehr.[814]

Die Strümpfe waren damit ein sichtbares Zeichen des Modebewusstseins und der Selbstdarstellung. Die Nachfrage nach Strümpfen stieg im Adel und bei gut situierten Bürgern rasant an. So konnte Zander-Seidel eine dichte Quellenlage in Inventaren, Haushaltsbüchern und Herstellungsnachweisen, aber auch in Kleiderordnungen feststellen. Sie stieß auf eine Vielzahl von Begriffen, am häufigsten sind *St(r)ümpfe*, seltener *Hosenst(r)ümpfe* belegt. Das Aussehen, die Länge und Art der Befestigung an der Hose ist nur selten eindeutig vermerkt, sie wurden aber wie die Ärmel am Kleid am Rand der Gesäß- oder Kniehose noch ganz altmodisch angenestelt.[815]

Zunächst waren die Strümpfe in Handarbeit gestrickt. Gestrickte Strümpfe waren zunächst meist aus Wolle, auf dem Land auch aus Hanf.[816] Mit der starken

---

810 Max von Boehn, Die Mode. Kulturgeschichte vom Mittelalter bis zum Barock, bearbeitet von Ingrid Loschek, München 1982, S. 199–224, hier S. 202.

811 Boehn, Mode, S. 211.

812 Zander-Seidel, Textiler Hausrat, S. 213.

813 Ob die Strickkunst tatsächlich eine *spanische Erfindung* war, wie Max von Boehn (Mode, S. 202) formulierte, ist nicht sicher; aufgrund schriftlicher Quellen könnten ebenso gut England und Schottland als Entstehungsorte der Strumpfstrickerei angenommen werden. S. Katharina Unger, Der Strumpf, historische, gesellschaftliche, moralische Aspekte, Wien 2001, Dipl.-Arbeit der Universität für Angewandte Kunst, Wien 2001, S. 21. An anderer Stelle wird vermutet, dass die Mauren die Technik des Strickens nach Spanien brachten und sie von dort nach Italien kam. S Meyer-Schneidewind, Strümpfe, S. 16.

814 Zander-Seidel, Textiler Hausrat, S. 214–215.

815 Zander-Seidel, Textiler Hausrat, S. 213 f.

816 Reinhold Reith, Stichwort Strumpfstricker und Strumpfwirker, in: Ders. (Hg.), Lexikon des alten Handwerks, S. 234–238, S. 236.

Nachfrage nach gestrickten Seidenstrümpfen in der ersten Hälfte des 16. Jahrhunderts bekam das Strickerhandwerk Aufschwung. Die Strickerei war ursprünglich ein städtisches Gewerbe, das sich seit dem 17. Jahrhundert auch auf dem Land ausbreitete, wo man für den Bedarf der ländlich-bäuerlichen Schichten und auch schon im Verlag für den größeren Absatz produzierte, das aber bald die Unabhängigkeit verlor und Mitte des 17. Jahrhunderts von Verlegern organisiert wurde.[817]

Angeboten wurden im Handel neben den derberen Wollstrümpfen auch feine handgestrickte Strümpfe aus Seide, Halbseide, Leinengarn und feinerer Wolle, meistens Kammgarn. Der Arbeitsaufwand für die feinen handgestrickten Strümpfe war sehr hoch, was sich auf den Preis auswirkte, dennoch stieg die Nachfrage.[818]

Allerdings konnte man erst mit Hilfe des 1589 von dem Engländer William Lee[819] entwickelten Strumpfwirkerstuhls die an die Beinform angepassten Strümpfe maschinell anfertigen. Die gewirkten Strümpfe zeichneten sich durch ihre Feinheit und Passform aus.[820] Im Gegensatz zu England und Frankreich begann in Deutschland diese Produktionsweise erst Ende des 17. Jahrhunderts unter dem Einfluss der aus Frankreich eingewanderten Hugenotten Fuß zu fassen.[821] Im Laufe des 18. Jahrhunderts breitete sich die Strumpfherstellung auf Strumpfwirkerstühlen allmählich aus und wurde zu einer großen Konkurrenz für die Stricker. Georg Grüll beschreibt in seiner Arbeit über die Ponegger Strumpffabrik die Einzelschritte der Produktion für das 18. Jahrhundert:

Der Fabrikationsvorgang zerfiel in folgende 5 Arbeitsgänge, und zwar 1. die Vorbereitung der Wolle zum Spinnen in der Fabrik, 2. das Spinnen und Spulen der Wolle als Heimarbeit, 3. das Vorbereiten und Zwirnen des Garnes zum Stricken, schließlich 4. die Färbung und Ausfertigung und 5. die Appretur der Strümpfe in der Fabrik zur Versendung. Gestrickt wurden die Strümpfe in Heimarbeit.[822]

Die gewirkten Strümpfe setzten sich wegen der Kosten zunächst eher langsam durch, vor allem auf dem Land. In steirischen Inventaren und Steckbriefen

---

817 Reith, Lohn und Leistung, S. 155. Reith, Strumpfstricker und Strumpfwirker, S. 234.

818 Meyer-Schneidewind, Strümpfe, S. 18. Mitte des 18. Jahrhunderts wurde in Paris die „Manufacture royale des bas de soye en France", die Königliche Manufaktur für Seidenstrümpfe, mit 200 Strickern eingerichtet, um die Nachfrage zu erfüllen, s. Meyer-Schneidewind, Strümpfe, S. 30. Dagegen wurden ebenfalls Mitte des 18. Jahrhunderts in England auf neu entwickelten Wirkstühlen gemusterte Strümpfe hergestellt. 1759 konstruierte Jesedia Strutt (1726–1797) einen Stuhl für gerippte Strümpfe. Die nach dem Standort der Manufaktur „derby ribs" genannten Strümpfe wurden ein Renner, weil sie besonders elastisch waren. S. Meyer-Schneidewind, Strümpfe, S. 30. Rundstühle für die Produktion schlauchförmiger, nahtloser Ware wurden erst Mitte des 18. Jahrhunderts entwickelt und durch Samuel Wise 1767 eingesetzt, s. Reith, Strumpfstricker und Strumpfwirker, S. 235.

819 Englischer Theologe und Erfinder (1563 bis 1614).

820 Selheim, Ländliches Warenlager, S. 271.

821 Selheim, Ländliches Warenlager, S. 27. Reith (Hg.), Lexikon des alten Handwerks, S. 235. S. a. Axel Hinzmann, Die Wirtschaft der Neustadt. Wirtschaftliche Innovationen der Hugenotten in Erlangen, in: Christoph Friederich (Hg.), 300 Jahre Hugenottenstadt Erlangen. Vom Nutzen der Toleranz, Ausst. im Stadtmuseum Erlangen 1.6.–23.11.1986.

822 Grüll, Poneggen, S. 85.

zwischen 1650 und 1785 fanden Mautner und von Geramb bei der Forschung zum Steirischen Trachtenbuch Angaben zu 237 Paar Männerstrümpfen, darunter allerdings viele noch ganz altmodisch *aus Loden, Tuch oder Irch (Sämischleder)* genähte Fußkleider.[823] Sie betonen, dass Frauen und Männer erst gegen Ende des 18. Jahrhunderts zur steirischen Bauerntracht feinere Strümpfe trugen:

Nicht vor 1680 finden wir bei den steirischen Bauernweibern und nicht vor 1700 bei den Männern, die ersten, aber immer noch seltenen, gewirkten oder gestrickten Stimpf oder wie man seit etwa 1620 auch schon sagte Strümpf, die dann erst in der zweiten Hälfte des 18. Jahrhunderts in der steirischen Bauerntracht allgemein eingeführt erscheinen.[824]

Rund 100 Jahre später finden sich im Fürsterzbistum Salzburg immer noch zahlreiche Belege für die genähten Beinbekleidungen bzw. Fußlappen, die auf Trachtenbildern vom Ende des 18. Jahrhunderts zu sehen sind.[825] Die Autoren erklären dazu: *Die um die Waden geschlungenen, genähten Beinlinge aus Stoff, Leinen, Wolle oder Gemisch aus beidem, sind gleichfalls ein solches uraltes Kleidungsstück* [wie die davor beschriebenen Holzschuhe, Anm. d. Verf.]. *Sie sind noch im ganzen Salzburger Land verbreitet, man sieht sie auf sehr vielen Bildern. Sogar in der Stadt werden sie noch bei der Arbeit verwendet. Der Faßzieher zum Beispiel…oder der Rauchfangkehrer… tragen sie, und ebenfalls der alte Mann aus dem Bürgerspital, der der Heilig-Kreuz-Bruderschaft angehört. Auf dem Land sind es die Bewohner abgelegener Landesteile, Zillertal, Pinzgau, Lungau, aber auch Taugl, Faistenau und Asten draußen im Vorland, oder es sind alte Leute, die noch Beinlinge tragen.*[826]

Bei den übrigen Trachtenbildern, bei denen die Beine zu sehen sind – die Stadtfrauen trugen so lange Röcke, dass man nur die Schuhspitzen sah – gehörten allerdings Strümpfe in den verschiedensten Farben zur Kleidung.[827]

Die Kunden und Kundinnen hatten ganz allgemein die Auswahl zwischen dünneren Sommerstrümpfen aus Baumwolle, Leinen, Zwirn, Seide, Halbseiden und Florettseiden sowie warmen, wollenen Winterstrümpfen. Besonders kälteempfindliche Käufer und Käuferinnen konnten solche aus *Seidenhasenhaar* oder auch aus *Castorhaar,* das sind die langen Haare des Bibers ,erwerben. Die von Hand gestrickten Strümpfe galten als die robustesten; die gewebten waren zwar feiner oder zarter, aber auch nicht so belastbar. Es gab Männer-, Frauen- und Kindergrößen. *Bei den Frauenstrümpfen kommen auch noch die verschiedenen durchbrochenen Zwickel, Fußblätter etc. in Berücksichtigung.*[828] Es wurden Strümpfe aus zwei-, drei- und mehrdrähtigen Fäden hergestellt, d. h., der Faden, mit dem

823 Mautner, von Geramb, Trachtenbuch 1, S. 453.
824 Mautner, von Geramb, Trachtenbuch 1, S. 107.
825 Prodinger, Heinisch, Gewand und Stand, Tafel 95.
826 Prodinger, Heinisch, Gewand und Stand, S. 41.
827 Prodinger, Heinisch, Gewand und Stand, S. 42.
828 Krünitz, Enzyklopädie, Bd. 176, 1841.

gestrickt wurde, war aus zwei, drei oder mehr Fäden zusammengezwirnt, sodass sehr widerstandsfähige Ware entstand.[829]

Gehalten wurden die Strümpfe mit Strumpfbändern unterhalb des Knies, damit die Strümpfe nicht rutschten; die Bänder wurden mehrmals um das Bein geschlungen und mit einer Schleife festgebunden oder mit einer Schnalle festgemacht. Es gab leinerne, baumwollene, seidene u. a. Bänder, und häufig war bei den feineren und modischeren Bändern auch der mittlere Teil bestickt oder gewirkt; an dieses *Schaustück* wurden rechts und links zwei Bänder aus Seide oder anderem Material angenäht, mit denen das Strumpfband gebunden wurde.[830]

Bei den Strümpfen war das Angebot im Gewölbe der Schmidts sehr vielfältig und die Nachfrage hoch. 244 Einträge zu Strümpfen zeugen von großem Kaufinteresse. Strumpfbänder tauchen explizit als Warenart bei den Schmidts nicht auf, könnten aber durchaus unter dem breiten Angebot von Bändern zu finden gewesen sein.

In der Strazza lassen sich Frauen-, Männer-, Knaben- und Kinderstrümpfe (aber keine Mädchenstrümpfe) finden. Englische, Böhmische, Breslauer, Frankfurter, Halleiner, Hamburger, Mantuaner und Münchner Strümpfe mit und ohne Zwickel, halbseidene und baumwollene in verschiedenen Farben wie rot, weiß, schwarz, hellblau, tristamin- und perlfarben wurden auf Kredit gekauft.

Es ist anzunehmen, dass die Strümpfe, die die Schmidts verkauften, handgestrickt waren, denn die umfangreichere Herstellung auf Strumpfwirkerstühlen begann erst nach 1685, nachdem sich nach der Aufhebung des Edikts von Nantes geflüchtete französische Strumpfwirker in deutschen Territorien niedergelassen und die Produktion aufgenommen hatten.[831] Ein Kennzeichen der gewirkten Strümpfe war der Zwickel, denn das separate Einsetzen eines Zwickels *war bei den auf dem Strumpfwirkstuhl hergestellten Strümpfe eine in der Technik begründete Notwendigkeit.*[832] Allerdings hatten auch handgestrickte Strümpfe Zwickel für die bessere Passform eingestrickt, die ebenfalls farblich abgehoben sein konnten. Waltraud Krainer und Ernestine Hutter haben Halleiner Strümpfe nach Vorlagen nachgestrickt.: *Betrachtet man die Vorlagen genauer, sieht man, dass über den Knöcheln innen und außen Zwickel gearbeitet sind, die an der Spitze gestrickte Verzierungen haben. Der Zwickel kann aber auch mit farbiger Stickerei eingefasst* sein.[833] Der angesprochene Zwickel ist ein keilförmiger, durch muster verzierter eingestrickter einsatz über den knöcheln in den strümpfen.[834] Zwickel verbinden Ferse und Füßling miteinander und sorgen für eine gute Passform. Farbige oder bestickte Zwickel waren als Schmuckelemente sehr beliebt.

---

829 Grüll, Poneggen, S. 90.
830 Krünitz, Enzyklopädie, Bd. 176, 1821.
831 Reith, Lohn und Leistung, S. 155. Reith, Strumpfstricker und Strumpfwirker, S. 234.
832 Selheim, Ländliches Warenlager, S. 271.
833 Waltraud Krainer, Ernestine Hutter, Halleiner Strümpfe, in: Das Kunstwerk des Monats, August 2013, 26. Jg., Blatt 304.
834 Grimm, DWB, Bd. 32, Sp.1112–1120.

Ein Indiz zur Unterscheidung ist der Preis. Die handgestrickten Strümpfe waren normalerweise billiger als die gewirkten, auch wegen des Materials, wie es z. B. bei den Hamburger Strümpfen zu sehen ist. Geramb hat für die Steiermark festgestellt, dass weiße und blaue Strümpfe zwar sehr beliebt waren, aber in Inventaren und Steckbriefen fand er auch Hinweise auf rote, weiße, blaue, veigelblaue, braune, grüne, schwarze, graue, aschenfarbene, silberfarbene, falbe (sandfarben, hellgelb) Strümpfe.[835] 1675 gab es in der Steiermark neben den Hamburger Strümpfen auch englische, Pariser, Breslauer und Neußer Strümpfe.[836] Die Schmidts hatten keine Pariser oder Neußer Strümpfe im Angebot, dafür aber Halleiner, Mantuaner und Münchner. Dass solche Strumpfsorten auch in bäuerlichen Kreisen getragen wurden, konnte Geramb für die Steiermark nachweisen.[837]

Eva Stille und Almut Junker betonen, dass das gemeine Volk handgestrickte Woll- und Baumwollstrümpfe trug, adelige Damen und Herren aber selbstverständlich Seidenstrümpfe.[838] Diesem Topos geht Beate Spiegel im Ausgabenbuch der Freifrau von Vieregg, Hofmarksherrin von Tutzing, geführt von 1733 bis 1745, nach. Waren die Seidenstrümpfe bei den höheren sozialen Schichten wirklich so selbstverständlich?

Die Eintragungen im Haushaltsbuch der Freifrau widersprechen dem. Die Freifrau kaufte von 1733 bis 1745 62 Paar Strümpfe für die Familienmitglieder, dazu kamen noch Livreestrümpfe für die Bediensteten. Die Mehrzahl (23 Paare) waren baumwollene Strümpfe, davon sechs Paare in weiß. 25 Paare sind ohne Materialangabe notiert. Drei Paare waren aus Wolle, wohl eher Winterstrümpfe, halbseidene Strümpfe kamen dreimal vor. Seidene Strümpfe erwarb sie nur neunmal, allerdings nicht für sich selbst, sondern nur für die Ausstattung der Tochter und die der beiden Söhne. Auffallend ist aber ein Ausgabenposten mit 30 Einträgen über Strumpfreparaturen. Zum einen wurden die Strumpfsohlen auch bei Seidenstrümpfen durch den Schneider mit Barchent gedoppelt. Zum anderen gab die Freifrau die Baumwollstrümpfe nach München zu einer *strimpf strickerin*, die die Baumwollstrümpfe ausbesserte und zerrissene Teile wieder anstrickte.[839] Diesen pfleglichen Umgang mit den Strümpfen wird man auch den Kunden der Schmidts unterstellen dürfen.

Die nachfolgende Aufzählung der Strumpfsorten geschieht wieder in der Reihenfolge der Häufigkeit der Einträge in der Strazza.

---

835 Mautner, von Geramb, Trachtenbuch 1, S. 454.
836 Mautner, von Geramb, Trachtenbuch 1, S. 454.
837 Mautner, von Geramb, Trachtenbuch 1, S. 454.
838 Almut Junker, Eva Stille, Die zweite Haut. Zur Geschichte der Unterwäsche 1700–1960 (Kleine Schriften des Historischen Museums Frankfurt, Bd. 39), AK, Frankfurt am Main 1988, S. 70.
839 Spiegel, Adliger Alltag, S. 272.

Abb. 13: Bauerntochter aus Abtenau, aus: Kostüm- und Trachtenbilder. Foto: Privatbesitz

Sehr beliebt waren *Hamburger Strümpfe*, die in 46 Einträgen nachzuweisen sind.[840] Unter *Hamburger Strümpfen* sind zwei verschiedene Qualitäten zu verstehen, ein-

[840] Die Hamburger Strümpfe und ihre Produktion sind dank der Arbeit von Viktor von Geramb gut erforscht, s. Viktor von Geramb, Hamburger Strümpfe in Österreich, in: Zeitschrift des Vereins für Hamburgische Geschichte XXXII, 1931, S. 161–166.

mal handgestrickte, einfache, schafwollene und zum anderen auf Wirkstühlen gewirkte, feinere, halbseidene oder seidene Strümpfe.

Viktor von Geramb fand bei seinen Forschungen zum Steirischen Trachtenbuch bereits für das Jahr 1661 eine Nachricht in einem Grazer Bürgerinventar über ein Paar Hamburger Strümpfe mit dem Schätzwert von 1 fl.[841] Das Material ist nicht verzeichnet, es könnten aber Strümpfe aus Halbseiden- (Harras) oder Seidengarn gewesen sein. Geramb hat in der österreichischen Mautordnung eine Aufzählung von englischen, Tornegger, Pariser, *Hamburger und anderen dergleichen harassenen [halbseidenen] Strümpfe*[n] gefunden, denen die billigeren wollenen Breslauer und Neußer Strümpfe gegenübergestellt wurden.[842] Verwundert stellte er fest, dass ein Kramer *tief drinnen in den obersteirischen Bergen* 1720 drei Dutzend Hamburger Strümpfe in verschiedenen Farben, das Dutzend zu 10 fl, hinterlassen hatte. Geramb siah diese Strümpfe als Teil der Kleidung an Sonn- und Festtagen, denn *für den Alltag zählen die Bauerninventare die altertümlichen Beinlingstrümpfe aus Loden, Tuch, Leinwand oder Weichleder (Irch) auf.*[843]

Auch im Nachlassinventar des Tuchhändlers Franz Anton Spängler von 1784 sind Hamburger Strümpfe vermerkt. So werden u. a. *2 1/3 Duzet vier trättige Hamburger Strimpf das Duzet zu 11 fl 45 xr betr, 17 Paar detto gestreiffte a 1 fl 14 xr betr; 2 5/6 Duzent sechs trättige glate Hamburger Strimpf a 17 fl 50 xr bet pr; 11 Paar detto gestreiffte a 2fl bet; ½ Duzent vier trättige Scharlach Frauen Strimpf a 12 fl* und schließlich noch *3 Paar detto Knaben Strimpf,* das Paar zu 40 xr betr. Aufgeführt.[844]

Die Hamburger Strümpfe waren sehr lange im Handel, so wurden die Hamburger Strümpfe noch bis ins 19. Jahrhundert hinein nachgefragt und produziert.[845]

Preisbeispiele für Hamburger Strümpfe

Quelle	*Kunde*	*Qualität*	*Schmidt 1685–87*		*Spängler 1784*	
			VKP[846] pro Paar	VKP pro Dutz.	EKP[847] pro Paar	EKP pro Dutz.
[71] 6.5.1685	Franz Schedt	4-fädig, perlfarben	58 kr	11 fl	xx	xx
[89] 23.6.1685	Zur Beerdigung von Hr. Pfäffinger	4-fädig, schwarz	1 fl 10 kr	14 fl	xx	xx
[55] 20.3.1685	Pfarrer von Ampfing	4-fädig, ohne Farbangabe	1 fl 12 kr	14 fl	59 kr	11 fl 45 kr

841 von Geramb, Hamburger Strümpfe, 1931, S. 163.
842 von Geramb, Hamburger Strümpfe, 1931, S. 163.
843 von Geramb, Hamburger Strümpfe, 1931, S. 164.
844 Reith, Verlassenschaftsinventar Spängler, S. 89.
845 Bohns Waarenlager, Bd 2, S. 895.
846 Die Strazza enthält die Verkaufspreise, die die Kundschaft anschreiben ließ.
847 Reith, Verlassenschaftsinventar Spängler, S. 89. Im Nachlassinventar sind die Einkaufspreise notiert.

Quelle	*Kunde*	*Qualität*	*Schmidt 1685–87*		*Spängler 1784*	
[192] 5.11.1686	Johann Baptist Pollin	4-fädig, scharlach-farben	1 fl 15 kr	15 fl	1 fl [Frauen-strümpfe]	12 fl
[148] 31.3.1686	Hr. Benefiziat aus Freising	6-fädig	2 fl	24 fl	1 fl 30 kr	17 fl 50 kr
[224] 6.5.1687	Mathias Augustin	6-fädig, schwarz	1 fl 50 kr	22 fl	1 fl 30 kr	17 fl 50 kr
[59] 29.3.1685	Peter Schwarz, Händler aus Wörgl	Ordinari-farben	1 fl	12 fl	xx	xxx
[212] 26.2.1687	Jakob Lang, Tuch-scherer aus Mühl-dorf	Perlfarben	1 fl 8 kr	13 fl	xx	xx
[218] 22.3.1687	Mathias Gebhard, Kramer aus Trost-berg	gestreift	2 fl 7 kr 2 pf	25 fl 34 kr 3 pf	1 fl 14 kr und 2 fl	15 fl und 14 fl

Wie bei anderen Markenartikeln ist auch bei den Hamburger Strümpfen nicht sicher, ob sie dem Namen entsprechend tatsächlich alle aus Hamburg importiert oder bloß nach Hamburger Art hergestellt worden sind, denn aus einer Aufstellung von 1784 über die Hauptartikel der Ponegger Strumpffabrik in Oberösterreich geht eindeutig hervor, dass dort auch gestrickte Strümpfe *auf Hamburger Art* als *extra fein faconierte (= gemusterte) und gestreifte, mittelfeine faconierte und gestreifte Strümpfe, ordinäre 6drähtige Männer-, Frauen- und Knabenstrümpfe in allen verlangten Farben* im Produktionsprogramm waren.[848] Daneben vertrieb Poneggen auch die *wirklichen*, zugekauften Hamburger Strümpfe.[849] Die Ortsbezeichnungen sind häufig nicht als Herkunftsbegriff, sondern als Gattungsbegriff zu verstehen.

Die Schmidts hatten eine reichliche Auswahl an Hamburger Strümpfen in ihrem Gewölbe. Dreimal wurden Strümpfe ohne nähere Kennzeichnung notiert, es folgen 4-fädige und 6-fädige, ordinari[850] und *ungebreste*[851] Strümpfe in der Strazza. Die Farbauswahl dürfte vermutlich nichts zu wünschen übriggelassen haben, es gab amberfarbene (honigfarbene), karmesinrote, hellblaue, nacarafar-

848 Grüll, Poneggen, S. 103.
849 Grüll, Poneggen, S. 101.
850 Krünitz beschreibt *ord./ordinaire* als gewöhnliche Strümpfe, die aus einfacher Wolle, Baumwolle, schlechterer Seide oder Zwirn etc. gestrickt sind. Krünitz, Enzyklopädie, Bd. 176, 1821.
851 Der Begriff ist noch nicht klar. Dabei könnte es sich um ungepresste, nicht glänzende Strümpfe gehandelt haben. Das Pressen war einer der letzten Arbeitsschritte nach dem Färben und Trocknen bei der Fertigstellung von Strümpfen, damit bekamen sie einen schönen Glanz. S. Grüll, Poneggen, S. 95.

bene, perlfarbene, scharlachrote, schwarze, silberfarbene, tristaminfarbene und gestreifte Strümpfe.

Der einzelpaarweise Kauf überwog, denn selbst die Kramer aus der Umgebung, die zu den Stammkunden der Schmidts zählten, nahmen nur ausnahmsweise größere Mengen ab. So nahm z. B. Johann Ba. Pollin einmal zehn Paar zu 10 fl, von den ordinari Hamburger Strümpfen.[852] Auch der *welsche* Kramer Dominik/Domenico Groß aus Tüßling ließ nur acht Paar nacarafarbene vierfädige Hamburger anstehen,[853] und der Kramer Thomas Zauscher nahm nur ein halbes Dutzend von den vierfädigen.[854] Mathias Gebhard, ein Kramer aus Trostberg, ließ von den gestreiften Hamburger Strümpfen ein halbes Dutzend anschreiben, der Preis war mit 2 fl 7 kr 2 Pfennig am höchsten.[855] Dabei dürfte es sich um die bessere Seidenqualität und nicht um handgestrickte Wollstrümpfe gehandelt haben. Hamburger Frauenstrümpfe sind in der Strazza nicht genannt.

Die Strümpfe unterschied man nach ihren Trägern, es gab Frauen-, Männer- und Kinderstrümpfe, die sich in der Größe unterschieden.[856]

Außer fünf Paar *englischen* Frauenstrümpfen wurden noch weitere 33 Verkäufe von *Frauenstrümpfen* aufgeschrieben, im Gegensatz dazu gibt es nur 19 Einträge zu den Männerstrümpfen. Addiert man die Paare, so wurden 326 Paar Frauenstrümpfe, dagegen nur 152 Paar Männerstrümpfe auf Kredit verkauft. Wie viele es tatsächlich waren, lässt sich nicht feststellen, da nur die Zahlen, die über Kreditkäufe abgewickelt wurden, vorliegen. Außerdem können sich sowohl Frauen- als auch Männerstrümpfe noch unter den ungekennzeichneten Strümpfen verbergen.

Diesem Befund für das 17. Jahrhundert steht das Forschungsergebnis von Zander-Seidel gegenüber, die in den von ihr untersuchten Nürnberger Nachlassinventaren von 1500 bis 1650 kaum Belege zu Frauenstrümpfen gefunden hat. Sie vermutet, dass sie nicht vorhanden gewesen sind oder bis zur Unbrauchbarkeit aufgetragen wurden.[857] Die Frauenstrümpfe waren kleiner als die Männerstrümpfe. Krünitz bemerkt, dass die Frauenstrümpfe im Gegensatz zu den Männerstrümpfen *nur bis unter das Knie gehen, das heißt, über die Wade hinauf bis in die Kniekehle, und daselbst durch den Strumpfband befestiget werden.*[858]

Die Preise der Frauenstrümpfe differieren extrem, denn es sind solche zu 16 kr das Paar genannt, aber auch für 1 fl. Der Preisunterschied ließe sich vielleicht durch die Machart und unterschiedliches Material erklären, so könnten die Strümpfe für einen Gulden möglicherweise gewirkte Halbseiden- oder Sei-

---

852 [124] 22.11.1685.
853 [78] 24.5.1685.
854 [218] 26.3.1687.
855 [218] 22.3.1687.
856 In der Strazza finden sich keine Mädchen-, sondern nur *Knabenstrümpfe*. Mädchenstrümpfe waren wohl eher die kleinen Frauenstrümpfe.
857 Zander-Seidel, Textiler Hausrat, S. 99.
858 Krünitz, Enzyklopädie, Bd. 176, 1841.

denstrümpfe gewesen sein. Rote und weiße Strümpfe waren sehr beliebt, die Übrigen dürften wohl von schwarzer Farbe gewesen sein. Die Paare wurden von einzelnen Kunden gekauft, die größeren Mengen wie ein halbes oder ein ganzes Dutzend von Kramern aus der Umgebung für den Weiterverkauf an ihre eigene Kundschaft.

Preise der Frauenstrümpfe

Quelle	*Kunde*	*Menge*	*Qualität*	*Preis pro Paar*
[192] 5.11.1686	Johann Ba. Pollin	1 Dtz zu 2 fl 37 kr ½ pf	rote Zwickel Frauen Strümpfe	16 kr
[183] 24.9.1686	Christoph Freyzweig, Kramer aus Panzing	1 Dtz zu 3 fl 45 kr	3-drähtige Frauenstrümpfe	17 kr
[196] 21.11.1686	Franz Primery	2 Dtz zu 8 fl	Frauenstrümpfe	20 kr
[80] 28.5.1685	Jakob Groß, Gars	½ Dtz zu 2 fl	Ordinari Frauenstrümpfe	20 kr
[192] 5.11.1686	Johann Ba. Pollin	½ Dtz zu 2 fl 10 kr	Weiße Zwickel Frauen Strümpfe	21 kr
[190] Simony Markt 1686	Nikola Jaguz	1 Dtz zu 4 fl 24 kr	Frauenstrümpfe mit Zwickel	22 kr
[192] 5.11.1686	Johann Ba. Pollin	½ Dtz zu 2 fl 12 kr	Frauenstrümpfe ohne Zwickel	22 kr
[192] 5.11.1686	Johann Ba. Pollin	1 Dtz zu 3 fl 20 kr	Weiße Frauenstrümpfe	25 kr
[110] 8.10.1685	Lorenz Groß, Kramer von Gars	½ Dtz zu 2 fl 45 kr	Rote Frauenstrümpfe ohne Zwickel	27 kr
[224] 6.5.1687	Mathias Augustin	½ Dtz zu 3 fl 20 kr	Feine Frauenstrümpfe	30 kr
[59] 29.3.1685	Peter Schwarz von Wörgl	½ Dtz zu 3 fl	Rote Frauenstrümpfe	30 kr
[80] 28.5.1685	Jakob Groß, Kramer von Gars	½ Dtz zu 3 fl	Frauenstrümpfe	30 kr
[192] 5.11.1686	Johann Ba. Pollin	1 Dtz zu 3 fl 15 kr	Frauenstrümpfe	33 kr
[98] Lorenzimarkt 1685	Hans Georg Oitner, Nestler von Landshut	½ Dtz zu 3 fl 30 kr	Frauenstrümpfe Nr. 3	35 kr
132, 10. 6. 1685	Mathias Augustin	1 Dtz zu 6 fl 30 kr	Doppelte Frauenstrümpfe	35 kr
[62] 8. 4. 1685	Adam Schmidt	1 Paar	Nacarafarbene Frauenstrümpfe	35 kr

Quelle	*Kunde*	*Menge*	*Qualität*	*Preis pro Paar*
[57] 28. 3. 1685	Hanifstingl, Gärtner von Hellbrunn	1 Paar	Kleine Frauenstrümpfe	36 kr
[98] Lorenzimarkt 1685	Hans Georg Oitner, Nestler von Landshut	½ Dtz zu 3 fl 52 kr 2 pf	Frauenstrümpfe Nr. 2	36 kr
[56] 26.3.1685	Thoman Krempf von Dorfen	1 Dtz zu 7 fl 30 kr	Frauenstrümpfe Nr. 15	38 kr
[47] 21.2.1685	Doninik Groß, Kramer von Tüßling	1 Dtz zu 7 fl 30 kr	Nacara, Nr. 15	38 kr
[47] 21.2.1685	Doninik Groß, Kramer von Tüßling	1 Dtz zu 8 fl 15 kr	Frauenstrümpfe Nr. 18	41 kr
[56] 26.3.1685	Thoman Krempf von Dorfen	1 Dtz zu 8 fl 30 kr	Frauenstrümpfe Nr. 18	42 kr
[98] Lorenzimarkt 1685	Hans Georg Oitner, Nestler von Landshut	½ Dtz zu 4 fl 22 kr 22 pf	Breste Frauenstrümpfe Nr. 1	44 ½ kr
[192] 5.11.1686	Johann Ba. Pollin	1/3 Dtz zu 3 fl	Einfache, rote Frauenstrümpfe	45 k
[195] 21.11.1686	Höllschmidt	1 Paar	Einfache, rote Frauenstrümpfe	52 kr 2 pf
[196] 21.11.1686	Franz Primery	1/3 Dtz zu 4 fl	Frauenstrümpfe	1 fl
[212] 26.2.1687	Tuchscherer Jakob Lang	1 Paar	Nacarafarbene Frauenstrümpfe	1 fl

In der Strazza wurden explizit 19-mal *Männerstrümpfe* notiert. Die Männerstrümpfe hatten weitere Waden, größere Fußteile und waren länger als die Frauenstrümpfe. Dazu schreibt Krünitz 1821:

> *Der Form nach giebt es Manns=, Frauen= und Kinderstrümpfe, also große, mittlere, kleine und kurze Strümpfe. Bei den Männern gehen nämlich die Strümpfe bis über das Knie, den Frauen und Mädchen gewöhnlich bis unter das Knie, die Kinder= oder kleine Strümpf richten sich eben so nach beiden Geschlechtern, und die kurzen Strümpfe tragen die Männer zu den langen Beinkleidern und langen Unterbeinkleidern.*[859]

[859] Krünitz, Enzyklopädie, Bd. 176, 1841. Anzumerken ist, dass die Einteilung auch für das 17. Jahrhundert gilt, allerdings trug man(n) zum Zeitpunkt der Untersuchung im 17. Jahrhundert noch keine *langen Beinkleider.*

Preise der Männerstrümpfe

Quelle	*Kunde*	*Menge*	*Qualität*	*Preis pro Paar*
[183] 26.9.1686	Thomas Zauscher, Kramer aus Mühldorf a. Inn	½ Dtz. zu 1 fl 6 kr	Rote Männerstrümpfe, Nr. 6	11 kr
[183] 26.9.1686	Thomas Zauscher, Kramer aus Mühldorf a. Inn	½ Dtz. zu 1 fl 17 kr	Rote Männerstrümpfe, Nr. 5	13 kr
[200] 26.12.1686	Wolf Huber, Wirt von Pleiskirchen	1 Paar	Männerstrümpfe	20 kr
[192] 5.11.1686	Johann Ba. Pollin	½ Dtz. zu 2 fl 45 kr	Männerstrümpfe ohne Zwickel	28 kr
[224] 6.5.1687	Mathias Augustin	2 Dtz. zu 11 fl 40 kr	Einfache baumwollene Männerstrümpfe	29 kr
[10] 7.12.1684	Franz Schmidt	1 Paar	Ordinari baumwollene Männerstrümpfe	30 kr
[197] 4.12.1684	Martin Mayr, Wagnermeister	1 Paar	Rote Männerstrümpfe	30 kr
[45] 18.2.1685	Georg Hoffer, Kramer von Buchbach	½ Dtz. zu 3 fl	Ordinari Männerstrümpfe	30 kr
[192] 5.11.1686	Johann Ba. Pollin	½ Dtz. zu 3 fl 15 kr	Perlfarbene Männerstrümpfe	33 kr
[183] 26.9.1686	Thomas Zauscher, Kramer aus Mühldorf a. Inn	½ Dtz. zu 3 fl 40 kr	Perlfarbene Männerstrümpfe	37 kr
[224] 6.5.1687	Mathias Augustin	½ Dtz. zu 4 fl	Männerstrümpfe	40 kr
[166] 6.6.1686	Mathias Augustin	½ Dtz. zu 4 fl	Männerstrümpfe	40 kr
[45] 18.2.1685	Georg Hoffer, Kramer von Buchbach	½ Dtz. zu 4 fl	Mittlere Größe	40 kr
[224] 6.5.1687	Mathias Augustin	1 Dtz. zu 8 fl 45 kr	Einfache baumwollene Männerstrümpfe	44 kr
[224] 6.5.1687	Mathias Augustin	1 1/3 Dtz. zu 11 fl 45 kr	Männerstrümpfe Nr. 8	44 kr
[84] 6 6.1685	Breisel, Massing	1 Paar	Männerstrümpfe	45 kr
[224] 6.5.1687	Mathias Augustin	1 ½ Dtz. zu 14 fl 37 kr 2 pf	Baumwollene Männerstrümpfe Nr. 10	49 kr
[80] 28.5.1685	Jakob Groß, Kramer aus Gars am Inn	½ Dtz. zu 5 fl	Doppelte Männerstrümpfe	50 kr
[224] 6.5.1687	Mathias Augustin	1 Dtz. zu 10 fl	Doppelte baumwollene Männerstrümpfe	50 kr

Die neunzehn Einträge umfassen insgesamt 152 Paar Männerstrümpfe. Dabei fällt auf, dass sechsmal Baumwollstrümpfe verlangt wurden. Als Größen werden Nr. 5, 6, 8, 9 und 10 genannt. Zu den Farben gibt es wenig Hinweise, zweimal wurde perlfarben und dreimal rot als Strumpffarbe aufgeschrieben, der Großteil war wohl naturfarben und schwarz. Die Preise weisen wie bei den Frauenstrümpfen eine große Bandbreite auf. Sie schwanken zwischen 11 und 50 kr, aber im Gegensatz zu den Frauenstrümpfen liegen alle unter einem Gulden. Auch hier wurden die größeren Mengen von Kramern als Wiederverkäufer gekauft.

Breslauer Strümpfe sind in der Strazza 17-mal eingetragen. 1786 hat Breslau vor allem baumwollene Strümpfe für den Markt geliefert, ebenso Handschuhe und Mützen. Aber auch seidene Strümpfe kamen aus Breslau.[860] Die Schmidts boten ihrer Kundschaft rote Breslauer Strümpfe Nr. 2, weiße Breslauer Nr. 1, 2 und 3 und solche ohne Farbangabe in den Größen Nr. 1 und 2 an, wobei die Farbe Rot in dieser Kategorie nur einmal notiert wurde. Die Preise waren nach den Qualitäten 1 bis 3 gestaffelt, die Nr. 1 war am teuersten, die Nr. 3 am billigsten. Für die Weißen Nr. 1 verlangten die Schmidts für das Dutzend 9 fl. Johann Ba. Pollin ließ ein Viertel Dutzend im Wert von 2 fl 15 kr anschreiben,[861] das wären 45 kr pro Paar. Das einzige Paar, das einzeln verkauft wurde, war von der Sorte Breslauer Weiße Nr. 1; dafür berechneten die Schmidts der *Edtmüller Braut* 50 kr.[862] Von den Weißen Nr. 2 ließ der Mühldorfer Kramer Thomas Zauscher drei Paare für 1 fl 58 kr 2 pf anschreiben.[863] Das wäre ein Dutzendpreis von 8 fl bzw. ein Paarpreis von 40 kr. Die weißen Breslauer Strümpfe Nr. 3 waren die billigsten, denn das Dutzend kostete 6 fl 45 kr. Davon kaufte der Tüßlinger Kramer Jakob Dedutsch ein Dutzend auf Kredit.[864]

Für die Breslauer Nr. 1 verlangten die Schmidts einen Dutzendpreis von 8 fl 45 kr. Jakob Groß, Kramer aus Ampfing, nahm davon ein halbes Dutzend und blieb 4 fl 22 kr 2 pf schuldig. Für das halbe Dutzend No 2 ließ er 3 fl 52 kr 2 pf anschreiben, das hätte einem Dutzendpreis von 7 fl 45 kr entsprochen. Die Preise pro Paar beliefen sich auf 44 kr bzw. 39 kr.[865] Die roten Breslauer Strümpfe Nr. 2 kosteten pro Dutzend 8 fl 15 kr. Davon nahm Mathias Gottfried Schmidtberger ein halbes Dutzend, der Kauf wurde mit 4 fl 7 kr 2 pf in der Strazza notiert,[866] das wäre ein Preis pro Paar von 41 kr gewesen. Sechzehn Eintragungen beziehen sich auf *Münchner Strümpfe*. Es dürfte sich um Strümpfe aus der Strumpfproduktion in und um Schwabmünchen gehandelt haben, wo handgestrickte Baumwoll-

---

860 Gerhard Philipp Heinrich Norrmann, Geographisches und Historisches Handbuch der Länder-, Völker- und Staatenkunde. 1. Buch, Hamburg 1786, Sp. 1266, online: https://mdz-nbn-resolving.de/urn:nbn:de:bvb:12-bsb10622079-7., 19.06.2021.

861 [124] 22.11.1685.

862 [193] 10.11.1686.

863 [199] 13.12.1686.

864 [124] 1.11.1685.

865 [182] 23.9.1686.

866 [113] 17.10.1685.

strümpfe in Hausindustrie gestrickt wurden.[867] Elisabeth Plößl hält fest, dass die landwirtschaftlichen Stellen häufig zu klein waren und zu wenig abwarfen, sodass ein erheblicher Anteil der Kleinbauern sowie der landarmen und landlosen unterbäuerlichen Bevölkerung landwirtschaftliches durch gewerbliches Einkommen aus der textilen Heimindustrie ergänzte oder ausschließlich davon lebte. Einen großen Anteil daran hatte das Stricken in den Wintermonaten oder auch ganzjährig von Baumwollwaren wie Strümpfen, Nachthauben und Handschuhen.[868]

Nicht nur Augsburger Kapital, sondern auch das Kapital der Schwabmünchner Händler-Verleger hatte im *Staudengebiet*, einem landwirtschaftlich genutzten Hügelland südlich von Augsburg, ein ländliches Arbeitskräftepotential erschlossen.[869] Die Verleger besorgten das Rohmaterial, die Baumwolle, die im 18. Jahrhundert aus Ostindien über die Schweiz eingekauft wurde, und nahmen die fertigen Strümpfe zu einem zuvor festgesetzten Preis ab. Die weitere Bearbeitung wie färben, bleichen oder besticken wurde ebenfalls in Heimarbeit erledigt. Erste Belege von einer exportorientierten Strumpfstrickerei in Schwabmünchen stammen aus dem 17. Jahrhundert. 1675 boten drei Verkäufer aus Schwabmünchen (und einer aus Reichenbach im sächsischen Vogtland) baumwollene Strümpfe auf der Messe in Nördlingen an.[870] Schwabmünchner Strumpfhändler suchten nicht nur Absatzmärkte in der näheren Umgebung, sie besuchten auch die Frankfurter Messe.[871]

Die Nachfrage wuchs und handgestrickte Baumwollstrümpfe aus Schwabmünchen wurden zu Massenartikeln. In der zweiten Hälfte des 18. Jahrhunderts erreichte die Strumpfstrickerei in Schwabmünchen ihren Höhepunkt und machte den Augsburger Strumpfwirkern Konkurrenz.[872] Zünftige Augsburger Strumpfwirker beklagten sich über die *Landware*, zu der die handgestrickten Strümpfe aus Schwabmünchen gehörten.[873]

Schwabmünchner Strümpfe wurden Mitte des 18. Jahrhunderts nach Frankreich, Italien und in die Niederlande exportiert, ein zeitgenössischer Bericht

---

867 Die Einträge lauten auf „Minchner Strimpf", was an eine Produktion in München denken lässt. Es gab zwar etliche Stricker oder Strickerinnen in München, aber es entwickelte sich keine exportorientierte Produktion wie in Schwabmünchen. S. Elisabeth Plößl, Strümpfe stricken und Rosenkränze ketteln. Hausindustrie und Heimarbeit in Schwabmünchen und Umgebung, in: Walter Pötzl (Hg.), Bauern Handwerker Arbeiter, Beiträge zur Wirtschafts-, Sozial- und Bildungsgeschichte, Augsburg 2001, S. 173–187, hier S. 173. Für die Hilfe bei der Recherche bedanke ich mich bei Frau Dr. Gertraud Zull, Institut für Volkskunde München, und beim Stadtarchiv München.

868 Plößl, Strümpfe stricken, S. 173

869 Plößl, Strümpfe stricken, S. 173.

870 Wolfgang Zorn, Handels- und Industriegeschichte Bayerisch-Schwabens 1648–1870, Augsburg 1961, S. 101.

871 Plößl, Strümpfe stricken, S. 173.

872 Plößl, Strümpfe stricken, S. 173.

873 Reith, Arbeits- und Lebensweise, S. 34.

erwähnte, dass Schwabmünchen und die Dörfer in der Umgebung wegen der spinnenden und strickenden *Bauren* sehr bekannt seien.[874]

Genaue Zahlen über die im Textilgewerbe Tätigen gibt es nicht, aber Schätzungen zufolge standen um 1800 über zehn Prozent bis mehr als die Hälfte in irgendeiner Form in Verbindung mit dem Textilgewerbe.[875] Nach Elisabeth Plößl hatte auch Ende des 18. Jahrhunderts und im 19. Jahrhundert in dieser Region keine Technisierung stattgefunden, der Wirkstuhl war nicht eingeführt worden, da es genügend billige Arbeitskräfte gab.[876]

Die Schmidts verkauften die Münchner Strümpfe in Rot und in Weiß, mit oder ohne Zwickel, im Dutzend oder in Bruchteilen davon. Nur ein einzelnes Paar *rothe Minchner No 2* zum Preis von 36 kr haben die Schmidts für Hans Erl, den Salzburger Boten, eingetragen.[877] Der Dutzendpreis Münchner ohne Zwickel belief sich auf 2 fl 40 kr, von denen Johann Ba. Pollin ein halbes Dutzend abnahm.[878] Genauso viel verlangte man für *rothe Minchner Zwickhl*, von denen Pollin ebenfalls ein halbes Dutzend[879] einkaufte; das hätte einem Paarpreis von 14 kr entsprochen. Weiße Münchner mit Zwickel waren teurer und kosteten pro Dutzend 4 fl 24 kr, was einen Paarpreis von 15 kr ausmachte. Von dieser Sorte nahmen neben Pollin auch die Kramer Niklas Jaguz, Sebastian Stängl, Stefan Högl und Lorenz Groß[880] jeweils ein Dutzend. Es ergibt sich die Frage, ob mit dem Zwickel nur das Strickmuster gemeint war oder aber ein zusätzlich aufgestickter, schmückender Zwickel.

Zwölfmal wurde *Baumwolle* (mit einfachem oder doppeltem Faden gestrickt) namentlich als Material erwähnt. Dazu kommen noch sechs Nennungen unter der Kategorie der Männerstrümpfe. Baumwollene Strümpfe zählten zu den leichten und kühlen Sommerstrümpfen, wie auch die Seiden- und Zwirnstrümpfe.[881]

Baumwolle setzte sich nur langsam durch. Zander-Seidel hat für die Zeit von 1500 bis 1650 nur wenige Belege für Tisch-, Bettwäsche, bedruckte Decken, Frauenhauben, Zöpfe und Strümpfe aus Baumwolle gefunden. Häufiger verwendete man Baumwolle zur Wattierung von Wämsern, Bettdecken und Schlafhauben.[882]

Im 18. Jahrhundert waren die Hauptlieferanten von Baumwollstrümpfen Erlangen und einige Orte in Sachsen,[883] sowie die Salzburger Stadt Hallein (s. u.).

---

874 Plößl, Strümpfe stricken, S. 173. In Hallein war die Situation ganz ähnlich. Gerhard Ammerer, Alles was sich rührt, beschäftigt sich mit Baumwoll Stricken. Bemerkungen zum Halleiner Wollverlag im 17. und 18. Jahrhundert, in: Salzburg Archiv 2 (1986), S. 173–177.

875 Plößl, Strümpfe stricken, S. 174.

876 Plößl, Strümpfe stricken, S. 175–176. Vergleiche hierzu die ähnliche Situation in Mantua. Carlo Marco Belfanti, Fashion and Innovation: The Origins of Italian Hosiery Industry in the Sixteenth and Seventeenth Centuries, in: Textile History 27/2(1996), S. 132–147.

877 [10] 8.12.1684.

878 [124] 22.11.1685.

879 [124] 22.11.1685.

880 [119] 7.11.1685; [121] 15.11.1685; [113] 17.10.1685; [110] 8.10.1685.

881 Selheim, Ländliches Warenlager, S. 272.

882 Zander-Seidel, Textiler Hausrat, S. 398.

883 Selheim, Ländliches Warenlager, S. 279.

Die Preise, die die Schmidts für baumwollene Strümpfe verlangten, waren sehr unterschiedlich. Die Differenzen lassen sich wieder auf die Qualitäten und Farben zurückführen, die mit doppeltem Faden gestrickten Strümpfe waren teurer als die einfachen, die perlfarbenen teurer als die ordinari. Für ein Paar *dopplete,* die Veit Erber anschreiben ließ, nahmen die Schmidts 1 fl,[884] und etwas billiger (56 kr) waren die Strümpfe, die der Pfarrer von Floßing auf Kredit kaufte.[885] Daneben gab es auch preisgünstigere Baumwollstrümpfe für 19 kr bis 36 kr. Johann Ba. Pollin ließ z. B. ein Dutzend *ordinari* Strümpfe für 4 fl anschreiben,[886] das machte pro Paar 20 kr; die perlfarbenen Baumwollstrümpfe zu 36 kr pro Paar ließ der Metzgerknecht Sebastian Heninger anstehen.[887] Zweimal sind in der Strazza baumwollene Strümpfe Nr. 6 notiert. Der Käufer war wiederum Johann Ba. Pollin; er nahm jeweils ein halbes Dutzend Nr. 6 um 3 fl und um 2 fl 45 kr.[888]

Elf Einträge zu Strümpfen finden sich in der Strazza ganz ohne nähere Kennzeichnung von Art, Farbe oder Herkunft. Vielleicht waren dies die gängigen Modelle, sodass man nichts weiter dazuschrieb. Daneben gibt es weitere Einkäufe mit dem Hinweis auf Strümpfe mit und ohne Zwickel, in einem Fall sogar mit einem weißen Zwickel. Die billigsten darunter kosteten 14 kr, von denen Georg Sondermayer aus Ampfing 1 Paar mitnahm.[889] Die nächste Qualität kostete 22 kr bzw. 24 kr,und davon ging je einPaar an den Pfarrer von Lehen[890] und den Gärtner Hanfstängl von Hellbrunn bei Salzburg,[891] die den Betrag anstehen ließen. Ein Paar von der besseren Qualität zu 56 kr ließ Georg Reindl, Pedell aus Mühldorf a. Inn, anschreiben.[892] Strümpfe mit und ohne Zwickel waren preislich nicht sehr verschieden. Stephan Högl, Kramer aus Winhöring nahm ein Dutzend Strümpfe, ausdrücklich *ohne* Zwickel notiert, zum Dutzendpreis von 3 fl 20 kr,[893] das sind 17 kr pro Paar; Niklas Jaguz bezahlte für ein halbes Dutzend, ebenfalls *ohne* Zwickel, 2 fl 15 kr, zu einem Paarpreis von 23 kr.[894] Strümpfe mit einfachen Zwickeln sind nicht separat aufgeführt, aber ebenfalls 23 kr zahlte der Kramer Jakob Dedutsch aus Tüßling pro Paar Strümpfe *mit weißen* Zwickeln, von denen er ein Dutzend für 4 fl 20 kr anschreiben ließ.[895] Diese Preise entsprechen denen der Münchner Strümpfe.

Aus der Strazza lässt sich daher entnehmen, dass die Strumpfmode in Mühldorf modisch und farbenfroh war, wobei Rottöne überwogen. Es gab blaue, nacarafarbene, rote, scharlachfarbene, ordinarifarbene, perlfarbene, schwarze und natürlich

---

884 [168] 21.6.1686.
885 [130] 2.11.1685.
886 [192] 5.11.1686.
887 [63] 10.4.1685.
888 [192] 5.11.1686. Um einen Preisvergleich mit den Ponegger baumwollenen Frauenstrümpfen Nr. 6 zu ermöglichen, sind die Dutzendpreise, die die Schmidts verlangten, errechnet.
889 [18] 6.1.1685.
890 [39] 9.2.1685.
891 [57] 28.3.1685.
892 [219] 29.3.1687.
893 [113] 17.10.1685.
894 [119] 7.11.1685.
895 [117] 1.11.1685.

weiße Strümpfe. Schwarze Strümpfe trug man bei Beerdigungen und bei feierlichen Gelegenheiten.[896]

Elf Einträge betreffen *Mantuaner Strümpfe*. Der Import von italienischen Strümpfen war weit verbreitet. Zander-Seidel hat für die Zeit von 1500 bis 1650 festgestellt, dass es sich bei gestrickten Seidenstrümpfen überwiegend um italienische Importware aus Mailand, Verona, Lucca und Venedig handelte.[897] Der Tuchhändler Franz Anton Spängler hatte 1784 mehrere italienische Qualitäten anzubieten, so hatte er z. B. Neapolitaner Strümpfe und braun gestrickte Strümpfe aus Parma oder nach dieser Art gefertigte am Lager.[898] Mantua war das Zentrum der verlegten Strumpfwirkerei in Italien, davor war die Stadt bei den handgestrickten Strümpfen und Baretten führend gewesen.[899]

Geht man nach den Eintragungen in der Strazza, so war die Farbe rot (fünfmal *rot* und sechsmal *karmesinrot*) das auffälligste Merkmal der Mantuaner Strümpfe. Rote Strümpfe dürften außerordentlichen Anklang gefunden haben, denn Bohn schreibt über den Export von Hamburger Strümpfen noch zu Beginn des 19. Jahrhunderts: *der stärkste Absatz geht aber nach Italien, wo man sie auf allen Messen findet und die scharlachrothen am meisten gesucht werden.*[900]

Auch die Kundschaft der Schmidts in Mühldorf liebte rote Strümpfe. Gekauft wurden sie nicht allein von Frauen, sondern auch von Männern, die sie wohl auch selbst getragen haben. Kramer aus der Umgebung von Mühldorf erwarben ebenfalls rote Mantuaner Strümpfe zur Weiterveräußerung an ihre eigene Kundschaft.

Prodinger und Heinisch halten rote Strümpfe Ende des 18. Jahrhunderts für eine *altertümliche Farbe*, die es *merkwürdigerweise für alte Frauen* gäbe, dem gegenüber stellen sie aber den Befund, dass auf den Aquarellen der Kuenburg-Sammlung eine junge Tänzerin in St. Johann und eine Pinzgauer Bäuerin im Winter rote Strümpfe getragen hätten.[901] Bei den Männern habe nur der Erzbischof in Zivil rote Strümpfe getragen. *Bei einigen Hofbediensteten gehörte Rot auch zur alten spanischen Tracht. Ein Unteroffizier trägt gleichfalls rote Strümpfe.*[902]

Die Preise der Mantuaner Strümpfe waren bei den Schmidts sehr unterschiedlich, sie bewegten sich zwischen 17 kr und 1 fl 20 kr. Die Preisunterschiede hingen von der Qualität und der Machart ab, ob aus Wolle von Hand gestrickt oder aus Seide gewirkt, und vielleicht auch vom Färbemittel, denn Krapp war billiger als Cochenille.

---

896 Selheim, Ländliches Warenlager, S. 283.
897 Zander-Seidel, Textiler Hausrat, S. 214–215.
898 Reith, Verlassenschaftsinventar Spängler, S. 94.
899 Belfanti, Fashion and Innovation, S. 133 u. 142. Auch in Mantua war die hohe Zahl der zur Verfügung stehenden, billigen Arbeitskräfte der Grund dafür, dass wie in Schwabmünchen keine Technisierung der Produktion stattfand.
900 Bohns Waarenlager, Bd. 2, S. 895.
901 Prodinger, Heinisch, Gewand und Stand, S. 42.
902 Prodinger, Heinisch, Gewand und Stand, S. 42. Möglicherweise gehörten rote Strümpfe auch in Mühldorf zur Amtstracht, denn der Gerichtsschreiber von Mörmoosen [13] 2012.1684 und der Kapellenmesner Johannes kauften solche bei Schmidt [17] 6.1.1685.

Zeitpunkt	*Kunde*	*Menge*	*Qualität/ Bezeichnung?*	*Preis pro Paar*
[7] 28.11.1685	Dominik Groß, Kramer von Tüßling	2/3 Dtz. zu 2 fl 15 kr	*Carmesin Manduaner*	17 kr
[7] 28.11.1684	Dominik Groß, Kramer von Tüßling	1 Dtz. zu 8 fl 45 kr	*Gemaine roth Mantuaner*	44 kr
[096] 4.11.1685	Thomas Zauscher, Kramer aus Mühldorf	1 Dtz. zu 9 fl 15 kr	*Roth Mantuaner Strimpf*	46 kr
[17] 6.1.1685	Johannes, Kapellenmesner	1 Paar	*Rote mantu(aner)*	48 kr
[21] 9.1.1684	Franz Brothuber	1 Paar	*Manduaner Stpf.*	50 kr
[4], November 1684	Johann Högl, Kramer von Ebersberg	1/3 Dtz. zu 3 fl	*Roth Mantuaner*	1 fl
[12] 15.12.1684	Herrn Josephen Köchin	1 Paar	*Carmesin Mantuana*	1 fl 6 kr
[124] 20.11.1685	Schwarz Maria, Botin	1 Paar	*Carmesin Strimpf Manduaner*	1 fl 10 kr
[13] 20.12.1684	Gerichtsschreiber von Mörmoosen	1 Paar	*Carmesin Mantu(aner) Stpf.*	1 fl 15 kr
[111] 15.10.1685	Schwarz Maria, Botin	2 Paar	*Carmesin roth Manduaner Stpf.*	1 fl 20 kr
[110] 12.10.1685	Dominik Groß, Kramer aus Tüßling	1/3 Dtz.	*Manduaner carmesin*	ohne Preis

Zehn Eintragungen bezeichnen *englische Strümpfe*, fünf davon nennen Frauenstrümpfe in den Größen Nr. 11, 15 und 18. Als Farben bzw. Musterung sind eisengrau, tristaminfarben und gestreift angegeben. Die Preise sind vergleichsweise hoch. Die eisengrauen, *gepresten* Strümpfe, die Herr Kielenhauser anschreiben ließ, kosteten 1 fl 30 kr das Paar.[903] Derselbe Preis wurde Meister Dominik für ein Paar tristaminfarbener Strümpfe angerechnet.[904] Da der Kauf im August getätigt wurde, könnte es sich um die kühleren Seidenstrümpfe gehandelt haben. 1 fl 20 kr zahlte der Gärtner Hanfstängl von Hellbrunn für ein Paar englische Frauenstrümpfe.[905] Für ein Paar englische modo Strümpfe blieb Niklas Jaguz, ein Kramer aus Tüßling, 1 fl 10 kr schuldig.[906]

Am billigsten waren die Frauenstrümpfe Nr. 11, von denen Jakob Dedutsch, Kramer aus Tüßling und Stammkunde bei den Schmidts, ein Dutzend für 7 fl anschreiben ließ, das wären 35 kr pro Paar gewesen. Dedutsch kaufte auch noch jeweils ein Dutzend Frauenstrümpfe Nr. 15 zu 39 kr und Nr. 18 zu 43 kr das

903 [3] 17.11.1684.
904 [99] 18.8.1686.
905 [57] 28.3.1685.
906 [119] 7.11.1685.

Paar.[907] Die Nr. 18 gab es aber auch zu einem Paarpreis von 45 kr, wofür der Händler Peter Schwarz aus Wörgl in Tirol ein Dutzend bezog.[908] Anders als bei den Breslauer Strümpfen galt hier eine andere Preisgestaltung: je höher die Nummer, umso höher der Preis.

52 kr verlangten die Schmidts für ein einzelnes Paar englischer Strümpfe ohne weitere Klassifizierung, das ein Kunde aus Lochen namens Widteer (?) bei den Schmidts kaufte und anstehen ließ. Ein halbes Dutzend gestreifte, gestrickte Strümpfe bezog der Kramer Mathias Gebhard aus Trostberg, ihm wurden 76 kr pro Paar in Rechnung gestellt.[909]

Es ist nicht verwunderlich, dass der gute Ruf der englischen Strümpfe andernorts zur Nachahmung anregte. So lässt sich für Poneggen nachweisen, dass laut einer Inventarbeschreibung vom 31. Dezember 1733 *5 Loth (!) von Englischen Strümpfen beym Strüken* und *15 Paar Englisch glatte Mannsst[rümpfe]* in der Walke seien.[910] Feinheit, Dauerhaftigkeit und gutes Aussehen der englischen Strümpfe waren auf die sorgfältige Herstellung des Garnes bereits beim Spinnen und auf die besondere, weitere Bearbeitung einschließlich der Appretur zurückzuführen.[911]

Sechsmal tauchen *Modo Strümpfe* auf, darunter zweimal feine modi bzw. modo Strümpfe. Damit waren wohl modische, aktuelle Strümpfe gemeint. Die günstigsten zu 40 kr das Paar kaufte die *Wallenbergerin*.[912] 65 kr pro Paar zahlte Johann Ba. Pollin, der davon drei Paar nahm und 3 fl 15 kr schuldig blieb.[913] Vier Paare zu je 78 kr ließ der Kramer Mathias Gebhard am Simonymarkt (im Oktober) 1686 anschreiben.[914] Der Kramer aus Tüßling, Jakob Dedutsch, nahm vier Paare zu einem Paarpreis von 80 kr.[915] Die teuersten wählten der Pfarrer von Lohkirchen[916] und der Stiftsverwalter von Mühldorf[917] aus, sie nahmen jeweils ein Paar zu 2 fl.

Ab dem 16. Jahrhundert entwickelte sich in *Hallein* ein bedeutendes Baumwollverlagswesen. Die Verleger beschafften die naturfarbene oder bereits blau gefärbte Baumwolle, die aus Zypern, Mazedonien oder Smyrna kam, und gaben sie in Hallein an die Berufsgruppe der Streicher weiter, die sie reinigten und zum Spinnen aufbereiteten. Spinnerinnen produzierten das Garn, aus dem die Stricker und Strickerinnen Strümpfe, Socken, Jacken, Hosen und Mützen strickten. Wäscherinnen wuschen die fertigen Strümpfe. Als letzter Arbeitsgang schloss die Veredelung durch das Besticken der Zwickel mit Blumen an. Die Verleger nahmen die Fertigprodukte zu einem festgelegten Preis ab und organisierten den

---

907 [49] 23.2.1685.
908 [59] 29.3.1685.
909 [175] 10.8.1686.
910 Grüll, Poneggen, S. 130–131.
911 Bohns Waarenlager, Bd. 2, S. 890.
912 [216] 14.3.1687.
913 [124] 22.11.1685.
914 [190] Simonymarkt 1686.
915 [49] 23.2.1685.
916 [110] 9.10.1685.
917 [50] 24.2.1685.

Absatz. Beschäftigte aus dem Salzbergbau, ärmere Bauernfamilien und städtische Inwohner betrieben die Baumwollstrickerei im Nebenerwerb, Halleiner Bürger stiegen als Verleger ein. Die Waren wurden in die angrenzenden Habsburger Länder, nach Bayern und auf die Frankfurter bzw. Leipziger Messen exportiert. Mitte des 18. Jahrhunderts stockte der Absatz und die Produktion in Hallein ging zurück, bis die Strumpfstrickerei in Hallein Ende des 18. Jahrhunderts zum Erliegen kam.[918]

Besonders die Strümpfe waren wegen ihrer reinen weißen (Salzlakenbeize) und blauen Farbe (Indigo-Urinbeize) bekannt. Die bereits erwähnte Ponegger Strumpfmanufaktur musste sich an dieser Qualität messen lassen. Im Jahre 1768 legte die Wiener Kommerzkonseß-Aufsichtsbehörde dem Ponegger Fabrikbetreiber die Halleiner Strümpfe als Muster und Vorbild vor und forderte die Einführung der Blaufärbung wie in Hallein, um den Absatz zu erhöhen.[919]

Trotz des guten Rufs sind in der Strazza nur zwei Eintragungen zu finden, die man mit Hallein in Verbindung bringen könnte. Einmal wurden ein Paar perlfarbene *hällinger Strimpf* zu 45 kr erworben,[920] dann ließ Hieronymus Heilrath, Adam Schmidts späterer Schwiegervater, ein Paar schwarze *Ha: strimpf* für 1 fl 10 kr anschreiben, aber in beiden Fällen handelt es sich nicht um die Farben blau oder weiß, für die die Halleiner Produktion berühmt war, sondern um perlfarben und schwarz.

Im Keltenmuseum Hallein befinden sich zwei Paar blaue und drei weiße Strümpfchen der zweiten Hälfte des 18. Jahrhunderts (12–15 cm lang), die aus einer Musterkollektion eines Halleiner Baumwollwarenhändlers stammen und die Funktion eines heutigen Warenkatalogs hatten. Sie sind die einzigen materiellen Quellen zur Halleiner Strumpfproduktion.[921]

Ein Hauptort der Strumpfproduktion war auch *Apolda* in Sachsen.[922] In der Strazza ist allerdings nur einmal ein Paar Strümpfe aus Apolda um 45 kr notiert worden, es ging an Niklas Jaguz.[923]

Kurze Strümpfe oder *Socken* trugen die Männer zu den langen Beinkleidern und Unterbeinkleidern.[924] Zander-Seidel fand zwar Socken und Strümpfe in den Nachlassinventaren von 1500 bis 1650 verzeichnet, konnte aber zur Länge und Tragweise von Socken, Strümpfen und Streifflingen in ihren Quellen keine eindeutigen Anhaltspunkte feststellen.[925] Dagegen macht das Deutsche Wörterbuch klar, dass Socken im Gegensatz zu Strümpfen nur bis zum Knöchel reichten. Nach dem *Deutschen Wörterbuch* (DWB) von Jacob und Wilhelm Grimm und

918 Ammerer, Alles was sich rührt, S. 173–177.
919 Grüll, Poneggen, S. 96.
920 [62] 8.4.1685. Die Zeile ist sehr schwer zu entziffern.
921 Krainer, Hutter, Halleiner Strümpfe.
922 Selheim, Ländliches Warenlager, S. 284–285. S. a. Reith, Lohn und Leistung, S. 155.
923 [163] 28.5.1686.
924 Krünitz, Enzyklopädie, Bd. 176, 1841.
925 Zander-Seidel, Textiler Hausrat, S. 213. Streifflinge kommen in der Strazza nicht vor.

nach Krünitz gab es offenbar zwei verschiedene Formen von Socken – am Fuß und über dem Schuh zu tragen.[926]

Socken werden auch diejenigen Ueberzüge von Wolle, Tuch, Filz etc. genannt, die man über oder unter die Strümpfe, über die Schuhe oder Stiefeln etc. zieht, und die nicht weiter gehen, als der Fuß, oder Schuh. Man hat gestrickte, gewebte, auch von Leinen, und auch von Tuch genähete. Die leinenen dienen, um sie über einen schweißigen Fuß zu ziehen, das heißt, man zieht sie über die bloßen Füße. Sowohl diese, als die gestrickten, nennt man Strumpfsocken. Diejenigen Socken, welche von Haaren oder grober Wolle so weit gestrickt worden, daß man sie über die Schuhe ziehen kann, werden auch Pariser, Filzsocken etc. genannt. Diese Letztern werden um der Wärme willen, besonders des Winters, statt Pantoffeln oder Pantoffelschuhe getragen, und haben eben den Nutzen, den die Englischen Patins haben, weil man damit die Zimmer oder Stuben reinlich erhalten kann, wenn man schmutzige Schuhe hat.[927] In dieser zweiten Funktion als Überzieher über die Schuhe sind sie uns kaum mehr bekannt.

Krünitz erklärt auch, wo man die Socken beziehen konnte. *Man kaufte die Socken aus Tuchecken, Salbenden oder Salleisten (aus Webkanten) gefertigt in großen Städten von den Verfertigern derselben, die sie nicht nur auf den Straßen herumtragen, sondern auch in ihren Wohnungen etc. feil haben. Die Socken von Filz bekommt man bei den Hutmachern und Huthändlern, sowohl schwarz gefärbt, als auch in ihrer natürlichen Farbe. Die Socken von Wolle etc. kauft man bei den Strumpfstrickern, Strumpfwebern etc.*[928]

105 Eintragungen in der Strazza erwähnen den Verkauf von Socken. Die Schmidts boten ein Sortiment an, das die Produktionslandschaft europaweit abbildete, darunter Böhmen, Mähren, Krain und Österreich sowie England.[929]

Die Preise waren je nach Qualität unterschiedlich: Die böhmischen, Breslauer und mährischen Socken lagen im unteren bis mittleren Preissegment, wogegen die englische und Iglauer Ware das Doppelte oder noch mehr kostete.

42 von 105 Sockenverkäufen betrafen böhmische Ware, die überwiegend als *böhmische Socken* (36 Mal) und nur vereinzelt mit einem Farbvermerk – blau, braun oder schwarz – notiert wurden. Die böhmischen Socken bewegten sich preislich bei 40 kr bis 50 kr für ein Paar. Ein Paar Frauenstrümpfe, die Hans Weglechner anstehen ließ, kostete 50 kr.[930] 48 kr blieb *unser Knecht Mathiß*, der Knecht der Schmidts, für ein Paar böhmische Socken schuldig.[931] Außerdem verkauften die Schmidts böhmische Socken für 45 bis 40 kr pro Paar.[932]

---

[926] Grimm, DWB, Bd. 16, Sp. 1389–1393.
[927] Krünitz, Enzyklopädie, Bd. 155, 1832.
[928] Krünitz, Enzyklopädie, Bd. 155, 1832.
[929] Johann Andreas Demian, Statistik des Österreichischen Kaisertums, Leipzig 1820, S. 100, online: https://mdz-nbn-resolving.de/urn:nbn:de:bvb:12-bsb10012148-3., 19.06.2021.
[930] [208] 28.1.1687.
[931] [8] 30.11.1684.
[932] [106] 23.9.1685; [17] 2.1.1685, [8] 3.12.1684, [166] 12.6.1686.

14-mal ließen die Kunden und Kundinnen *Iglauer Socken* in den Farben braun, grau und perlfarben anschreiben. Die Iglauer Socken scheinen von einer sehr guten Qualität gewesen zu sein, denn die Preise lagen fast alle über 1 fl und unterschieden sich preislich nicht so sehr von den englischen, im Einzelfall waren sie sogar teurer als die englischen Socken. Auf jeden Fall handelte es sich um eine weitaus bessere Qualität als die handgestrickten böhmischen Socken, wahrscheinlich war es gewirkte Ware.

Socken um 1 fl wurden öfters notiert, so ließ das Kloster Seeon sechs Paar Iglauer Strümpfe für insgesamt 6 fl anstehen.[933] Auch der Landshuter Nestler Hans Georg Oittner, von dem die Schmidts die Nesteln bezogen, kaufte ein Dutzend Socken um 12 fl.[934] Weitere Iglauer Socken wurden zu unterschiedlichen Preisen bis zu 1 fl 14 kr pro Paar angeschrieben.[935]

Sieben Einträge verweisen auf den Verkauf von *englischen Socken* auf Kredit. Die englischen Socken lagen wie die Iglauer im oberen Preisbereich. Die Schmidts verlangten für ein Paar perlfarbene, gewalkte englische Socken 50 kr.[936] Iglauer perlfarbene Socken kosteten dagegen sogar 1 fl das Paar.[937] Dies ist ein Beispiel dafür, dass die Iglauer Ware im Einzelfall sogar um einige Kreuzer teurer war als die englische. Nicola Philipp, der Schneider von Dorfen, nahm ein halbes Dutzend ebenfalls für 1 fl das Paar.[938] Auch der Nestellieferant und Stammkunde Hans Georg Oittner aus Landshut nahm 1 ¼ Dutzend dieser Qualität.[939] Die teuerste Qualität ließ der Pfarrer von Floßing anschreiben. Er nahm ein Paar englische, wahrscheinlich schwarze Socken für 1 fl 30 kr das Paar.[940] Der Pflegsverwalter von Mühldorf ließ ebenfalls ein paar schwarze englische Socken für 1 fl 30 kr anstehen,[941] und auch *die hochl. Herrn Jesuiter* bevorzugten schwarze englische Socken für 1 fl 30 kr das Paar.[942]

Die Schmidts hatten auch noch *Breslauer Socken* im Angebot in den Größen Nr. 1, Nr. 2 in Weiß und Nr. 7, ebenfalls in Weiß. Die Breslauer Socken wurden fünfmal notiert. Von den Nr. 1 nahm der Schmied von Wasserburg, Mathäus Gottfriedt, ein halbes Dutzend zum Preis von 48 kr pro Paar.[943] Dazu nahm er noch ein halbes Dutzend Breslauer Nr. 2 für 38 kr. Barth. Stadler ließ ein Drittel Dutzend (= 4 Paar) Breslauer Strümpfe in Weiß, pro Paar für 44 kr, dazu noch ein Drittel Dutzend Nr. 7 in Weiß für 39 kr pro Paar anschreiben.[944]

933 [185] 6.10.1686.
934 [98] Lorenzi-Markt 1685.
935 [12] 17.12.1684.
936 [2] 22.11.1684.
937 [185] 6.10.1686.
938 [112] 13.10.1685.
939 [98] Lorenzimarkt 1685.
940 [127] 30.11.1685.
941 [198] 8.11 1686.
942 [179] 29.8.1686.
943 [104] 16.9.1685.
944 [182] 23.9.1686

Außerdem führten die Schmidts noch *mährische Socken*, die gerade aktuellen *modo* Socken sowie *feine* Socken. Ein Eintrag betraf *Zwillichsocken*, vermutlich aus starkem Flachsgarn gestrickt. Einige Male wurden Knabensocken angeschrieben. Es ist anzunehmen, dass diese Sorten aus einfacher, grober Schafwolle handgestrickt waren. Von den mährischen Socken, die nur zweimal notiert wurden, nahm der Augsburger Simon Ablama 26 Dutzend, die in ein *ballerl* verpackt wurden. Er zahlte dafür pro Dutzend 8 fl 30 kr, pro Paar rund 42 kr, insgesamt 221 fl.

Zu den vorgefertigten Kleidungsstücken wären auch *Mützen* zu zählen. Bis zur Mitte des 16. Jahrhunderts waren die Strumpfstricker und Barettmacher meist in einer Zunft vereint.[945] Im Laufe der Zeit haben die Barettmacher an Bedeutung verloren, denn das Barett als Kopfbedeckung wurde Mitte des 16. Jahrhunderts unmodern und durch gestrickte Wollmützen oder Hüte ersetzt. So sind die Barettmacher beispielsweise 1683 aus der Frankfurter Ordnung verschwunden.[946] Selheim erwähnt die Produktion von Kappen bzw. Hauben aus Wolle oder Baumwolle seit dem Ende des 17. Jahrhunderts in Erlangen durch geflüchtete Hugenotten, die die Kenntnis der Strumpfwirkerei mitbrachten und sie im 18. Jahrhundert zu einer wirtschaftlichen Blüte führten.[947]

Neben den auf Flachwirkstühlen hergestellten Strümpfen, die von Hand zusammengenäht waren und teilweise noch von Blumennäherinnen bestickt wurden, umfaßte die Produktionspalette auch Hauben beziehungsweise Kappen, Handschuhe, Hosensäcke, Westen, Frauenunterröcke und Kinderkleider.[948]

Elfmal haben die Schmidts Hauben, Kappen oder Mützen auf Kredit verkauft. Es handelte sich dabei wohl um gestrickte, wollene Kopfbedeckungen, vielleicht auch Nachtmützen für Männer, aber die Formen sind aus den Einträgen nicht zu erschließen. Einen Hut für 45 kr hat Adam Schmidt für sich selbst genommen,[949] ebenso ein *grienes heibel* um 11 kr.[950] Die Farbe Grün war sehr beliebt, denn alle verkauften Kappen waren in dieser Farbe. Außerdem unterscheiden die Einträge glatte und gekrauste Formen. Das könnten die in Österreich erzeugten grünwollenen Mützen gewesen sein, die Bernward Deneke, auf Ludovici basierend, erwähnt.[951] *Grien crauste heipl* nahm der Kramer Ignatz Plaichshirn, ein Dutzend

---

945 Gestrickte Barette, Strümpfe, Handschuhe und Camisoljacken waren die wesentlichen Kleidungsstücke, die zwischen 1500 und 1650 als „Konfektionsware" auf dem Markt waren, und jene Stücke, die die Stricker innerhalb von zwölf Wochen als Meisterstücke anzufertigen hatten. Zander-Seidel, Textiler Hausrat, S. 101. Das Barett wurde Mitte des 16. Jahrhunderts unmodern und durch die gestrickte wollene Mütze ersetzt. Reith, Strumpfstricker und Strumpfwirker, S. 234.

946 Reith, Strumpfstricker und Strumpfwirker, S. 234.

947 Christoph Friederich (Hg.), 300 Jahre Hugenottenstadt Erlangen. Vom Nutzen der Toleranz. Ausst. im Stadtmuseum Erlangen 1.6.-23.11.1986.

948 Selheim, Ländliches Warenlager, S. 277.

949 [97] 5.8.1685.

950 [2] 17.11.1684.

951 Bernward Deneke, Bemerkungen zur Geschichte vorgefertigter Kleidung, in: Zeitschrift für Waffen und Kostümkunde 29 (1987), S. 68–73, hier S. 70.

um den Stückpreis von 13 kr.[952] Der Kramer Thomas Zauscher war über die Jahre verteilt der Hauptabnehmer von Kappen. Er kaufte 1685 drei Stück *grine glatte käpel* zum Stückpreis von 7 kr 2 pf[953] und *griene gemaine kappel* zu 10 kr, davon ließ er 1/3 Dutzend anstehen.[954] 1684 hatte er zwei *doplete hoipl* zu je 24 kr anstehen lassen.[955] Auch der Metzgerknecht Sebastian Heninger kaufte sich ein *grienes khapel* für 12 kr auf Kredit.[956]

Handschuhe wurden wie Strümpfe und Socken in Damen-, Herren- und Kindergrößen hergestellt. Sie waren aus verschiedenen Materialien wie Leder, Fell, Baumwolle oder Seide geschneidert, gewirkt oder handgestrickt. Es gab Fingerhandschuhe, Handschuhe mit Klappen statt der Fingerspitzen (wohl ähnlich der Handschuhe, die die Marktleute heute noch tragen, um die Fingerspitzen zum besseren Greifen frei zu haben) und Fausthandschuhe, außerdem konnten Handschuhe auch parfümiert gewesen sein.[957]

Zander-Seidel hat bei ihren Untersuchungen zum 17. Jahrhundert Belege für lederne, wollene, pelzgefütterte, gestrickte und Samthandschuhe gefunden. Allerdings fand sie keinerlei Angaben zum Aussehen und zum Gebrauch. Es bleibt offen, ob es sich um Finger- oder Fausthandschuhe gehandelt hat oder sogar um eine Variante, die sie um 1500 häufig auf Abbildungen nachweisen kann und bei der neben dem Daumen zwei weitere Abteilungen für die restlichen vier Finger der Hand vorhanden waren. Bei den frühen Belegen, die sie fand, handelte es sich ausschließlich um Handschuhe des täglichen Gebrauchs. Sie hatten noch nichts mit den im 16. Jahrhundert auch vom Bürgertum übernommenen Attributen einer höfisch geprägten Mode zu tun.[958]

23 Einträge in der Strazza betreffen Handschuhe. Aus den Eintragungen lässt sich nicht ablesen, ob es sich um Frauen-, Männer- oder Kinderhandschuhe handelte. Das verarbeitete Material dürfte wohl Wolle gewesen sein, bis auf ein Paar, das eindeutig als baumwollenes beschrieben wird. Als Farben werden schwarz, perlfarben und tristaminfarben genannt. Ein Eintrag lautet *Marsche* Handschuhe, dies konnte bisher nicht entschlüsselt werden.

Für Handschuhe ohne genauere Kennung verlangten die Schmidts bis zu 28 kr das Paar. Davon ließ die Organistin ein Paar anschreiben.[959] Der Pfleger von Mühldorf, Herr Maroldt, ließ zwei Paare zum Paarpreis von 18 kr anstehen.[960] Zu einem Vorzugspreis von 13 kr 3 pf nahm sich der Seniorchef Franz Schmidt ein Paar Handschuhe.[961]

---

952 [5] 25.11.1684.
953 [75] 16.5.1685.
954 [111] 10.10.1685.
955 [12] 20.12.1684.
956 [63] 10.4.1685.
957 Ludovici, Akademie, Teil 3, 1767, Sp. 245–254, hier Sp. 248–249.
958 Zander-Seidel, Textiler Hausrat, S. 239 u. 240.
959 [73] 12.5.1685.
960 [12] 12.1.1685.
961 [60] 3.4.1685.

Die Preise waren lange Zeit einigermaßen stabil, denn Spiegel erwähnt, dass die Freifrau von Vieregg in der Mitte des 18. Jahrhunderts für einfachere Handschuhe 15 kr und für bessere Qualitäten 30 kr gezahlt habe.[962] Die teuersten Handschuhe im Angebot der Schmidts waren die gefransten schwarzen zu 34 kr das Paar, wovon das Kloster Seeon drei Paar anschreiben ließ.[963] Ähnlich teuer mit 36 kr waren die *modo* Handschuhe, die der Herr Pflegsverwalter auf Kredit nahm.[964] Feine Handschuhe kosteten 29 kr das Paar. Davon kaufte Friedrich Edtenhover ein Dutzend und ließ sie anschreiben.[965] Bei diesem Einkauf nahm Herr Edtenhover auch noch ein Dutzend ordinari Handschuhe, die aber auch noch 24 kr das Paar kosteten. Ignatz Plaichshirn erstand vier Paar modo Handschuhe um 28 kr das Paar,[966] und ein Jahr zuvor hatte er drei Paar Handschuhe mit Fransen ebenfalls für 28 kr anstehen lassen.[967]

Zur Nutzung der Handschuhe verweist Beate Spiegel auf Frau von Vieregg um die Mitte des 18. Jahrhunderts: Sie hatte Handschuhe in Weiß erstanden. Damit waren Handschuhe gemeint, die entweder angezogen oder in der Hand als schmückendes Accessoire gehalten wurden. Sie waren nicht zum täglichen Gebrauch bestimmt, sondern verwiesen auf einen Lebensstil, der nicht auf die Arbeit der eigenen Hände angewiesen war.[968] Die bei Schmidt gekauften Handschuhe dürften wohl überwiegend zum Wärmen bzw. zum Schutz der Hände gedient haben.

Einkauf

Die Schmidts hatten ein großes Angebot an Strümpfen und Socken in ihrem Gewölbe. Es gab Strümpfe in Wolle, Baumwolle, Halbseide und Seide, handgestrickte, aber auch gewirkte, solche für beide Geschlechter und für Kinder, in vielen Farben, aber sehr viele in Schwarz. Die Preise entsprachen der Qualität des Materials, der Länge, der Farbe und der Herkunft. Socken und Strümpfe ließen sich das ganze Jahr über verkaufen, aber der Großteil der Transaktionen fand in den Monaten November und Dezember statt. Die Schmidts boten Strümpfe und Socken aus vielen europäischen Textil- und Gewerbelandschaften an, was sich an den Bezeichnungen der Waren ablesen lässt. Aber welcher Großhändler sie konkret belieferte bzw. auf welchen Messen und Märkten sie einkauften, erfahren wir nicht.

Adam Schmidt kaufte ein Paar leibfarbene Seidenstrümpfe ohne Zwickel für 4 fl ein.[969] Wo? Hatte er sie für sich selbst gekauft oder waren sie als Muster für den

962 Spiegel, Adliger Alltag, S. 286.
963 [107] 30.9.1685.
964 [194] 13.11.1686.
965 [2] 22.11.1684.
966 [185] 4.10.1686
967 [101] 1 9.1685.
968 Spiegel, Adliger Alltag, S. 286.
969 [139] 10.2.1686.

Laden gedacht?[970] Eindeutig für den Weiterverkauf im Geschäft ist der Einkauf von einem Dutzend böhmischer Socken für 8 fl ebenfalls durch Adam Schmidt anzusehen,[971] das wären 40 kr pro Paar. Im Verkauf kosteten böhmische Socken zwischen 40 kr und 50 kr. Von Andre Janz, einem Tuchbereiter aus München, bezogen die Schmidts zweimal zwei Dutzend Zwickelstrümpfe,[972] und aus Gern bei Eggenfelden *sind anhero kommen* ein Dutzend *ungebreste* Hamburger und 2/3 Dutzend karmesinrote *Hamburger Strümpfe.*[973] Der Gerner Markt war also auch für den Bezug von Textilwaren von Bedeutung.

Über den Einkauf der Handschuhe lässt sich auch nichts aus der Strazza herauslesen. Allerdings bekam der Kramer Thomas Zauscher Geld aus der Kasse für ein Paar baumwollene Handschuhe. Möglicherweise war dieses Paar als Muster gedacht.[974]

Die sachgerechte Lagerung von Handschuhen war offenbar nicht einfach: Die Handschuhe mussten in doppeltes Papier eingeschlagen werden, damit die Farben nicht ausbleichen konnten. Außerdem musste der Lagerraum sehr trocken sein, denn in einem feuchten Raum bekamen die Handschuhe Stockflecken, die nicht mehr zu entfernen waren, dadurch wären die Handschuhe verdorben und nicht mehr zu verkaufen gewesen. Auch wirkte sich die in der Luft enthaltene Kohlensäure nachteilig auf das Weiß der ungefärbten Handschuhe aus.[975]

5.1.6 Der Erwerb von Kleidung

Es kann nicht vor Mitte des 19. Jahrhunderts von Konfektionsware, einer nach einheitlichen Maßen auf Vorrat genähten Kleidung, gesprochen werden.[976] Allerdings gibt es schon für das 14. Jahrhundert Belege in Form von Eintragungen im Handelsbuch der Regensburger Kaufmansfamilie Runtinger für den Handel mit Hosen und Hauben.[977] Für fertige, gebrauchte Kleidung gab es einen eigenen Markt.[978] Zander-Seidel betont, dass 1500 bis 1650 der Handel mit gebrauchten Kleidern sowie ein begrenztes Angebot an neuer Fertigkleidung neben der Maßschneiderei von Bedeutung waren.[979]

---

970 Ebenso als Muster könnte das Paar Strümpfe gedacht gewesen sein, das der Zinngießermeister Christoph (Seider) den Schmidts für 1 fl 18 kr überließ [44] 14.2.1685.

971 [198] 6.12.1686.

972 [187] 17.10.1686.

973 [68] 28.4.1685.

974 [172] 20.7.1686.

975 Selheim, Ländliches Warenlager, S. 290-291.

976 Deneke, Vorgefertigte Kleidung, S. 68.

977 Zander-Seidel, Hausrat, S. 376.

978 Georg Stöger, Sekundäre Märkte? Zum Wiener und Salzburger Gebrauchtwarenhandel im 17. und 18. Jahrhundert (Sozial- und Wirtschaftshistorische Studien, Bd. 35), Wien, München 2011.

979 Zander-Seidel, Textiler Hausrat, S. 376.

Die überwiegende Anzahl an Kleidungsstücken wurde jedoch als individuelle Maßarbeit gefertigt: *Die Menge der notierten textilen Einkäufe* [der Freifrau von Vieregg] *und die damit verknüpfbaren Aufwendungen für Schneider, Näherinnen, Haubenmacherinnen und Schuster dokumentieren neben dem erforderlichen organisatorischen Aufwand die zeitspezifisch übliche Anfertigung der Kleidungsstücke durch spezialisierte Handwerker.*[980] Sogar bei gekauften Hüten mussten oftmals das Hutband oder der Aufputz noch angebracht werden.

Die Eintragungen in der Strazza bestätigen diese Handhabung. So stundeten die Schmidts beispielsweise dem *Neuen Chorherr* schwarze Leinwand, schwarzen Seidenfaden, gestärkte Leinwand und Seidenfaden. Die Ware holte Meister Philipp ab.[981] Feines schwarzes Holländisches Tuch, Bettbarchent, roten Barchent, schwarzes Kölner Band Nr. 1, Seidenfaden, schwarzen Kronrasch, schwarzen Barchent, gestärkte Leinwand, schwarze Kordeln, hohe Knöpfe, kleine Knöpfe, schwarzes Kölner Band, Nähseide und Weinbeeren wurden dem Herrn Pflegsverwalter in Rechnung gestellt und von Schneidermeister Paullus abgeholt,[982] der daraus ein neues Gewand nähte.

Grundsätzlich besorgte die Kundschaft die Stoffe samt Nähzubehör beim Kramer, brachte sie zum Schneider bzw. dieser holte die Sachen im Laden ab, wofür es in der Strazza zahlreiche Beispiele gibt. Für das Maßnehmen und den Zuschnitt kam der Schneider zur Kundschaft, häufig ließ man auch einen Störschneider oder eine Näherin ins Haus kommen. Der Schneider hatte alle Reste und überschüssiges Material an den Kunden oder die Kundin zurückzugeben.[983] Allerdings hat Zander-Seidel festgestellt, dass Reparaturen und Umänderungen von Kleidungsstücken *den Platz vor Neuanfertigungen* einnahmen.[984] Kleider wurden repariert, geflickt, für Kinder umgeändert, zu klein gewordene Sachen angepasst. Das erklärt vielleicht auch die teilweise geringen Materialmengen, die bei den Schmidts gekauft wurden.

Zusammenfassung

Ein großer Teil des menschlichen Konsums umfasst die Lebensmittel, um das Grundbedürfnis nach Nahrung zu befriedigen. Aber auch Kleidung stellt ein Grundbedürfnis dar und ist als Bestandteil des Konsums zu sehen. Mit dem Verkauf von Textilien wie Stoffen, Bändern, Strümpfen, Kurzwaren bedienten die Schmidts diesen Konsumbereich. Die Textilien, die die Schmidts in ihrem Gewölbe führten, waren sehr vielfältig, die Auswahl an Qualitäten und Farben beeindruckend. Leinwand, Wollstoffe und Mischgewebe auch mit Seide waren

---

980 Spiegel, Adliger Alltag, S. 270.
981 [196] 26.11.1686.
982 [198] 8.12.1686. Viele weitere Beispiele wären hier zu nennen.
983 Spiegel, Adliger Alltag, S. 269–270. S. a. Rasche, Luxus in Seide, S. 77.
984 Zander-Seidel, Textiler Hausrat, S. 381.

auf Lager. Es gab grobes und feines Tuch in breiten, schmalen und mittleren Webbreiten. Leider erfahren wir aus der Quelle wenig über die Maße, doch Schmidt und seine Handelsdiener wussten selbstverständlich, was mit *breit*, *schmal* und *mittel* gemeint war. Wolltuche wurden von der Kundschaft am häufigsten verlangt, sie waren in verschiedenen Qualitäten im Sortiment, das von dicken Winterstoffen bis hin zum feinen Kerntuch aus der allerbesten Wolle und zu den Wollzeugen wie den leichten Sommerstoffen reichte. Reine Seidenstoffe tauchten allerdings nicht auf. Die Schmidts führten nicht nur Kleiderstoffe, sondern auch Stoffe für Bettzeug wie Federitt oder Barchent oder auch für gewerbliche Zwecke wie das Beuteltuch als Siebtuch für Mehl. Auffallend scheint der Musselin, den die Schmidts bereits im 17. Jahrhundert verkauften, dessen weite, allgemeine Verbreitung erst im 18. Jahrhundert zu verzeichnen war.

Auch die Farbauswahl war groß: Die Schmidts führten allein Wollstoffe in 29 verschiedenen Farben wie blau, bleifarben, braun, ein unspezifiziertes „dunkles" Tuch, dunkelgrau, eisengrau, geblümt, graugrün, grün, haarfarben, hellblau, hellgrau, indisch grau, meliert, mit feinem Muster (wohl eher eingewebt und nicht gefärbt), nelkenbraun, perlfarben, rot, scharlachfarben, scarlat, schwarz, silberfarben, tristaminfarben, veilchenblau, violett, violett-karmesinrot, weiß, zimtfarben und gelb (dies aber nur beim Futtertuch). Die große Vielfalt zeigt, dass in Mühldorf nicht allein dunkle Kleidung getragen wurde, sondern Farben beliebt waren.

Die Auswahl an Bändern, Borten, Knöpfen und anderen Accessoires war enorm groß. John Brewer betont, dass vor allem die Accesoires es den weniger Wohlhabenden erlaubt hätten, *ihrem Äußeren einen modischen Anstrich zu verleihen. Durch Handschuhe, Knöpfe, Borten, Schnallen und Halstücher konnte man sich modisch und elegant kleiden, ohne sehr viel Geld auszugeben.*[985]

Andere Waren, nämlich Socken und Strümpfe, wurden sehr häufig nachgefragt. In der Strazza lassen sich Frauen-, Männer-, Knaben- und Kinderstrümpfe (aber keine Mädchenstrümpfe) und Socken finden. Englische, Böhmische, Breslauer, Frankfurter, Halleiner, Hamburger, Mantuaner und Münchner Strümpfe mit und ohne Zwickel, halbseidene und baumwollene in verschiedenen Farben wie rot, weiß, schwarz, hellblau, tristamin- und perlfarben wurden wie die anderen Waren auf Kredit gekauft. Man konnte handgestrickte baumwollene wie die Halleiner kaufen oder aus feiner Wolle oder Seide gearbeitete aus Böhmen und Mähren. Auch Mützen und Handschuhe hatten die Schmidts in verschiedenen Ausführungen im Angebot.

Zur Herkunft der Waren lassen sich kaum konkrete Aussagen machen, da die Strazza nur wenige und unvollständige Angaben zum Einkauf der Güter macht. Die Waren bilden aber die Produktionslandschaft europaweit ab. Es ist jedoch anzunehmen, dass die Schmidts auf Jahrmärkten oder durch befreundete Kaufleute ihre Waren über Jahrmärkte und Messen, aber auch aus den zentralen Produktionsorten bezogen. Dabei ist aber bei allen Waren mit konkreten Orts-

[985] Brewer, Moderne Konsumgeschichte, S. 67.

bezeichnungen wie *englische Strümpfe* oder *Kölner Bänder* u. a. nicht sicher, ob sie tatsächlich aus den genannten Orten und Regionen kamen oder ob sie nur in der jeweiligen Manier gearbeitet waren. Die Namen waren eher Gattungsbegriffe als Herkunftsbezeichnungen.

Bänder und Borten wurden in Köln, Wien, Basel, Wuppertal und Umgebung, Sachsen, Württemberg und Augsburg, Spitzen ebenfalls in Sachsen oder im Salzburger Flachgau, Strümpfe und Socken in Böhmen, Schlesien, speziell in Breslau, England, Frankfurt, Hallein, Hamburg, Mantua, München oder Poneggen/Oberösterreich produziert. Diese Orte stellten bereits im 17. Jahrhundert Massenware her, womit die Produktion von großen Mengen gleicher Artikel gemeint ist. Mit den Stoffen verhielt es sich ganz ähnlich. In Augsburg wurde schon seit dem 16. Jahrhundert Barchent in großen Mengen und verschiedenen Qualitäten für den Handel hergestellt. Ebenso verhielt es sich mit dem Hofer und Nürnberger Wurschet. In kleinen Mengen handgefertigt waren allerdings manche Knopfsorten, die aufgrund der Herstellungsweise nicht ohne Weiteres mit Maschinen produziert werden konnten. Zinnerne Knöpfe wurden schon in größeren Mengen gegossen.

Die Schmidts verkauften ihre Waren überwiegend in ihrem Gewölbe am Stadtplatz, sie gingen aber auch auf die Mühldorfer Jahrmärkte, besonders auf den Simonymarkt im Herbst und den Lorenzimarkt im Sommer, auf Märkte in der Umgebung, z. B. nach Gern bei Eggenfelden und nach Salzburg und München.

5.2 Spezereien

5.2.1 Gewürze

Der zweite Teil der Konzession, die Franciscus Schmidt 1645 erteilt wurde, umfasste Spezereiwaren. Im engeren Sinne beinhalten Spezereiwaren (im 18. Jahrhundert) Zucker, Kaffee, Tee, Kakao, Vanille, Schokolade, kandierte Früchte, alle Gattungen Gewürze, Olivenöle, Leinöle, Erd- und Baumfrüchte, Fische, Käse, Liköre und Weine.[986]

Der Anteil der Spezereien an den Einträgen betrug insgesamt 26,4 Prozent (Spezereien wie Mandeln, Kapern etc. 10,99 %, Gewürze wie Pfeffer, Muskat etc. 4,97 %, Fastenspeisen wie Trockenfische etc. 5,42 %, Öle, Fette, Seifen 5,02 %).

Von den mehr als 7000 Strazzaeinträgen beziehen sich 781 (= 11 %) auf Spezereien im engeren Sinne, nämlich auf Gewürze. Exotische Gewürze wie Pfeffer, Zimt, Nelken, Muskatblüte, Muskatnuss und Safran waren lange Zeit Statussymbole. Man verwendete sie in der Küche für Speisen, aber auch als Heilmittel. Im Spätmittelalter war der Konsum nur einer kleinen Oberschicht vorbehalten, erst

---

986 Barth-Scalmani, Handelsstand, S. 137–138, nach der gängigen zeitgenössischen Definition.

in der Frühen Neuzeit vergrößerte sich der Kreis der Konsumenten,[987] was durch das Angebot der Schmidts bestätigt wird.

Beim großen Stadtbrand in Mühldorf von 1640, dem über 300 *Firste* zum Opfer fielen,[988] war die Ordnung der Bruderschaft der Fragner und Kaufleute verbrannt. Daher wurde auf Bitten der Bruderschaft 1646 eine neue Ordnung erlassen.[989] In dieser erneuerten Ordnung wurden die Warensortimente der Fragner im Gegensatz zu jenen der Kramer genau abgegrenzt.

Im Kapitel 7 wurden die *Feilschaften* der beiden Händlergruppen festgelegt. Die Fragner oder Kaufleute, die der Bruderschaft angehörten, durften die folgenden Waren verkaufen: *Salz, Schmalz, Käse, Eier, Mehl, Rendl* (Grütze), *Grieß, Äpfel, Birnen und allerlei dergleichen essende Pfennwert, Apfel-Essig, Kerzen, Schmer* (Bauchfett vom Schwein), *Vogl-* und *Hennengäst* (Getreideabfall für Hühnerfutter), *leinwerchenes Tuch* (einfaches Leinentuch), *Zwilch, wie ihn die Sattler brauchen* (also eher grobe Ware), *Papier, Seifen, Stärke, Alaun, schwarzer* und *weißer Zwirn, gemachte Bändl* (Bänder), *Häftl* (Haken), *Nadeln, Federkiele. Schreibfedern, Tinte, grobe Zimmerreth* (das dürfte eine rote Farbe sein), *Ofenfarbe, Schwefel, allerhand Holzwaren, von Erde gemachte Hafnergeschirre* (Irdenwaren) *mit Ausnahme der grünglasierten,* (Kien-)*Späne* und dergleichen.

Dagegen waren allein den Kramern vorbehalten: *Stockfisch* (gewässert und ungewässert), *andere Fastenspeisen, Gewürze, Spezereiwaren*. Die Waren, die sowohl Kramer als auch Fragner verkaufen durften, waren *Glasblei, Stockblei, Alaun, Seifen, Stärke* und *Papier*. Nach dem Rezess vom 3. Oktober 1645 durften Fragner keinen Branntwein und keinen Weinessig führen, beides hatten sich die Wirte und Bierbrauer vorbehalten. Den Metzgern war es ebenso wie den Fragnern erlaubt, Kerzen auf den Fleischbänken zu verkaufen, dasselbe galt für Speck. Ebenfalls konnten Metzger den Schmer pfundweise und in größeren Mengen verkaufen, allerdings nicht auf den Fleischbänken, sondern in der eigenen Behausung.[990]

Der Eisen- und Messinghandel führte neben Stahlnadeln, Eisennägeln, Eisenschaufeln, Eisen- und Messingdraht, Drahtrollen, Eisen- und Messingtafeln, Blech und Glas auch Blei (*Glasblei* und *Stockblei* heißt es im Rezess vom 3. Oktober 1645), *item allerhand Eisengeschmeid und was dem anhängig.*

---

987 Birgit Pelzer-Reith, Genussmittel und Kolonialwaren, in: Reith u. a. (Hg.), Haushalten und Konsumieren, S. 203–217, hier S. 210.

988 Hans Gollwitzer, Mühldorfs große Stadtbrände, 1285 – 1495 – 1640, in: Das Mühlrad 13, 1968–1970, S. 93–102, hier S. 95.

989 Stadtarchiv Mühldorf U 206. Ordnung der Bruderschaft der Kaufleute oder Fragner zu Mühldorf vom 15. Januar 1646. In der Ordnung wird darauf hingewiesen, dass die Waren beim Hochf. Hofgericht in Salzburg mit den Krämern verhandelt wurden, lt. Rezess vom 3. Oktober 1645 s. SLA Hofratsprotokolle 1645, S. 262 f. Der genannte Rezess vom 3.10.1645 (Abschrift Stadtarchiv Mühldorf U 206) ist also das Ergebnis von Verhandlungen um die Warensegmente, die vor der endgültigen Veröffentlichung und Inkrafttreten der Ordnung zwischen den Fragnern und Krämern, Metzgern, Wirten und Bierbrauern geführt wurden.

990 Diese Maßnahme wird durch einen städtischen Bescheid von 1631 bestätigt.

Die Schmidts haben sich ziemlich genau an das vorgegebene Warensortiment gehalten.

In der Folge werden die Gewürze, die in der Strazza der Schmidts aufgeführt werden, in der Reihenfolge der Häufigkeit der Nennungen vorgestellt.

Mit 112 Einträgen und rund 1 ¼ Zentnern liegt Zucker an der Spitze der Einträge der Spezereiwaren. Dabei handelte es sich um Zucker aus Zuckerrohr, nicht um Rübenzucker, der erst im 19. Jahrhundert entwickelt und produziert wurde. Das Zuckerrohr wächst in tropischen und subtropischen Regionen. Die Pflanze stammt ursprünglich aus dem asiatischen Raum, wanderte dann westwärts über Indonesien nach Indien und Persien. Von dort übernahmen die Araber die Kulturpflanze und die Technik des Zuckersiedens. Zwischen dem 7. und 15. Jahrhundert verbreitete sich beides in Nordafrika, Zypern, Sizilien, Madeira und auf der Iberischen Halbinsel. Im 15. Jahrhundert brachten Portugal und Spanien das Zuckerrohr auf ihre Kolonien, wo durch die Zwangsarbeit von indianischen und afrikanischen Sklaven eine Massenproduktion entstand. Die große Nachfrage nach Zucker in Europa beförderte den Sklavenhandel.

Die Produktion des Zuckers ist arbeits- und energieintensiv. Nach der Ernte mussten die saftigen, zuckerhaltigen Pflanzenteile wegen der leichten Verderblichkeit des Saftes rasch ausgepresst und in großen Kesseln bei extremen Temperaturen eingedickt werden. Dann füllte man den so konservierten, noch feuchten Rohzucker für den Transport nach Europa in Fässer. Der Sirup, die Melasse, wurde vor Ort zu Rum gebrannt.[991]

Dieses Halbfertigprodukt, der graue und noch unsaubere *Moscovade*-Zucker, kam aus den Zuckermühlen der Kolonien der Karibik und Brasiliens als Rohzucker in die Zuckersiedereien nach Europa.[992] Dabei handelte es sich um eine nur einmal gekochte, noch sirupreiche Masse, die in Fässern verschifft wurde. Daneben gab es noch den *Cassonade*-Rohzucker, der durch mehrmaliges Sieden der Moscovaden in den Kolonien entstand und ein weißes Rohprodukt mit weniger Sirupanteil war, das in Kisten verpackt nach Europa kam, wo beide Rohzuckersorten in den Zuckersiedereien durch mehrmaliges Läutern zu weißem Zucker weiterverarbeitet und als Brote oder Zuckerhüte verkauft wurden.[993]

Die Weiterverarbeitung des Rohzuckers, das Raffinieren zu weißem Zucker, und die daraus resultierende Wertschöpfung war für die Kolonien verboten und blieb den Mutterländern vorbehalten. Daher siedelten sich in den englischen Hafenstädten, aber auch in Hamburg, Amsterdam, Antwerpen, Le Havre und Marseille zahlreiche Zuckerraffinerien an.[994] Um 1650 gab es 40 Zuckerraffinerien in Amsterdam, wo die importierte Rohware aus Brasilien, San Domingo, Sao

---

991 Annerose Menninger, Stichwort Zucker, in: EDN, Bd. 15, S. 582–591.

992 Ludovici, Theil 3, 1787, Sp. 2169–2170; Astrid Petersson, Zuckersiedergewerbe und Zuckerhandel in Hamburg im Zeitraum von 1814 bis 1834 (VSWG, B 140), Stuttgart 1998, S. 32.

993 Petersson, Zuckersiedergewerbe, S. 32

994 Jacob Baxa, Studien zur Zuckerindustrie in den Ländern des ehemaligen Österreich, Wien 1950, S. 146.

Tome, von den Kanarischen Inseln und Madeira zu weißem Zucker verarbeitet wurde.[995] Die Raffinerien von Amsterdam, die *Zuckerbäckereien* genannt wurden, belieferten den französischen und den deutschsprachigen Markt bis in den Osten Österreichs.[996]

Nach der Mitte des 17. Jahrhunderts wurde auch Hamburg mit den sich dort konzentrierenden Zuckersiedereien zu einem wichtigen Zuckerhandelsplatz für Mittel- und Osteuropa. Die Zuckersiederei war ein sicheres und aufstrebendes Gewerbe.[997] 1727 galt Hamburg neben Amsterdam als bedeutendste Zuckerstadt. In Hamburg arbeiteten ca. 200 Zuckersiedereien, die nicht nur ganz Deutschland, sondern ganz Europa mit ihrem Zucker versorgten.[998]

Zucker wurde zum Süßen von Heißgetränken wie Kaffee, Tee und Schokolade verwendet, aber auch zur Herstellung von Süßspeisen wie Konfekt, Torten, Gebäck und anderem. Man kandierte und konservierte Früchte damit, machte mit Zucker Marmeladen und brauchte ihn zum Schnapsbrennen.[999] Apotheker nutzten ihn zur Herstellung von medizinischen Latwergen, das waren Fruchtpasten, in die die medizinischen Wirkstoffe eingearbeitet waren.[1000]

Der Zucker kam als *Zuckerhut* oder als *Brot* in den Handel. Die kleinen Hüte wogen 1–3 kg, die großen bis zu 10 kg.[1001] Zur Verpackung des Zuckerhuts wählte man blaues Papier, damit der Zucker weißer wirkte.[1002] Zum Verkauf in kleinen Mengen brachen die Fabrikanten und Spezereihändler die großen Zuckerhüte mit Hammer und Zange in kleinere Stücke.[1003] Auch die Schmidts verfuhren wohl so. Sie verkauften den Zucker überwiegend pfund-, seltener lotweise, einmal einen ganzen Zuckerhut. Einmal taucht der Eintrag von 14 ¼ Stab Kandis auf. Dieses Maß hängt mit der Produktionsweise des Kandis zusammen.

---

995 Jacob Baxa, Guntwin Bruhns, Zucker im Leben der Völker. Eine Kultur- und Wirtschaftsgeschichte, Berlin 1967, S. 39–40.

996 Baxa, Bruhns, Zucker im Leben der Völker, S. 40.

997 Baxa, Bruhns, Zucker im Leben der Völker, S. 318. Petersson, Zuckersiedergewerbe, S. 46.

998 Petersson, Zuckersiedergewerbe, S. 47–48. Annerose Menninger erwähnt sogar 400 Raffinerien im späten 18. Jahrhundert. S. Menninger, Genuss im kulturellen Wandel, S. 399. Das waren überwiegend kleine Handwerksbetriebe mit wenig Personal, deren Produkte aber gerade durch die handwerksmäßige Betriebsweise wegen der Sauberkeit und Haltbarkeit den besten Ruf hatten; Baxa, Bruhns, Zucker im Leben der Völker, S. 82.

999 Pelzer-Reith, Genussmittel und Kolonialwaren, in: Reith u. a. (Hg.), Haushalten und Konsumieren, S. 209.

1000 Cordula Heilrath, die dritte Ehefrau von Adam Schmidt, hat in ihrem Kochbuch von 1697 zahlreiche Rezepte von Süßspeisen, Backwaren und Konfitüren notiert (Sign.: Stadtarchiv Mühldorf, B 128). Für die Information danke ich dem Stadtarchivar von Mühldorf a. Inn, Edwin Hamberger. Es ist anzunehmen, dass Cordula die Zutaten aus dem eigenen Geschäft genommen hat.

1001 Baxa, Bruhns, Zucker im Leben der Völker, S. 308.

1002 Lange Zeit kam das blaue oder violette Packpapier aus Holland. Beim Einwickeln der Zuckerhüte wurde besonders an der Spitze weißes Papier zum Schutz gegen das Abfärben der blauen Papierfarbe verwendet, dort konnte der Händler die Qualität leicht prüfen. Baxa, Bruhns, Zucker im Leben der Völker, S. 81–82.

1003 Baxa, Bruhns, Zucker im Leben der Völker, S. 308.

Das erste deutsche Zuckerfachbuch von Angelus Sala aus dem Jahre 1637 erwähnt für das 17. Jahrhundert die vier Zuckersorten: 1. Fein, 2. Feiner, 3. Finissimo (aufs allerfeinste) 4. Candit oder Zuckerkandel, weiß oder braun.[1004] Schmidt hatte eine größere Auswahl in seinem Angebot: Die Sorten CF,[1005] F,[1006] FF, FFF, FFFF, brauner Zucker, Konfektzucker,[1007] Küchen- bzw. Kochzucker, Melis,[1008] Zuckerbrot und Kandiszucker weiß oder braun sind in der Strazza notiert. Dabei können sich natürlich Überschneidungen ergeben. Schmidt verkaufte laut Strazza von 1684 bis 1687 rund 693 Pfund, also rund 1 ¼ Zentner Zucker,[1009] darin sind jedoch die Einkäufe mit Barzahlung nicht einbezogen, weil es dazu keine Daten gibt.

Der durchschnittliche Einkauf bei den Schmidts lag bei 6 ⅓ Pfund pro Transaktion. Der Wert liegt deshalb so hoch, weil Klöster und ein Kramer als Zwischenhändler große Mengen erworben haben. Die Mengen, die die kleineren Kunden kauften, waren niedriger und lagen eher bei 1/8 bis zwei Pfund Zucker.

Die Preisgestaltung im Verkauf ist nicht ganz zu durchschauen, aber der Zucker war nicht billig. Es wäre zu erwarten, dass die Preise der Qualität entsprechend gestaffelt wären, das wurde aber nicht konsequent durchgehalten. Denn die Schmidts verkauften dem Kloster Seeon 42 ½ Pfund FF-Zucker für den Pfundpreis von 26 kr.[1010] Für ebenfalls 26 kr pro Pfund erstand der Pflegsverwalter von Mühldorf 3 ⅛ Pfund vom superfeinen FFFF-Zucker.[1011] Einen Pfundpreis von 28 kr wurde der Verwaltung von Tüßling für 14 ¼ Pfund für den weniger

1004 Baxa, Bruhns, Zucker im Leben der Völker, S. 42.

1005 CF könnte möglicherweise *Canarienzucker fein* von den Kanarischen Inseln sein, den es nach Ludovici in verschiedenen Feinheitsgraden gab. S. Ludovici, Akademie, Teil 5, 1768, Sp. 1214–1215.

1006 F bezeichnet die Feinheit von F einfach fein bis FFFF superfein.

1007 Das Konfekt bildete bei Gastmählern den *süßen Ausklang*. Es war ein Digestivum, ein *Apothekenschleck*, halb Medizin, halb Schleckerei. Das waren verzuckerte Samen, Körner, Nüsse, Blüten wie Veilchen oder Rosenblätter. Konfekt war zuerst eine Verdauungshilfe nach den üppigen und fetten Mahlzeiten, wandelte sich dann in gewürztes Feingebäck, bis schließlich auch Eis, Torten, Obst und Pralinen als Konfekt gereicht wurden. S. Erna Horn, Bayern tafelt. Vom Essen und Trinken in Altbayern, Franken und Schwaben, München 1980, S. 59–60.

1008 Dafür gibt es zwei Erklärungen. Einmal soll *Melis* den Namen von der Insel Malta, *saccharum melitense*, haben. Er wurde auch *Speisezucker* oder *Hutzucker* genannt und häufig für Speisen, aber auch in Apotheken verwendet. Allerdings war er nicht ganz weiß, sondern gelb oder grau, aber fest. Melis wurde in größeren Mengen in Hamburger und holländischen Raffinerien gesotten. Ludovici, Akademie, Teil 5, 1768, Sp. 1274. Die zweite Erklärung bezieht sich auf die oft honiggelbe Farbe des minderwertigeren Zuckers. Baxa, Bruhns, Zucker im Leben der Völker, S. 308.

1009 Die Addition der Excel-Tabelle ergab 693,2 Pfund, die per Kredit gekauft wurden. Dabei wurde das Lot mit 1/32 Pfund, der Zentner mit 100 Pfund gerechnet. Das Salzburger Pfund hatte 560 Gramm. Koller, Landesarchiv, S. 186. Die Menge von *einem Hut* und *14 ¼ Stab* wurde nicht einbezogen, weil die Gewichtsangaben dazu fehlen. Für die Hilfe bei der Umrechnung und der Formelerstellung danke ich Doris Hörmann.

1010 [21] 10.1.1685.

1011 [116] 29.10.1685.

feinen FF-Zucker in Rechnung gestellt.[1012] Ebenfalls 28 kr wurden dem Tüßlinger Kramer Dedutsch berechnet, der 12 ½ Pfund feineren FFF-Zucker erwarb.[1013] Man könnte auch annehmen, dass die Schmidts bei größeren Mengen den Preis reduziert hätten. Dies trifft jedoch nicht zu, denn besonders teuer erscheint der Kauf von 44 Pfund FFF-Qualität zum Pfundpreis von 39 kr durch das Kloster Seeon.[1014] So viel verlangte Schmidt nicht einmal für die höchste FFFF-Qualität.

Franz Schmidt, der Seniorchef, hatte Anfang September 1685 ein halbes Pfund CF-Zucker für 10 kr anschreiben lassen.[1015] Es ist anzunehmen, dass sich Schmidt auch bei diesem Einkauf einen Personalrabatt berechnet hat. Das Kloster Baumburg zahlte für den CF-Zucker 22 kr, im Februar 1685 ließ das Kloster 9 1/2 Pfund anschreiben. Von dem etwas teureren FF-Zucker zu 26 kr nahm das Kloster auch noch 6 Pfund 10 Lot.[1016] Die größte Menge Melis mit 100 Pfund ließ der Apotheker Peter Canzler aus Burghausen anstehen. Ihm wurden 21 kr pro Pfund berechnet.[1017]

Am beliebtesten war aber offenbar der FF-Zucker, der 30-mal angeschrieben wurde. Als Beispiele seien hier angeführt: der bereits erwähnte Burghausener Apotheker Peter Canzler hatte außer den 100 Pfund Melis mit gleicher Rechnung 65 ½ Pfund FF-Qualität zu 23 kr das Pfund anschreiben lassen.[1018] Wahrscheinlich hat er den Zucker für Latwerge[1019] oder Sirup gebraucht. 24 kr pro Pfund für FF-Zucker wurden dem Kloster Gars am Inn berechnet, das 10 ⅞ Pfund nahm,[1020] ebenso viel zahlte die Wirtin Frau Reschin, die allerdings nur ein halbes Pfund davon abnahm.[1021] Der Tüßlinger Kramer Dedutsch zahlte für 5 ⅞ Pfund FF-Zucker 25 kr pro Pfund.[1022] 26 kr wurden dem Kloster Seeon berechnet für 42 ½ Pfund FF-Zucker.[1023] Ein Pfundpreis von 28 kr wurde der Verwaltung von Tüßling für 14 ¼ Pfund FF-Zucker in Rechnung gestellt.[1024] 24 kr pro Pfund zahlte die Herrschaft von Tüßling, die ein Zuckerbrot mit dem Gewicht von zwei Pfund anschreiben ließ und 48 kr dafür schuldig blieb.[1025]

1012 [30] 30.1.1685.
1013 [117] 1.11.1685.
1014 [128] 5.12.1685.
1015 [108] 2.9.1685.
1016 [42] 11.2.1685.
1017 [61] 7.4.1685.
1018 [61] 7.4.1685.
1019 Latwerge waren Fruchtgelees oder Zuckertäfelchen, worin Arzneiwirkstoffe eingerührt waren. Latwergen wurden nicht nur in den Apotheken hergestellt, sondern auch in den Haushaltungen, und waren als Heil- und Hausmittel sehr weit verbreitet. S. Walther Hermann Ryff, Confectbuch unnd Hauß Apoteck: Kuenstlich zubereiten, einmachen und gebrauchen, Wes in ordenlichen Apotecken und haußhaltungen zur Artznei, täglicher notturfft, und auch zum lust, dienlich unnd nutz, Frankfurt 1544.
1020 [27] 24.1.1685.
1021 [120] 12.11.1685.
1022 [117] 1.11 1685.
1023 [21] 10.1.1685.
1024 [30] 30.1.1685.
1025 [93] 12.7.1685.

Hier sind einige Preisbeispiele für die FFF-Qualität aufgeführt: 26 kr kostete diese Qualität für Adam Schmidt, der ein Viertel Pfund kaufte.[1026] 28 kr wurden dem Tüßlinger Kramer Dedutsch berechnet, der 12 ½ Pfund erwarb.[1027] Der Richter Johann Kopp von Guttenburg ließ 4 Pfund 18 Lot zum Preis von 30 kr je Pfund anstehen.[1028] Das Kloster Seeon kaufte am 5. Dezember 1685 44 Pfund von der FFF-Qualität zum Pfundpreis von 39 kr auf Kredit, was möglicherweise für Lebzelten, Früchtebrot oder anderes süßes Weihnachtsgebäck gebraucht wurde.[1029]

Die FFFF-Qualität schwankte zwischen 26 kr und 36 kr. 3 ⅛ Pfund der billigsten Qualität um 26 kr pro Pfund erstand der Pflegsverwalter von Mühldorf.[1030] 30 kr pro Pfund zahlte die Herrschaft von Tüßling, die im Januar 1685 9 ½ Pfund anschreiben ließ.[1031] Zwei Kreuzer mehr kostete das Pfund derselben Qualität, von der die Jesuiten von Burghausen im Januar 1687 35 ⅜ Pfund anstehen ließen.[1032] Das Kloster Gars am Inn zahlte schließlich 36 kr pro Pfund, das 4 ¾ Pfund auf Kredit nahm.[1033]

Der braune Kandis lag preislich ungefähr beim FF-Zucker. So ließ Georg Pierscammer ein Viertel Pfund zu 28 kr das Pfund anschreiben.[1034] Zum selben Preis nahm auch Nicola Jaguz am Simonymarkt 1686 zwei Pfund.[1035] Weißer Kandis muss eine besondere Leckerei gewesen sein. Er wird nur in ganz kleinen Mengen verkauft. So erstand Adam Schmidt selbst ein halbes (!) Lot weißen Kandis für 1 kr.[1036] Herr Wallenberger zahlte für ein Lot 2 kr.[1037] Ein einzelner Eintrag lautet 14 ¼ Stab Kandis: Meister Jacob von Altötting hat den Kandiszucker gekauft bzw. anschreiben lassen.[1038] Für den Stabkandis ließ man gestoßenen Zucker mit wenig Wasser zergehen und dann aufkochen. Die heiße Masse goss man in ein Gefäß um, in das Stöckchen (oder auch aufgehängte Fäden) gesteckt wurden. Durch das Abkühlen kristallisierte der Zucker an den Stäben oder an den Fäden aus. Nach der Qualität des Ausgangsproduktes richtete sich die Qualität des Kandis: Je heller, umso teurer.[1039]

1026 [101] 31.8.1685.
1027 [117] 1.11.1685.
1028 [181] 19.9.1686.
1029 [128] 5.12.1685.
1030 [116] 29.10.1685.
1031 [30] 30.1.1685.
1032 [207] 23.1.1687.
1033 [27] 24.1.1685.
1034 [11] 12 12.1684.
1035 [190] Simonymarkt 1686.
1036 [57] 27.3.1685. Neun Lot zum Lotpreis von 1kr 2 pf ließ er im Dezember 1685 anschreiben [132] 16.12.1685.
1037 [179] 29.8.1686.
1038 [13] 20 12.1684.
1039 Claudia Selheim, Die Inventare eines süddeutschen Warenlagers zwischen 1778 und 1824. Beiträge zur Aufarbeitung einer Realienquelle (Veröffentlichungen zur Volkskunde und Kulturgeschichte 52), Würzburg 1994, S. 37.

Zwei weitere Zuckersorten sollen ebenfalls noch erwähnt werden: der *Konfektzucker* zu 32 kr das Pfund, von dem Maria Schwarz(er) ein Pfund anschreiben ließ,[1040] dessen Preis dem des superfeinen FFFF-Zuckers entsprach, und der *Küchenzucker*, der mit 22 kr bzw. 24 kr billiger war und auf dem Preisniveau des FF-Zuckers lag. Davon kauften Georg Lödl, der Hofwirt von Zangberg,[1041] ein Pfund und Adam Prunnhueber vier Lot[1042] auf Kredit.

Möglicherweise hing die Kalkulation der Verkaufspreise neben der Qualität auch mit der Herkunft der Ware, wie lange der Zucker bei ihm schon im Gewölbe lagerte und sicher auch mit dem Einkaufspreis, den die Schmidts zu entrichten hatten, zusammen.

Woher die Schmidts den Zucker bezogen, ist nicht vermerkt. Es wird sich wohl noch um Hamburger oder Amsterdamer Ware gehandelt haben, die die Schmidts vielleicht über Salzburger Händler erwarben. Möglicherweise bezog Schmidt den Zucker über den Gerner Markt, wo das Nürnberger Handelshaus Lödel, das den gesamten süddeutschen Raum mit Spezereiwaren – darunter vor allem Zucker – versorgte, regelmäßig präsent war. Lödel belieferte seine Kunden über die Märkte in Hall (Tirol), Ried, München, Salzburg (und unterhielt Lager in Linz, Ingolstadt und Freising). Jedenfalls ist *Franz Schmidt, Mühldorf* 1691 im Handelsinventarium unter den *Debitores* mit 76 fl 13 Heller 8 Batzen aufgelistet, 1701 *Adam Schmidt* in Mühldorf mit 488 fl 13 Heller 4 Batzen Schulden, 1738 *Joseph Schmidt* in Mühldorf 588 fl 12 kr.[1043] Ein einziger Eintrag deutet auf einen Einkauf durch die Schmidts selbst hin, er lautet *der Praun[e] Cant[is] hat Neto gewog[en] 43¼ Pfund.*[1044]

Pfeffer gehörte im gesamten Welthandel zu den meistverkauften Gewürzen.[1045] Im Handel gibt es nach wie vor Schwarzen, Weißen und Grünen Pfeffer. Trotz der unterschiedlichen Erscheinungsformen stammen alle Arten von derselben Pflanze ab, dem Pfefferstrauch (*Piper nigrum*), der ursprünglich aus den Waldregionen der indischen Malabarküste kam und im Laufe der Zeit auch in anderen klimatisch geeigneten Ländern angebaut wurde. Die Früchte werden lediglich in verschiedenen Reifestadien geerntet und unterschiedlich weiterverarbeitet.[1046] Beim Schwarzen Pfeffer werden die grünen Fruchtstände in einem bestimmten Reifestadium geerntet. Zur ersten Reinigung taucht man die Körner in kochen-

---

1040 [145] 18.3.1686.

1041 [191] 30.10.1686.

1042 [220] 10.4.1687.

1043 Handelsinventarium Nr. 23 (1691). Stadtarchiv Nürnberg, E9-172 Nr. 23 (sowie 34 und 71) Lödel und Merkel. Inventarbücher und Bilanzverzeichnisse. Gerd Kirchgeßner, Die Geschäfte eines Nürnberger Handelshauses von 1790 bis 1845: Lödel und Merkel, Diplomarbeit München 1968. Dies ist nur eine kursorische Auswertung, es könnte aber über den Zwischenhandel einen weiteren Aufschluss geben.

1044 [173] 1.8.1686.

1045 Eberhard Schmitt, Europäischer Pfefferhandel und Pfefferkonsum im Ersten Kolonialzeitalter, in: Markus A. Denzel (Hg.), Gewürze: Produktion, Handel und Konsum in der Frühen Neuzeit, St. Katharinen 1999, S. 16–26, hier S. 16.

1046 Elisabeth Vaupel, Gewürze. Acht kulturhistorische Porträts, Deutsches Museum 2002, S. 27. Schmitt, Pfefferhandel, S. 17.

des Wasser und lässt sie dann trocknen. Dabei erhalten sie ihre schwarze Farbe und die verschrumpelte Form. Er hat den schärfsten Geschmack. Der Weiße Pfeffer entsteht aus den reifen, roten Früchten. Sie lässt man fermentieren, sodass sich das Fruchtfleisch von den grauen Kernen abreiben lässt. Der Weiße schmeckt milder als der Schwarze Pfeffer, weil die Scharfstoffe im Fruchtfleisch stecken, das beim weißen Pfeffer entfernt wird.[1047] *Schwarzer und Weißer Pfeffer haben die gleiche Größe (etwa 5 mm Durchmesser): Der Schwarze Pfeffer ist eine geschrumpfte Beere, der Weiße Pfeffer eine Beere ohne Schale.*[1048] Der Grüne Pfeffer ist eine moderne Variante. Dabei werden die unreif geernteten Pfefferfrüchte durch schnelle Trocknung, Gefriertrocknung oder durch Einlegen in essigsaure bzw. salzige Lake haltbar gemacht. Heute kann durch spezielle Techniken auch der rote, reife Pfeffer haltbar gemacht werden, sodass auch Roter Pfeffer auf dem Markt ist.[1049]

Der Pfeffer war bei den Abnehmern deshalb so begehrt, weil er sehr vielseitig verwendbar war.[1050] Man konnte damit Speisen und Getränke würzen und Lebensmittel, aber auch Wein und Bier in Zeiten ohne Kühlmöglichkeiten für längere Zeit konservieren. Außerdem diente er als Heilmittel, indem er den Magen anregt und fette Speisen bekömmlicher macht. In Europa galt Pfeffer im Mittelalter als ein so wertvolles Gut, dass er als Tributzahlung, als Mitgift oder sogar als Ersatzgeld genutzt wurde. Allerdings übertraf in der Neuzeit die Nachfrage nach Pfeffer in Asien die Nachfrage in Europa um das Zehn- bis Zwanzigfache.

Die Führung im Pfefferhandel wechselte mehrere Male, was sich auch auf die Preise auswirkte. Lange Zeit war Venedig der Hauptimporteur für Europa. Von der Lagunenstadt aus wurde der Pfeffer mit Lasttieren und Fuhrwerken auf dem Landweg über die Alpen nach Mittel- und Nordwesteuropa geschafft. Der Handel nach Deutschland musste über den von Venedig genau kontrollierten Fondaco dei Tedeschi in Venedig laufen. Dennoch machten die deutschen Händler Gewinne, sie waren nördlich der Alpen praktisch konkurrenzlos und konnten die Preise festlegen. So erhöhte sich Ende des 15. Jahrhunderts der Preis des Pfeffers vom indischen Erzeuger zum deutschen, englischen oder skandinavischen Endverbraucher um wenigstens das Fünfzehnfache. Ab Anfang des 16. Jahrhunderts begann Portugal neben Venedig ein umfangreiches Handelsnetz zu knüpfen, mit dem europäischen Terminal Antwerpen. In der Folge teilten sich die beiden Handelsmächte Venedig und Portugal den europäischen Markt unter sich auf und stimmten die Preise miteinander ab. Die alte Hansestadt Hamburg wurde zu einem bedeutenden Umschlagplatz für Pfeffer für den europäischen Osten und das Hinterland im Alten Reich bis Böhmen und Schlesien. Aufgrund des höheren Angebots nahm der Pfefferkonsum zu. Im 16. Jahrhundert wurde Pfeffer für weite Kreise von einem Luxusgut zu einem alltäglichen Kon-

1047 Vaupel, Gewürze, S. 28.
1048 Schmitt, Pfefferhandel, S. 17.
1049 Vaupel, Gewürze, S. 29.
1050 Im folgenden vgl. Schmitt, Pfefferhandel, S. 16 ff.

sumgut. Um 1600 traten die East India Company (EIC) für England und die Vereinigte Ostindische Compagnie (VOC) für die Niederlande in den Handel ein und verdrängten Portugal und Venedig als Hauptlieferanten, teilweise mit Gewalt. Anders als die Venezianer und Portugiesen traten die Niederländer und die Engländer untereinander als Konkurrenten auf und unterboten sich gegenseitig, was zu sinkenden Preisen führte, auch wenn die Gewinnspannen immer noch gut waren.[1051] In einem Hamburger Preiskurant von 1736 lagen die Pfefferpreise im unteren Bereich der Preisliste für einheimische, europäische und aus fernen Ländern importierte Gewürze.[1052] Im Vergleich zu den Preissteigerungen bei Weizen blieben im 18. Jahrhundert die Preise für Gewürze mit Ausnahme von Zimt, Muskatnüssen und Macis dahinter zurück.[1053] Im 19. und 20. Jahrhundert ging die Bedeutung des Pfeffers in Europa zurück, auch aufgrund von neuen Konservierungsmethoden wie z. B. durch das Einfrieren. Außerdem wurde die Kost abwechslungsreicher und weniger fettreich, sodass verdauungsfördernde Gewürze in geringerem Maße benötigt wurden.[1054]

Bei den Schmidts war der Pfeffer neben Zucker und Mandeln eine der begehrtesten Waren, die sie im Angebot hatten: Er wurde 87-mal als *Pfeffer* und *ganzer Pfeffer* notiert. Insgesamt verkauften die Schmidts von 1684 bis 1687 761 ⅕ Pfund, rund 1 ½ Zentner Pfeffer. Das ist eine etwas größere Menge als der verkaufte Zucker. Ähnlich wie beim Zucker kauften vor allem die Klöster der Umgebung größere Mengen ein, so z. B. das Kloster Seeon 16 Pfund[1055] oder die Jesuiten aus Altötting 25 Pfund.[1056] Beide Einkäufe erfolgten Mitte Januar, so dass man an den Bedarf für Schlachtungen denken könnte? Die meisten Einkäufe lagen aber bei 1/8 bis zu einem Pfund, allerdings kam es auch vor, dass zwei, drei, vier oder fünf Pfund gekauft wurden.

Aus den Eintragungen der Strazza ist nicht herauszulesen, ob es sich um den Weißen oder Schwarzen Pfeffer gehandelt hat; es ist aber anzunehmen, dass es Schwarzer Pfeffer war. Weiterhin wurde viermal *gestoßener Pfeffer* auf Kredit verkauft. Man könnte vermuten, dass der Pfeffer beim Kauf im Gewölbe für die Kundschaft im Mörser gestoßen wurde, um den Geruch und den Geschmack zu erhalten,[1057] aber der Salzburger Großhändler Lorenz Hagenauer, der viel bedeutender war als die Schmidts, hatte u. a. 110 Pfund gestoßenen Pfeffer im Vor-

---

1051 Schmitt, Pfefferhandel, S. 23–24.
1052 Hans-Jürgen Gerhard, Gewürzpreise in europäischen Handelszentren im 18. Jahrhundert, in: Markus A. Denzel (Hg.), Gewürze: Produktion, Handel und Konsum in der Frühen Neuzeit, Kulmbach 1999, S. 149–185, hier S. 159.
1053 Gerhard, Gewürzpreise, S. 161.
1054 Schmitt, Pfefferhandel, S. 24.
1055 [21] 10.1.1685.
1056 [136] 16.1.1686.
1057 Claudia Selheim fand in den von ihr untersuchten Übergabeinventaren 1789 eine Pfeffermühle zum Anschrauben, woraus sie schließt, dass der Pfeffer durch den jeweiligen Kramer oder Händler vor Ort gemahlen werden konnte. Selheim, Warenlager, S. 166.

rat.[1058] Welcher Unterschied bestand zwischen dem gestoßenen Pfeffer und dem *Pfefferstuph* oder *Pfefferstupp*, der 21-mal bei den Schmidts verlangt worden ist? Im Nachlassinventar von Lorenz Hagenauer wird *Stupp* als *Staub* transkribiert. Dort wurde ein Posten *14 ½ Lorberstupp [Lorbeerstaub] a X 14* notiert.[1059]

Singulär ist der *lange Pfeffer*, von dem der Palhardtinger Bräu 1/8 Pfund nahm.[1060] Es könnte sich dabei möglicherweise um den *Bengalpfeffer* aus Nordindien gehandelt haben. *Im Mittelalter wurde der kolbenartige Fruchtstände zeigende lange Pfeffer gerne als Medikament benutzt, so dass er im indisch-europäischen Handelsverkehr eine enorme historische Rolle spielte.*[1061] Der Salzburger Kaufmann Lorenz Hagenauer hatte sogar zwei Posten an Langem Pfeffer im Nachlassinventar.[1062] Der *braune Pfefferstuph*, von dem der Pfarrer von Lohkirchen bei den Schmidts vier Lot zu je 7 kr abnahm,[1063] ließ sich bisher nicht identifizieren.

Die verlangten Preise sind wiederum gestaffelt. Die unterste Grenze liegt bei 20 kr pro Pfund, die oberste Stufe sind 32 kr. Zwischen *Pfeffer*, dem *ganzen Pfeffer* und dem *Pfefferstuph* gibt es keinen preislichen Unterschied, ebenso wenig beim *gemahlenen* Pfeffer. Auch *gestoßener* Pfeffer ist nicht teurer. Aus der Reihe springt allerdings der Eintrag vom 7.12.1684, wonach Franz Schmidt 1/8 Pfund Pfefferstupp zu 5 kr kaufte, das wäre ein Pfundpreis von 40 kr für gemahlenen Pfeffer gewesen.[1064]

Die Schmidts verkauften auch *Weinbeeren, Rosinen und Zibeben*, sie wurden in der Strazza insgesamt 83-mal aufgeführt. Bei allen drei Sorten handelt es sich um süße, getrocknete Weintrauben mit kleinen Unterschieden.[1065] *Rosinen* ist der Oberbegriff für alle Sorten, der Name lässt sich auf das französische Wort *raisin* für Traube zurückführen. Rosinen werden auch heute noch vor allem in Griechenland, der Türkei, Israel, Bulgarien. Ungarn, Nord- und Südafrika, Kalifor-

---

1058 Zur Familiengeschichte der Hagenauer s. Gunda Barth-Scalmani, Eine bürgerliche Familie der Frühen Neuzeit: Die Handelsfamilie Hagenauer in der fürsterzbischöflichen Haupt- und Residenzstadt Salzburg im 18. Jahrhundert, in: Barockberichte 44/45 (2006), S. 821–831. Rudolph Angermüller, Der Verlassenschaftsakt von Lorenz Hagenauer als Dokument Salzburger Wirtschaftsgeschichte, in: Mozart-Studien 18 (2009), S. 307–357, hier S. 331.

1059 Angermüller, Hagenauer, S. 330.

1060 [208] 29.1.1687.

1061 Vaupel, Gewürze, S. 29. Nach Schedel ist *Langer Pfeffer* (piper longum) eine Pfeffersorte, die im Wuchs niedriger ist als der Pfeffer und vor allem in Bengalen kultiviert wurde. *Die Frucht ist länglicht, und so groß wie der Finger eines Kindes.* Die vielen Körner an diesem „Finger" sind fest miteinander verbunden, sie sind grau bis rötlich, schmecken aber wie die übrigen Pfeffersorten, s. Johann Christian Schedel, Neues und vollständiges Waaren-Lexikon oder deutliche Beschreibung aller rohen, verarbeiteten Produkte, Kunsterzeugnisse und Handelsartikel, Offenbach am Mayn, 1814, online: https://mdz-nbn-resolving.de/urn:nbn:de:bvb:12-bsb10291690-0., 19.06.2021.

1062 Angermüller, Hagenauer, S. 322 und 329.

1063 [105] 18.9.1685.

1064 [10] 7.12 1684.

1065 Außerdem gibt es noch Sultaninen von der Sultanintraube aus der Türkei und Korinthen von besonderen griechischen Trauben, deren Namen von der Stadt Korinth abgeleitet wird. Diese beiden Sorten tauchen in der Strazza nicht auf.

nien, Australien und der ehemaligen Sowjetunion produziert. Die wichtigsten Arten sind die Smyrna-Rosinen (weiche Kerne, dunkelfarbig), Sultaninen (hellfarbig, kernlos), Korinthen (sehr kleinbeerig, mit und ohne Kerne) und Zibeben (am Strauch getrocknete Früchte mit Kernen). *Weinbeeren* sind Trauben, die nach der Ernte in der Sonne oder an einem schattigen, belüfteten Platz getrocknet werden. Dagegen trocknen die *Zibeben* am Stock und werden trocken geerntet. Alle drei Sorten werden zu Süßspeisen, Kuchen, aber auch für herzhafte Fleischspeisen verarbeitet, die Zibeben insbesondere für Süßweine und Liköre.[1066]

Die Rosinen kosteten durchweg alle 12 kr pro Pfund, egal ob die Herrschaft von Tüßling nur drei Pfund[1067] davon erwarb oder ob die Jesuiten von Altötting 25 Pfund erstanden.[1068] Die Weinbeeren kosteten 8, 9, 10, 11 oder 12 kr pro Pfund. Sicher spielten die Farbe, die Größe, die Herkunft und der Einkaufspreis eine Rolle. Die abgenommene Menge kann nicht ausschlaggebend gewesen sein, denn es wurde für 30 Pfund, die die Jesuiten aus Burghausen anschreiben ließen,[1069] ebenso einen Pfundpreis von 10 kr berechnet wie für das halbe Pfund, das Jacob Groß aus Gars a. Inn abnahm.[1070] Ebenso verhielt es sich mit der Qualität für 9 kr. Das Kloster Seeon nahm davon 50 Pfund,[1071] der Pfundpreis von 9 kr wurde auch Nicola Jaguz für die geringe Menge von drei Pfund berechnet.[1072] Zwei preisliche Ausreißer gibt es dennoch. Die Pflegsverwaltung von Mühldorf ließ ein Viertel Pfund Weinbeeren zum Pfundpreis von 16 kr[1073] anstehen, und der Pfarrer von Floßing nahm ein halbes Pfund Zibeben zum Pfundpreis von 6 kr,[1074] wogegen die übrigen Zibeben zu 12 kr pro Pfund verkauft worden sind. Die kleinsten Mengen ließen zunächst die Frau Wallenbergerin[1075] und dann der Herr Wallenberger[1076] anschreiben; sie nahmen jeweils *per 1* kr Weinbeeren, das könnten ungefähr 50 gr gewesen sein.

Bezugsorte der Weinbeeren lassen sich bei den Schmidts nicht feststellen, aber der Salzburger Händler Lorenz Hagenauer hatte in seinem Vorrat *Sizilianer Weinbeeren, Zantische*[1077] und *Rheinische* Rosinen in großen Mengen (Zentnerware), wie aus dem Nachlassinventar ersichtlich ist.[1078]

1066 Waldemar Ternes, Alfred Täufel, Liselotte Tunger, Martin Zobel, Lebensmittel-Lexikon, Bd. 2, Hamburg 1993, S. 437.
1067 [30] 30.1.1685.
1068 [136] 18.1.1686.
1069 [47] 21.2.1685.
1070 [80] 3, 28.5.1685.
1071 [206] 25.1.1687.
1072 [163] 28.5.1686.
1073 [168] 24.6.1686.
1074 [86] 12.6.1685.
1075 [7] 30.11.1684.
1076 [184] 28.9.1686.
1077 Die zantischen Rosinen kamen von Zakynthos (ital. Zante), einer der Ionischen Inseln.
1078 Angermüller, Hagenauer, S. 319, 327 u. 333. Dort wurde ein Posten mit 27 Fässl Sizilianer Weinbeeren mit 3.429 Pfund im Wert von 833 fl 57 kr notiert, ferner 1006 Pfund Zantische Weinbeeren für 241 fl 26 kr und 4.390 Pfund Rosinen im Wert von 899 fl 54 kr.

Da die beiden Gewürzarten *Muskatblüte* und *Muskatnuss* von einer Pflanze stammen, sollen sie zusammen betrachtet werden. Ursprünglich kamen Muskatnüsse nur auf einer kleinen, schwer zugänglichen Inselgruppe der Südmolukken, den Banda-Inseln, vor. Nelken und vor allem Pfeffer dagegen wuchsen an verschiedenen Orten, und insbesondere der Pfeffer war so weit verbreitet, dass er nicht zu vereinheitlichen war. Muskatnüsse jedoch waren so rar, dass die Niederländer, vertreten durch die VOC (= Vereinigte Ostindische Compagnie), den Handel vom 17. bis zum 18. Jahrhundert damit monopolisieren und den Preis diktieren konnten, nachdem sie sowohl die Portugiesen als auch die Engländer von den Banda-Inseln vertrieben hatten. Den Widerstand der einheimischen Bevölkerung brach man mit Gewalt, sie wurde fast vollständig ausgerottet. Danach siedelte man Niederländer an, die mithilfe der versklavten Ureinwohner oder importierter Sklaven die Plantagenwirtschaft mit Muskatnüssen betrieben.[1079] Im 18. Jahrhundert war die VOC Alleinimporteur für Muskatnüsse und Macis (auch für Nelken und Zimt) und hielt die Preise auf einem gewünschten Niveau.[1080]

Die Frucht des Muskatnussbaumes enthält zwei begehrte Bestandteile, zum einen den braunen Samen (= Muskatnuss) und dann noch den roten netzartigen Samenmantel, der die Samenschale umgibt. Die Nüsse wurden getrocknet, aufgeschlagen und die Muskatnüsse zum Schutz gegen Ungeziefer und zur Verhinderung der Keimung gekalkt. Aus dem getrockneten Samenmantel gewann man das hochwertige Gewürz Macis, auch Muskatblüte genannt.[1081] Es ist aromatischer und feiner im Geschmack und teurer als die Muskatnuss.[1082]

Muskatnuss wurde in der Strazza 30-mal angeschrieben. Man erwarb dieses Gewürz in geringen Mengen von einem bis zwanzig Lot, seltener wurde es in den Mengen von einem Viertel oder einem halben Pfund notiert. Die größte Menge von 1 ½ Pfund nahm Adam Schmidt selbst, der Seniorchef, im August 1686.[1083] Der Preis für die Muskatnuss war um etwa die Hälfte niedriger als der der Muskatblüte und lag bei 6 kr und 7 kr pro Lot.[1084]

Mblie, Muskatblüte bzw. Macis wurde dagegen 50-mal notiert. Man verkaufte auch dieses Gewürz in geringen Mengen, sehr häufig sogar lotweise, aber auch in der Menge von einem Viertel Pfund mit zwei Ausnahmen: Das Kloster Seeon kaufte im Dezember 1685[1085] und im Januar 1687[1086] jeweils ein ganzes Pfund zum Lotpreis von 11 kr.

1079 Vaupel, Gewürze, S. 75.
1080 Gerhard, S. 156.
1081 Vaupel, Gewürze, S. 79–80.
1082 Selheim, Inventare, S. 165.
1083 [174] 6.8.1686.
1084 Der Salzburger Großhändler Lorenz Hagenauer verkaufte ebenfalls Muskatblüte und Muskatnuss. Er verlangte für beide Gewürze den gleichen Preis von jeweils 16 fl pro Pfund, was pro Lot 30 kr ausmachte. Angermüller, Hagenauer, S. 319.
1085 [128] 5.12.1685.
1086 [206] 25.1.1687.

Die Einträge deuten auf vier Qualitäten hin, es sind *Muskatblüte* ohne nähere Kennung, *feine, fff und feinste* eingetragen. Allerdings stimmen die Preise mit der Qualitätsabstufung nicht ganz überein, denn die F-Qualitäten kosteten 11 kr[1087] und 12 kr das Lot.[1088] Auch die *blie der feinsten,* wovon die Jesuiten aus Altötting im Januar 1687 ein Viertel Pfund auf Kredit kauften, lag bei 12 kr.[1089] Der höchste Preis von 16 kr pro Lot wurde für den Pfarrer von Ampfing angeschrieben, der anfangs Dezember 1685 ein halbes Lot Muskatblüte dieser Qualität kaufte. Bei seinem nächsten Einkauf von einem Lot wurde ihm ein Preis von 14 kr angeschrieben.[1090] So viel wurde auch dem Herrn Wallenberger für ein Lot Muskatblüte notiert.[1091]

Gewürznelken, kurz Nelken oder Nägel, waren wie Pfeffer und Muskatnüsse außerordentlich beliebt. Das sind die getrockneten Knospen des Nelkenbaumes, und sie wuchsen wie die Muskatnuss ursprünglich nur auf den Molukken.[1092] Gewürzt wurden mit Nelken Liköre, Gebäck und Fleischgerichte, ihr Duft fand sich auch in Seifen und Parfums.[1093] Chinesen, Inder und Ägypter allerdings sahen die Gewürznelke nicht als Gewürz, sondern als Zutat zu Räucherwerk gegen lästige Insekten und *böse Geister* sowie als Medizin.[1094]

Der Handel mit Nelken (wie auch mit Muskatnuss und Macis) war im 17. Jahrhundert ebenfalls in der Hand der Niederländer, der VOC, die die Nelkenbäume in bestimmten Regionen komplett ausrotten ließen, um das Monopol darauf zu behalten und den Preis zu diktieren.[1095] In einem Hamburger Preiskurant aus dem Jahre 1736 lagen Nelken und Muskatnüsse an der Spitze, es folgten Zimt, Anis, die Pfefferarten und die Muskatblüte, am Ende der Preisskala lag der Ingwer. Das teuerste Gewürz war aber der Safran.[1096]

Bei den Schmidts lassen sich 58 Einträge in der Strazza nachweisen. Die Kundschaft fand ganze Nelken, gestoßene und gemahlene Nelken im Angebot. Üblicherweise wurde das Gewürz lotweise gekauft, nurdie Jesuiten aus Altötting ließen 1685[1097] und 1686[1098] jeweils ein Pfund anstehen. Da beide Einkäufe im Januar getätigt wurden, ist anzunehmen, dass man das Gewürz beim Schlachten brauchte. Auch der Apotheker der Jesuiten von Altötting nahm eine größere Menge, ein halbes Pfund, vermutlich zur Herstellung von Medikamenten.[1099] Die

1087 [209] 25.1.1687.
1088 [203] 12.1.1687.
1089 [204] 13.1.1687.
1090 [164] 6.6.1686.
1091 [176] 12.8.1686.
1092 Vaupel, Gewürze, S. 53.
1093 Selheim, Inventare, S. 160.
1094 Vaupel, Gewürze, S. 53. Ein Rest davon könnte die Verwendung von Nelkenöl bei Zahnschmerzen sein.
1095 Ludovici, Akademie, Band 4, Sp. 24–35, hier Sp. 25.
1096 Gerhard, Gewürzpreise, S. 159.
1097 [18] 4.1.1685.
1098 [136]16.1.1686.
1099 [219] 4.4.1687.

Preise je Lot differieren von 7 bis 12 kr. Adam Schmidt, der Seniorchef, berechnete sich wieder einen Vorzugspeis.[1100] Am häufigsten wurde die Qualität um 8 kr verlangt, seltener die um 7 kr. Die Schmidts verkauften aber auch um 9 kr, 10 kr und 12 kr.

Zimt wurde von der Kundschaft der Schmidts stark nachgefragt, er wurde 51-mal notiert. Zimt ist die von der Außenrinde befreite, getrocknete Innenrinde von Bäumen, die zur Familie der Lorbeergewächse (*Lauraceae*) gehören. Je nach Rindendicke unterscheidet der Handel acht Qualitäten.[1101] Wie bei den Muskatnüssen und den Nelken hatte die VOC seit dem 16. bis zum Ende des 18. Jahrhunderts auch das Monopol für den Ceylonzimt in Händen und konnte den Preis bestimmen. Billiger als der Ceylonzimt waren der chinesische und der französische Zimt, die an kein Monopol gebunden waren.[1102] Zimt wurde als Rinde, als Bruch, gemahlen und als Öl angeboten. Verwendet wird und wurde der Zimt im Haushalt zum Würzen von Backwaren, insbesondere von Lebkuchen, Süßspeisen und Kompotten. Er verlängerte aufgrund der antibakteriellen Wirkung die Haltbarkeit von Fleisch und Wurstwaren und wurde auch als Duftstoff genutzt.[1103]

Die Schmidts boten *Zimt*, *langen*, *kurzen* und *gestoßenen Zimt* sowie *Zimtstaub* an. Die Preisgestaltung ist in kleinen Schritten gestaffelt. Für ein Lot vom *ganzen* Zimt zahlte der Hofwirt von Zangberg, Georg Lödl, 9 kr.[1104] Für *kurzen* Zimt wurden dem Apotheker von Altötting 4 kr pro Lot berechnet; er nahm davon ein Pfund. Weil dieser Einkauf im November geschah, könnte man vermuten, dass er den Zimt für Lebkuchen brauchte.[1105] *Langer* Zimt kostete 7 kr das Lot; dieser Preis wurde dem Januarius Salchem von Ampfing Anfang Januar 1685 angeschrieben.[1106] Der *gestoßene* Zimt kostete 8 kr pro Lot; der Pfarrer von Ampfing nahm ein Lot davon.[1107] Auch der *Zimtstaub* kostete gleich viel, wie der Einkauf des Pfarrers von Floßing zeigt.[1108] Es bleibt offen, welchen Unterschied es zwischen gestoßenem Zimt und *Zimtstuph* gab, doch beide wurden in pulverisierter Form angeboten. Zimt, Nelken, Rosmarin oder Lavendel wurden im 18. Jahrhundert auch als duftender Parfümersatz sowie zur Mundhygiene verwendet.[1109]

43-mal wurde *Safran* in der Strazza notiert. Safran galt *als das weitaus teuerste Gewürz der Welt.*[1110] Es wurde zum Färben, als Duftstoff, als Arznei und zum Würzen von Fleisch, Geflügel und Fischspeisen verwendet.[1111] Der hohe Preis

---

1100 [114] 26.10.1685; [102] 3.9.1685.
1101 Vaupel, Gewürze, S. 89–90.
1102 Selheim, Inventare, S. 170. Gerhard, Gewürzpreise, S. 157.
1103 Vaupel, Gewürze, S. 92 u. S. 98.
1104 [191] 30.10 1686.
1105 [189] 24.10.1686.
1106 [18] 4.1.1685.
1107 [164] 6 6.1686.
1108 [86] 12.6.1685.
1109 Anna Huemer, Körper und Hygiene, in: Reith u. a. (Hg.), Haushalten und Konsumieren, S. 247–257, hier S. 249.
1110 Vaupel, Gewürze, S. 11.
1111 Selheim, Inventare, S. 168. Vaupel, Gewürze, S. 16.

ergibt sich aus der intensiven Handarbeit bei der Gewinnung des Safrans. Für ein Kilo Gewürz müssen die Narben aus 150.000 Blüten gezupft werden. Die im Herbst blühende Krokuspflanze wird am frühen Morgen geerntet, weil sie da die meisten Aromastoffe hat. Das Gewürz sitzt als Narbenlappen auf den langen Griffeln. Die Griffel müssen sorgfältig händisch entfernt und die Narbenlappen abgestreift werden. Erst durch sanftes Rösten über schwachem Feuer entwickelt er seine Qualität. Angebaut wurde und wird der Safran in den heißen Mittelmeerländern Spanien, Italien, Frankreich, in Nordafrika, Mazedonien, der Türkei, im Iran, in Pakistan und Indien.[1112] Auch in Österreich in und um Wien und in Niederösterreich wurde seit Anfang des 15. Jahrhunderts Safran in bester Qualität angebaut.[1113] Der Safran aus dem Donautal wurde als der weltweit beste angesehen und dürfte vorwiegend im süddeutschen Raum angeboten worden sein.[1114]

In der Strazza wurde wie bei einigen anderen Gewürzen zum größten Teil nur der Gewürzname *Safran* ohne nähere Kennung aufgeschrieben, elfmal wurde *gestoßener Safran* notiert, dreimal *ganzer* und zweimal *Wiener Safran.*[1115] Safran wurde in sehr kleinen Mengen gekauft, häufig lotweise, in Einzelfällen sogar als Quintel.[1116] Das Gewürz war teuer, aber man brauchte auch keine großen Mengen. Die Preise lagen zwischen 32 und 48 kr pro Lot. Größere Mengen ließen nur die Kramer, die den Safran als Zwischenhändler an ihre Kundschaft weiterverkauften, sowie der Mühldorfer Apotheker anschreiben. So nahm der Kramer Hanns Filßer aus Gars a. Inn drei Pfund[1117] und der Apotheker Trauner aus Mühldorf ein Viertel Pfund gestoßenen Safran.[1118] Der gestoßene Safran sei billiger gewesen, weil dafür alter Safran verwendet worden sei, da dieser mehr Pulver ergab.[1119]

Der Pfarrer von Floßing zahlte einen Lotpreis von 48 kr;[1120] das war der höchste Preis überhaupt für Safran, der in der Strazza vorkommt. Gestoßener Safran war offenbar nicht billiger, denn derselbe Preiswurde dem Kürschner Cuerzy für gestoßenen Safran berechnet.[1121] Der als besonders rein charakterisierte *Wiener Safran*[1122] lag mit 45 kr pro Lot drei Kreuzer unter dem höchsten in der Strazza

---

1112 Vaupel, Gewürze, S. 11.

1113 Carolin Scheck, Kulturgeschichte des Safrans unter besonderer Berücksichtigung der Produktion, des Handels und der Verwendung im Mittelalter und der beginnenden Neuzeit (mit Schwerpunktsetzung Österreich), Wien 1997, S. 61–68.

1114 Gerhard, Gewürzpreise, S. 181.

1115 Scheck schreibt, dass die in Österreich angebaute Sorte Crocus austriaca als *Landsafran* und in Bayern als *Wiener Safran* bekannt war. Scheck, Safran, S. 60. Offenbar wurde im salzburgischen Mühldorf a. Inn die bayerische Bezeichnung verwendet.

1116 1 Lot = 16,7 gr = 4 Quintel, 1 Quintel = 4,175 gr, s. Koller, Landesarchiv, S. 186.

1117 [87] 16.6.1685.

1118 [34] 6.2 1685. Safran galt als verdauungsfördernd.

1119 Selheim, Inventare, S. 168.

1120 [86] 12.6.1685.

1121 [155] 27.4.1686.

1122 Scheck, Safran, S. 60–61. Er galt als die erste Handelsqualität und bestand nur aus Narben, hatte eine *tiefpurpurrotbraune* Farbe und duftete stark.

aufgeführten Safranpreis. Ein Achtel Lot *Wiener Safran* wurde von der Verwaltung in Tüßling, und drei Lot wurden vom Kloster Seeon auf Kredit gekauft.[1123]

Scheck erklärt die hohen und unterschiedlichen Preise nicht nur durch Qualitätsunterschiede, sondern auch durch das Verhältnis zwischen Angebot und Nachfrage. Wenn die alte Ware gegen Ende eines Erntejahres knapp wurde, erhöhte sich der Preis, bis die neue Ernte auf dem Markt war.[1124]

18-mal wurde *Lorbeer* angeschrieben. Ob unter der Bezeichnung *Lorber* die Blätter oder die Beeren des Lorbeerbaumes gemeint waren, muss offen bleiben, denn beide wurden als Gewürz verwendet. Gehandelt wurden im 18. Jahrhundert die Blätter des *gemeinen breitblätterichten Lorbeerbaums …, welche in der Küche und Arztneykunst gebraucht werden. Sie müssen von Ansehen grün, und ganz seyn, wohl riechen und einen scharfen, etwas bittern Würzgeschmack haben.*[1125] Es wurden aber auch die Früchte des Lorbeerbaumes, die Lorbeeren, als Küchengewürz verkauft. Der Lorbeer kam ebenfalls aus Europa, insbesondere aus den Mittelmeerländern Italien, Spanien, Languedoc und Provence, wo die Lorbeerbäume wild wuchsen. Vor allem das aus den Beeren gewonnene Öl war als sehr wirksam bei innerer und äußerer Anwendung bekannt.[1126] Mit Lorbeer würzte man Fleischgerichte, Saucen, Liköre, Essige und anderes.[1127]

Es ist auffallend, dass das Gewürz nur von Kramern und der Geistlichkeit angeschrieben wurde, Privatkunden sind nicht aufgeführt. Die Preise lagen zwischen 7 kr und 12 kr pro Pfund. Es handelte sich also umein eher günstiges Gewürz. Gekauft wurde überwiegend in den kühleren Monaten und in den Monaten Juni, Juli und August gibt es nur sechs Einträge. Lässt sich daraus ableiten, dass Lorbeer eher zu den Schlachtterminen bezogen wurde? Die Mengen sind vergleichsweise gering. Adam Schmidt selbst nahm sich einmal nur zwei Lot; die übrigen Verkaufsmengen pendeln zwischen einem halben bis zu vier Pfund, die vom Kloster Gars im Januar 1685 gekauft wurden.[1128] Bei einem der Einträge lässt sich die Versorgung der Kunden durch die Schmidts ablesen. Der Eintrag lautet: *NB 2 Pfund lorbir ze senden*. Das Franziskanerkloster von Altötting hatte Lorbeer bestellt, der ins Kloster geschickt werden sollte.[1129]

16 Einträge beziehen sich auf *Weihrauch*. Ludovici beschreibt den Weihrauch als *ein bleichgelbes, hartes und durchsichtiges Harz,* das in kleinen Körnern oder in größeren Klumpen vorkommt, bitter und harzig schmeckt, aber einen guten, durchdringenden Geruch beim Verbrennen entwickelt.[1130] Nach Ludovici kam das Harz des Weihrauchbaumes aus Arabien (inzwischen kommen große Men-

---

1123 [30] 30.1.1685; [21] 10.1.1685.
1124 Scheck, Safran, S. 68.
1125 Ludovici, Akademie, Teil 3, Sp. 1567–1569, hier Sp. 1567.
1126 Ludovici, Akademie, Teil 3, Sp. 1568.
1127 Selheim, Inventare, S. 163–164.
1128 [27] 24.1.1685.
1129 [16] 20.12.1684.
1130 Ludovici, Akademie, Teil 5, Sp. 814–819, hier Sp. 814.

gen aus Somalia). Man ritzte den Baum an, das Harz trat aus und erstarrte. Man kannte verschiedene Sorten und Qualitäten. Verwendet wurde der Weihrauch in den Häusern zum traditionellen Räuchern, vor allem aber in den katholischen Kirchen zu den Gottesdiensten.[1131] Als Arznei zur inneren und äußeren Anwendung war Weihrauch ebenfalls bekannt, man machte daraus Likör, Öl und Latwerge.

Die Kunden, die bei den Schmidts Weihrauch einkauften, zählten mehrheitlich zur Geistlichkeit, die sich regelmäßig mit Weihrauch eindeckte.[1132] *Pierncamer* und *Heimerl* könnten den Weihrauch für das Räuchern erworben haben, wofür das Datum des Einkaufes, 12. Dezember bzw. 5. Januar sprechen würde. Der Brauch des Räucherns während der zwölf Rauhnächte (oder Rauchnächte) zwischen Weihnachten und dem Dreikönigstag sollte Unheil fernhalten und Haus, Wohnung und Stall segnen. Das Ritual sah vor, dass man betend und singend mit dem Räucherwerk in der Rauchpfanne durch die Räume geht und um den Segen für Bewohner und Tiere bittet. Der Brauch wurde durch die Säkularisation verboten.[1133]

Preise für Weihrauch sind nur zweimal verzeichnet. Die Neuhauser Verwaltung zahlte pro Pfund 36 kr, das Kollegiatstift Mühldorf pro Pfund 39 kr; sie ließen ebenfalls vier Pfund anstehen.[1134]

Ingwer bzw. *Imber* wird 14-mal genannt. Die Schmidts boten ihn als *Ingwer, ganzen Ingwer, gestoßenen* oder als *Kücheningwer* an. Beim ganzen Ingwer dürfte es sich um frische Stücke des Rhizoms der Pflanze gehandelt haben, der gestoßene war getrocknet und zerkleinert, während der Kücheningwer bis jetzt noch nicht zu identifizieren war; vielleicht handelte es sich dabei um den braunen Ingwer. Beim Ernten haben die Rhizome noch eine dunkelgrüne oder braune Außenhaut, nach der Ablösung der Haut und der Trocknung erhält man den hellen Ingwer. Der Salzburger Händler Lorenz Hagenauer hatte in seinem Lager neben zwei Partien gestoßenem[1135] sowohl *braunen* als auch *weißen* Ingwer vorrätig.[1136] Das scharf-fruchtige Gewürz wurde besonders zum Backen und in der Konditorei verwendet,[1137] aber auch bei Verdauungsproblemen, bei Reise- und Seekrankheit und in Getränken eingesetzt.[1138] Ingwer gehörte schon im alten Rom zu den *indischen Gewürzen* wie Pfeffer, Kardamom, Zimt und den Molukkengewürzen wie

1131 Ludovici, Akademie, Teil 5, Sp. 817.

1132 Nur drei Ausnahmen sind zu verzeichnen: der Kramer Gerorg Pierncamer aus Buchbach, der von den Schmidts vier Lot bezog ([11] 12.12.1684), der Heimerlbräu, der ein Lot anstehen ließ ([134] 5.1.1686) sowie die Verwaltung von Neuhaus, die vier Pfund einkaufte ([169] 28.6.1686).

1133 Michael Pfeifer, Der Weihrauch. Geschichte, Bedeutung, Verwendung, Regensburg 1997, S. 114–117.

1134 [18] 5.1.1685.

1135 Angermüller, Hagenauer, S. 320 u. 330.

1136 Angermüller, Hagenauer, S. 322.

1137 Selheim, Inventare, S. 161.

1138 Vaupel, Gewürze, S. 105.

Nelken und Muskatnuss, die aus dem asiatischen Raum importiert wurden. Im Mittelalter war Ingwer fast so beliebt wie Pfeffer und wurde an süße wie salzige Speisen getan. Die Apotheker stellten daraus kandierten Ingwer oder Latwerge her. Weil der Ingwer so begehrt war, aber in Amerika nicht vorkam, brachten die Spanier im 14. Jahrhundert Ingwerrhizome auf die westindischen Inseln und begannen dort den Ingweranbau. Hauptproduktionsländer sind inzwischen Indien, China, Westmalaysia, Taiwan, Jamaika und Westafrika.[1139]

Die Hauptabnehmer bei den Schmidts waren wiederum die umliegenden Klöster (9), Kramer (3) und die Verwaltung von Tüßling. Die Preise lagen zwischen 12 kr und 24 kr. Die teuerste Sorte war der Kücheningwer mit einem Pfundpreis von 24 kr, von dem Lorenz Groß, Kramer aus Gars a. Inn, ein halbes Pfund anschreiben ließ.[1140] Von der nächstgünstigeren Sorte zu 20 kr pro Pfund kaufte die Verwaltung von Tüßling ein Pfund.[1141] Die größte Menge von 25 Pfund nahm der Juniorchef Adam Schmidt.[1142] Es drängt sich die Frage auf, ob er diese große Menge tatsächlich für den eigenen Verbrauch genommen hat oder ob er den Ingwer auf einem Markt in der Umgebung weiterverkauft hat, zumal er mit der gleichen Rechnung auch 34 ½ Pfund ff-Zucker kaufte und anstehen ließ. Eine gewisse Regelmäßigkeit beim Einkauf lassen zwei Einträge vermuten. Im Januar 1686 ließ das Jesuitenkloster Altötting 12 ½ Pfund Ingwer anstehen, ziemlich genau ein Jahr später 12 Pfund, beide Male wurde den Jesuiten ein Pfundpreis von 12 kr berechnet.[1143] Bis auf zwei Einkäufe vom Kramer Lorenz Groß aus Gars a. Inn im August 1686 sind alle anderen Käufe in den kalten Wintermonaten getätigt worden. Könnte es sein, dass die wärmende Wirkung des rohen Ingwers als Tee oder Ingwerwasser genutzt wurde?

Die vier Gewürze *Anis*, *Kurkuma*, *Carrobe* und *Süßholz* wurden seltener gekauft, sie gehören zu den exquisiteren Gewürzen. Anis wurde neunmal aufgeschrieben. Anis war eine Bibernellenart, die ursprünglich im östlichen Mittelmeerraum beheimatet war; im 18. und 19. Jahrhundert wurde der Anis auch in Schwaben, um Bamberg und in Thüringen angebaut. Anis war demzufolge ein einheimisches bzw. europäisches Gewürz. Anis war beliebt zum Würzen von Süßspeisen, Gebäck, Brot und für Branntwein.[1144] Die Schmidts verkauften ihn u. a. an den Kramer Johann Filßer aus Gars a. Inn für 16 kr das Pfund.[1145]

Süßholz wurde fünfmal aufgeschrieben. Vom Süßholz nahm sich der Juniorchef Adam Schmidt eine kleine Menge zusammen mit Feigen und Weinbeeren.

1139 Vaupel, Gewürze, S. 107–108.
1140 [37] 7.2.1684.
1141 [30] 30.1.1685.
1142 [219] 27.3.1687.
1143 [136] 16.1.1686; [204] 13.1.1687. Jeweils sechs Pfund nahmen die Franziskaner in Altötting ([16] 29.12.1684), das Kloster Baumburg ([42] 13.2.1685) und das Jesuitenkolleg in Burghausen ([47] 21.2.1685).
1144 Selheim, Inventare, S. 157.
1145 [25] 12.1.1685.

Er stellte sich dafür 3 kr 2 pf in Rechnung.[1146] Lorenz Groß zahlte für ein Viertel Pfund *sießes Holz* 6 kr.[1147] Süßholz war nicht nur Naschwerk, sondern aus dem Süßholzsaft konnte Bärenzucker, die Lakritze, hergestellt werden.[1148]

Kurkuma (*Curcuma*) wurde dreimal auf Kredit verkauft. Dabei handelt es sich um ein in Asien beheimatetes Ingwergewächs, die Gelbwurzel. Sie wurde überwiegend als Gewürz, aber auch zum Färben von Textilien genutzt.[1149] Bei den Schmidts wurde ein Achtel Pfund Kurkuma um 8 kr verkauft, das entspräche einem Pfundpreis von mehr als einem Gulden. Der Kramer Ignatz Plaichshirn aus Haag in Oberbayern ließ sich ein Achtel Pfund anschreiben.[1150]

Bei Carrobe handelt es sich um die Fruchtschoten des Johannesbrotbaumes, der in Arabien und den Mittelmeerländern wächst. Die Schoten werden getrocknet und bekommen dadurch eine kastanienbraune Farbe und einen süßen Geschmack. Sie dienten als Speise, aber auch als Mastfutter, für Schweine. Gemahlen wurden die Schoten in der Medizin und gegen Husten und Sodbrennen eingesetzt. Ludovici schreibt, dass vom *Johannisbrodt* so große Mengen importiert werden, *dass man es bey allen Materialisten und Gewürzkrämern findet.*[1151] Die Schmidts verkauften das Johannesbrot nur zweimal auf Kredit. Einmal nahm der Mühldorfer Kramer Thomas Zauscher zwei Pfund.[1152] Der zweite Eintrag dokumentiert eine Transaktion mit David Oppenriedter aus Landshut, dem er ein *Vässl* mit 89 Pfund Johannesbrot schickte; als Gesamtgewicht wurden 106 Pfund und als Tara 17 Pfund angegeben.[1153]

5.2.2 Delikatessen

Zu den Delikatessen werden hier die ungewöhnlicheren (und teuren) Lebensmittel wie Kapern, Reis, Wildpret oder Leckereien wie Konfekt, Lebkuchen oder Zitrusfrüchte gezählt, die eher zu einer gehobenen Tafel gehörten. *Kapern* sind die Blütenknospen des Kapernstrauches, die man sauer in Salzlake oder in Essig einlegt. Verwendet wurden und werden sie als pikante Zutat zu Soßen und Salaten, aber auch in den Apotheken gab es *ein heilsames Öl* aus Kapern.[1154] Die Kapernsträucher wachsen in Ägypten, Italien, Spanien, Frankreich, America und andern warmen Ländern, an steinichten Orten.[1155] Je kleiner und fester die Kapern sind, umso besser schmecken sie. Nach Ludovici kommen die am meisten verkauften Kapern aus Frankreich aus der Nähe von Toulon und aus der Provence. Die

[1146] [30] 1.2.1685.
[1147] [212] 26.2.1687.
[1148] Angermüller, Hagenauer, S. 322.
[1149] Selheim, Inventare, S. 55.
[1150] [159] 10.5.1686.
[1151] Ludovici, Akademie, Teil 3, Sp. 673–674.
[1152] [169] 29.6.1686.
[1153] [60] 17.5.1686.
[1154] Ludovici, Akademie, Teil 3, Sp. 856–860, hier Sp. 859.
[1155] Ludovici, Akademie, Teil 3, Sp. 856.

Gefahr, dass unter ihrem Namen schlechtere italienische oder andere Kapern verkauft würden, sei groß.[1156] Ludovici führt noch Kapern von der Kapuzinerkresse auf, die als Ersatz dienten.[1157] Kapern gehörten demzufolge zu den einheimischen bzw. europäischen Gewürzen. In einem Preiskurant aus Hamburg von 1736, der die Preise der einheimischen Gewürze auflistete, waren die Kapern am teuersten; es folgten die Gewürze Anis, Fenchel, Kümmel, Lorbeer und Rosmarin.[1158]

In der Strazza sind 20 Einkäufe von Kapern notiert, einer davon verweist auf die spanische Herkunft hin. Ein Großteil der Kundschaft erwarb kleinere Mengen von einem Achtel bis zu einem halben Pfund. So nahm die junge Köchin *Dieterin* ein Achtel Pfund Kapern.[1159] Bei der Herrschaft von Tüßling waren Kapern offenbar besonders beliebt, denn sie tätigte von 1684 bis 1687 neun Einkäufe von einem halben, einem und drei Pfund zum Pfundpreis von jeweils 36 kr.[1160] Die großen Mengen bis zu neun Pfund erstanden allerdings die Klöster der Umgebung. Sie hatten eine größere Anzahl von Menschen, d. h. neben den Geistlichen auch weltliches Personal, zu versorgen.[1161]

Als Konfekt bezeichnete man alles, was *aus Früchten, Gewächsen, Wurzeln, Rinde, Körner u.d.g. nach der Kunst mit Zucker überzogen oder eingemacht ist*, oder *was in allerhand kunstreichen Formen und Figuren von Zucker gebildet ist.*[1162] *Confect* wurde von Zuckerbäckern, Konditoren oder in den Haushalten hergestellt. Die Schmidts boten *Konfekt* und *weißen Konfekt* an. Die größte Menge ließ das Kloster Gars a. Inn anstehen, es nahm zwei Pfund *confecto diverso.*[1163]

Die Schmidts hatten *große*, *mittlere*, *feine*, *gewürzte* und *Nürnberger Lebzeltl* im Angebot.[1164] In den mittelalterlichen Klöstern wurden die Kenntnisse des Lebkuchenbackens gepflegt. Im 13. Jahrhundert tauchten zum ersten Mal die Namen *lebekuochen* und *lebezeltl* auf. Da das Wort Pfeffer als Synonym für Gewürz stand, nannte man die Lebkuchen auch Pfefferkuchen, Printe bezieht sich nicht auf die Zutaten sondern auf die Form. Printe bedeutet Abdruck.[1165] Die üblicherweise verarbeiteten Gewürze wie Anis, Ingwer, Kardamom, Koriander, Macis, Nelken,

---

1156 Ludovici, Akademie, Teil 3, Sp. 858.
1157 Ludovici, Akademie, Teil 3, Sp. 859.
1158 Gerhard, Gewürzpreise, S. 159.
1159 [2] 15.11.1684.
1160 [134] 3.1.1686; [126] 28.11.1685; [30] 30.1.1685.
1161 Die Jesuiten von Altötting kauften im Januar 1685 vier Pfund, das Pfund zu 40 kr ([18] 4.1.1685), das Jesuitenkloster in Burghausen ließ neun Pfund anschreiben ({47] 21.1.1685), das Kloster Baumburg sechs Pfund ([42] 16.2.1685) und ebenfalls sechs Pfund das Kloster Gars a. Inn ([27] 24.1.1685).
1162 Ludovici, Akademie, Teil 2, Sp. 555–558.
1163 [27] 24.1.1685.
1164 Der Unterschied zwischen Lebkuchen und Lebzeltl ist nicht allein ein sprachlicher. Die Lebkuchen sind dicker als die flachen Lebzelten. S. Marianne Ebert-Wolf, Geschichte des Nürnberger Lebkuchens vom Handwerk zur Industrie, in: Mitteilungen des Vereins für Geschichte der Stadt Nürnberg 52 (1963–64), S. 491–504, hier S. 494–495.
1165 Ebert-Wolf, Nürnberger Lebkuchen, S. 497.

Orangeat, Piment und Zimt wirkten über die in ihnen enthaltenen ätherischen Öle verdauungsfördernd.[1166]

Das Lebkuchenbacken als Gewerbe entwickelte sich auch außerhalb der Klöster. Zunächst waren Bäcker und Lebküchner ein gemeinsames Gewerbe.[1167] Die zum Formen der Lebkuchen nötigen Model stellte man selbst her oder ließ sie von einem Modelstecher schneiden. Die Bekanntheit der Nürnberger Lebkuchen, deren Produktion sich seit dem 16. Jahrhundert entwickelte, hing nicht allein mit dem guten Honig, den die Zeidler aus den umliegenden Wäldern sammelten, und der Möglichkeit, in der Handelsstadt die passenden Gewürze zu bekommen, zusammen, sondern zu einem großen Teil auch mit der Bekanntheit der Stadt als Handelszentrum.[1168] Im 18. Jahrhundert galten in Deutschland die Nürnberger Lebkuchen, in Polen die Thorner und Danziger, in Holland die Deventer als die besten.[1169]

Bei den Schmidts wurden die *Lebzeltl* einzeln oder im Dutzend verkauft. Sie mussten trocken aufbewahrt werden, damit sie nicht weich wurden und Ungeziefer anlockten.

Das Kammeramt in Mühldorf kaufte im Februar 1685 Lebzeltl bei den Schmidts ein,[1170] aber auch Privatleute gehörten zu den Kunden wie die umliegenden Klöster Burghausen, Altötting oder Seeon.[1171]

Im Mühldorfer Steuerbuch von 1624 wird ein Lebzelter namens Paulus Farmpacher aufgeführt.[1172] Vielleicht hat Adam Schmidt von ihm Lebzeltl für das Geschäft mitgenommen, denn ein Eintrag besagt, dass Adam Schmidt für sechs Dutzend *mittlere Lebzeltl* bezahlt werden soll.[1173] *Lemoni* bzw. Zitrusfrüchte waren bereits im Mittelalter nördlich der Alpen bekannt, aber sie blieben bis ins 17. Jahrhundert als Luxusspeise nur wenigen Menschen vorbehalten. In den 1530er-Jahren sollen die ersten Zitrusbäumchen nach Augsburg in die Gärten der Fugger gelangt sein. Es folgten die Hofgärten von Stuttgart, München und Dresden, wo man dafür die Orangerien baute. Um die Wende vom 16. zum 17. Jahrhundert nahm der Handel mit den Südfrüchten stark zu. Die Versorgung von Norddeutschland führte über den Seeweg in den Hafen von Hamburg, der Süden wurde über die Alpen versorgt.[1174] Die Kundschaft verlangte danach, und immer

---

1166 Vaupel, Gewürze, S. 97.

1167 Ebert-Wolf, Nürnberger Lebkuchen, S. 497.

1168 Ebert-Wolf, Nürnberger Lebkuchen, S. 504.

1169 Albert Bartelmeß, Leb- und Wachszelter, in: Reith (Hg.), Lexikon des alten Handwerks, S 144–147, hier S. 145.

1170 [50] 26.2.1685.

1171 So kaufte das Kloster Seeon z. B. 1685 fünfzehn Dutzend *Lebzeltl* ([21] 10.1.1685), zwei Jahre später dann zwölf Dutzend ([206] 25.1.1687), auch das Kloster Gars, die Jesuiten in Burghausen sowie Privatleute kauften Zeltl bei den Schmidts.

1172 Reith, Begleitband Salzburg in Bayern, S. 104. Mit einer Steuerleistung von 700 fl zählt er zu den Wohlhabenden.

1173 [213] 2.3.1687.

1174 Rainer Beck, Lemonihändler. Welsche Händler und die Ausbreitung der Zitrusfrüchte im frühneuzeitlichen Deutschland, in: Jahrbuch für Wirtschaftsgeschichte 2004/2, S. 97–123, mehr Wanderhändler trugen die Früchte aus Italien nach Norden. Die ansässigen Gemüsehändler beschwerten sich, weil sich die *welschen Händler* nicht an die Öffnungszeiten bzw. Marktzeiten hielten und die Früchte außerdem ohne obrigkeitliche Genehmigung verkauften. Deren Gegenargument war, sie müssten das Obst eilig verkaufen, damit es nicht faul und schlecht werde. Die Zitrusfrüchte wandelten sich im 17. Jahrhundert dank des größeren Angebots durch *welsche* Händler von einer Luxusware zu einer weit verbreiteten, üblichen Ware, und eine immer größere Kundschaft leistete sich die Zitrusfrüchte: ein Wandel von der *Luxusware* zu einer Annehmlichkeit bzw. einer *commodity.*[1175]

Bei den Schmidts kauften der Heimelbräu, der Kramer Zauscher, der Pfarrer von Lohkirchen und die Verwaltung von Zangberg Lemoni. Die Zitronen waren neben all den anderen Gewürzen unabdingbarer Bestandteil prestigeträchtiger Küchen. Man kochte die Zitrusfrüchte zusammen mit den Speisen im Topf oder der Bratpfanne mit oder würzte mit dem Saft beim Kochen oder direkt am Tisch.[1176]

In Mühldorf waren die Lemoni offenbar ein Obst für den Winter bzw. für die kühlere Zeit, denn die Verkäufe wurden in den Monaten Januar, April, Mai, Oktober und November getätigt. Im Sommer bevorzugte man wohl eher das einheimische Obst. Die Lemoni wurden bei den Schmidts stückweise gekauft. Die größte Anzahl ließen die Jesuiten von Altötting anschreiben, sie ließen sich 57 Stück senden und zahlten den unglaublich niedrigen Preis von 57 kr dafür.[1177] Der Pfarrer von Lohkirchen besorgte sich zwei Stück zu einem Preis von je 5 kr.[1178] Die Verwaltung von Zangberg erwarb einmal sechs Stück und einmal zwölf Stück zum Preis von jeweils 3 kr.[1179] Einen vergleichbaren Preis von 2 ½ bzw. 3 kr pro Stück zahlten die Spänglers in Salzburg auch noch im 18. Jahrhundert für Lemoni.[1180]

Zweimal verkaufte Schmidt *Malvasierwein*. Vermutlich hat Schmidt den Wein über einen Mühldorfer Wirt bezogen. Es war ein süßer und starker Wein, dessen Trauben auf einigen griechischen Inseln, in Italien und Spanien wuchsen. Große Mengen der besten Qualität kamen aus Candia (Heraklion). Der Name des Weines lässt sich von der Stadt Malvasia auf der Halbinsel Morea (Peloponnes) ableiten, wo große Anbaugebiete lagen. Ludovici weist bereits im 18. Jahrhundert auf Fälschungen hin, *dass Muskatweine gesüßt und eingekocht und dann als Malvasierweine verkauft wurden. Man sieht aus obigem, daß unmöglich alles das wirklicher Malvasier sey, was dafür in der Welt verkauft wurde, sondern dass solches meistens*

---

hier S. 102.

1175 Beck, Lemonihändler, S. 115.

1176 Spiegel, Adliger Alltag, S. 221.

1177 [18] 4.1.1685.

1178 [76] 22.5.1685.

1179 [150] 6.4.1686, [189] 25.11.1686.

1180 Birgit Pelzer-Reith, Lebensmittelkonsum und Ernährung, in: Reith u. a. (Hg.), Haushalten und Konsumieren, S. 179–201, hier S. 193.

ein gekünstelter Wein ist.[1181] Das stimmt mit der Kritik von Krünitz überein, dass der Malvasierwein nicht allein als Traube wachse, sondern gerne gefälscht werde, indem man den Wein mit Honig vermischt, aufkocht und in einem Weinfass gären lässt.[1182] Verwendet wurde er wohl überwiegend zum Trinken, aber auch in der Küche für Suppen, Muse und Brühen und für Fischgerichte.

Reis wurde 41-mal angeschrieben, das Pfund zu jeweils 6 kr. Insgesamt wurden von 1684 bis 1687 2 ¼ Zentner Reis verkauft. Günter Wiegelmann zufolge behielten die Reisspeisen bis zum Ende des 17. Jahrhunderts ihre Stellung als *Luxusessen der Reichen* und noch zu Beginn des 18. Jahrhunderts suche man Reisspeisen auf dem Land und auf den Speiseplänen städtischer Anstalten vergeblich.[1183]

Im 17. Jahrhundert war der Verzehr von Reis noch nicht weit verbreitet. Wie ein Hinweis auf die Speiseordnung des Regensburger St. Katharinenspitals für das Jahr 1643 zeigt, war dort der Reis ausschließlich als Sonn- und Feiertagskost für die Pfründner in der Fastenzeit üblich.[1184] Das könnte bei der Klosterkundschaft der Schmidts ebenfalls der Fall gewesen sein, zumal die Einkäufe überwiegend in den Monaten von Dezember bis April geschahen, in denen die größeren Fastenzeiten lagen.

Die Zubereitungsweisen unterschieden sich nicht wesentlich von heute, der Reis wurde entweder in Brühe oder in Milch gekocht.[1185]

Wiegelmanns Aussage wird durch die Einträge in der Strazza bestätigt. Hauptabnehmer waren die Klöster der Umgebung, der Pfarrer von Ampfing, Vater Franz und Sohn Adam Schmidt selbst, der Pflegsverwalter von Mühldorf und die Herrschaft von Tüßling, die Frau des Richters von Zangberg und der Kramer Wallenberger. Die Klöster kauften größere Mengen bis zu einem halben Zentner, während die übrigen Kunden ein halbes oder ein Viertel Pfund, wohl eher die Menge für eine Mahlzeit, nahmen. Die ebenfalls kleinen Mengen der Einkäufe im Mai, Juni und Juli waren wohl für den privaten Haushalt der Schmidts bestimmt.

Der in Mühldorf oder Salzburg verzehrte Reis könnte aus Oberitalien nach Salzburg und von dort dann auch nach Mühldorf gekommen sein, denn der Haushalt der Salzburger Kaufmannsfamilie Spängler bekam den Reis vom *Innsbrucker Boten.*[1186] Und auch das Bürgerspital in Salzburg bezog den Reis von einem Händler aus Tirol, von Christoph Jacob Högwein aus Hall. Er lieferte wahrscheinlich

---

1181 Ludovici, Akademie, Teil 3, Sp. 1748–1749.

1182 Krünitz, Enzyklopädie, Bd. 83, 1801.

1183 Günter Wiegelmann, Alltags- und Festspeisen, Wandel und gegenwärtige Stellung. Marburg 1967, S. 134–135.

1184 Andreas Kühne, Essen und Trinken. Das Regensburger St. Katharinenspital in der Frühen Neuzeit, Regensburg 2006.

1185 Kühne, Essen und Trinken, S. 156.

1186 Pelzer-Reith, Lebensmittelkonsum, in: Reith u. a. (Hg.), Haushalten und Konsumieren, S. 192.

ebenfalls Reis aus Oberitalien, der bis Hall über den Brenner auf dem Landweg und ab Hall auf dem Wasserweg nach Salzburg kam.[1187]

Schwarzes Wildbret wurde 51-mal angeschrieben. Das schwarze Wildbret könnte Gamsfleisch gewesen sein.[1188] Es scheint aber sehr unwahrscheinlich, dass in Mühldorf a. Inn, das nicht im oder wenigstens am Rande des Gebirges lag, so häufig Gamsfleisch angeboten wurde. Es wird sich in diesem Falle doch wohl eher um Wildschwein gehandelt haben. Bestätigt wird dies durch Edgar Krausen: Er beschreibt die Waldnutzung der Mühldorfer Forste durch den bayerischen Herzog und die Salzburger Erzbischöfe.[1189] Beide Parteien nutzten die Wälder im 17. Jahrhundert gemeinsam als Jagdreviere. Wenn die eine Partie auf die Jagd ging, schickte die andere einen Beobachter mit. Dadurch sind Abschusslisten erhalten, die die Tierarten auflisten. Darunter befinden sich keine Gämse, sondern nur Hirsche, Rehböcke, Sauen (Wildschweine) und Rehkälber. Erzbischof Max Gandolph Graf von Kuenburg ging gerne in den Mühldorfer Wäldern auf die Jagd, vor allem auf *Schwarzwild*, nachdem es sonst nirgends in den salzburgischen Forsten solches gab.[1190] 1685 veranstaltete er eine große Sauhatz, an der auch der bayerische Wild- und Forstmeister, der die Jagdrechte des bayerischen Herrschers zu wahren hatte, als Beobachter teilnahm.[1191] Andreas Kühne versteht unter *SchwarzWildbret* ebenfalls Wildschwein, das bei Repräsentationsgastmählern den Angehörigen der Oberschicht im St. Katharinenspital in Regensburg neben Hirsch und Reh als Teil des Wildfleisches serviert wurde. Das Jagdregal war ursprünglich ein königliches Recht und ein Ausdruck von Hoheit. Die Jagd auf Hirsch und Wildschwein war für den hohen Adel reserviert, Niederwild wie Hasen u. a. durfte dagegen auch von anderen Personengruppen erlegt werden. Diese Regelung galt bis zur Aufhebung des Jagdregals 1849.[1192] Dem Adel und der Geistlichkeit war es auch vorbehalten, Wild zu essen.[1193]

Dieses Vorrecht spiegelt sich auch in der Liste der Kundschaft wider. Vor allem die Klöster aus der Umgebung kauften bei den Schmidts *Wildbret* bzw. *schwarzes Wildbret* ein. Auch einige Pfarrer aus der Umgebung mochten das Wildfleisch sowie der Arzt und der Apotheker aus Mühldorf, der Forstmeister, die Schmidts selbst, Vertreter der erzbischöflichen und städtischen Verwaltung, Wirte und einzelne Mühldorfer und Mühldorferinnen wie beispielsweise die Widtmann Hochzeiterin erfreuten sich am Geschmack des schwarzen Wildbrets.

1187 Stadtarchiv Salzburg, RB Bürgerspital, Nr. 899, 1683. Für diesen Hinweis danke ich Dr. Andreas Zechner, Salzburg.

1188 Pelzer-Reith, Lebensmittelkonsum, S. 184.

1189 Edgar Krausen, Die Geschichte des Salzburger Waldbesitzes im Vogtgericht Mühldorf, in: ZBLG 11 (1938), S. 394–426, hier S. 416.

1190 Krausen, Waldbesitz, S. 416.

1191 Krausen, Waldbesitz, S. 416.

1192 Rupert Freiherr von Imhof, Beiträge zur Geschichte des Salzburgischen Jagdwesens aus archivalischen Quellen gesammelt, in: MGSL 26 (1886), S. 129–179, hier S. 140.

1193 Kühne, Essen und Trinken, S. 192.

Die Preise lagen zwischen 14 kr und 20 kr pro Pfund, 13 kr zahlten die Schmidts selbst für ein Pfund, was wieder einen Personalrabatt darstellt. Vermutlich wurde nach den Jagden das von der Hofküche nicht benötigte Wildfleisch ähnlich wie in der Hauptstadt Salzburg über den Hofzehrgaden mit Erlaubnis der Verwaltung über die Schmidts an die Mühldorfer Bürger verkauft.

Einige singuläre Einkäufe sollen hier noch angeführt werden. 3 3/4 Pfund *Oliven* zu 15 kr pro Pfund ließ die Herrschaft von Tüßling anstehen.[1194] Adam Schmidt hat 1685 für sich einen *Schweinskopf* von 12 Pfund über das Geschäft bezogen[1195] und wohl einen weiteren mit 19 Pfund Gewicht für die Jesuiten in Altötting besorgt. Singvögel waren eine sehr beliebte Delikatesse.[1196] Sie wurden geputzt, auf dem Spieß oder paniert in der Pfanne gebraten, auch mit Butter, Speck und Zwiebeln gedämpft und dann mit Wein, Zitronenschale und Beeren verfeinert.[1197]

5.2.3 Fastenspeisen

Der Verkauf von *Fastenspeisen* war in der Kramerordnung explizit den Kramern vorbehalten. Fastenspeisen waren solche Speisen, die an kirchlichen Fasttagen von den Fasten- und Abstinenzgeboten ausgenommen und zum Verzehr erlaubt waren.[1198] Ein Drittel des gesamten Kirchenjahres bestand für die Gläubigen aus Fast- und Abstinenztagen, das waren allwöchentlich der Freitag und je nach Region auch der Mittwoch und Samstag, der Tag vor jedem hohen Feiertag, vor allem aber die 40-tägige, vorösterliche Fastenzeit Quadragesima und die vier Quatemberfasten.[1199] Bei den Fastengeboten waren Unterschiede in der Menge und der Zusammensetzung der Mahlzeiten zu beachten. An den Abstinenztagen war der Genuss von Fleisch warmblütiger Tiere und deren Produkten wie Milch, Käse, Butter, Schmalz und Eier generell verboten, an den Fasttagen war die Menge der Nahrungsaufnahme beschränkt, man aß nur eine Hauptmahlzeit am Tag und verzichtete auf das Abendessen.[1200] An den strengen Abstinenztagen ersetzte, wer es sich leisten konnte, das Fleisch der warmblütigen Tiere durch frischen oder getrockneten Fisch, Hering und Schnecken, die Butter durch pflanzliche Öle, z. B. Olivenöl. Beliebt waren auch Gerichte mit Feigen, Mandeln, Rosinen, Zwetschgen und anderem Dörrobst. Im Winter weichte man das Trockenobst in Wasser ein und kochte es auf, um es als Beilage zu den abendlichen Mehlspei-

---

1194 [30] 30.1.1685.

1195 [39] 9.2.1685.

1196 Für den Richter von Zangberg haben die Schmidts zwei *Widel* (dabei dürfte es sich um eine gewisse Anzahl von Vögeln gehandelt haben) *Lerchenvögel* für 40 kr ([149] 3.4.1686) verkauft.

1197 Spiegel, Adliger Alltag, S. 197.

1198 Birgit Pelzer-Reith, Stichwort Fastenspeise, in: EDN, Bd. 3, Sp. 836–838.

1199 Kühne, Essen und Trinken, S. 119.

1200 Krug-Richter, Fasten und Festmahl, S. 115.

sen zu verzehren, wie es beispielsweise im Regensburger St. Katharinenspital vor allem an Fasttagen den Pfründnern serviert wurde.[1201]

386 Strazzaeinträge lassen sich dem Stichwort Fastenspeisen zuordnen. Dazu zählten vor allem Fisch, aber auch Schnecken und Käse.[1202] Die Auswahl an konserviertem, gesalzenem und getrocknetem Fisch war bei den Schmidts groß. Sie führten Heringe, Pricken/Neunaugen, Flachfisch, Platteis/Scholle, Lachs, Stockfisch und Rheinsalm, darüber hinaus auch noch Schnecken.

94 Einträge betreffen *Mandeln*. Die Strazza notierte drei Sorten: *Mandeln* ohne nähere Deklaration, *Ambrosinmandeln* und *feine Ambrosinmandeln*. Man unterscheidet generell zwischen süßen und bitteren Mandeln. Die bitteren sind blausäurehaltig und können, in größeren Mengen genossen, tödlich wirken. Süße Mandeln kommen bis heute aus Italien, aber auch Frankreich, Spanien und andere heiße Länder exportieren Mandeln. Auch in den warmen Flusstälern in Deutschland wuchsen[1203] und gedeihen heute noch Mandeln. Die in der Strazza erwähnten *Ambrosinmandeln* aus Italien wurden Mitte des 18. Jahrhunderts wegen ihrer Dicke und des süßen, *delicaten* Geschmacks für die besten gehalten.[1204] Auch in Mühldorf waren sie sehr beliebt, denn knapp die Hälfte der Einträge (45) in der Strazza betrifft diese Qualität, dazu kommen weitere zwölf Einträge zu den *feinen Ambrosinmandeln*. Das fehlende Fleisch während der Fastentage suchte man im Spätmittelalter z. B. in Klöstern durch einen Ersatz aus Feigen und Mandeln zu kompensieren. Mit Feigen, Mandeln, Ingwer, Mehl und Zucker stellte man z. B. einen falschen Rehbraten her.[1205] Daher ist es nicht verwunderlich, dass die Klöster der Umgebung große Mengen abnahmen, wo sie auch in der Frühen Neuzeit als Zugabe zu Feiertags- und Fastenspeisen gereicht wurden.[1206] Das handgeschriebene Kochbuch der Maria Federlein von 1670 enthält Rezepte von Mahlzeiten für die Ordensangehörigen des Ingolstädter Jesuitenkollegs. Dort wird ein Rezept für eine Mandeltorte genannt.[1207] Vermutlich wurde aber nach ähnlichen Rezepten auch für die Burghauser und Altöttinger Ordensangehörigen gekocht.

Ins Auge springt auch die hohe Zahl der Käufe durch Franz und Adam Schmidt selbst, sie sind 16-mal als Schuldner aufgeführt. Haben ihnen die Mandeln bzw. die daraus gefertigten Süßspeisen einfach gut geschmeckt oder haben sie die Kerne als Heilmittel verwendet, da die süßen Mandeln auch als Heilmit-

---

1201 Kühne, Essen und Trinken, S. 250–252.

1202 Krug-Richter, Fasten und Festmahl, S. 115.

1203 Ludovici, Akademie, Teil 3, Sp. 1577–1583, hier Sp. 1579.

1204 Ludovici, Akademie, Teil 3, Sp. 1580.

1205 Ulf Dirlmeier, Gerhard Fouquet, Ernährung und Konsumgewohnheiten im spätmittelalterlichen Deutschland, in: Geschichte in Wissenschaft und Unterricht 44 (1993), S. 504–526, hier S. 514.

1206 Im Regensburger St. Katharinenspital war die mit Wein, Eiern und Mandeln verfeinerte Einbrennsuppe eine übliche Feiertagskost. Kühne, Essen und Trinken, S. 161.

1207 Die Jesuiten in Bayern 1549–1773. Katalog zur Ausstellung des Bayerischen Hauptstaatsarchivs und der Oberdeutschen Provinz der Gesellschaft Jesu, Weißenhorn 1991, Abschnitt Nr. 31 Essen und Trinken, S. 32–33.

tel sehr geschätzt waren? Man verarbeitete sie zu Suppen, Mandelmilch, Mus, Kuchen und in Torten.[1208] Krünitz lobt die positive Wirkung der Mandeln für Brust, Magen, Leber, Nieren und Blase; sie werden als besonders nahrhaft für Schwache und Stillende beschrieben.[1209] Apotheker verbrauchten ebenfalls große Mengen an Mandeln. Sie pressten Öl daraus für Emulsionen und *Lactade* (Salben). Außerdem wurden milde, duftende Mandelseifen oder Pasten zum Händewaschen daraus angefertigt.[1210]

Die Preise in der Strazza schwankten zwischen 22 kr und 36 kr (pro Pfund). Dabei fällt aber auf, dass die Preise nicht immer den Qualitäten folgten. So ließ das Kloster Baumburg 6 fl 24 kr für 16 Pfund *Ambrosinmandeln* anstehen, das wäre ein Pfundpreis von 24 kr für die besonders gut schmeckende Sorte.[1211] 25 kr verlangten die Schmidts von den Jesuiten von Burghausen, die im Februar 1685 30 Pfund (einfache) *Mandeln* abnahmen.[1212] Ein weiteres Beispiel für die ähnliche Preisgestaltung bei verschiedenen Qualitäten ist noch anzuführen: Lorenz Groß, Kramer von Gars a. Inn und Stammkunde bei den Schmidts, zahlte 26 kr für *amb. Mandeln*, von denen er ein halbes Pfund erwarb;[1213] derselbe Preis wurde der Pflegsverwaltung Mühldorf für ebenfalls ein halbes Pfund (einfache) *Mandeln* berechnet.[1214]

Das Kammeramt nahm ein Pfund *amb. Mandl* für 28 kr *zu Herrn Stanners (?) Hochzeit,* dazu noch Konfekt und Lebzelten.[1215] 15 kr ließ Herr Resch für ein halbes Pfund *amb. Mandeln* anstehen.[1216] Am meisten zahlte der Apotheker von Braunau mit 32 kr pro Pfund für *amb. Mandeln*, wovon er zwei Pfund schuldig blieb.[1217] Den gleichen Preis hatte das Kloster St. Veit zu bezahlen, das drei Pfund einkaufte.[1218] Eindeutig am teuersten mit 36 kr pro Pfund waren die *feinen Ambrosinmandeln*, von denen der Mühldorfer Pflegsverwalter ein halbes Pfund anstehen ließ.[1219] Aber auch für (einfache) *Mandeln* konnte der Preis bei 36 kr liegen: Schmidts Stammkunde Lützenkirchner nahm ein Viertel Pfund davon und blieb dafür 9 kr schuldig. Den geringsten Preis stellten die Schmidts sich selbst in Rechnung. Der Senior, Franciscus Schmidt, nahm für sich ein Achtel Pfund für 3 kr, das hätte einem Pfundpreis von 24 kr entsprochen.[1220] Noch ein wenig billiger war sein Einkauf im November 1684, als er für ein Viertel Pfund *amb. Mandl*

1208 Selheim, Warenlager, S. 164.
1209 Krünitz, Enzyklopädie, Bd. 83, 1801.
1210 Ludovici, Akademie, Bd. 3, Sp. 1582.
1211 [42] 11.2.1685.
1212 [47] 21.2.1685.
1213 [50] 7.2.1685.
1214 [92] 16.7.1685.
1215 [50] 26.2.1685.
1216 [153] 19.4.1686.
1217 [124] 20.11.1685.
1218 [138] 8.2.1686.
1219 [202] 6.1.1687.
1220 [3] 17.11.1684.

5 kr 2 pf zahlte, was einem Pfundpreis von 22 kr entsprach.[1221] Ebenso günstig war der Einkauf von einem Achtel Pfund *Mandeln*, für das der Juniorchef, Adam Schmidt, 2 kr 3 pf zahlte.[1222]

33 Einträge betreffen *Feigen*, in Einzelfällen wurden die Feigen zusammen mit Süßholz und Anis bzw. mit Süßholz und Weinbeeren erworben. Nach Ludovici waren im 18. Jahrhundert in erster Linie getrocknete Feigen im Handel, die in Körbchen oder Schachteln verpackt in Fässern zu 100 bis 150 Pfund aus den Erzeugerländern Italien, Spanien und Frankreich nach Deutschland kamen. Zu den Haupthandelsorten gehörte Venedig, von wo sie auf dem Seeweg über die Häfen von Amsterdam und Hamburg exportiert wurden oder auf dem Landweg über die Alpenpässe nach Norden kamen.[1223] Sie wurden sowohl als Naschwerk als auch als Hausmedizin (z. B. für eine gute Verdauung) verzehrt. Woher die Feigen für die Schmidts kamen, lässt sich aus den Einträgen nicht ableiten. Der Großhändler Lorenz Hagenauer aus Salzburg jedenfalls hatte *dalmatinische* und *schmirnische* Feigen im Angebot.[1224]

Rainer Beck hat festgestellt, dass im 17. Jahrhundert *welsche Händler* die Kundschaft nördlich der Alpen mit Südfrüchten und Fastenspeisen wie Feigen versorgten. In München verkauften die *welschen Fruchthändler* Carl und Alexander Mainoni 1655 *Pommeränzen, Zitronen, Lemoni, Capri, Olive, Pameson Kess, Spanische Pflaumen, Marone, Sartelle, Lorber, Keste (Kastanien), Nüsse, gemeine Feigen in Kerbl, Datlen, Pignoli [und] Maiolica Geschirr.*[1225]

Während oft (aufgekochte) Dörrzwetschgen in der Fastenzeit als Zugabe zu den beliebten Mehlspeisen serviert wurden, waren beispielsweise im Magdalenenhospital in Münster *Feigen mit Kraut und ‚koken'* ein Ersatz für ein Fischgericht.[1226] Daher ist es auch nicht verwunderlich, dass gerade die Klöster der Umgebung große Mengen an Feigen kauften. Sie hatten üblicherweise drei wöchentliche Fasttage – Mittwoch, Freitag und Samstag – einzuhalten, an denen fleischlos gegessen wurde. Dazu kamen noch Fasttage vor hohen Feiertagen und die strenge österliche Fastenzeit, an denen der Verzehr von warmblütigen Tieren und deren Produkten wie Butter und Käse verboten war. Das entspricht den zeitlichen Phasen der meisten Einkäufe, die in den Monaten Januar, Februar, März, April und Dezember getätigt wurden. Zehnmal tauchen die Klöster Seeon, St. Veit, Gars a. Inn, Altötting und Burghausen auf; das betrifft knapp ein Drittel aller Nennungen. 14-mal ließen Kramer aus der Umgebung anschreiben, aber auch der

---

1221 [6] 26.11.1684.

1222 [8] 30.11.1684.

1223 Ludovici, Akademie, Teil 2, Sp. 1585–1588, hier Sp. 1586.

1224 Angermüller, Hagenauer, S. 321. Die Feigen stammten aus Dalmatien/Kroatien und aus Smyrna, dem heutigen Izmir in der Türkei, das seit der Antike ein bedeutender Handelsplatz war.

1225 Beck, Lemonihändler, hier S. 107, Anm. 44.

1226 Pelzer-Reith, Lebensmittelkonsum, S. 179–201, hier S. 193. Barbara Krug-Richter, Zwischen Fasten und Festmahl. Hospitalverpflegung in Münster 1540–1650, Stuttgart 1994, S. 305.

Apotheker Trauner und Privatleute wie die Wallenbergerin nahmen Feigen. Allerdings differieren die Mengen erheblich.[1227] Die Feigen kosteten zwischen 8 und 12 kr das Pfund. Eine Zuschreibung von Preis und Qualität ist nicht möglich, obwohl es wohl zweierlei Sorten – *violetblau und weiß* – im Laden gegeben haben muss.[1228]

Die Feigen bezog Schmidt von einem Großhändler aus Salzburg.[1229] Ein Eintrag lautet *Auß Salzburg empfang(en) geirg* [Georg?], *3 Veßl* [mit einem Füllgewicht von] *34* ⅓ Pfund. Es könnte sich um Georg Hagenauer (Georg III., 25.2.1649–12.9.1736) gehandelt haben. Er war Rats- und Handelsherr in Salzburg, besaß das Haus mit Spezereihandel in der Getreidegasse 7 und war 1673 als Bürger in Salzburg aufgenommen worden.[1230]

Fische[1231] zählten zu den notwendigen Fastenspeisen in der römisch-katholischen Kirche. Ab 1650 gab es beispielsweise für die Pfründner und die Dienstboten im St. Katharinenspital in Regensburg in der Fastenzeit die drei Fischsorten Hering, Stockfisch und Karpfen. Dienstags und donnerstags gab es Heringe, an den Fastensonntagen im Allgemeinen Stockfisch und nur am Karfreitag Karpfen. An den übrigen Tagen verzehrte man Mehlspeisen.[1232]

Die beliebten Hechte konnten die Schmidts wohl auch besorgen, denn im November 1684 wies der Tüßlinger Kramer Jacob Dedutsch die Schmidts an, zehn Pfund Hecht zu 12 kr pro Pfund auf seine Rechnung an die Kapuziner zu liefern.[1233] Dabei wird es sich wohl um frische Fische gehandelt haben. *Doch nicht nur die geistliche und weltliche Aristokratie ließ sich Hechtgerichte munden, auch im gehobenen Bürgertum gelangten sie gebraten, gekocht oder gefüllt zu Knödeln, Pasteten*

[1227] Das Kloster Seeon ließ im Januar 1685 40 Pfund Feigen ([21] 10.1.1685), am nächsten Tag noch einmal 45 ½ Pfund ([128] 11.1.1685), zwei Jahre später ungefähr zur gleichen Zeit 50 ¾ Pfund anschreiben ([206] 25.1.1687) . Die Jesuiten in Burghausen erwarben im Februar 1685 35 ⅜ Pfund ([47] 21.2.1685), zwei Jahre später genau die gleiche Menge ([207] 23.1.1687). Apotheker Trauner nahm zwei Pfund ([22] 12.1.1685), der Händler und Kaufmann David Oppenriedter aus Landshut ließ 18 ¼ Pfund ([66] 16.4.1686) anschreiben, und Kleinkundinnen wie Frau Wallenbergerin nahmen ein Viertel Pfund ([197] 3.12.1686) für den Eigenbedarf.

[1228] Ludovici, Akademie, Teil 2, Sp. 1586. Adam Schmidt kauft einmal umb 2 kr 2 pf *feigen, sießholz, weinpeer, anies* ([30]1.2.1685). Ein weiterer Eintrag lautet *P[er] 3* kr 2 *pf weise feig(en), Annißr, sießholz ([97] 5.8.1685).*

[1229] In Salzburg erlangten im Zeitraum von 1650 bis 1697 28 Spezereiwarenhändler das Bürgerrecht; vgl. Bürgerbuch 4, 1640–1715. Stadtarchiv Salzburg BU 17. Für den Hinweis danke ich Univ.-Prof. Dr. Reinhold Reith.

[1230] Stadtarchiv Salzburg BU 17, Bürgerbuch 4, 1640–1715. Zur Familiengeschichte der Familie Hagenauer s. Barth-Scalmani, Eine bürgerliche Familie, S. 149.

[1231] Frische Fische wird man in Mühldorf wohl bei den Innfischern oder direkt vom Chiemsee (s. Kathrin Pindl, Arbeit und Auskommen, in: Das Mühlrad 61, 2019, S. 142, Fußnote 163) gekauft haben, vielleicht betrieben die Klöster auch eine eigene Teichwirtschaft, wie es beispielsweise das Domkapitel von Salzburg in der Frühen Neuzeit tat (s. Rosemarie Knapp, Schloss Seehaus. Die Verwaltung des Salzburger Domkapitels im Rupertiwinkel, Laufen 2005).

[1232] Kühne, Essen und Trinken, S. 210.

[1233] [1] 14 11.1684.

und Suppen mit den unterschiedlichsten Zutaten, durch Kapern, Sardellen, Zitronen, Mandeln sowie verschiedensten Gewürzen verfeinert, auf die Tafel.[1234]

Doch die gängigen Fischsorten, die die Schmidts im Angebot hatten, waren getrocknet bzw. gesalzen und getrocknet. 23-mal wurden Bricken bzw. Neunaugen notiert. Diese Fischart lebt überwiegend in Küstengewässern der gemäßigten Zonen, laicht aber in Flüssen und Bächen. Ihren Namen hat sie von den seitlichen Kiemenöffnungen, die im Volksmund als Augen gezählt wurden.[1235] Zubereitet wurden die Bricken ähnlich wie Aale. *Neunaugen werden gekocht oder gebraten und passen gut in Erbsensuppe oder Sardellensoße. Wenn sie paniert oder ausgebacken werden, gibt man Soßen dazu.*[1236] Andreas Kühne erwähnt ebenfalls Bricken, die in der Frühen Neuzeit auf der Donau transportiert und auf dem Regensburger Fischmarkt angeboten wurden[1237]. Die Schmidts verkauften sie viertel-, halb- oder pfundweise, aber auch als *halbes Veßl*. Leider erfahren wir nichts über die Herkunft. Allerdings ist einmal *Premmer Prickhen* eingetragen, was aber bisher noch nicht aufgelöst werden konnte.[1238] Die Bricken wurden nur in den Monaten Dezember bis einschließlich April gekauft bzw. angeschrieben, was auf Fastenspeisen hindeutet. Das Pfund kostete zwischen 24 kr und 40 kr, und vor allem die Klöster der Umgebung, Pfarrer und die geistlichen und weltlichen Verwaltungen in Mühldorf und in Tüßling sowie einige Privatleute kauften die Trockenfische.

Eine ausgesprochene Fastenspeise waren auch *Heringe*, die 101-mal notiert wurden. Gesalzene Heringe waren ein wichtiges Fernhandelsgut, das von der Ostsee über das Wasser und über Land bis nach Italien gebracht wurde.[1239] Heringe kamen aus den Gewässern Skandinaviens und wurden sofort nach dem Fang gesalzen und in Fässer verpackt. Wenn dies sorgfältig geschah, war der Fisch bis zu zwei Jahren haltbar. Heringe wurden von den Haupthandelsorten Lübeck, Stettin, Hamburg, aber auch von Frankfurt und Köln aus auf den Flüssen bis in den Süden verhandelt und kamen so auch in die Küchen der Schmidtschen Kundschaft.[1240]

Die Schmidts verkauften explizit auch *Brandheringe* und *Tonnenheringe* und einmal *große Heringe*. Brandheringe waren Qualitätsware, das Fass war mit einem eingebrannten Güte- und Herkunftssiegel versehen.[1241] Diese bessere Qualität kostete 2 kr 2 pf pro Stück. Die Schmidts verkauften die Brandheringe abgezählt

---

1234 Pelzer-Reith, Lebensmittelkonsum, S. 186.

1235 Meyers Großes Konversations-Lexikon, Bd. 6, S. 569, online: https://woerterbuchnetz.de/Meyers, 24.05.2021.

1236 Kap. Neunaugen und ähnliche Fische. Conrad Hagger, Neues Saltzburgisches Koch-Buch. Die altbewährten Rezepte des fürsterzbischöflichen Leibkochs. Für die heutige Küche koch- und mundgerecht gemacht von Hermann Bauer, Salzburg 1967, S. 139.

1237 Kühne, Essen und Trinken, S. 205.

1238 [27] 24 1.1685.

1239 Carsten Jahnke, Das Silber des Meeres. Fang und Vertrieb von Ostseehering zwischen Norwegen und Italien (12.–16. Jahrhundert), Köln, Weimar, Wien, 1999, S. 260.

1240 Kühne, Essen und Trinken, S. 206.

1241 Für diesen Hinweis danke ich Univ.-Prof. Dr. Reinhold Reith.

an den Pfarrer von Lehen (vier Stück), 50 Stück an die Herrschaft von Tüßling und 137 Stück an das Jesuitenkloster in Burghausen. Eine halbe Tonne Brandheringe nahm das Franziskanerkloster in Altötting, jeweils eine Viertel Tonne ging an die Kramer Jacob Groß aus Ampfing und Thomas Zauscher in Mühldorf, an das Kapuzinerkloster in Mühldorf, an die Klöster Gars am Inn, Baumburg und Burghausen und an den Kaufmann Georg Hoburger in München. Die Heringe für das Kapuzinerkloster in Mühldorf waren wahrscheinlich ein Geschenk, denn der Zahlungsvermerk lautet: *bezahlt Ihro hochfstl. Gnaden.* Die größere Menge von drei Tonnen kaufte der Kramer Georg Krauth aus Graz, und vier Tonnen Brandheringe ließ der Salzburger Kaufmann Georg Hagenauer anschreiben. Geliefert wurden die Heringstonnen durch den Wirt Hampersberger, der öfter für Schmidt als Frächter arbeitete. Die Frachtkosten hat möglicherweise Franciscus vorgestreckt, denn Frachtkosten werden erwähnt, aber ihre Höhe nicht beziffert.[1242]

Woher die Schmidts die Heringe bekamen, ist nicht klar. Nach einem Eintrag vom Februar 1685 hatte der Wirt von Erharting den Schmidts eine Tonne voller Heringe aus Regensburg mitgebracht.[1243] Ein weiterer Hinweis konnte jedoch noch nicht entschlüsselt werden: Der Burghauser Maler Spägl kaufte 1687 *stuisch hering.*[1244]

Die Ladenpreise sind bei den Verkäufen der normalen Heringe nicht durchgängig angegeben, einzelne Strazza-Einträge nennen 1 kr 2 pf, z. B. für den Einkauf des Franz Grundtner, Pfarrer von Ampfing.[1245] Dabei würde der Preisunterschied zu Brandheringen 1 kr ausmachen (s. o.); ein Jahr später wurden Grundtner 2 kr pro Stück berechnet.[1246] Elias Dallinger aus Mattighofen kaufte einen 3/4 Zentner zu 25 fl 30 kr, der ganze Zentner hätte 34 fl gekostet.[1247]

Begehrt war der Hering besonders in den kalten bzw. kühleren Monaten Dezember, Januar bis einschließlich April; man kann die Daten als Hinweis auf das vorweihnachtliche Fasten und die österliche Fastenzeit lesen. Die besten Kunden waren wiederum die Klöster aus der Umgebung, auch das weiter entfernte Kloster Seeon, die Pfarrer aus den umliegenden Pfarreien oder Handwerker verzehrten Heringe in der Fastenzeit. Der Münchner Wirt oder der Heimerl Wirt boten sie vielleicht sogar zum Mittagstisch an. Kleinere Kramer aus der Umgebung bezogen sie von den Schmidts zum Weiterverkauf an die eigene Kundschaft. In Einzelfällen belieferten die Schmidts auch Zwischenhändler wie den Händler Krauth in Graz oder Georg Hagenauer in Salzburg.

Leider gibt es keinen Hinweis auf die Zubereitungsart. Andreas Kühne vermutet, dass zumindest die Pfründner im St. Katharinenhospital in Regensburg den Hering kalt gegessen haben, denn eine spezielle Form der Zubereitung wurde in

---

1242 [16] 28.12.1684.
1243 [48] 22.2.1685.
1244 [210] 16.2.1687.
1245 [146] 24.3.1686.
1246 [52] 1.3.1685.
1247 [17] 2.1.1685.

den ausgewerteten Rechnungen nicht genannt. Auf dem Rost gebratene Heringe werden nicht erwähnt. Vor dem Verzehr musste der Fisch allerdings intensiv gewässert werden, um das Salz zu entfernen und ihn genießbar zu machen.[1248] Pelzer-Reith hat festgestellt, dass die relativ kleinen Heringe eigentlich kein preiswerter Fleischersatz zum Sattessen waren.[1249]

Eine wichtige Fastenspeise war auch der *Stockfisch* (Kabeljau), der nach dem Fang gesalzen und auf Stöcke gespannt wurde, um zu trocknen. Der Stockfisch wurde pfundweise, aber auch in *Scheid/Scheitl* von zwei bis drei Pfund verkauft.[1250] Allerdings gibt es in der Strazza nur 39 Einträge zu Stockfisch. Vielleicht sollte man den Flachfisch auch noch dazuzählen, dann käme man auf 112 Einträge.[1251] Um den gesalzenen, harten Stockfisch überhaupt genießbar zu machen, musste er wiederholt in frischem Wasser gewässert und dann noch intensiv geklopft werden. Um seiner Kundschaft diese Arbeit zu ersparen, verkaufte Schmidt auch gewässerten Stockfisch, was ihm durch die Kramerordnung ausdrücklich erlaubt war. Allerdings ist aus der Strazza nicht zu entnehmen, wer das Wässern übernahm und was dafür verlangt wurde. Der gewässerte Fisch brachte mehr Gewicht auf die Waage als der trockene. Diese Einkäufe sind nie pfundweise wie die trockene Sorte notiert, sondern immer für einen bestimmten Betrag getätigt worden: So kaufte beispielsweise der Pfarrer von Ampfing gewässerten Stockfisch für 20 kr.[1252] Auch hier liegen die meisten Einträge in den Wintermonaten.

Außer Stockfisch wurden noch *Flachfisch* (möglicherweise nur ein anderer Name für den Stockfisch), eingesalzene Rheinsalben (Rheinsalm, eine Lachsart) sowie Schollen (Platteise) in größeren Mengen verkauft.

29-mal wurden *Lax* und *Rheinsalm* notiert. Es handelt sich dabei um den gleichen Fisch, den Rhein-Lachs.[1253] Der Rheinsalm lebte in der Nord- und Ostsee, dem Atlantik und an den Küsten Amerikas und kam zum Laichen in die Flüsse. Die Jungtiere verbrachten einige Zeit im Süßwasser der Flüsse und zogen dann erst ins Meer. In Deutschland kam der Lachs hauptsächlich im Rhein und seinen Nebenarmen und anderen großen Flüssen vor.[1254] Rheinsalm wurde im Spital St. Georg in Speyer im 16. Jahrhundert zu besonderen Gelegenheiten serviert, beispielsweise wenn mit spitalfremden Personen wichtige Geschäfte getätigt wurden. Er wurde aber auch verschenkt.[1255]

1248 Kühne, Essen und Trinken, S. 207.

1249 Pelzer-Reith, Lebensmittelkonsum, S. 186.

1250 Pelzer-Reith, Lebensmittelkonsum, S. 186.

1251 Flachfisch lässt sich schwer identifizieren. Bei Adelung, Bd. 2, Sp. 178, ist Flachfisch eine Art gewässerter Stockfisch, während in Grimm (DWB, Bd. 3, Sp. 1700) auf Platteise als Scholle verwiesen wird.

1252 [25] 18.1.1685.

1253 Südhessisches Wörterbuch, Band 4, Sp. 1384, online: https://www.lagis-hessen.de/shwb, 23.05.2021.

1254 Wolfgang Kleinschmidt, Essen und Trinken in der frühneuzeitlichen Reichsstadt Speyer: Die Rechnungen des Spitals St. Georg (1514–1600), Münster 2012, S. 133.

1255 Kleinschmidt, Speyer, S. 133–134.

Eingekauft wurde die Ware zum Teil von Adam Schmidt selber. So hat er im November 1685 zwei Zentner Flachfische für das Gewölbe besorgt.[1256] Adam Schmidt hat auch einmal ein Schock (= 12 Dutzend) und ein anderes Mal zwei Schock Platteise eingekauft, wobei er bei dieser Transaktion pro Schock 1 fl 45 kr in Rechnung stellte.[1257]

In Klosterrechnungen werden im Mittelalter und auch in der Frühen Neuzeit große Mengen an *Schnecken* als typische Fastenspeisen aufgeführt.[1258] In der Strazza gibt es 36 Einträge, die vor allem die Monate November, Dezember, Januar, Februar und März betreffen. Die Zubereitung war unterschiedlich, aber immer mussten die Tiere zunächst gekocht und dann aus dem Schneckenhaus gepuhlt werden.[1259]

Käse galt ebenfalls als Fastenspeise, und er fungierte an fleischlosen Wochentagen als Fleischersatz,[1260] war aber auch Teil der allgemeinen Ernährung. Allerdings war der Käsekonsum im 17. Jahrhundert im Vergleich zum Mittelalter zugunsten des Butterschmalzes eindeutig zurückgegangen.[1261] Im St. Katharinenspital in Regensburg verschwand ab der Mitte des 17. Jahrhunderts der Käse aus dem Speiseplan der Pfründner. Bis dahin gab es am *Rechnungstag* Käse und Brot als Nachspeise für die beiden Spitalmeister und die Priester, und an Heiligabend erhielten sämtliche Angehörige der Spitalverwaltung ein bis zwei Stück *Kreuzkäse*.[1262] Ab 1665 taucht *Holländer Käse* in den Abrechnungen des Regensburger Katharinenspitals auf, den die Angehörigen der Oberschicht an den Fasttagen als besonderes Essen erhielten.[1263] Aber auch die Ehehalten bekamen an Heiligabend und am Abend vor Ostersonntag (Karsamstag) *holländer käß* zu 10 kr. Die einfachen Pfründner kamen allerdings nicht in diesen Genuss.[1264]

Bei den Schmidts wurde Käse 43-mal angeschrieben. In erster Linie verkauften die Schmidts *Holländer* und *Edamer* Käse, pfundweise oder als Laib. Einmal wurde *grenner* Käse für das Kloster St. Veit notiert:[1265] könnte das leicht verderblicher Frischkäse gewesen sein?

Ludovici erwähnt 1767, dass es zwei Sorten Holländerkäse gab, einen mit roter Rinde und einen mit weißer Rinde, wobei der rote der bessere gewesen sein soll. Man verkaufte ihn in großen und kleinen *Brodten* von 18 bis 20 Pfund oder 6 bis 7 Pfund. Edamer klassifiziert er als eine Untergattung. Holländerkäse werde *in*

1256 [124] 22.11.1685.
1257 [215] 9.3.1687.
1258 Pelzer-Reith, Lebensmittelkonsum, S. 187. Die größte Menge von 3.000 Stück pro Einkauf ließen die Jesuiten von Burghausen ([17] 2.1.1685) anschreiben, der Pflegsverwalter von Mühldorf gab sich mit einem Dutzend ([139] 15.2.1686) zufrieden.
1259 Pelzer-Reith, Lebensmittelkonsum, S. 187.
1260 Krug-Richter, Fasten und Festmahl, S. 115.
1261 Kühne, Essen und Trinken, S. 234.
1262 Kühne, Essen und Trinken, S. 234–235.
1263 Kühne, Essen und Trinken, S. 234.
1264 Kühne, Essen und Trinken, S. 235.
1265 [138] 8.2.1686.

einer erstaunenswerten Menge in alle Länder von Europa verführet.[1266] Er warnt vor Etikettenschwindel, dass *bey uns* eine große Menge Holländerkäse verkauft werde, der *doch nur im Holsteinischen und Mecklenburgischen verfertiget worden* [sei].[1267]

Woher die Schmidts im 17. Jahrhundert den Hartkäse bezogen, ist nicht festzustellen. Im Spätmittelalter wurden in Antwerpen, Köln, Straßburg und Basel große Mengen an französischem und holländischem Käse umgeschlagen.[1268] Aber auch Käse speziell aus Cheshire, Flandern, Friesland, dem Emmental, Greyerz, Südfrankreich und Oberitalien wurde in den genannten Städten verhandelt.[1269]

Vielleicht kam der Käse, den die Schmidts anboten, tatsächlich aus Holland, denn in den meisten Regionen mit Milchwirtschaft war die Käsereitechnik in der frühen Neuzeit noch unvollkommen entwickelt, sodass nur Topfenkäse u. Ä., aber kein Hartkäse hergestellt werden konnte.[1270] Auch die Allgäuer Käseproduktion hat erst in der 1. Hälfte des 19. Jahrhunderts begonnen.[1271]

Der Preis für Käse bei den Schmidts bewegte sich zwischen 9 und 12 kr für das Pfund. Als Kunden tauchen in der Strazza Privatleute – wie der Wirt Gspan – auf, die Holländer Käse in kleinen Mengen von einem halben bis drei Pfund einkauften. Die großen Mengen bezogen wiederum die umliegenden Klöster und auch die Pfarrer aus der Umgebung. So ließen die Franziskaner von Altötting am 28. Dezember 1684 34 Pfund Edamer Käse anstehen.[1272] Auch das Kloster Neumarkt-St. Veit bestellte im November 1684 einen Laib Käse bei den Schmidts, den sie sich bringen ließen. In diesem Fall war nicht nur die Bestellung zu überbringen, sondern gleich noch der gesamte *Fastenspeiss preis zetl*,[1273] vielleicht zur Abrechnung der bisher aufgelaufenen Einkäufe?

5.2.4 Fette, Öle und Seifen

Die Eintragungen in der Strazza lauten *Schmalz*, Butterschmalz ist nie notiert, aber es ist mit hoher Wahrscheinlichkeit anzunehmen, dass dies gemeint war. Butterschmalz war bei der Ernährung im süddeutschen Bereich von großer Bedeutung.

An den Fasttagen diente das Baumöl/Olivenöl als Ersatz für tierische Fette, außerdem verwendete man das Olivenöl als Brennmittel für das Ewige Licht in den Kirchen.

1266 Ludovici, Akademie, Teil 3, Sp. 796–799, hier Sp. 798.
1267 Ludovici, Akademie, Teil 3, Sp. 796–799.
1268 Kühne, Essen und Trinken, S. 234.
1269 Dirlmeier, Fouquet, Konsumgewohnheiten, S. 522.
1270 Sandgruber, Anfänge der Konsumgesellschaft, S. 173.
1271 Leo Hiemer, Carl Hirnbein (1807–1871), Der Allgäu-Pionier, Immenstadt-Werdenstein 2002, S. 27. Für die Klärung danke ich Univ.- Prof. Dr. Martin Knoll.
1272 [16] 28.12.1684.
1273 [2] 16.11.1684.

Seifen für den Haushalt zu Wasch- und Putzzwecken konnten in den Haushalten selbst hergestellt werden. Die Schmidts boten neben diesen groben Seifen auch feinere Varianten zur Körperpflege an.

In der Milchwirtschaft (Schwaighofwirtschaft) in den Salzburger Alpen war seit dem 15. Jahrhundert *Schmalz* ein sehr wichtiges Produkt.[1274] Der Rückgang des Käseverzehrs und die Zunahme des Butter- bzw. Butterschmalzkonsums in der frühen Neuzeit hingen mit der Zunahme der Rinderzucht und mit einer verbesserten Technik der Butterproduktion durch das Butterfass zusammen. Ohne Kühlung war die Butter allerdings nicht lange haltbar. Um eine längere Haltbarkeit zu erreichen, wurde im Norden die Butter gesalzen und im Süden erhitzt und zu Butterschmalz verarbeitet. Butterschmalz war ziemlich teuer, aber lange lagerbar.[1275] Der Handel mit Schmalz verdrängte seit dem 15. Jahrhundert den Käsehandel in Süddeutschland. Butterschmalz wurde aus Ober- und Niederösterreich in großen Mengen in die Steiermark, nach Bayern, Wien und Salzburg exportiert.[1276] Neben dem Butterschmalz wurden in den Haushalten in geringerem Ausmaße auch Rinder- und Schweineschmalz oder Pflanzenöle verwendet.

Es gibt noch wenige Untersuchungen zu den Ernährungsgewohnheiten und dem Verbrauch von Schmalz in bürgerlichen Haushalten in der Frühen Neuzeit, aber die Forschungsgruppe um Reinhold Reith an der Universität Salzburg hat für den Haushalt des Tuch- und Seidenhändlers Franz Anton Spängler den Verbrauch für einige Jahrzehnte im 18. Jahrhundert feststellen können. Zum Einkauf von (Butter-)Schmalz finden sich in den Haushaltsbüchern der Spängler bis 1783 mehr als 270 Einträge, die sich insgesamt auf 1.240 Gulden beliefen. Schmalz wurde von den Spänglers meist in Mengen von mehr als 10 bzw. 20 Pfund gekauft oder in noch größeren Mengen; pro Jahr bezog man zwischen 100 und 150 Pfund.[1277]

In der Mühldorfer Strazza wurde 18-mal *Schmalz* eingetragen. Es ist anzunehmen, dass es sich dabei um Butterschmalz handelte. Darunter waren mehrere Entnahmen für den Schmidtschen Haushalt in Mengen zwischen 12 und 23 ½ Pfund[1278] zum Pfundpreis von 8 kr. Sehr große Mengen gingen ins Loretokloster nach Salzburg; im November 1685 wurde mit 143 Pfund die größte Menge zum Pfundpreis von 9 kr geliefert.[1279]

Für Beleuchtung wurde Unschlitt (Rindertalg, tierisches Fett) verwendet, das die Schmidts von Metzgern einkauften.

1274 Kühne, Essen und Trinken, S. 1231.

1275 Pelzer-Reith, Lebensmittelkonsum, S. 189.

1276 Pelzer-Reith, Lebensmittelkonsum, S. 189.

1277 Pelzer-Reith, Lebensmittelkonsum, S. 189.

1278 [28] 25. 1. 1685; [57] 27.3.1685.

1279 [121] 14.11.1685. Dieser Preis lag etwas höher als der aus den Rechnungsbüchern des Bruderhauses St. Sebastian in Salzburg für die Jahre zwischen 1670 und 1690 errechnete Einkaufspreis in Höhe von 8¾ kr. Reinhold Reith, Andreas Zechner, Elias Knapp u. a., Die Entwicklung der Preise für Lebensmittel und Verbrauchsgüter des Bruderhauses St. Sebastian in Salzburg (1670-1800), in: Salzburg Archiv 37, 2019, S. 351-397, hier S. 376.

Die übrigen 335 Einkäufe betrafen alle das *Baumöl.* Damit war das Olivenöl gemeint. Bis auf einige Kramer, die sich bei den Schmidts als Zwischenhändler eindeckten, kauften Verwaltungen, vor allem aber die Klöster und Pfarreien das Olivenöl, das sie für Speisen, insbesondere während der Fastentage als Ersatz für tierische Fette verwendeten,[1280] aber auch für das Ewige Licht in den Kirchen benötigten, denn es hatte den Vorteil, dass es nicht rußte oder stank wie Unschlittkerzen. Das Baumöl wurde offenbar auch als Schmiermittel verwendet, um Geräte, Bratspieße und Winden zu ölen. Ebenso diente Baumöl, zumindest im St. Georg Spital in Speyer, als Arznei für kranke Pferde.[1281] Es wurde aber auch von Handwerkern, vom Apotheker Peter Canzler aus Burghausen bzw. vom Wirt aus Rohrbach Andree Grametsperger gekauft. Ludovici warnt 1767 eindringlich vor Fälschungen aller Art, vor denen man sich nur schützen könne, wenn man auf den guten Geruch und den Geschmack des Öls achte bzw. nur von vertrauenswürdigen Händlern kaufe.[1282]

Die Kundschaft der Schmidts erwarb das Olivenöl pfundweise, in Flaschen, in *Lagl*, in *Veßl* oder im *Kistl.* Bei den Fässern schrieb man in der Strazza die Bruttomenge, das Verpackungsgewicht (Tara) und die Nettomenge auf, so notierte man für Thoman Krump aus Dorfen ein Lagl *Pamöll* mit *155 Pfund, tara 25* ¾, Pfund Neto 129 ¼, das Pfund für 20 kr.[1283]

Seife verkauften die Schmidts in zwei Qualitäten, einfache und venezianische Seife. Die Vorstellungen über Reinlichkeit und Körperpflege waren im Laufe der Jahrhunderte etlichen Veränderungen unterworfen. Am eindrücklichsten war, dass das Ganzkörperbad von einer Form der Körperpflege ohne viel Wasser abgelöst wurde. Ein wichtiger Grund für die veränderte Einstellung zum Baden in Deutschland war der Ausbruch von ansteckenden Krankheiten wie der Pest und Geschlechtskrankheiten im 16. Jahrhundert. Es setzte sich die Ansicht durch, dass schmutziges Wasser über die Hautporen in den Körper eindringe und dadurch Krankheiten übertragen werden. War das Baden zuvor für alle Schichten üblich gewesen, wurden nun Wannenbäder eher zu einer medizinischen Maßnahme als ein Teil der Körperreinigung.[1284]

Körperpflege und Wundversorgung der Bevölkerung lag vom Mittelalter bis ins 19. Jahrhundert bei den Badern und Barbieren. Vorherrschend war das

---

1280 Wolfgang Kleinschmidt hat festgestellt, dass in Rechnungen für die Spitalküche des St. Georg Spitals in Speyer im 16. Jahrhundert zehn Jahre lang Baumöl zusammen mit Salat abgerechnet wurde. Er schließt daraus, dass der Salat mit Olivenöl angemacht worden ist. Kleinschmidt, Speyer, S. 258; Öl diente aber auch als Ersatz für Butter an den Abstinenztagen, s. Pelzer-Reith, Fastenspeise, Sp. 836–837.

1281 Kleinschmidt, Speyer, S. 259.

1282 Ludovici, Akademie, Teil 1, 1767.

1283 [166] 12.6.1686. Zweimal gab es Reklamationen wegen *cotig* ([192] 7.11.1686 - Jacob lang gab 6 Pfund zurück) bzw. *rottigs Öl ([127]* 2.12.1685 – *Scherrer* (Tuchscherer?) reklamierte 15 Pfund schlechtes Öl), was die Schmidts anstandslos zurücknahmen.

1284 Julia Rössler, Baden, Waschen, Pudern, in: Wolfgang Wiese, Wolfgang Schröck-Schmidt (Hg.), Das stille Örtchen. Tabu und Reinlichkeit bey Hofe. AK Berlin 2011, S. 77–87, hier S. 78.

Schwitz- oder Dampfbad. Das erklärt möglicherweise auch, warum unter der Schmidtschen Kundschaft für Seife, kein einziger Bader war. Aus finanziellen Gründen war es Badern kaum möglich, eine Badestube zu erwerben, daher waren diese meistens in Händen der Stadt, die sie an die Bader verpachtete. Um ein Bad zu betreiben, musste der Bader eine Gerechtigkeit vom Landesherren haben, die Bürgerschaft besitzen und ein Examen abgelegt haben.[1285] Im 17. Jahrhundert gab es in Mühldorf den Vorderbader, den Mitterbader und den Grießbader, deren Pächter im Laufe der Zeit wechselten. 1634 waren dies Michael Reckseisen (Vorderbader), Jacob Winter (Grießbader) und Caspar Salzmann (Mitterbader),[1286] 1655 Maria Salzmann (Mitterbaderin), Adam Seiz (Vorderbader) und Sebbastian Greiff (Grießbader).[1287] Da der Erwerb einer Badestube aus finanziellen Gründen schwierig war, waren diese meist im Besitz der Städte, die sie an die Bader verpachteten. Die Stadtverwaltung erließ auch Anordnungen, wie die Bäder zu führen seien und wann sie geöffnet sein sollen. Im April 1612 waren die Mühldorfer Bäder geschlossen worden, erst im Mai durften sie wieder öffnen unter der Auflage, sie sauber zu halten. Bresthafte (kranke) Personen waren nicht zugelassen und Werkzeug, das bei infizierten Personen zur Behandlung gebraucht wurde, sollte „ins Wasser“ geworfen werden, also desinfiziert werden.[1288]

Die Mühldorfer Bäder hatten am Mittwoch und am Samstag Badetag. Mit Blick auf die geringe Nutzung am Mittwoch baten die Bader die Stadtverwaltung 1644 um die Erlaubnis, nur noch am Samstag zu öffnen, zumal in Salzburg auch nur am Samstag Badetag war. Damit wollten die Mühldorfer Bader die hohen Holzkosten einsparen und nicht umsonst einheizen. Die Stadt genehmigte die Anfrage probeweise für ein Vierteljahr.[1289] Im Oktober 1649 müssen die Bader wegen einer neuen Infektionsgefahr auf Geheiß der Stadt die Bäder wieder vollständig schließen, erst Anfang Januar gab sie wieder die Erlaubnis zur Öffnung.[1290] Auffallend ist, dass kein Bader bei den Schmidts Seife eingekauft hat. Die wohlduftende *Lauge*, die den Badegästen in den Bädern zur Verfügung stand, wurden entweder von den Bademägden selbst hergestellt oder direkt vom Seidensieder bezogen.[1291]

73-mal wurde in der Strazza der Kauf von Seife auf Kredit eingetragen, dabei wird 17-mal venezianische Seife genannt. Die Haushalte hätten die Seife auch aus

---

1285 Stadtarchiv Mühldorf, Auszüge/Regesten aus Stadtkammerrechnungen und Ratsprotokollen 1600–1649 von A-K, Bader A, 10. September 1634. 29. November 1650. So fand beispielsweise am 29. November 1650 ein Baderexamen durch den Stadtphysikus statt. Andererseits wies die Stadt das Ansuchen des Ferdinand Taubenprunners ab. Er hatte 1656 in das Gewerbe eingeheiratet, indem er die Vorderbaderin ehelichte, aber das Examen hatte er nicht bestanden (3. Januar 1656).

1286 Stadtarchiv Mühldorf, Auszüge, 10. September 1634.

1287 Stadtarchiv Mühldorf, Auszüge, 21. Mai 1655.

1288 Stadtarchiv Mühldorf Auszüge, 13. April 1612.

1289 Stadtarchiv Mühldorf, Auszüge, 26. August 1644.

1290 Stadtarchiv Mühldorf, Auszüge, 9. Oktober 1649.

1291 Frieridch Besl, Bader, Wundärzte und Chirurgen in Salzburg, Salzburg 1993, S. 101–102.

Rindertalg und Pottasche (Knochenasche) selbst herstellen können, aber die hohe Zahl der Einkäufe bei den Schmidts zeigt, dass man sich in den gut situierten Haushalten Mühldorfs diese Arbeit nicht mehr antun wollte. Aus den Einträgen ist nicht ersichtlich, ob es sich um weiche Schmierseife oder feste Stückseife handelte.[1292] Die helle venezianische (Luxus-) Seife war aus Olivenöl *und einer scharfen, beißenden Asche hergestellt Welche macht, daß hernach solche Seife im Waschen so viel mehrere Wirkung thut*. Möglicherweise wurde sie eher zur Körper- als zur Wäschepflege verwendet. Als Zeichen ihrer Echtheit hatte die venezianische Seife einen halben Mond und eine Bärenklaue aufgestempelt.[1293] Die Preise lagen bei 12 und 13 kr pro Pfund. Die Seife bezogen die Schmidts wahrscheinlich aus Salzburg, denn es gibt einen Eintrag, der lautet: 1 Kiste Seife *Auß Salzburg empfang[en] geirg.*[1294] In Salzburg gab es im 18. Jahrhundert drei Seifensieder,[1295] und auch in Mühldorf gab es einen Seifensieder,[1296] doch es ist nicht bekannt, ob sie die Schmidts beliefert haben.

5.3 Materialwaren

5.3.1 Schreibzeug

Materialwaren umfassten alle Gattungen Material- und Farbwaren wie Samen, Wurzeln, Kräuter, Hülsen, Rinder, Blätter, Schwämme, Gummi, Harz, Terpentin; Erden, Edel- und andere Steine, Perlen, Versteinerungen, Mineralien, Bergwerkserzeugnisse, „chymische Bereitungen", Salze, Geiste, Essenzen, Balsame, Wasser, Liqueurs, destillierte und feine Geruchsessige, Limoniensaft, verschiedenes Fett, Fischteer, Wachs, Honig, frische, gedörrte und eingemachte Früchte, Schmelzglas und Elfenbein, Walrosszähne, Fischbein, Insekten, Eiderdaunen, Naturerzeugnisse, auch alle Gewürze und Spezereiwaren wie auch Schreibrequisiten.[1297]

177 Einträge betreffen die Kategorie *Schreibzeug*. Darunter fällt alles Schreibzubehör außer Tinte, die man wohl selbst herstellte und die auch nie in der Strazza auftaucht. Die Schmidts boten Papiere der Lengfelder, Braunauer und Raitenhaslacher Papiermacher in verschiedenen Qualitäten an, darunter Schildl-, Sterndl-

---

1292 Barbara Orland, Wäsche waschen. Technik- und Sozialgeschichte der häuslichen Wäschepflege, München 1991, S. 52.

1293 Ludovici, Akademie, Teil 4, Sp. 2052–2056, hier Sp. 2055. Zur Stammkundschaft, die einfache oder venezianische Seife pfundweise kauften, gehörten Frau Wallenbergerin ([144] 13.3.1686), der Richter von Zangburg ([181] 20.9.1686), der Schuhmacher Meister Niclas ([188] 20.10.1686), der Schneider von Erharting ([79] 26.5.1685) und mehrere Kramer aus der näherenund ferneren Umgebung wie z. B: Hanns Filßer aus Gars a. Inn ([79] 26.5.1685) oder der Mühldorfer Thomas Zauscher 8[182] 29.9.1685).

1294 [187] 17.10.1686.

1295 Huemer, Körper, S. 254.

1296 s. a. Hübner, Beschreibung, Bd. 1, S. 35–48, hier S. 43.

1297 Barth-Scalmani, Handelsstand, S. 137–138, nach der gängigen zeitgenössischen Definition.

oder Wildtmannpapier aus Lengfelden[1298] sowie feines, dünnes Schreibpapier, aber auch die einfachere Qualität für Entwürfe, das Kopierpapier. Verkauft wurde das Papier bogenweise, oder in den größeren Mengen nach Riß/Ries, Buch oder Ballen.[1299]

Federkiele, zugeschnitten oder unbeschnitten, und Bleifedern wurden büschelweise zu je 25 Stück[1300] gekauft, auch nach Bleistiften[1301] wurde in einzelnen Fällen gefragt.[1302]

Da Briefe häufig versiegelt wurden, führten die Schmidts natürlich gelbes und grünes Siegelwachs, aber auch Bindfaden. Viermal wurde auch ein ganzes *dintenzeig* angeschrieben, dazu gehörten ein Tintenfass, eine Ablage für die Feder und die Streusandbüchse zum Trocknen der Tinte. Unter den vier Eintragungen ist dreimal die Pflegsverwaltung in Mühldorf genannt,[1303] während die vierte Eintragung nicht zu entziffern ist. Sämtliche Verwaltungen deckten sich bei den Schmidts mit Schreibzeug und Federn ein, die Stadtverwaltung, die Pfleggerichtsverwaltung, die Verwaltungen der kleineren Herrschaften der Umgebung, die Kirchen, die Stifte und Klöster, aber auch kleinere Kramer, der Fragner Martin Mayer und der Schlosser aus der oberen Vorstadt brauchten Schreibzeug und Papier.

5.3.2 Arzneimittel

36 Einkäufe, die meist als *Pulver* bezeichnet werden, könnten möglicherweise dem Stichwort *Gesundheit* zugeordnet werden. Nach Ludovici gab es im 18. Jahrhundert Herz-, Haupt-, Magen-, Fieber-, Nies-, Schnupf- oder Räucherpulver. Diese Pulver boten Apotheker und Bader an.[1304]

Leider ist nur in wenigen Fällen in der Strazza vermerkt, dass es sich wie im Falle von Magenpulver wirklich um ein Medikament handelte. Die Weißgerberin, die als Altöttinger Botin für die Schmidts arbeitete, ließ *Maggenpulver* für insgesamt 32 kr anschreiben.[1305]

Etliche Male wird das *Micheldorfer Pulver* notiert. In diesem Falle handelt es sich nicht um ein Medikament, sondern um Schwarzpulver aus Micheldorf in Ober-

---

1298 Zur Papiermühle in Lengfelden s. Angelika Kromas, Papier aus Lengfelden, in: Gemeinde Bergheim (Hg.), Bergheim. Geschichte und Gegenwart, Bergheim 2009, S. 473–490.

1299 Die größte Einheit war der Ballen, er umfasste 10 Ries oder 200 Buch oder 4.800 Bogen Schreibpapier bzw. 5.000 Bogen Druckpapier. Ein Ries hatte demnach 20 Buch oder 480 Bogen Schreibpapier bzw. 500 Bogen Druckpapier, ein Buch hatte 24 Bogen Schreib- und 25 Bogen Druckpapier. S. Albert Haemmerle, Buntpapier, München 1990², S. 10.

1300 Reinhold Reith, Schreibgeräte, in: EDN, Bd. 11, S. 865–867.

1301 Reinhold Reith, Bleistift, in: EDN, Bd. 2, S. 299–301.

1302 Reith, Knapp, Azwanger, S. 216–217.

1303 [83] 1.12.1684.

1304 Ludovici, Akademie, Teil 4, Sp. 1005–1006.

1305 [172] 22.7.1686.

österreich.[1306] Die Einführung der Feuerwaffen in der österreichisch-ungarischen Monarchie schuf einen enormen Bedarf an Schießpulver im 16. und 17. Jahrhundert. 1637 errichteten Wolf und Barbara Pfusterschmid die erste Pulverstampfe auf einem Grundstück am Ursprung der Krems. Allmählich entstanden sechzehn Pulvererzeugungsstätten entlang der Krems.[1307] Adam Schmidt nahm vom Micheldorfer Pulver ein Pfund zum Vorzugspreis von 28 kr,[1308] während der Wirt von Rohrbach 40 kr zahlen musste.[1309] Ein Eintrag könnte vielleicht den Bezug von Micheldorfer Pulver über den Wasserburger Händler Schmidtpeter betreffen, denn es heißt im September 1685, dass man 4 ½ Pfund davon von Mathias Gottfried Schmidtpeter aus Wasserburg empfangen habe.[1310] Schmidtpeter ist als Kirchprobst der Pfarrkirche St. Jakob (und somit auch Rat der Stadt Wasserburg) und als Verwalter der Corporis Christi-Bruderschaft für die Jahre 1691 bis 1701 nachweisbar.[1311] Die Köchin der Herrschaft von Zangberg nahm *Sträpulver* zu 4 kr pro Pfund; das könnte ein Mittel gegen Ungeziefer gewesen sein.[1312] Darüber hinaus verkauften die Schmidts auch Kropfsalz, Badeschwämme und Schluckbildchen mit dem Namen Jesu.[1313]

Schließlich wurde auch das Universalmittel *Medridat* angeboten, das wie Theriak als ein Antiserum auch bei Tieren verwendet wurde.[1314] Der Pflegsverwalter von Mühldorf nahm ein *Pixl* (Döschen) Medridat.[1315] Die Schmidts bezogen das Medikament offenbar von zwei Lieferanten, von Herrn Marösch *1 Fässel Medridat*

1306 Für Hinweise zur historischen Produktion in Micheldorf danke ich Karl Mittermayr sowie Martin Osen, Oö. Sensenschmiedemuseum in Micheldorf.

1307 Die Produktion war immer wieder von Explosionen und Unfällen begleitet. Franz Neumayer, Die Pulvermühlen – Tradition ohne Zukunft, Micheldorf 1997, S. 299–303, hier S. 299.

1308 [2] 17.11.1684.

1309 [66] 17.4.1685.

1310 [104] 16.9.1685.

1311 Für die Auskunft danke ich dem Stadtarchivar von Wasserburg, Matthias Haupt (Mail vom 24.3.2020).

1312 [193] 9.11.1686.

1313 Schluckbildchen sind kleine Zettel mit einem aufgedruckten Kultbild wie einer Wallfahrtsmadonna, der Kreuzigung, dem Namen Jesu o. Ä .Die Gläubigen glaubten an die Heilkraft des Bildchens und nahmen es zu sich. Rudolf Kriss-Rettenbeck, Bilder und Zeichen religiösen Volksglaubens, München 1971, S. 45.

1314 Spiegel, Adliger Alltag, S. 260. *Methridatum* wurde von Walther Hermann Ryff Mitte des 16. Jahrhunderts als ein Mittel *wider alle gifft* bezeichnet. Es helfe gegen Melancholie und Schwermut, gegen Magenprobleme und Appetitlosigkeit. Es gäbe aber viele Verfälschungen dieser Medizin. Walther Hermann Ryff, Confectbuch unnd Hauß Apoteck: Kuenstlich zubereiten, einmachen und gebrauchen, Wes in ordenlichen Apotecken und haußhaltungen zur Artznei, täglicher notturfft, und auch zum lust, dienlich unnd nutz, Frankfurt 1544, S. 15–17.

1315 [44] 14.2.1685. Hier fehlt allerdings die Preisangabe, während Frau Lütznekrichnerin für ein Pixl 6 kr zahlte ([133] 26.12.1685).

mit 118 Pfund brutto[1316] und drei Dutzend, wohl Döschen,[1317] von *Daniel Guseth Seel. Erben* aus Salzburg.[1318]

5.3.3 Farbstoffe und gewerblicher Bedarf

Farbstoffe waren neben den Gewürzen ein wesentlicher Teil des Angebotes. Durch die Verarbeitung von Pflanzen, tierischen Stoffen, Mineralien und Erzen stand in der Frühen Neuzeit ein breites Angebot von giftigen und ungiftigen Farbstoffen zur Verfügung.[1319] 357 Einträge beziehen sich auf einen gewerblichen Bedarf. Dabei handelte es sich vor allem um Farbmittel bzw. Pigmente und Beizmittel zum Färben und Malen. Pigmente sind wasserunlöslich und zumeist mineralischen Ursprungs, Farbstoffe dagegen sind wasserlösliche Substanzen überwiegend organischer Natur.[1320]

Die unterschiedlichen Eigenschaften betreffen zwei verschiedene Kulturtechniken: Die Färberei verwendet Farbstoffe zum Färben von Stoffen und Fasern, die Malerei dagegen nutzt Pigmente zur dauerhaften Farbgebung von festen Oberflächen. Da weder die Farbstoffe allein die Fasern ausdauernd färben, noch die Pigmente ohne Bindemittel haften, braucht es Chemikalien bzw. Zuschlagstoffe wie die Beizmittel Alaun, Vitriol und Weinstein für die Textilfärberei sowie Terpentin und das feinere Terpentinöl als Verdünnungsmittel für die Malerei.

Wofür die Käufer der Schmidts die Farbmittel bzw. Pigmente verwendet haben, ist im Einzelnen nicht nachvollziehbar. Lediglich ein Eintrag von Anfang Mai 1686 lässt einen Rückschluss zu, denn das Terpentinöl, das der Herr von Neuhaus anschreiben ließ, ließ er von den Malern abholen: *laßt die Maller abhollen.* Es waren 4 ¼ Lot zum Lotpreis von 4 kr.[1321] In dieser Zeitperiode waren Künstler und Maler sowie Handwerker Ausführende der Anweisungen des Auftraggebers, in diesem Fall des Bauherrn des neuen Schlosses in Zangberg, Ferdinand Maria Franz Freiherr von Neuhaus, der nach dem Brand des alten Gebäudes von 1684 bis 1704 eine neue vierflügelige Anlage mit einem zentralen Fürstensaal errichten ließ. Geschmückt wurde der Fürstensaal mit Büsten römischer Kaiser, daneben wurden Porträts berühmter Wittelsbacher in zweireihiger Hängung angebracht, und zentral an der Ostwand befand sich ein monumentales Gemälde von der Schlacht bei Mühldorf. Die inhaltliche Ausgestaltung des Raumes soll ein großer Dank an Kurfürst Max Emanuel für die Förderung des Hauses Neuhaus am Wit-

1316 [156] 29.4.1686.
1317 [201] 26.12.1686.
1318 Die Familie war bereits im 17. Jahrhundert in Salzburg vertreten. Daniel Guseth war wohl ein Vorfahre des Joh. Bapt. Gusetti, der 1780 in Salzburg eine Spezerei- und Materialwarenhandlung betrieb. S. Barth-Scalmani, Handelsstand, S. 130; Ausgabenbücher Spängler, https://www.spaengler-haushaltsbuecher.at/, 24.05.2021.
1319 Dies gilt nicht nur für den Kramer Schmidt in Mühldorf, sondern auch für weitaus größere Spezereiwarenhändler, s. Reith, Knapp, Azwanger, S. 217.
1320 Engel, Farben, S. 42.
1321 [157] 6.5.1686.

telsbacher Hof gewesen sein.[1322] Die Maler deckten sich beim örtlichen Kramer ein.

Zur besseren Unterscheidung sind die Waren im Folgenden getrennt nach ihrer Funktion bei Färberei oder Malerei aufgelistet.

Alaun wurde 37-mal notiert. Alaun ist Kaliumaluminiumsulfat und wird entweder als Kristall abgebaut und/oder in Alaunwerken *gesotten*.[1323] Alaun wurde als Beize zum Färben von Wolle, Leinen, Baumwolle und Seide, beim Gerben von Leder und für das Leimen von Papier benötigt. In der Medizin diente Alaun als blutstillendes Mittel und bei Augenentzündungen.[1324]

Beim Färben schließt Alaun die Faser auf, sodass die Farbe besser eindringen und haften kann. Die Farben werden haltbarer, kräftiger und leuchtender.[1325] Daher ist es auch nicht verwunderlich, dass der Mühldorfer Färber Christian Feneberger ein guter Kunde bei den Schmidts war,[1326] aber auch die Herrschaft von Zangberg,[1327] erwarb im Mai 1687 ein Pfund Alaun. Außerdem nahmen die Jesuiten von Burghausen Alaun: Im Januar 1687 bezogen sie ein halbes Pfund zu 4 kr; das entsprach einem Pfundpreis von 8 kr.[1328] Feneberger bezog außerdem noch Vitriol, ebenfalls eine Beize und ein Zusatz zur Schwarz- und Blaufärberei[1329] sowie Weinstein, der zur Herstellung von Beizen speziell in der Wollfärberei diente. Außerdem erwarb Feneberger die pflanzlichen Färbemittel Krapp (Redt/Reth/Röte) und Gallus zum Rot- und Schwarzfärben und ließ sie anschreiben. Christian Feneberger und der *junge Ferber*, vielleicht ein Sohn, stand in engem Geschäftskontakt mit den Schmidts. Feneberger (insgesamt gibt es unter seinem Namen 29 Einträge) war nicht nur Kunde, sondern auch Lieferant gefärbter Ware. Die Schmidts schickten ihm mehrere Male grobe Leinwand, weißes Tuch und Zwirn zum Färben. In einem Eintrag wird festgehalten, dass Feneberger im Juli 1686 13 ½ Ellen bzw. 14 Ellen weißes Tuch zum Blaufärben mitgenommen habe. Der Eintrag ist durchgestrichen und mit dem Wort *gebracht* als erledigt gekennzeichnet.[1330]

Cochenille wurde nur einmal angeschrieben. Die Schmidts sandten im Januar 1685 in einem Ballen mit anderen Waren verpackt 5 ½ Pfund *Coccionilli* nach München.[1331] Cochenille lieferte ein brillantes Rot beim Färben. Der rote Farbstoff kam von weiblichen Schildläusen, die auf Kakteen lebten und in Mexiko professionell gezüchtet wurden. Vom 16. bis zum frühen 19. Jahrhundert blieb

---

1322 Thomas Johannes Kupferschmied, Der Fürstensaal in Zangberg, in: Das Mühlrad 28, 1986, S. 157–168.
1323 Ludovici, Akademie, Teil 3, Sp. 394–401.
1324 Selheim, Inventare, S. 77.
1325 Engel, Farben, S. 45.
1326 [11] 11.12.1684.
1327 [224] 5.5.1687.
1328 [207] 23.1.1687.
1329 Selheim, Inventare, S. 78. Engel, Farben, S. 236–237.
1330 [162] 15.5.1686.
1331 [14] 8.1.1685.

die Produktion von Cochenille unter der Kontrolle der spanischen Kolonialmacht, andere Länder waren auf den Import über Cadiz oder Sevilla angewiesen. Mehrere Züchtungsversuche in Europa misslangen.[1332]

Gallus oder Galläpfel wurden aus Istrien oder dem syrischen Aleppo importiert. Der Farbstoff Gallus diente zum Schwarz-, Braun- und Graufärben von Wolle und Leder[1333] und zur Herstellung von Tinte.[1334] Die Preise lagen zwischen 21 und 24 kr pro Pfund.

Indigo ist ein Pflanzenextrakt, der entweder aus der ostindischen Indigopflanze oder aus dem chinesischen Färberknöterich gewonnen wurde. Indigo kam als unregelmäßige Brocken oder vermahlen als ein weiches, schwärzlichblaues Pulver in den Handel. Es wurde hauptsächlich zur Textilfärbung verwendet. Für die Tafelmalerei war er zu wenig lichtbeständig.[1335] Die Schmidts hatten zwei Qualitäten im Angebot, in Brocken und pulverisiert, denn Mathias Gebhard nahm ausdrücklich 4 Pfund *hartes Indigo* zu 8 fl. Mit Indigo versorgte sich der Mühldorfer Färber Feneberger, bei dem die Schmidts weißes Tuch blau färben ließen (s. o.).

Redt/Reth wurde 16-mal notiert. Dabei wird es sich um die Färberröte, also um die Krapp(wurzel) gehandelt haben, die selbst neunmal notiert wurde und ein seit dem Mittelalter weit verbreiteter roter Farbstoff war. Er haftete ohne Vorbehandlung auf keiner Faser besonders gut. *Sofern das Textil jedoch vor dem Eintauchen in die Krappflotte in einem Alaunbad gewaschen wird, erzielt man sogar eine* kräftige und außergewöhnlich echte, das heißt beständige Rottönung.[1336]

Stärke ist ein feines Mehl, das aus eingeweichten, gequollenen Weizen- oder Dinkelkörnern gewonnen wird, die man ausdrückt, die Masse trocknen lässt und zermahlt.[1337] Das feine Mehl wurde verschiedentlich gebraucht: Man rührte Kleister daraus oder stärkte das Leinen nach der Wäsche damit. Die Färber nutzten es, weil es keine Farbe annahm, die Perückenmacher und Friseure brauchten es als Haarpuder. Zucker- und Pastetenbäcker nahmen das Mehl für ihre Pro-

---

1332 Engel, Farben, S. 57 u. S. 63 und S. 72–77.

1333 Die Färber Johan Mayr aus München ([159] 4.6.1686) und Christian Feneberger aus Mühldorf ([189] 24.10.1686), die Trostberger Tuchmacher Franz Maisenberger ([81] 29.5.1685) und Hans (Johan) Wolf Parhammer ([115] Simoni Markt 1685) sowie Kramer aus der Umgebung deckten sich ebenfalls mit Galläpfeln ein.

1334 Selheim, Inventare, S. 67. Da die Galläpfel auch zur Tintenherstellung benötigt wurden, ist es nicht verwunderlich, dass das Pflegamt ([134] 7.1.1686), die Gerichtsschreiberei ([152] 19.4.1686) und die Jesuiten aus Burghausen ([47] 21.2.1685) unter den Kunden zu finden sind.

1335 Selheim, Inventare, S. 60. Mit Indigo versorgten sich der Pfarrer von Floßing ([204] 13.1.1687), der Kramer Wolf Hitner aus Massing ([214] 2.3.1687) und die beiden Mühldorfer Färber Pichler ([186] 13.10.1686) und Feneberger ([132] 13.12.1685).

1336 Engel, Farben, S. 57 u. S. 45. Kunden für *Reth* waren der bereits erwähnte Färber Christian Feneberger aus Mühldorf a. Inn ([205] 17.1.1687), der Sattler Caspar Schmidt aus Trostberg (]81] 30.5.1685), die Trostberger Tuchmacher Wolf Parhammer ([169] 29.6.1686), Simon Perghaner ([56] 27.2.1685), und Franz Maisenberger ([126] 29.11.1685), der Burghausener Tuchmacher Christoph Khollenperger ([78] 25.5.1685), Kramer aus der Umgebung sowie die *Löbliche Bruderschaft* in Mühldorf ([181] 19.9.1686).

1337 Ludovici, Akademie, Teil 3, Sp. 1051–1052.

dukte, und schließlich sollten nach Ludovici Italiener und Nürnberger aus dem Mehl Nudeln, Vermecelli (Spaghetti) und Oblaten gemacht haben.[1338] Die Weißgerberin brachte ein Pfund Stärke nach Altötting zu einem nicht genannten Kunden,[1339] Adam Schmidt nahm selbst dreimal jeweils ein halbes Pfund Stärke,[1340] der Kramer Johann Filßer aus Gars am Inn ließ 25 Pfund Stärke zum Pfundpreis von 4 kr bei den Schmidts anschreiben.[1341]

Scheidewasser ist Salpetersäure, die in Salpeterbrennereien hergestellt wurde. Sie diente dem Färber zum *Schönfärben*, d. h. Buntfärben. Den größten Handel mit dem Ausgangsmaterial Salpeter betrieb die Ostindische Compagnie in Holland, die erhebliche Mengen davon importierte. Aus Russland, Frankreich, Polen und dem Schwarzwald kamen ebenfalls große Mengen an Salpeter. Salpeter wurde auch für Schießpulver und für Feuerwerke verwendet.[1342] *Schaidwasser* wurde nur einmal notiert, der Kunde war Mathias Gebhard, er nahm 17 Lot zum Lotpreis von 2 kr.[1343]

Vitriol, das elfmal notiert wurde, bezeichnet kristallisierte, kristallwasserhaltige Sulfate von Zink, Eisen und Kupfer. Vitriol war als Zusatz bei der Stofffärberei nötig, insbesondere bei der Blau- und Schwarzfärberei, bei der Tintenherstellung, bei der Scheidung des Goldes und als Augenmittel. In der Malerei brauchte man Vitriole als Beizen und Katalysatoren bei der Öltrocknung.[1344] Der Färber Feneberger brauchte zum Blaufärben des weißen Tuches nicht nur Indigo sondern auch noch Vitriol, das es ebenfalls bei den Schmidts zu kaufen gab.[1345]

Zur Tintenherstellung war neben Galläpfeln auch Vitriol nötig, wovon das Pflegamt von Mühldorf a. Inn im November 1686 ¾ Pfund vom Schreiber abholen ließ.[1346] Die Gerichtsschreiberei in Mühldorf a. Inn und die Jesuiten von Burghausen ließen zusammen mit den Galläpfeln ebenfalls Vitriol anschreiben. Die Gerichtsschreiberei nahm drei Pfund, auch hier ließ man es durch den Schreiber bei den Schmidts abholen,[1347] die Jesuiten brauchten drei Pfund und zahlten dafür pro Pfund 6 kr.[1348] Einmal wird in der Strazza weißes Vitriol erwähnt, das dürfte Zinkvitriol gewesen sein. Es wurde als Pulver vertrieben, diente als Brechmittel und zur Holzimprägnierung.[1349] Die Herrschaft von Zangberg bezog ein

1338 Ludovici, Akademie, Teil 3, Sp. 1052.
1339 [132] 29.12.1685.
1340 [2] 17.11.1684, [62] 8.4.1685, [116] 20.10.1685.
1341 [25] 18.1.1685.
1342 Ludovici, Akademie, Teil 4, Sp. 1503–1511
1343 [163] 31.5.1686.
1344 Selheim, Inventare, S. 78.
1345 [189] 24.10.1686.
1346 [134] 7.1.1686.
1347 [171] 13.7.1686.
1348 [207] 23.1.1687.
1349 Selheim, Inventare, S. 78

Pfund und zahlte 40 kr dafür.[1350] Ein weiteres Mal wurde *grien Vitriol* angeschrieben, von dem der Kramer Filßer aus Gars a. Inn zwei Lot für 1 kr kaufte.[1351]

Mit *Weberrohr* ist wohl das *Weberblatt* gemeint, das auch als *Riet* bezeichnet wird. Es ist als Teil eines Webstuhls eine Vorrichtung aus senkrechten Stäben (heute aus Metall) in waagrechten Schienen zur Halterung der Kettfäden (Längsfäden). Diese Stäbe wurden früher aus *Ried* = Riedgras (Schilfrohr) hergestellt.[1352] Mit der *Lade* und dem *Riet* können die Schussfäden gleichmäßig angeschlagen, d. h., aneinandergedrückt werden. Wenn der Anschlag fest und gleichmäßig ist, wird das Gewebe stabil.

Das Riet wurde von den Webern selbst hergestellt, daher traten Weber als Kunden auf. Hans Schierer aus Zangberg ließ im Januar 1686 einen *Puschen* anschreiben.[1353] Mathias Tenier, Weber aus Eggenfelden, bestellte ein Jahr zuvor zwei Puschen, die er selber abholte.[1354] Von der Kaufsumme von 40 kr zahlte er 20 kr, den Rest ließ er anstehen. Nachschub bekam Schmidt aus Salzburg, denn im August hatte er *26 Pusch aus Salzburg empfangen.*[1355] Ein weiterer Eintrag zu *Rohr* ist unklar, da er weder klar als Einkauf noch als Verkauf zu lesen ist: Hans Schierer *soll 2000 Rohr*; als Preis sind 48 kr genannt. Üblicherweise ist durch den Zusatz *soll haben* bzw. *soll geben* der Eintrag entweder als Verbindlichkeit oder als Forderung gekennzeichnet. In diesem Falle ist allein durch *soll* keine klare Zuordnung möglich. Es wird sich aber eher um einen Einkauf der Schmidts handeln, da immerhin 2000 Stück notiert wurden, was für einen handwerklich arbeitenden Weber zu viel sein dürfte.[1356]

Beim *Weinstein* handelt es sich um das Salz der Weinsäure, das bei der Ablagerung von Wein oder Traubensaft entsteht. Weinstein verwendete man zur Temperatursenkung, als Abführmittel, zur Reinigung der Zähne und zum Schönen des Weines. Außerdem benutzte man Weinstein zur Herstellung von Beizen in der Wollfärberei.[1357] Weinstein wurde zwölfmal angeschrieben, dabei ist viermal der Färber Christian Feneberger erwähnt.[1358] In einem Fall nahm Schmidt den Weinstein auf eigene Rechnung und gab ihn an Feneberger weiter, der für Schmidt Wolle färben sollte: *per mein Konto zum Ferben geben.*[1359] Einen Einkauf tätigte auch der Mühldorfer Färber Michael Pichler,[1360] und ein weiterer Eintrag betraf den Tuchmacher Johann Wolf Parhammer von Trostberg, der im Vergleich zu

1350 [124] 17.11.1685.

1351 [31] 1. 2. 1685. Nach Ludovici handelt es sich dabei um Eisenvitriol: Ludovici, Akademie, Teil 5, Sp. 514–525; hier Sp. 521.

1352 Für den Hinweis danke ich Dr. Sonja Neumann, Deutsches Museum München. S.a. Bohnsack, Spinnen, S. 69.

1353 [136] 19.1.1686.

1354 [25] 18.1.1685.

1355 [146] 25.8.1686.

1356 [206] 24.1.1687.

1357 Selheim, Inventare, S. 80.

1358 [162] 27.5.1686; [212] 26.2.1687; [218] 26.3.1687.

1359 [205] 17.1.1687.

1360 [112] 13.10.1685.

den anderen Kunden, die nur kleine Mengen zwischen einem und vier Pfund abnahmen, die große Menge von 50 Pfund Weinstein kaufte. Er zahlte dafür 4 fl 30 kr, was einen Pfundpreis von 9 kr ausmachte.[1361] Ob er selbst Handel damit trieb? Pigmente für Tafel- und Wandmalerei gehörten ebenfalls zum Angebot der Schmidts. *Schmalte* bzw. Ölschmalte gehörte zu den blauen Farbpigmenten. Smalte bzw. Schmalte war pulverisiertes blaues Glas. Die mit Kobalt gefärbte Glasmasse wurde gemahlen, gewaschen und geschlämmt. Weil die Schmalte wenig Deckkraft hatte, mischte man Azurit und Ultramarin bei. Schmalte fand seit dem 16. Jahrhundert in der Ölmalerei Verwendung und war in der barocken Wandmalerei sehr beliebt, wurde aber in der Folge von Preußischblau abgelöst.[1362]

In der Strazza ist die blaue Farbe 23-mal notiert. Adam Schmidt, der Juniorchef selbst, ließ insgesamt fünfmal Schmalte anschreiben.[1363] Auch andere Kramer kauften die blaue Farbe und ließen sie anstehen. Pfarrer, Klöster, die Pflegsverwaltung und die Verwaltung von Zangberg erwarben Schmalte bei den Schmidts. Der Maler Spagl aus Mühldorf war der einzige genannte Maler unter den Käufern; er nahm ein Pfund Ölschmalte zu 16 kr.[1364] Alle Kunden erwarben die blaue Farbe in kleineren Mengen mit Ausnahme des Franz Prümery (?) aus Altötting, derfür sein Vorhaben dreizehn Pfund abnahm, wofür er 2 fl 36 kr zahlte, was einem Pfundpreis von 12 kr entsprach.[1365] Wozu die Kunden die Farbe im Einzelnen gebraucht haben, lässt sich aus den Notizen nicht entnehmen, wohl für Tafel- und Wandmalereien, aber möglicherweise nutzte man die blaue Farbe auch als Fliegenschutz. Früher glaubte man, dass die blaue Farbe Fliegen abhalten würde und strich daher Fensterrahmen, Stalltüren, Ställe, Küchen und Speisekammern blau. Inzwischen haben Insektenforscher festgestellt, dass dies gar nicht stimmt.[1366] Die Wäscherinnen gaben blaue Farbe in das letzte Spülwasser, zum *Bläuen* der Wäsche, um das Weiß strahlender zu machen. Möglicherweise könnte es sich auch um feinst zerriebene Schmalte gehandelt haben, denn die Zutat bestand *aus Kobalt, Kiesel und Pottasche, die blau geschmelzt als fein geriebenes Glas verkauft* wurde.[1367]

Der Kramer aus Erharting kaufte eine Kugel *gelber Erde* zu 5 kr,[1368] und die Herrschaft von Zangberg erwarb zehn Kugeln *gelbe Farbe*, ebenfalls zu 5 *kr* pro

---

1361 [169] 29.6.1686. Auch der Kramer Plaichshirn ließ bei den Schmidts zweimal Weinstein anschreiben ([102] 3.9.1685, [159] 10.5.1686), ebenso zweimal das Kollegiatstift Mühldorf ([44] 16.2.1686, [199] 13.12.1686) und einmal der Obermesner Anthoni Patilli aus Mühldorf ([13] 19.12.1684).

1362 Erika Oehring, Ultramarin & Muschelgold. Wie die Bilder gemacht wurden. AK Domquartier Salzburg, Residenzgalerie Salzburg, 8.6.–26.11.2018, Salzburg 2018, S. 47.

1363 Er kaufte Schmalte in kleinen Mengen. Einmal nahm er ⅛ Pfund für 8 kr pro Pfund ([62] 8.4.1685), dann ein Pfund zu 9 kr ([118] 5.11.1685).

1364 [197] 5.12.1686.

1365 [196] 21.11.1686.

1366 Brillux, Farben am Bau.

1367 Orland, Wäsche waschen, S. 53.

1368 [223] 26.4.1687.

Kugel. Man ließ sich in diesem Fall die Farbkugeln vom Kramer mitnehmen.[1369] Die doppelte Menge, nämlich 20 *farb kugla*, ließ man sich drei Wochen später nochmals durch den Kramer bringen.[1370] Hat man die Farbe für den Schlossbau gebraucht? Könnte es sich dabei um Ocker gehandelt haben? Ocker ist eine Erdfarbe, ein Verwitterungsprodukt eisenhaltiger Gesteine, und ist sattgelb. Durch Brennen lassen sich verschiedene andere Farbtöne erzeugen. Der Vorteil von Ocker ist, dass er mit jedem Bindemittel harmoniert und vor allem lichtecht und wetterbeständig ist.[1371]

Elfmal wurde *Silberglett* angeschrieben. Claudia Selheim reihte die Silberglätte unter die gelben Farbmittel ein.[1372] Silberglätte ist ein Bleioxid und als Bleifarbe hochgiftig, und es wird durch Erhitzen von Bleiweiß gewonnen. Wenn es schnell erkaltet, erhält man Silberglätte. Verwendung fand die Silberglätte als Ölfirnis, als Untermalungsfarbe beim Vergolden auf Stein oder Mörtel und vor allem als Glasur bei Töpferwaren.[1373] Der Preis lag pro Pfund bei 7 und 8 kr.

Eine weitere sehr giftige Farbe war *Aurum Goldfarbe*, Auripigment oder Operment, deren Farbton von zitronengelb über safrangelb, gelborange bis braungelb reichte. Sie wurde gerne wegen ihres strahlenden Goldtones als Malerfarbe verwendet.[1374] Der Pfarrer von Floßing kaufte im Januar 1687 drei Achtel Pfund davon.[1375]

Als *grüne Pigmente* boten die Schmidts *Grünspan*, *Berggrün* und *grüne Farbe* an. Grünspan ist das älteste künstlich hergestellte grüne Pigment. Es wurde ähnlich wie Bleiweiß mithilfe von Essigsäure produziert und ist genauso giftig wie Bleiweiß.[1376] Grünspan wurde in großen Mengen in Frankreich, im Languedoc produziert und als Pulver oder sog. Broten verkauft. Kristallisierter Grünspan wurde gewonnen, indem man Grünspan in Essig auflöste und ihn wieder auskristallisieren ließ. Beide Sorten wurden überwiegend als Farbe genutzt, *daher dessen auch von den Färbern, Kürschnern, Hutmachern, Schmieden und Malern eine unglaubliche Menge verthan wird.*[1377] Bei *Berggrün* handelt es sich um den pulverisierten Halbedelstein Malachit.[1378] Was unter *grüner Farbe* verstanden wurde, ist bisher nicht aufzuklären. Die Grüntöne waren aber alle nicht sehr lange haltbar, nicht licht-

---

1369 [72] 8.5.1685.

1370 [72] 24.5.1685.

1371 Selheim, Inventare, S. 78. Ocker ist auch bekannt als das barocke Schönbrunner Gelb.

1372 Selheim, Inventare, S. 53.

1373 Selheim, Inventare, S. 53. S. a. Ludovici, Akademie, Teil 4, 1768, Sp. 2256–2259. Die Herrschaft von Zangberg ([72] 8.5.1685; [220] 12.4.1687), der Pfarrer von Floßing ([204] 13.1.1617; [221] 16.4.1687die Kirche von Eggsberg ([90] 4.7.1685), das Kollegstift Mühldorf ([177] 19.8.1686), der Hänninger ([86] 13.6.1685) und der Widmann Bräu ([94] 16.7.1685) sowie Kramer aus der Umgebung ließen Silberglätte in verschiedenen Mengen von einem Viertel bis zu sechs Pfund anschreiben.

1374 Selheim, Inventare, S. 53.

1375 [204] 13.1.1687.

1376 Selheim, Inventare, S. 57.

1377 Ludovici, Akademie, Teil 1, Sp. 2422.

1378 Selheim, Inventare, S. 57.

echt und nicht wetterbeständig. Auffallend ist, dass Grünspan sowohl pfund- als auch lotweise gekauft wurde. Kramer, aber auch das Kollegiatstift in Mühldorf und die Bruderschaft deckten sich mit der grünen Farbe bei den Schmidts ein.

Kastanienbraune Farbe war ebenfalls im Angebot.[1379] Einmal kaufte der Pfarrer von Ampfing ein Pfund zu 4 kr auf Kredit.[1380] In diesem Falle holte der Schreiner die Farbe ab. Vielleicht ließ man ein Möbelstück neu anfertigen, das mit kastanienbrauner Farbe gestrichen wurde. Von der *braunen Farbe* ließen die Schmidts zwei *Fessl* ohne Mengen- oder Preisangaben nach Zangberg bringen.[1381] Auf Kredit gekauft wurde die *roth Farb* vom Pfarrer von Floßing. Ob damit der Altar bemalt wurde? Denn der Zusatz lautet *namb M. Hanß schreiner.*[1382]

Zinnober ist ein Quecksilbersulfid. Es war bereits in der Antike bekannt und wurde hauptsächlich aus spanischen Quecksilbergruben gewonnen und aus dem slowenischen Idrija[1383] eingeführt, eine künstliche Produktion gelang erst nach 1700, die fabrikmäßige Produktion setzte erst im 17. bzw.18. Jahrhundert ein.[1384] Zinnober ist ein Rotpigment und zählte zu den teuren Pigmenten. Es wurde in der Malerei neben rotem Ocker und natürlich vorkommenden Eisenoxiden am häufigsten verwendet.[1385]

Zinnober wurde von den Schmidts nur viermal notiert: Davon nahm der Schuhmacher Meister Melchior zweimal je ein Lot zum Preis von 5 kr.[1386]

Bleiweiß war ein begehrtes weißes Farbmittel. Das giftige Bleiweiß ist ein basisches Bleicarbonat mit Kristallstruktur.[1387] Es wurde wegen der hohen Deckkraft und zum Aufhellen anderer Farben gerne verwendet. Die Herstellung von Bleiweiß war einfach. Man legte Bleiplättchen oder -streifen in glasierte Tontöpfe, goss Essig darüber, deckte die Tontöpfe gut ab und stellte sie für einige Zeit in ein Mistbeet. Der Mist entwickelte so viel Wärme, dass *der Essig sich erhitzen und einen Dampf von sich geben möge.*[1388] Nach der Einwirkung der Fäulniswärme und dem entstehenden Sauerstoff entstand nach einer gewissen Zeit (laut Ludovici nach vier Wochen, laut Selheim bis zu sechs Monaten),[1389] das gewünschte Bleiweiß.

1379 Kastanienbraune Farbe wurde zwei
mal für den Pfarrer von Floßing notiert. Im Januar 1687 nahm er fünf Pfund ([204] 13.1.1687) und im April ein Pfund ([221] 16.4.1687).

1380 [156] 1.5.1686.

1381 [167] 19.6.1686.

1382 [221] 19.4.1687.

1383 Für den Hinweis danke ich Univ.-Prof. Dr. Mark Häberlein, Bamberg.

1384 Oehring, Ultramarin & Muschelgold, S. 56.

1385 Erika Mayr-Öhring, Rainer Müller, Grünspan & Schildlaus. Meister der Residenzgalerie Salzburg und ihre Arbeitsweisen. AK Residenzgalerie Salzburg 18. 4.–15. 7. 1996, S. 31.

1386 [159] 10.5.1686; [164] 6.6.1686. Der Säcklermeister nahm ebenfalls ein Lot ([138] 6.2.1686).

1387 Selheim, Inventare, S. 49. Oehring, Ultramarin & Muschelgold, S. 35–37.

1388 Ludovici, Akademie, Teil 1, Sp. 1850–1852; hier Sp. 1850.

1389 Ludovici, Akademie, Teil 1, Sp. 1850. Selheim, Inventare, S. 49. Das gewünschte Bleiweiß war sehr giftig, und viele Künstler litten an einer Bleivergiftung. Oehring, Ultramarin & Muschelgold, S. 37.

Das Bleiweiß ließ sich in Wasser oder Öl auflösen. Es gab das einfache, das bessere holländische und das besonders gute venezianische Bleiweiß. Das billige Bleiweiß hatte aber den Nachteil, dass es schnell vergilbte. Das teure, qualitätvolle venezianische Bleiweiß kam in Kugelform in den Handel, das einfache Bleiweiß in Pulverform, in Barren, Hütchen oder in Brocken.[1390] Um das Weiß zu betonen, verpackte man es in blaues Papier. Da venezianisches Bleiweiß teuer und selten war, griffen die Maler häufig zum holländischen Produkt. Ludovici warnte vor Fälschungen und empfahl, nur bei bekannten seriösen Händlern zu kaufen, z. B. würde die Farbe gerne mit weißer Kreide gestreckt.[1391] Durch die *trocknende, kühlende und zertheilende Kraft* wurde Bleiweiß auch von Apothekern und Ärzten für Salben und Pflaster verwendet. Da es die Haut glatt und rein machte, wurde es von Frauen gerne unter der Schminke als Grundierung aufgetragen. Ludovici erwähnte aber bereits Nebenwirkungen wie Zahnweh.[1392]

Englische Erde zählte Ludovici zu den Farberden, die es in den verschiedensten Nuancen gab. Sie wurden nur für die Malerei gebraucht, zum Textilfärben waren sie ungeeignet.[1393] Die Preise lagen zwischen 20 kr und 40 kr für das Pfund.

Kienruß, auch Ruß oder Lampenschwarz genannt, war *ein künstliches organisches Pigment, das durch unvollständige Verbrennung* flüchtiger Kohlenstoffverbindungen gewonnen wird. Verwendung fand das sehr dunkle Pigment als Druck- und Aquarellfarbe und bei der Tuscheproduktion.[1394]

Ludovici ordnete die braune *Kölner Kreide* der *Umbra* zu.[1395] Umbra ist ein Eisenoxid und dem Ocker verwandt. Umbravorkommen gab es in Deutschland, Belgien, Holland, England und Italien.[1396] Die Kölner Kreide wurde dreimal notiert, sie kostete pro Pfund 16 kr und wurde von der Mühldorfer Gerichtsschreiberei[1397] und der Verwaltung von Zangberg[1398] auf Kredit gekauft. Die Kundschaft – Gerichtsschreiberei und Verwaltung – lässt die Vermutung aufkommen, dass es sich möglicherweise auch um Schreibkreide gehandelt haben könn-

---

1390 Selheim, Inventare, S. 50.

1391 Ludovici, Akademie, Teil 1, Sp. 1851–1852.

1392 Ludovici, Akademie, Teil 1, Sp. 1852. Zum Schminken der adeligen Damen im 17. Jahrhundert mit Bleiweiß s. Ralf Richard Wagner, Kallopistria – oder die Kunst der Toilette für die elegante Welt, in: Wiese, Schröck-Schmidt (Hg.), Das stille Örtchen, S. 89–99, hier S. 92.

1393 Ludovici, Akademie, Teil 2, Sp. 1556–1559. Die *englische* bzw. *feine englische Erde* wurde von den Franziskanern in Altötting ([88] 12 6.1685), dem *welschen* Kramer Nicola Jaguz ([163] 28.5.1686) und dem Buchbacher Kramer Georg Hoffer ([45] 18.2.1685) auf Kredit erworben.

1394 Selheim, Inventare, S. 69. Adam Schmidt nahm zweimal je ein Pfund zu je 3 kr ([75] 8.5.1685; [118] 5.11.1685), der Pfarrer von Floßing ([204] 13.1.1687) und der Kramer Filßer aus Gars a. Inn ([49] 23.2.1685) waren weitere Käufer.

1395 Ludovici, Akademie, Teil 3, Sp. 1095–1099, hier Sp. 1099.

1396 Selheim, Inventare, S. 70.

1397 [152] 18.4.1686; [210] 15.2.1687.

1398 [202] 4.1.1687.

te.[1399] Umbra wurde dreimal angeschrieben, Umbra war doppelt so teuer wie die Kölner Kreide, sie kostete 30 kr pro Pfund.[1400]

Mennige wurde elfmal aufgeschrieben. Dabei handelt es sich um ein giftiges, künstliches Bleioxid, das durch Erhitzen von Bleiweiß auf 480 Grad gewonnen wird. Mennige ist lichtbeständig und wurde daher seit dem Mittelalter vor allem in der Buchmalerei und in Farbfassungen der Architektur verwendet.[1401] Außerdem diente Mennige als Rostschutzmittel.[1402] Bis auf die Verwaltung von Schloss Zangberg, die sechs Pfund erwarb, ließen die übrigen Kunden 1/8 bis 1/2 Pfund anschreiben.

Ofenfarbe war eine Graphitfarbe, mit der die gusseisernen Öfen gestrichen wurden.[1403] Adam Schmidt kaufte im Oktober 1685 viermal zwischen 10 und 13 Pfund zu je 1 kr ein.[1404] Seinem Kollegen Zauscher berechnete Schmidt 1 kr 2 pf pro Pfund, als dieser im Oktober 1685 24 Pfund anschreiben ließ.[1405]

Gummi ist eine wasserlösliche Ausscheidung von Bäumen und Sträuchern, beispielsweise Gummi arabicum von nordafrikanischen Akazienbäumen. Man verwendete den aufgelösten Gummi als Mal-, Binde- und Klebemittel oder als Verdicker in öligen Emulsionen[1406] und bei der Herstellung von Tinte.[1407] Abgeholt wurde der Gummi von den jeweiligen Schreibern.

Tierische *Leime* sind wichtig für die Grundierung und Präparation der Bildträger wie Leinwände oder zum Stärken von Leinwand. Leim war auch von großer Bedeutung für die Schreiner, vor allem für Furnierarbeiten.[1408] Die Leime werden aus tierischen Abfällen wie Haut, Knorpel und Knochen durch Auskochen gewonnen. Leim bzw. Fischleim bezogen die Schmidts von dem Weißgerber Thomas Paur, der im April 1685 drei *Sökh Leim* zum Preis von 15 fl 47 kr lieferte, das waren netto 105 ¼ Pfund zu 9 kr pro Pfund.[1409] Die zweite Lieferung erfolgte ebenfalls vom *alten Paur* im Mai 1685, diesmal waren es 91 Pfund.[1410] Die

---

1399 S.a. Reith, Knapp, Azwanger, S. 217.

1400 Auch davon kauften die Zangberger ([124] 17. 11. 1685), Adam Schmidt ([118] 5. 11. 1685; [119] 7. 11.1685) und die Franziskaner aus Altötting ([88] 18. 6. 1685).

1401 Oehring, Ultramarin & Muschelgold, S. 59.

1402 Selheim, Inventare, S. 64. Als Kunden treten in der Strazza neben der Verwaltung von Zangberg ([124] 17.11.1685), Adam Schmidt selbst ([118] 5.11.1685), das Kollegiatstift in Mühldorf ([177] 19.8.1686), der Kramer Filßer aus Gars a. Inn ([31] 2.1.1685), der Widmann Bräu (]94] 16.7.1685), der Pfarrer von Floßing ([204] 13.1.1687) und die Mitterbaderin ([97] 6.8.1685) auf.

1403 Selheim, Inventare, S. 70.

1404 [080] 30.10.1685; [117] 1.11.1685.

1405 [111] 10.10.1685.

1406 Oehring, Ultramarin & Muschelgold, S. 73

1407 Selheim, Inventare, S. 75. Der Einkauf von Gummi durch die Jesuiten von Burghausen ([207] 23.1.1687), das Pflegamt ([134] 7.1.1686) und die Gerichtsschreiberei /[152] 19.4.1686) bestätigt die Vermutung.

1408 Hermann Kaiser, Schreiner, Tischler, Ebenisten, in: Reith (Hg.), Lexikon des alten Handwerks, S. 217–224, hier S. 222 f.

1409 [66] 17.4.1685.

1410 [73] 12.5.1685.

Schmidts verkauften den Leim zu 12 kr pro Pfund, was einen Aufschlag von 30 Prozent bedeutet. Es gibt einen weiteren Eintrag, der vom Wortlaut her weder eindeutig ein Einkauf noch ein Verkauf ist. Unter dem 10. Mai 1686 sind 204 Pfund Leim ohne Preisangabe im Zusammenhang mit dem Weißgerber Paur verzeichnet. Es wird sich wohl um eine dritte Lieferung an Schmidt gehandelt haben.

Adam Schmidt selbst nahm ein Pfund Leim.[1411] Anna Schmidt, Baderin aus Ampfing, kaufte nur sechs Lot.[1412] Die Gschwantnerin, Anthony Gschwantners Witwe aus Salzburg, erwarb zwei *Vessl* und einen Sack voll Leim, und in diesem Fall fungierte Schmidt wohl als Zwischenhändler.[1413] Der Schreiner Hanß Geisenhauser brauchte zweimal ein Pfund,[1414] und der Mesner vom *Gottshaus Mettenhamb* erwarb Leim in kleineren Mengen von 1/2 bis zu 1/4 Pfund.[1415] Die *Widtmann Hochzeiterin* nahm neben der gestärkten Leinwand auch noch Leim mit.[1416]

Vogelleim ist eine klebrige Masse, die aus Mistelbeeren gepresst wurde. Man bestrich damit lange Ruten, um kleine Vögel zu fangen. Finken beispielsweise dienten der Unterhaltung im Winter, weil sie schön singen konnten, Drosseln wurden dagegen auch gegessen.[1417]

Mastix ist ein Harz der Mastixpistazie aus dem Mittelmeerraum. Es löst sich gut in Alkohol und Terpentin auf und diente als Firnis und als Zusatz in Öl- und Temperafarben.[1418] Es gehört zu den ältesten in der Tafelmalerei verwendeten Harzen und erhöht den Glanz und die Transparenz der Farben.[1419]

Im Dezember 1686 hatten die Schmidts ein Pfund Mastix von Daniel Gusethi Seel. Erben aus Salzburg empfangen.[1420] Verkauft wurde Mastix lotweise: Der Herr von *Neuhaus* ließ im Juni 1686[1421] zwei Lot für 16 kr, also 8 kr pro Lot, anschreiben.

Einmal wurde *Arsen* in der geringen Menge von zwei Lot vom Kramer Filßer erworben, wofür er 2 kr zahlte.[1422] Der Kramer Georg Pierncamer ließ die

1411 [118] 5.11.1685.
1412 [125] 23.11.1685.
1413 [125] 23.11.1685.
1414 [173] 13.8.1686; [146] 22.3.1686.
1415 [194] 14.11.1686.
1416 [139] 12.2.1686.
1417 Grimm, DWB, Band 26, Sp. 416. Herr Heigl, Kapellgegenschreiber von Altötting ([167] 19.6.1686), erwarb ein halbes Pfund Vogelleim und das Kloster Baumburg ([121] 14.11.1685) ein ganzes Pfund davon. Das dürfte ein Hinweis auf die Vogeljagd mithilfe von Leimruten sein.
1418 Selheim, Inventare, S. 74.
1419 Oehring, Ultramarin & Muschelgold, S. 74.
1420 [201] 24.12.1686.
1421 28.6.1686, Beginn des Schlossneubaus in Zangberg. Der Mühldorfer Pflegsverwalter ([154] 24.4.1686), der Heimerl Bräu ([134] 5.1.1686) und P. Prugger aus Ponlach bei Tittmoning ([178] 25.8.1686) kauften jeweils ein Lot Mastix und ließen anschreiben. Prugger zahlte 6 kr pro Lot.
1422 [49] 23.2.1685.

doppelte Menge, vier Lot Arsen, für ebenfalls 2 kr anstehen.[1423] Arsen war auch unter dem Namen Hütt(en)rauch bekannt. Der Rauch, der bei der Verhüttung arsenhaltiger Erze entstand, setzte sich an den Wänden und in der Umgebung ab. Kennzeichen war der *gräuliche Knoblauchgeruch*.[1424] Es war hochgiftig und wurde als Ratten- oder Mäusegift verwendet; gelbes Arsenik kam als *Rauschgelb* bzw. *Auripigment* (Operment) in den Handel und wurde zum Malen gebraucht,[1425] die Färber verbrauchten große Mengen.[1426] Nicht nur die Schmidts verkauften Arsen, auch der Salzburger Händler Hagenauer hatte 206 Pfund Arsenicum und 70 Pfund gelben Arsenik im Vorhaus gelagert.[1427] Er musste wohl besondere Vorsichtsmaßnahmen bei der Lagerung getroffen haben, denn die Giftigkeit des Arsens war bekannt. Das Arsen könnte aus Rotgülden im Lungau gekommen sein, wo seit dem 14. Jahrhundert Arsenkies abgebaut und daraus Arsen gewonnen wurde.[1428]

Blattgold ist reines Gold, das von berufsmäßigen Goldschlägern in hauchdünne Blättchen geschlagen wurde. Es wurde in Büchlein mit 25 Blättchen verkauft. Goldschläger gab es in allen größeren Städten, ein Zentrum im 17. Jahrhundert war vor allem Augsburg.[1429] Das Blattgold nutzte man zum Vergolden von Hausrat, Waffen, Geschirr und Bilderrahmen, aber auch Apotheker nutzten Blattgold für medizinische Anwendungen.[1430] So ließ der Mühldorfer Apotheker Trauner zwei *biechl* anschreiben.[1431] und die Buchbinderin aus Mühldorf nahm sogar drei *biechl*.[1432] Wozu allerdings der Weber Prambl[1433] zwei *biechl* davon brauchte, ist aus dem Eintrag nicht ersichtlich.

Die Schmidts boten auch *Blei* an. Der *welsche* Maurermeister Domenico (Zuccalli) kaufte ein Pfund Blei,[1434] und der Glaser Gspan ließ im Januar 1687 einen halben Zentner für 4 fl anschreiben.[1435] Möglicherweise haben die Maurer das Blei benötigt, um Eisenspangen (Anker) in der Mauer einzugießen.[1436] Der Glaser Gspan benötigte das Blei zur Herstellung der Ruten bzw. Schienen zur Befestigung von Fensterscheiben. Die übrigen Transaktionen verteilen sich auf Adam Schmidt und andere Kramer, Schmidt nahm ein halbes Pfund für 2 kr 2 pf. Das

---

1423 [11] 12. 12. 1684.
1424 Ludovici, Akademie, Teil 3, Sp. 511–517, hier Sp. 511.
1425 Oehring, Ultramarin & Muschelgold, Salzburg 2006, S. 38.
1426 Ludovici, Akademie, Teil 3, Sp. 516.
1427 Angermüller, Hagenauer, S. 332.
1428 Salzburgwiki, https://www.sn.at/wiki/Arsenbergwerk_Rotg%C3%BClden, 24.05.2021.
1429 In Augsburg arbeiteten zu Beginn des 17. Jahrhunderts sechs Goldschläger, und um die Wende zum 18. Jahrhundert waren es 26 Meister, die Augsburg zu einem der bedeutendsten Zentren machten. S. Reith, Arbeits- und Lebensweise, S. 182.
1430 Ludovici, Akademie, Teil 2, Sp. 2338–2329.
1431 [211] 19 2.1687.
1432 [133] 22.12.1685.
1433 [174] 7.8.1686.
1434 [109] 8.10.1685.
1435 [202] 4.1.1687.
1436 Für den Hinweis danke ich Univ.-Prof. Dr. Reinhold Reith.

war wieder ein Vorteilspreis, denn Martin Stockhammer aus Grüntegernbach hatte drei Pfund genommen und einen Pfundpreis von 6 kr bezahlt.[1437]

Bei der *Gelatine* könnte es sich vielleicht um Leim bzw. um Gelatine zum Leimkochen gehandelt haben.[1438]

Gefärbtes Papier ist im November 1684 dreimal für die Kirche von Mettenheim notiert worden; jedes Mal nahm der Mesner sechs bzw. acht Bögen zu je 1 kr mit.[1439] Dabei könnte es sich um einseitig oder beidseitig gefärbtes Papier gehandelt haben.[1440] Das sog. Buntpapier kam Anfang des 15. Jahrhunderts auf.[1441]

Neunmal wurde *Schwefel* angeschrieben, der in erster Linie von Kramern aus der Umgebung erworben wurde, sowie einmal von den Kapuzinern in Altötting, die ein Pfund zu 6 kr nahmen.[1442] Die Herrschaft von Zangberg verlangte 20 Pfund[1443] ebenfalls zu 6 kr das Pfund. Schwefel wurde zur Herstellung von Streichhölzern (Schwefelhölzchen), zum Schwefeln der Weinfässer, zum Schönen des Weines, als Arzneimittel und als Textilbleiche verwendet.[1444]

Auch *Silberdraht* gehörte zum Sortiment der Schmidts. Davon ließen Adam Schmidt zwei und Maria Schwarz ein *Spiellerl* anschreiben.[1445]

1437 [197] 21.11.1686.

1438 Unter den dreizehn Einträgen sind etliche Kramer aus der Umgebung wie Buchbach ([11] 12.12.1684) oder Altötting ([134] 2.1.1686) sowie Schuhmacher wie der Mühldorfer Gräßl ([65] 13.4.1685), der Burghausener Sällinger ([144] 11.3.1686), der Mühldorfer Melchior Schneider ([145] 19.3.1686) und Meister Niclas Simon [170] 1.7. 1686), die die *Jellatine* entweder pfundweise oder als ganze Haut kauften und pro Pfund 32 kr bis 37 kr anstehen ließen.

1439 [3] 17.11.1684; [4] 20.11.1684, [5] 24.11.1684.

1440 Unter einfarbig gestrichenen Papieren sind Papiere aus ungefärbter Papiermasse zu verstehen, die an der Oberfläche mit Pinsel oder Bürste einseitig oder zweiseitig durch Farben oder mit Bindemitteln versetzten Pigmenten eingefärbt sind. S. Haemmerle, Buntpapier, S. 26–30. Es entwickelten sich weitere Techniken wie das Marmorieren (*Türkisches Papier*) oder Bedrucken mit Modeln, Kupferstichtechnik und Prägungen, s. ebenda, S. 30–120.

1441 *Buntpapier* ist die Bezeichnung für oberflächlich gefärbte, farbig getränkte, bedruckte oder geprägte Papiere. Buntpapier entstand Anfang des 15. Jahrhunderts, als Papier das Pergament ablöste, das bereits karmesinrot oder zinnoberrot für Bucheinbände angeboten wurde. S. Haemmerle, Buntpapier, München 1977, S. 10. Eine der ältesten Nutzungsweisen von gefärbtem Papier war entsprechend der Funktion einer Wandtapete das Auskleiden kleiner Kästchen, Schatullen, Kassetten, Schubladen, Koffer und Wandschränke, was sich ab der Mitte des 17. Jahrhunderts allmählich verbreitete. Von größerer Bedeutung allerdings war die Verwendung beim Bucheinband als Vorsatzpapier, Broschürumschlag (Umschlag für kleinere Büchlein, Hefte und Broschüren) oder als Einband (S. 13–14). Woher die Schmidts das Buntpapier bezogen, lässt sich aus der Strazza nicht entnehmen, aber möglicherweise kam es aus Augsburg, wo sich ein Schwerpunkt der Buntpapierherstellung herausgebildet hatte; Augsburg war im 18. Jahrhundert das Zentrum der Produktion von Buntpapier (S. 21–22).

1442 [118] 6.11.1685.

1443 [181] 16.9.1686.

1444 Ludovici, Akademie, Teil 4, Sp. 1918.

1445 Eisen-, Stahl- und Messingdrähte waren Ausgangsmaterial für Nägel, Näh- und Stecknadeln, Ketten, Drahtsiebe, Drahtnetze, Fliegendraht, Wollkratzen, Harnische, Nieten, Federn, Häkchen, Ösen und andere Produkte. Gold- und Silberdrähte sowie feine versilberte oder vergoldete Kupfer- und Messingdrähte (die sog. Leonischen Gold- und Silber-

Adam Schmidt ließ für sich im April 1685 zwei Zuber *Kalk* zu insgesamt 36 kr anstehen.[1446] Brauchte er ihn zum Kalken der Wände im Haus und Gewölbe? Es wäre durchaus denkbar, dass im April mit Beginn des Frühjahres die Lagerräume zum Schutz gegen Ungeziefer neu gekalkt wurden.

5.3.4 Leder

Die Schmidts betrieben einen regen Handel mit *Leder.*[1447] 160-mal wurde Leder aufgeschrieben, das sind rund 2,5 Prozent aller Verkäufe, die im Strazzabuch notiert wurden. Fünf Sorten treten am häufigsten auf: *Leder* (20), *Cordoban* (21), *Sohlenleder* (28), *Juchtenleder* (35) und *Pfundleder* (56).[1448] Außerdem verkaufte man ganze Felle wie Kalbsfelle, Häute, eine Pergamenthaut und einmal sogar Büffelleder. Die Schmidts hatten außerdem *Prager* Leder zu 40 kr, *Preußisch Leder* zu 24 kr bis 34 kr und *Ottensamer* Leder zu 26 kr zur Auswahl.[1449] Das Leder wurde pfundweise oder in *Pallen* und *khistl* notiert.

Kramer als Zwischenhändler und Schuster aus Mühldorf und den umliegenden Orten deckten sich bei den Schmidts mit Leder ein. So nahm beispielsweise Benedikt Diewald, ein Schuster aus Neumarkt-St. Veit, 13 ½ Pfund Pfundleder zum Pfundpreis von 28 kr.[1450]

Vier *Pallen* und ein *khistl* mit einem Gewicht von insgesamt mehr als 10 Zentnern versandte Schmidt nach München,[1451] aber leider erfahren wir nichts über den Empfänger der Lieferung. Die 30 ½ Pfund Büffelleder zum Pfundpreis von 44 kr gingen an Georg Gebhard in Landshut, der dafür 22 fl 22 kr zahlte.[1452] Eine

---

drähte) wurden zu verschiedenen Schmuck-, Zier- und Luxusgütern weiterverarbeitet. Aagard, Drahtzieher, in: Reith (Hg.), Lexikon des alten Handwerks, S. 62–65.

1446 [67] 19.4.1685.

1447 Zu Produktion und Handel s. Reinhold Reith, Lederproduktion und Lederhandel im Spätmittelalter und der frühen Neuzeit, in: Werner Kroker (Hg.), Vom Leder zum Chemiewerkstoff (Schriftenreihe der Georg-Agricola-Gesellschaft 25), Bochum 2000, S. 9–30.

1448 Seit dem Spätmittelalter gab es drei Gerbverfahren: die Rot- und Lohgerber gerbten schwere Häute von Rindern und Pferden mit Eichen- und Fichtenrinde (Loh) und stellten Leder für Sättel und Saumzeug sowie Sohl- und Schuhleder her, s. Reith, Lederproduktion, S. 9. Dazu wären bei den Schmidts die Sorten Leder, Sohlenleder und Pfundleder zu rechnen. Das zweite Verfahren ist das der Weißgerber (mineralische Gerbung mit Alaun, Salzgerbung), mit dem sie aus Kalbs-, Schafs- und Ziegenfellen edlere und dünnere Ledersorten herstellten. Das dritte Verfahren benutzten die Sämischgerber zur Erzeugung von wasserdichtem Leder. In der Frühneuzeit erweiterte sich das Angebot u. a. um Corduan- und Juchtenleder, s. Reith, Lederproduktion, S. 9.

1449 Dabei könnte es sich um feines Glacéleder für Handschuhe gehandelt haben, dessen Produktion durch die aus Frankreich geflüchteten Hugenotten Verbreitung fand. Neben Erlangen, Berlin und Schwabach war auch Prag ein Produktionsort, s. Reith, Lederproduktion, S. 12.

1450 [26] 19.1.1685. Melchior Schneider ließ sechs Pfund und ein Lot Juchtenleder um den Einzelpreis von 34 kr ([152] 17.4.1686) anschreiben.

1451 [95] 23.7.1685.

1452 [160] 16.5.1686.

halbe Pergamenthaut zu 9 kr nahm der Seniorchef Franz Schmidt selbst.[1453] Vier *Geschnürte Felle* für 2 fl 12 kr ließ der Säcklermeister Paull anstehen.[1454] Der Amtmann Christoph Päschelperger aus Gars a. Inn bezog *Preußisch Leder.* Er nahm vier Pfund und zehn Lot, dafür wurden ihm 2 fl 24 kr berechnet.[1455]

Sohlleder (28 Mal) und *Pfundleder* (56 Mal) sind in der Strazza als zwei Warengruppen notiert, bei Ludovici dagegen wird Sohlenleder auch Pfundleder genannt. Es war ein starkes, haltbares, ungefärbtes Leder für Sohlen und Fußbekleidung.[1456] Ludovici führt in seiner Warenkunde Mitte des 18. Jahrhunderts zehn verschiedene Qualitäten des Sohlleders auf. An erster Stelle hebt er das *englische Leder* hervor. Es wurde über London gehandelt und war nur echt, wenn es mit dem englischen Wappen gestempelt war. Caspar Löffler, Schuhmacher aus Untermößing[1457] kaufte im Januar 1687 55 Pfund englisches Sohlenleder zum Pfundpreis von 42 kr auf Kredit. Vielleicht war das ein Teil der Lieferung vom Mai 1686, als die Schmidts dreißig Häute englisches Sohlenleder im Gesamtgewicht von 411 Pfund empfangen hatten.[1458]

Die Schmidts bezogen das Pfundleder im April 1687 aus Linz, möglicherweise vom Ostermarkt. Der Eintrag lautet *hat neto gewog*[en] *801 Pfund,* in einer anderen Schrift wurde hinzugefügt *abgetrickneter gewog*[en] *744 Pfund.*[1459] Bedeutet dies, dass der Lieferant feuchtes Leder berechnet hat, wobei natürlich das Wasser das Gewicht erhöhte und die Schmidts nachgewogen haben? Eine zweite Lieferung von 487 Pfund bekamen die Schmidts von Bernhard Biall(?).[1460] Desweiteren haben die Schmidts laut Strazza 35-mal *Juchtenleder* verkauft.[1461] Das auf eine besondere Art gegerbte Leder aus der Haut von Rindern und Kälbern war sehr fest, wasserundurchlässig und geschmeidig. Es hatte einen eigentümlichen Geruch, an dem man es leicht erkennen konnte. Es kamen hauptsächlich rot, weiß, aber auch schwarz gefärbte Stücke in den Handel. Verwendung fand es für Stuhlbezüge und für Karossen, vor allem aber als Obermaterial von Stiefeln, für Bucheinbände, für Hüte, feine Schuhe, Pantoffeln, Gürtel, Taschen und Beutel. Die beste Qualität kam aus Russland, was den Geruch, das Aussehen, die Farbe, die Geschmeidigkeit und die Lebensdauer betraf. Juchtenleder war ein Markenartikel, der in Russland produziert und im 17. Jahrhundert in großen Mengen über Lübeck insbesondere zur Messe nach Leipzig und von dort bis nach Regensburg

1453 [8] 30.11.1686.
1454 [124] 20.11.1685.
1455 [207] 25.1.1682.
1456 Ludovici, Akademie, Teil 4, Sp. 2209–2218, hier Sp. 2209; s. a. Reith, Lederproduktion, S. 13–16.
1457 [204] 15.1.1687.
1458 [162] 27.5.1686.
1459 [222] 22.4.1687.
1460 [193] 19.11.1686.
1461 Zum Handel mit und zur Produktion von Juchtenleder in der Frühen Neuzeit s. Elisabeth Harder-Gersdorff, Lübeck und Hamburg im internationalen Handel mit russischem Juchtenleder in der Frühen Neuzeit (1650–1710), in: Zeitschrift des Vereins für Lübeckische Geschichte und Altertumskunde 67 (1987), S. 91–147.

bzw. über Hamburg bis in die Habsburgischen Länder exportiert wurde.[1462] Unter den Kunden für Juchtenleder waren allein siebzehn Schuhmacher aus Mühldorf a. Inn und Umgebung, außerdem Riemer[1463] und Nestler,[1464] die Franziskaner aus Altötting, ein Kramer und der Palhardtinger Bräu aus Mühldorf a. Inn. Sie bezahlten zwischen 34 und 39 kr pro Pfund.

21-mal wurde *Cordoban* bzw. *Corduan* angeschrieben. Dies war ein sehr feines Leder von Ziegen- und Schafhäuten. Es gab Corduan in rot, schwarz, gelb, blau, violett oder braun. Dieses Leder kam überwiegend aus Spanien, Flandern, Frankreich und aus der Levante, und es wurde auch in kleineren Mengen in Deutschland hergestellt. Verwendet wurde das feine Leder von Schuhmachern, Buchbindern, Futteral- und Stuhlmachern.[1465]

Die Schuhmacher der Umgebung kauften in erster Linie Corduan ein, aber auch Kramer, die Franziskaner aus Altötting und Remigius Rottenpuecher, der Pfarrer von Lohkirchen, zählten zu den Corduan-Kunden.[1466] Die Preise sind entsprechend der jeweiligen Qualität recht unterschiedlich, so verlangten die Schmidts für *Cräner Cordoban* einen Pfundpreis von 34 kr,[1467] die nächsthöhere Corduan-Qualität kostete 60 kr,[1468] und der Regensburger Corduan wurde mit 80 kr berechnet,[1469] wogegen die Pfundpreise für venezianischen Corduan nicht angegeben sind, weil dieser als ganze *heidt* (Häute) verkauft wurde.[1470]

Es gibt einen Eintrag, dass der Juniorchef Adam Schmidt 35 ⅜ Pfund Danziger Corduan empfangen hat, aber auch hier fehlen die Angaben über den Lieferanten und den Preis.[1471] Anders als bei den Schneidern, die Stoffe und Nähzubehör für den einzelnen Kundenauftrag beim Kramer auf Rechnung der Kundschaft abholten, kauften die Schuhmacher das Leder in größeren Mengen auf eigene Rechnung bzw. auf Kredit ein, damit sie immer genügend Ledervorrat zur Auswahl für die Kunden in der Werkstatt hatten.

1462 Harder-Gersdorff, Juchtenleder, S. 104–132.

1463 Riemer verarbeiteten rotes, weißes und schwarzes Leder für Pferdegeschirre *auf deutsche, ungarische, polnische und türkische Art*, mit versilberten oder Messing-Beschlägen, Gurt, Steig- und Sprungriemen, Halfter, Kardowatschen (?), Gürtel, Knieriemen u. a. m., s. Ludovici, Akademie, Teil 3, Sp. 1314.

1464 Nestler machten aus dem Leder *allerhand Nesteln*. Beutler und Handschuhmacher produzierten Handschuhe, Geldbeutel, Gewürzsäcke, Spielbälle etc., Sattler verarbeiteten das Leder zu Sätteln, Pistolenhalftern, Pferdegeschirren, Überzügen auf Chaisen und Kutschen, s. Ludovici, Akademie, Teil 3, Sp. 1314.

1465 Ludovici, Akademie, Teil 2, Sp. 666.

1466 [58] 29.3.1685; [221] 20.4.1687.

1467 [5] 25.11.1684. Mit *Cräner* Cordoban ist nicht die Farbe Grün gemeint, denn im gleichen Eintrag werden *griene* Kappl aufgeschrieben, womit eindeutig die Farbe gemeint ist. Es dürfte sich beim Leder um einen Handels- oder Produktionsort handeln.

1468 [43] 11.2.1685.

1469 [15] 27.12 1684.

1470 [144] 11.3.1686.

1471 [140] 12.2.1686.

Der *Tabak* kam nach der Entdeckung Amerikas durch die Spanier im 15. Jahrhundert nach Europa und verbreitete sich rasch. Ehe er zum Genussmittel für alle Schichten avancierte, wurde er zunächst als Heilmittel verwendet. In Deutschland verbreitete sich das Tabakrauchen in der langen Tonpfeife besonders durch die Soldaten im Dreißigjährigen Krieg. Bald war das *Tabaktrinken* nicht nur beim weltlichen und geistlichen Adel und den städtischen Oberschichten, sondern auch auf dem Land üblich. Im 18. Jahrhundert setzte sich dann das Schnupfen in der Oberschicht durch. Ungefähr zur gleichen Zeit begannen auch der Anbau des heimischen Tabaks und die Tabakfabrikation in Europa.[1472] Die Hauptanbaugebiete blieben aber die Karibik, Venezuela, Brasilien sowie Virginia und Maryland in Nordamerika, von wo aus große Mengen Tabak exportiert wurden.[1473]

Die Tabakfabrikanten richteten den Tabak für zwei Konsumarten her: zum Rauchen und zum Schnupfen. Das Ausgangsmaterial für beides waren die getrockneten Tabakblätter. Für den Rauchtabak verwendete man nur die getrockneten, gepressten Tabakblätter, zum Schnupftabak wurden die entrippten Blätter in verschiedenen Geschmacksrichtungen sauciert, gepresst, geschnitten und zu Pulver vermahlen,[1474] wobei jeder Fabrikant seine eigene Zurichtung und eigene Geschmacksrezepturen hatte, die oft als Fabrikgeheimnisse behandelt wurden.

Tabak machte einen großen Teil des Handels der Schmidts aus. 349 Einträge, das sind knapp 5 Prozent aller Notierungen im Strazzabuch, betreffen Tabakseinkäufe auf Kredit: 169 Einträge zu *Tabak* mit einzelnen zusätzlichen Kennzeichnungen, 165 Einträge zu *Prisil* oder *Brasil-Tabak*.[1475] Aus den Einträgen ist nicht ersichtlich, ob es sich um Rauch- oder Schnupftabak handelte, es werden aber Rauchtabake gewesen sein, denn es fehlen die spezifischen Markenbezeichnungen für die Schnupftabake. Lediglich ein Eintrag lautet auf *Bristabak* und könnte vielleicht als Prise = Schnupftabak interpretiert werden, aber genauso gut könnte dies eine Abkürzung für Brasil-Tabak gewesen sein. Das Sortiment war generell noch recht schmal, so boten die Tabakmonopolpächter Johann Senser & Co.[1476]

1472 Zur Tabakgewinnung in Europa s. Annerose Menninger, Genuss im kulturellen Wandel, Tabak, Kaffee, Tee und Schokolade in Europa (16.–19. Jahrhundert), Stuttgart 2004, S. 165–168.

1473 Birgit Pelzer-Reith, Genussmittel und Kolonialwaren. In: Reith u. a. (Hg.), Haushalten und Konsumieren, S. 203–217, hier S. 212.

1474 Elisabeth Ernst, Tabak in der Steiermark. Von den Anfängen eines Genußmittels bis zur industriellen Produktion in Fürstenfeld, Graz 1996, S. 72–74.

1475 Neben dem *Virginischen* und dem *Canaster* war der dunkle *Brasilien-Taback* im 17. Jahrhundert europaweit besonders geschätzt, s. Menninger, Genuss, S. 165.

1476 Johann Senser war von 1678 bis 1682 Pächter des kurbayerischen Tabakmonopols, das ihm der bayerische Kurfürst Ferdinand Maria übertragen hatte. Senser betrieb einen eigenen Tabakanbau in Bayern, um die Einfuhrzölle zu umgehen. Er sparte dadurch auch Transportkosten und, da er arme Leute beschäftigte, auch Lohnkosten. Er galt als sehr geschäftstüchtig und war recht unbeliebt. S. Michael Nadler, Der besteuerte Genuss. Tabak und Finanzpolitik in Bayern 1669–1802, München 2008, S. 66 u. 57–58.

schwarzen Rauchtabak in zwei Qualitäten an, dann den Brasil-Rauchtabak, den über Hamburg kommenden virginischen und den *Kavalierstabak*, wobei die letzten drei Sorten im Preis ungefähr gleich waren.[1477] Ferner gab es noch roten (getrockneten) Rauchtabak und einige wenige Schnupftabaksorten,[1478] dazu bot Senser zwei Sorten Pfeifen an.[1479] Auch wenn es nur wenige Sorten gab, fällt eine eindeutige Zuordnung zu den Strazza-Einträgen schwer.

Die Unsicherheit der Zuschreibung hängt auch mit den in der Strazza notierten Attributen *gemein, blau, gelb* bzw. *rot* zusammen, die bei den Eintragungen insbesondere bei *Tabak* angehängt sind. Es gibt verschiedene Erklärungen dafür: So gab es verschiedenfarbig blühende Tabakvarietäten,[1480] aber auch farbliche Unterschiede in den Tabakblättern selbst; so soll der Nürnberger Tabak hellgelb gewesen sein.[1481] Die fertigen Tabake konnten geschwefelt sein, wodurch der Tabak gelblich wurde, was oft mit dem Karottengut für Schnupftabak aus dem Elsass und der Pfalz geschah. Auch das Gelb des Nürnberger Tabaks wurde oft mit Schwefel intensiviert.[1482] Vielleicht hängt die Farbnennung auch mit der Farbe der Verpackung zusammen.

Sieben Strazza-Einträge verweisen auf gerollten Tabak. Im November 1684 hatte der *Welsche* Dominico Groß aus Tüßling eine Viertel Elle (!) von der Tabakrolle abschneiden und anschreiben lassen. Die Viertel Elle dürfte 25 Pfund gewogen haben, denn er zahlte 11 kr pro Pfund, insgesamt 4 fl 35 kr.[1483] Ein Jahr später, im November 1685 ließ der Tüßlinger Kramer Dedutsch eine Kiste voll mit großen Rollen anschreiben, die seine Tochter bei den Schmidts abholte.[1484] Im Juli 1686 nahm der Kramer Thomas Zauscher zweimal eine Rolle zu je 7 ½ und 8 Pfund und ließ den Einkauf ebenfalls anschreiben.[1485] Zauscher war gleichzeitig auch Lieferant von Rollentabak, denn am 1. Februar 1687 lieferte der Kramer 24 ¼ Pfund *Tabak Lang Rohlen*, aber offensichtlich war Schmidt mit der Qualität nicht zufrieden, denn er strich die Notiz durch und schrieb darunter *zurückhgeben 8. Febr.*[1486]

Ludovici beschreibt die Tabakrollen als aufgerollte Rohtabakblätter, *die wegen ihrer Länge und Gestalt eine ziemliche Ähnlichkeit mit den Knackwürsten der Garköche* hätten. Die Rollen aus Tabakblättern wurden in den Tabakfabriken hergestellt, *indem man sie* [die Tabakblätter] *auf mancherley Weise einweichet, und mit allerhand Säften benetzet, bäcket, sortiret, auf ordentlichen Maschinen sauber spinnet,*

1477 Nadler, Genuss, S. 61.
1478 Nadler, Genuss, S. 62.
1479 Nadler, Genuss, S. 61.
1480 Ludovici, Akademie, Teil 5, Sp. 1–29, hier Sp. 10.
1481 M. Sinsheim, Die Geheimnisse der sämmtlichen Rauch- und Schnupftabaks-Fabrikation, Frankfurt am Main 1826, S. 14, online.
1482 Sinsheim, Geheimnisse, S. 14.
1483 [7] 28.11.1684.
1484 [121] 13.11. 1685.
1485 [172] 24.7.1686.
1486 [208] 1.2.1687.

Abb. 14: Tabakspinner um 1694, aus: Christoph Weigel, Abbildung und Beschreibung der Gemein-Nützlichen Hauptstände, Nördlingen 1987 (Anhang)

presst, inngleich schneidet, wieder anmachet u.s.w.[1487] Das Spinnen geschah in der Weise, dass zuerst eine kleine Rolle aus Tabakblättern gemacht wurde, die *Puppe*, und daran neue Deckblätter schräg angelegt und wie Fäden zusammengedreht,

[1487] Für erhellende Informationen zum Beruf des Tabakspinners danke ich Michael Krieger, ehem. Photograph der Austria Tabak Wien, Freilassing.

d. h., gesponnen wurden. Weil die Blätter sehr fest umeinander gesponnen werden mussten, geschah dies mit einer Haspel. Die Rollen wurden häufig bereits in den Ursprungsländern hergestellt und nach Europa verschifft, die lange Reise diente gleichzeitig der Fermentierung und Reifung. Zum Spinnen wurden fünf Personen gebraucht, *die erste ist der Spinner, die zweyte die Blättermacherinn, so die Blätter ausbreitet; die dritte drehet das kleine Wesen zusammen; die vierte ist der Aufleger, so die gebreiteten Blätter dem Spinner aufleget; und die fünfte ist der Dreher.* Die größeren Rollen wogen nicht mehr als zehn Pfund, die kleinsten zumindest fünf Pfund.[1488]

Ab einer Dicke von zwei Zoll (ca. 5 cm) und einer gewissen Reifezeit konnte man die Rolle mit einem feinen Messer in Scheiben schneiden, die Scheibchen mit den Händen auflockern und in ein Gefäß geben und über Feuer *schwitzen* lassen, dabei musste man ständig rühren und aufpassen, dass der Tabak nicht anbrennt. Danach ließ man den Tabak abkühlen, rieb ihn kräftig in den Händen, wobei er kraus wurde, und füllte ihn in einen steinernen Topf bis zum Verkauf bzw. Genuss. Das Ergebnis war ein einfacher, kräftiger, schwarzer Tabak.[1489] Der Raucher musste sich im Allgemeinen den Tabak zum Rauchen noch selbst zerkleinern.

Der *Schnupftabak* wurde als *Karotte* oder schon gemahlen in Dosen angeboten. Die Karotten waren fest in Leinenstoffe zusammengedrehte Tabakblätter, von denen man die festen Rippen entfernt hatte und die man je nach Geschmacksrichtung zuvor gebeizt hatte. Das Material wurde auf ein Stück Leinwand gelegt und eingerollt, dann so fest zugeschnürt, damit die Saucierung wieder herausgepresst wurde, dann reifte die Karotte durch die Lagerung einige Zeit. Käufer oder Händler rieben mit einer Tabaksraspel (Abb. 15 unten) die jeweilig gewünschte Menge ab.[1490]

Überwiegend wurde bei den Schmidts *Prisill oder Presill* (Brasiltabak) verlangt. Dies war ein einfacher, preiswerter, dunkler, kräftiger Rauchtabak, der *in der den Portugiesen gehörenden Provinz Brasilien gebauet* (wurde). Er wird bei Ludovici als *vortrefflich* beschrieben, weshalb er *weit und breit verführet* wurde.[1491] Die Schmidts verkauften auch davon roten, gelben, blauen und gemeinen. Sinsheim erwähnt, dass die Sorte Brasiltabak auch in der Pfalz mit Erfolg angebaut worden sei.[1492]
Zu den selten gewünschten Tabaken gehörte der böhmische Tabak. Von ihm ließ Hans Georg Oittner am Mühldorfer Lorenzi Markt Anfang August 1685 122 ½ Pfund zum Pfundpreis von 45 kr anschreiben.[1493] Ähnlich verhielt es sich mit dem Frankfurter Tabak, von dem der Kramer Georg Högl aus Mörmosen 32 Pfund zu

1488 Ludovici, Akademie, Teil 5, Sp. 1–28, hier Sp. 8.
1489 Krünitz, Enzyklopädie, Bd. 179, 1842.
1490 Selheim, Inventare, S. 23.
1491 Ludovici, Akademie, Teil 5, Sp. 1–28, hier Sp. 15.
1492 Sinsheim, Geheimnisse, S. 14.
1493 [98] Lorenzi Markt 1685.

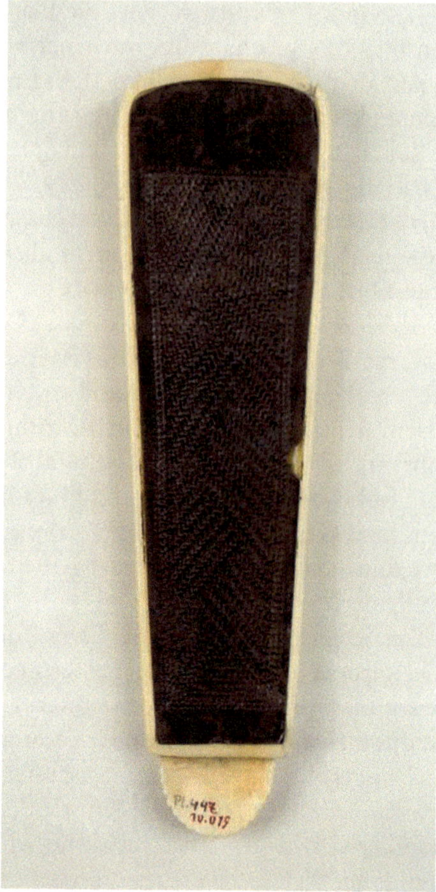

Abb. 15: Tabakreibe, Vorderansicht, Reibe. Fotos: © MAK/Aslan Kudrnofsky (Museum für angewandte Kunst, Wien)

je 10 kr abnahm,[1494] und dem Znaimer Tabak, der vom Erber aus Mößling wohl für den Eigenbedarf erworben wurde, denn er nahm nur ein halbes Pfund.[1495] *Brandtabak* wurde achtmal notiert. Er kostete 10 bzw. 11 kr das Pfund und wurde von Kramern wie Nicola Philliph aus Dorfen auf Kredit in Mengen bis zu 50 Pfund erworben.[1496] Der Brandtabak könnte Tabak aus dem bayerischen Monopol gewesen sein, denn der Tabak musste im Großhandel eindeutig als Monopolgut gekennzeichnet sein. Die Liefereinheiten wurden mit Brandzeichen auf der Verpackung oder mit eingesponnenen Holz- und Blechmarken versehen. Wäh-

1494 [89] 30.6.1685.
1495 [82] 1.6.1685.
1496 [85] 9.6.1685.

rend Sensers Pachtjahren, von dem die Schmidts nachweislich Tabak kauften, war dies die *Signatur ISC = Johann Senser & Consorten.*[1497]

Woher die Schmidts den Tabak konkret bezogen haben, ist im Einzelnen nicht festzustellen, doch es bestanden Geschäftsbeziehungen zu den Monopolpächtern Senser & Co in München.[1498] Der Kramer Thomas Zauscher aus Mühldorf a. Inn war wohl ein weiterer Lieferant, aber die Mengen waren gering. Die Schmidts hatten im August 1685 von Thomas Zauscher 52 ½ Pfund gemeinen (= einfachen) Tabak bezogen,[1499] und. Zauscher hatte ein Jahr später, im August 1686, nochmals 14 ⅞ Pfund Tabak geliefert sowie im Februar 1687 24 ⅛ Pfund lange Rollen.[1500] Das war bei weitem nicht ausreichend. Es sieht so aus, als wäre der Tabakeinkauf Chefsache gewesen, denn Adam Schmidt kaufte besonders 1687 größere Mengen Tabak ein. Ende Januar 1687 rechnete er ein *khistl* Tabak mit dem Nettogewicht von 135 Pfund ab, zwei Tage später 142 Pfund, am 31. Januar 1687 35 Pfund und Ende März 160 Pfund Brutto (das könnten rund 140 Pfund gewesen sein, wenn man ca. 20 Pfund für die Verpackung abzieht).[1501] Im April empfingen die Schmidts 216 Pfund netto vom Münchner Händler und Tabakmonopolpächter Johann Senser.[1502]

Die großen Mengen wurden auch tatsächlich abgesetzt, denn im Januar 1687 ließ allein der Kramer Marthin Stockhammer aus Grüntegernbach zwei Kisten, eine mit dem Nettogewicht von 127 Pfund, die andere mit netto 105 Pfund[1503] anschreiben. Dazu kamen noch zwei Kisten mit zusammen 261 Pfund Nettogewicht, die der Kramer Sebastian Stängl aus Engelskirchen im Januar 1685[1504] abnahm, außerdem gab es neben den größeren viele Verkäufe in kleinen Mengen. Handwerker wie der Färber Cristian Feneberger[1505] kauften Tabak in größeren Mengen bei Schmidt, wahrscheinlich nicht nur für den Eigenbedarf. Einige Klöster sind ebenfalls notiert, so z. B. die Franziskaner[1506] und die Jesuiten aus Altötting,[1507] die jeweils kleine Mengen von einem bis zwei Pfund erwarben. Das Gotteshaus in Mettenheim ließ zweimal kurz hintereinander blauen Brasil-Tabak um 2 kr anschreiben.[1508] Das war eine außerordentlich geringe Menge. Auch Frauen tauchen als Kundschaft vereinzelt auf, so z. B. Susanna Mössen-

1497 Nadler, Genuss, S. 58.

1498 Senser richtete in jedem Rentamt (München, Landshut, Burghausen, Straubing) ein *Haupt-Tabakmagazin* ein, das jeweils von einem Faktor geleitet wurde. Von diesen großen Magazinen wurden die kleineren Niederlassungen in Städten und Märkten versorgt, wo die Händler ihren Bedarf an Tabak decken konnten. Nadler, Genuss, S. 57.

1499 [97] 7.8.1685.

1500 [175] 10.8.1686; [208] 1.2.1687.

1501 [218] 26.3.1687; [208] 28.1.1687; [218] 28.3.1687.

1502 [223] 26.4.1687. Das könnte Monopoltabak aus bayerischem Anbau gewesen sein.

1503 [202] 9.1.1687 ; [205] 15.1.1687.

1504 [28] 25.1.1685.

1505 Er nahm Tabak zwischen einem Pfund, [175] 9.8.1686 und vier Pfund, [141] 26.2.1686.

1506 [167] 19.6.1686,

1507 [73] 13.5.1685.

1508 [3] 17.11.1684; [5] 24.11.1684.

hauserin aus Eggenfelden,[1509] die Peseltocher aus Altötting, die zwei Pfund Brasiltabak erwarb,[1510] oder die *alte Frau Chorregentin* aus Altötting, die ein Pfund Brasil-Tabak zu 48 kr anschreiben ließ.[1511] Hhäufiger wird auch die Weißgerberin erwähnt, die als *Altöttinger Botin* für die Schmidts Waren zustellte. Sie trug Waren aller Art im Auftrag der Schmidts zu Kunden nach Altötting, vielleicht hat sie auch einige Interessenten mit Tabak versorgt.[1512]

Beim Tabak hatten die Schmidts die Funktion eines Zwischenhändlers für die Kramer aus der Umgebung inne. Insbesondere die kleineren Kramer aus der kurbayerischen Umgebung bis nach Niederbayern deckten sich - nicht immer legal - mit größeren Mengen an Rauchtabak bei den Schmidts ein, denn der Salzburger Erzbischof besteuerte die Waren absichtlich niedriger als seine Nachbarn Kurbayern und Habsburg-Österreich, um eine kommerzielle Isolierung seines Gebietes zu verhindern, und schuf damit im Falle des Tabaks in Mühldorf eine *Tabaksteueroase.*[1513] Das führte dazu, dass sich der Tabakhandel und -schmuggel aus Mühldorf a. Inn nach Bayern stark entwickelte. Der Tabakhandel sei beinahe der Haupthandelszweig der Mühldorfer Kaufleute gewesen, bemerkte die Salzburger Zentralbehörde Ende des 18. Jahrhunderts.[1514] Kurbayern schritt immer wieder dagegen ein. 1684 kam es zu einer von den beiden Landesherren von Salzburg und Bayern gebilligten Vereinbarung, in der die Stadt Mühldorf einfach als bayerisches Tabaksteuerinland deklariert wurde, sodass die Mühldorfer Händler mit dem preiswerten Tabak aus der Hauptniederlassung des bayerischen Tabakmonopolisten Senser handeln durften, ohne von den Überreitern, den Zollkontrolleuren, behelligt zu werden. Diese Vereinbarung blieb bis zur Aufhebung des Tabakmonopols 1717 in Kraft.[1515]

Die Preisunterschiede sind alleine aus den Strazzaeinträgen und ohne vertiefte Kenntnisse des Tabakgeschäfts nicht zu erklären. Von den 349 Einträgen sind 140 ohne Preise notiert worden. Die übrigen Einträge unterscheiden sich enorm voneinander. Der *Tabak, gemein, rot, blau, Rolle, Brandtabak oder auch Brasil gemein* kostete zwischen 10 und 24 kr pro Pfund, während der *Prisill*-Tabak für 42 kr bis 48 kr pro Pfund doppelt so teuer war (71 Einträge). Vielleicht handelte es sich beim Brasiltabak tatsächlich um ausländischen Tabak, während der übrige aus Kurbayern kam.

Geraucht wurde der Tabak in *Pfeifen*. Die gebräuchlichsten Pfeifen waren aus Ton, *deren es kurze und lange; gerade und auf mancherley gekrümmte; glatte und fasonirte; groß= und kleinköpfichte; weiße unglasirte, weiße glasirte, und mit allerley Far-*

1509 [114] 26.10.1685.
1510 [51] 1.3.1685.
1511 [19] 6.1.1685.
1512 U. a. [126] 29.11.1685.
1513 Nadler, Genuss, S. 253.
1514 Nadler, Genuss, S. 253.
1515 Nadler, Genuss, S. 255.

ben glasirte giebt.[1516] Die holländischen Pfeifen wurden als die besten angesehen, weil sie aus sehr feinem Ton gemacht waren. In Sachsen, Brandenburg und in der Oberlausitz machte man diese nach und fertigte Pfeifen nach holländischer Art an.[1517] Auch Senser hat anfangs die Pfeifen importiert, sie dann aber zunehmend von inländischen Hafnern preisgünstig anfertigen lassen. Das waren keine Qualitätspfeifen mehr, sondern billigste Wegwerfprodukte.[1518] Die Schmidts kauften einen großen Teil der Pfeifen in München, einmal 100 Stück holländische und mit gleicher Lieferung sogar 2.500 Stück einfache Pfeifen.[1519] Auch der schon bekannte Thomas Zauscher, Kramer aus Mühldorf a. Inn, lieferte ihnen 75 *claine dabackh pfeiffn.*[1520]

Die Kunden waren in erster Linie die Kramer aus der Umgebung. Interessanterweise nahm auch der Schneider von Erharting zweimal je 100 Pfeifen auf Kredit zu jeweils 20 kr,[1521] was ein ungeheuer niedriger Preis war. Dabei könnte es sich um die von Senser in Auftrag gegebene Massenware gehandelt haben. Eine Ausnahme bildete Herr Grißl, der zwei Pfeifen zu je 6 kr wohl für den Eigenbedarf erwarb und anschreiben ließ.[1522] Tabatieren für Schnupftabak kommen im Strazzabuch nicht vor.

5.3.6 Sonstige Waren

Der Buchbacher Kramer Pierncamer kaufte im Dezember 1684 für 12 kr 2 Lot *Asang.* Dabei handelte es sich um sog. Teufelsdreck bzw. Stinkasant, einem nach Knoblauch riechenden Gummiharz aus der Wurzel verschiedener Ferulaarten, das u. a. zur Abschreckung von Tieren, als Heilmittel und als Gewürz verwendet wurde.[1523]

Die Schmidts besorgten für ihre Kundschaft auch besondere Waren, die sie nicht in ihrem Sortiment hatten. So nahm Herr Wallenberger im Dezember 1684 300 *Schlidtenrohlen*, das sind Schellen für ein Schlittengeläut.[1524] Das Schlittengeläut diente nicht nur dem Aufputz der Pferde, die den Schlitten zogen, sondern sie sollten auch die Fußgänger und Reiter vor dem herannahenden Gefährt warnen. Die Pferde durften nicht galoppieren, sondern mussten Trab gehen, damit die Glöckchen im Rhythmus der Schritte läuteten. Auch der Pfarrer von Lehrn (?) erwarb im Januar 1685 65 Stück. *Schellen* bestanden aus zwei hohlen Halbkugeln aus getriebenem Messingblech, die untere Halbkugel hatte einen Schallschlitz, an

1516 Ludovici, Akademie, Teil 4, 1768, Sp. 30–31.
1517 Ludovici, Akademie, Teil 4, 1768, Sp. 31.
1518 Nadler, Genuss, S. 61–62.
1519 [176] 16.8.1686.
1520 [93] 12.7.1685.
1521 [108] 4.10.1685; [107] 4.10.1685.
1522 [156] 29.4.1686.
1523 Frühneuhochdeutsches Wörterbuch online: https://fwb-online.de/, 24.05.2021. Für den Hinweis danke ich Doris Hörmann.
1524 [15] 23.12.1684.

der oberen war außen eine Öse zur Aufhängung angebracht.[1525] Der Klapperstein im Inneren dürfte aus Eisen gewesen sein. Es gab Schellen in unterschiedlichen Größen.[1526] Dagegen waren *Rollen* aus Messing gegossene Hohlkugeln, die auseinandergeschnitten und mit Klangschlitz, Öse und Klapperstein versehen wieder zusammengefügt wurden.[1527] Ein Hauptproduktionsort der Glöckchen war Nürnberg.[1528] Darüber hinaus hat Schmidt einen kompletten Schlitten für den Münchner Bräu besorgt.[1529]

Ein einziges Mal oder in sehr kleinen Mengen wurden Waren wie das Fell einer Wildkatze oder ein Otterbalg erwähnt, des Weiteren eine komplette Pistole mit Schießpulver und kleine Münchner Kämme; möglicherweise waren dies keine Haarkämme sondern Handwerkszeug für die Flachs- oder Wollverarbeitung. Auch Kleiderbürsten, Vorhangringe, Zwiebelsamen, Messingnägel und Ziegelsteine besorgte Schmidt für seine Kundschaft. Im April 1685 hat Franciscus für seinen Sohn Adam 45 Klafter Eichenholz von Christoffer Pernstatter aus am Waldt *erhandlet.*[1530] Dieselbe Menge an *Scheider* (Scheite, bereits gespaltenes Holz) ging zwei Tage später an Wolf Mayr zu Thall.[1531]

Auch die eigenen Bestellungen hielt Adam Schmidt in der Strazza fest. So besorgte er sich im Oktober 1685 mit zwei Lieferungen insgesamt 400 *durchsichtige Scheiben.*[1532] Ebenso notierte er ein Pferd für 55 fl, er war ja viel auf Märkten in der Umgebung unterwegs.[1533]

5.4 Zusatzgeschäfte

Neben der Kramerei und dem Tuchschnitt betrieben die Schmidts auch noch einen größeren Handel mit Wolle.[1534] Die Schafzucht war in der Frühen Neuzeit innerhalb der Kleintierhaltung der wichtigste Zweig der Landwirtschaft im Erzstift Salzburg. Die Zählung des Kleinviehbestandes von 1649 ergab etwa 75.000 Schafe und 8.000 Lämmer, dagegen nur 14.000 Ziegen und 30.000 Schweine.[1535]

1525 [19] 7.1.1685.
1526 Cassitti, Nürnberger Waren, S. 69-70 u. S. 171–174, Cassitti beschreibt Schellen, die aus einem frühneuzeitlichen Schiffswrack in der Adria geborgen und der Nürnberger Produktion zugeschrieben wurden.
1527 Cassitti, Nürnberger Waren, S. 160.
1528 Ludovici, Akademie, Teil 4, 1768, Sp. 1640; s. a. Cassitti, Nürnberger Waren, S. 83.
1529 [124] 23.11.1685.
1530 [68] 26.4.1685.
1531 [68] 28.4.1685.
1532 [119] 7.11.1685 150 Stück, [116] 29.10.1685 250 Stück.
1533 [127] 2.12.1685.
1534 Ende des 16. Jahrhunderts wurden in Ingolstadt, Straubing, Schrobenhausen, Neumarkt und Eggenfelden sowie auch in Mühldorf große Wollmärkte abgehalten. Reith, Begleitband Salzburg in Bayern, S. 104.
1535 Ernst Bruckmüller, Gerhard Ammerer, Die Land- und Forstwirtschaft, in: Dopsch, Spatzenegger (Hg.), Geschichte Salzburgs, Bd. II/4, S. 2501–2562, hier S. 2546.

Es gibt für das Jahr 1686 eine separate Auflistung am Ende der Strazza, eine Art Wollkonto. Dort ist jeweils die Menge in Pfund, der Pfund- und der Endpreis, ohne Nennung von Datum oder Namen von Lieferanten bzw. Kunden eingetragen. Es ist nicht klar, ob es eine Liste der Einkäufe oder der Verkäufe ist, aber möglicherweise handelt es sich eher eine Einkaufsliste, denn ein einzelner Eintrag zu böhmischer Wolle wurde überschrieben mit *von Isaac Sämer Weißenberg zu Fürth.* Von der böhmischen Wolle wurden einmal 435 ¼ Pfund, einmal 281 Pfund und einmal 14 ¾ Pfund aufgeschrieben, und an (einheimischer) *Wolle* 1686 wurden rund 3.436 Pfund Sommer- wie Winterwolle gehandelt, wobei die Sommerwolle überwog.[1536] Damit hätten die Schmidts im Jahre 1686 mehr als 34 Zentner Wolle erworben. Der Unterschied zwischen der besseren Winterwolle und der leichteren Sommerwolle ist an den Preisen ablesbar. Der niedrigere Preis von 11 ½ bzw. 12 kr pro Pfund galt für die Sommerwolle, während 20 ½ bzw. 21 kr für die Winterwolle verlangt wurden.[1537] Die böhmische Wolle ist in dieser Aufstellung mit 16 kr verzeichnet.

Die meisten der rund 80 Einträge zur einheimischen Wolle betreffen kleine Mengen bis 100 Pfund und weniger. Nur sieben Einträge liegen mengenmäßig darüber; die absolute Ausnahme ist der Eintrag mit einer Menge von 455 ½ Pfund. Rechnet man zwischen 2 bis 5 Kilogramm Wolle pro Schaf je nach Rasse, könnte man annehmen, dass die Schmidts den Großteil der Schafwolle bei Bauern oder kleinen Schafhaltern eingekauft haben.[1538] Das lässt sich durch die Einträge in der Strazza nicht bestätigen, denn die Einträge der täglichen Transaktionen führen neben dem Metzger Hanns Zellner, dem Amtmann aus Neumarkt und einem Wirt überwiegend kleinere Kramer aus der Umgebung als Lieferanten an. Die großen Mengen in der Liste könnten entweder von Aufkäufern oder von Klöstern bzw. Gutsbetrieben außerhalb der Stadtgrenzen erworben worden sein, die die Schafhaltung in größerem Umfang betrieben.

Das an die Strazza angehängte Wollkonto kann leider nicht mit den täglichen Transaktionen abgeglichen werden, denn das Wollkonto enthält weder das Tagesdatum des Einkaufes noch den Namen des Verkäufers, bis auf Isaac Sämer Weißenberg aus Fürth. Aus den Notizen der täglichen Transaktionen in der Strazza werden die Kontakte aber etwas deutlicher. Ende Januar 1686 verkauften die Schmidts beispielsweise 125 Pfund böhmische Wolle an den Mühldorfer Tuchmacher Paulus Waldthäuser, Mitte September 1686 waren es 240 Pfund zu einem Preis von 23 fl pro Zentner.[1539] Anfang März hat Adam Schmidt 13 ¾ Pfund böhmische Wolle *nach Mässing verkhaufft* zu einem Pfundpreis von 16 kr.[1540] *Erhandlet* haben die Schmidts größere Mengen an Winter- und auch Sommerwolle von Adam Englpoth, einem Kramer von Kraiburg, und vor allem durch mehrere Ein-

1536 [225] Wollkonto.
1537 [225] Wollkonto
1538 Die Auskunft verdanke ich Frau Mag. Bärbel Mettenleiter-Strobl.
1539 [136] 29.1.1686; [181] 14.9.1686.
1540 [214] 4.3.1687.

käufen bei Hanns Zellner, einem Metzger aus Neuötting, darunter 177 Pfund *schwarze Wolle.*[1541] Von der (einheimischen) Wolle sandten die Schmidts im Juli 1685 durch Georg Hampersberger, den sie öfters mit Transporten beauftragten, eine Fuhre mit rund 25 Zentnern in 11 *Ziach* (Verpackung) mit je unterschiedlichem Gewicht zwischen 150 bis 305 Pfund *in gleith godes* [mit Gottes Geleit] nach München.[1542]

Einige Einträge lassen die Annahme zu, dass die Schmidts Rohware durch Färben veredeln ließen. Anfang September 1685 schickte der Mühldorfer Färber Christian Feneberger sechs Paar böhmische Handschuhe an Schmidt zurück, die dieser an den Handwerker zum Färben geschickt hatte.[1543] Ebenso ließen sich zwei weitere Einträge interpretieren, da Schmidt ein *Paghet mit 7 Pfundt* Zwirn durch Jakob Wegerle an die Seel. Erben des Färbers Lionhard Grieniers (?) zum Einfärben schickte.[1544] Auch der Eintrag von Anfang Januar 1686 bestätigt, dass die Schmidts einfache Rohware durch Färben veredeln ließen. So schickten sie an den Färber Turner in Augsburg in einer Sendung 4 Pfund 29 Lot und 10 Pfund 14 Lot, die am 6. Januar 1686 gefärbt in Mühldorf wieder eingingen.[1545]

Zusammenfassung

Franciscus Schmidt hatte 1645 die Konzession für Tuchschnitt und Spezereien erhalten. Durch die Kramerordnung war das Segment der Waren, die er führen durfte, vorgegeben. Man hielt sich daran. Im Gewölbe waren nicht nur die damals beliebtesten Gewürze zu haben. Das waren Pfeffer, Weinbeeren, Muskatnuss, Muskatblüte, Gewürznelken, Zimt, Safran, getrocknete Feigen, italienische Mandeln, Lorbeer, Weihrauch, Ingwer, Anis, Kurkuma, Süßholz, außerdem Zucker. Sie wurden alle lebhaft nachgefragt, obwohl sie nicht gerade billig waren. Ein Großteil der Spezereien ging an die Klöster der Umgebung. Unter den Gewürzen führte Safran die Preisliste an, es folgten Ingwer, Kapern und Ambrosinmandeln.

Die in der Strazza notierten Gewürze sind als außereuropäische, europäische und einheimische Gewürze zu klassifizieren. Sie dienten nicht nur der Geschmacksverbesserung von Speisen sondern auch als Arzneimittel. Besonders bei Magen-Darm-Beschwerden, bei Erkältungskrankheiten oder Zahnweh wurden sie genutzt.[1546] Die Apotheker aus Mühldorf und Burghausen sowie der Klosterapotheker von Altötting kauften bei den Schmidts Gewürze ein, man darf wohl annehmen, dass sie daraus alkoholische Auszüge, Pillen, Pulver oder Latwergen produzierten.

1541 [71] 7.5.1685.
1542 [92] 12.7.1685.
1543 [102] 3.9.1685.
1544 [186] 10.10.1686.
1545 [134] 6.1.1686.
1546 Gerhard, Gewürzpreise, S. 151.

Der Zucker wäre ein weiteres Beispiel für die besonderen Verzehrgewohnheiten in den Klöstern. Ebenso das schwarze *Wildbret*, das überwiegend von Klöstern der Umgebung von den Schmidts bezogen wurde. Dabei handelte es sich um Fleisch von Wildschweinen. Auch Olivenöl für die Küche und als Brennmaterial für das Ewige Licht in den Kirchen wurde in größeren Mengen bei ihnen eingekauft.

Fastenspeisen gehörten ausdrücklich zum erlaubten Warensegment der Kramer. Die Schmidts führten gesalzene, getrocknete Fische in ansehnlicher Auswahl. Als Service bot man der Kundschaft gewässerten Trockenfisch an, um ihr die mühevolle Vorbereitungsarbeit des Wässerns und Klopfens zu ersparen. Auch Käse konnte man bei den Schmidts erwerben.

Die Schmidts versorgten aber nicht nur die Küchen mit ihren Waren, sondern auch die einheimischen Handwerker wie z. B. die Färber und Maler. Sie bezogen von ihnen die nötigen Farbmittel und Chemikalien. Auch die Schuhmacher kauften bei den Schmidts ihren Vorrat an Leder der verschiedenen Qualitäten ein.

Sehr große Mengen setzten die Schmidts an Tabak, überwiegend Brasiltabak, um. Sie kauften vermutlich den in der Erzeugung bereits sehr billigen bayerischen Tabak von dem Monopolpächter Johann Senser ein und konnten so den Tabak günstig weiterverkaufen, zumal sich die Preise durch die niedrigen Tabaksteuern, die der Erzbischof von Salzburg darauf erhob, nicht wesentlich erhöhten. Es ist daher nicht verwunderlich, dass die Schmidts Tabak in erster Linie als Zwischenhändler an die Kramer bis nach Niederbayern hinein verkauften.

Die Schmidts hatten auch die Konzession für den Tuchhandel. In ihrem Gewölbe führten Vater und Sohn Schmidt eine reiche Auswahl an Wollstoffen, die schweren, warmen Wintertuche und die leichteren Zeuge für Sommerkleidung. Die Auswahl an Qualitäten und Farben war beeindruckend. Dazu kam eine große Menge an Leinwandstoffen. Kurzwaren und Nähzubehör wie Bänder, Borten, Spitzen, Nadeln, Haken, Ösen, Faden und Knöpfe waren ebenfalls in ihrem Angebot. Das Gewölbe bot auch leonische Borten an, das waren teure, *reiche* Borten mit Metall- oder Edelmetallfäden gewoben. Strümpfe, Socken, Mützen und Handschuhe in Sommer- und Winterqualitäten waren selbstverständlich ebenfalls zu bekommen. Bei den Schmidts waren modische Artikel zu haben, wie der Mussselin, der erst im 18. Jahrhundert allgemeine Verbreitung fand. Auch Strümpfe, Knöpfe und Bänder gehörten zu den aktuellen Moderartikeln. Zu den besonders teuren Waren zählten englische Strümpfe, besonders in der Farbe rot, Brokatstoffe, breite Spitzen mit echten Gold- oder Silberfäden, breite, gemusterte Bänder und Flore. Für wenig Geld waren manche Bänder z. B. die Rosenkranzschnüre zu erwerben, auch schmale Bänder aus Leinen, Wolle oder Florettseide waren günstig. Bleiweiß, Tabakspfeifen aus Ton, Tabak, kleine Livreeknöpfe, einfache Stoffe wie Federitt, Plüsch oder Bubensamt waren ebenfalls billig.

Zu den gängigsten Waren sind Stoffe, Strümpfe, Mützen, Handschuhe, Gewürze wie Pfeffer, Fenchel, Anis, Lorbeer, oder auch Zucker und vor allem Tabak, modische Bänder, Leder und anderer Handwerkerbedarf zu rechnen.

Die Schmidts besaßen sicherlich ausreichende Kenntnisse über die Pflege der Waren im Lager. Sie mussten die Stoffe vor Ungeziefer – und Schimmelbefall schützen. Bei den verderblichen Waren wie Olivenöl hatten sie auf einen regelmäßgen Umschlag des Warenbestandes zu achten. Auch Gewürze und die Trockenfischspezialtäten wurden durch zu lange Lagerung nicht besser. Die Gewürze verloren an Intensität, die gesalzenen Speisen an Geschmack. Reklamationen, beispielsweise von verdorbenem Olivenöl, die in geringem Umfang in der Strazza vermerkt wurden, haben die Schmidts ohne Probleme ersetzt.

Die Schmidts gehörten zu den Kramern, die für die Distribution von Waren an die Kundschaft aus Mühldorf und Umgebung sorgten. Zum Service gehörte nicht nur die Belieferung der Kundschaft, sondern man besorgte auch die gewünschten Dinge, die nicht vorrätig waren.

6 Lieferanten der Schmidts

Die historische Konsumforschung und die Handelsgeschichte interessiert sich zum einen für die Waren bzw. die *world of goods*, zum anderen natürlich auch für die Distribution bzw. die Lieferanten der Waren und ihre räumliche Verteilung.

Woher bezogen die Schmidts ihre Waren? Dazu gibt es nur wenige unmittelbare Angaben in der Strazza, was in der Funktion der Strazza als Schuldenbuch für Forderungen zu suchen ist. Für die Einkäufe dürfte man ein eigenes Geschäftsbuch geführt haben. Insgesamt können wir festhalten, dass die Schmidts bei Krämern, kleineren Händlern, Großhändlern oder auch direkt bei Handwerkern einkauften. Die territoriale Zugehörigkeit spielte keine Rolle.

Die Lieferanten kamen aus 21 namentlich genannten Orten, dabei ist zu berücksichtigen, dass einige Bezeichnungen nicht zu entziffern bzw. nicht zu identifizieren sind. Eine Aufstellung nach der geografischen Reichweite ergab, dass der lokale Einkauf (0–10 km Entfernung von Mühldorf) in sechs Orten (Mühldorf a. Inn, Kraiburg a. Inn, Zangberg, Erharting, Tüßling, Ampfing) geschah, wobei Mühldorf mit 39 Transaktionen dominierte, wozu aber auch einige Fälle zählen, bei denen Vater oder Sohn Schmidt auswärts eingekaufte Waren an das Mühldorfer Gewölbe lieferten; hierbei sind die tatsächlichen Einkaufsorte nicht vermerkt.[1] Für den regionalen Einkauf (11–30 km Entfernung) sind sieben Orte verzeichnet: Neuötting, Altötting, Seeon, Burghausen, Neumarkt-St. Veit, Massing und Eggenfelden. Achtmal kauften die Schmidts bei Händlern ein, deren Standort mehr als 31 km von Mühldorf entfernt war, so dass von einem überregionalen Handel gesprochen werden kann: Landshut, Wasserburg, Schwaz in Tirol, Braunau, München, Freising, Nürnberg, Salzburg. Eine große Bedeutung für die Versorgung mit Waren hatte der Gerner Markt. Dort trafen sich zu Marktzeiten größere Händler wie das Nürnberger Handelshaus Lödel, das den gesamten süddeutschen Raum mit Spezereiwaren – darunter vor allem Zucker – versorgte. Franciscus, Adam und dessen Sohn und Nachfolger Josef Schmidt (1681-1749) bezogen von dort regelmäßig große Warenmengen, insbesondere Zucker und finden sich in den Geschäftsbüchern von Lödel als Schuldner. Wie bereits vermerkt, spielten Landesgrenzen keine Rolle.

Fragt man nach den Umsätzen, die die Schmidts mit Händlern aus den aufgeführten Orten tätigten, ergibt sich eine andere Verteilung:[2] Mühldorf a. Inn liegt mit einem Einkaufsvolumen von 286 fl bei 39 Geschäftsvorfällen an der Spitze, gefolgt von Schwaz in Tirol mit 240 fl. In Neuötting kauften die Schmidts bei sieben Transaktionen für 108 fl ein, in Kraiburg bei nur drei Geschäftsvorfällen für 106 fl, in Wasserburg bei elf Einkäufen für nur 86 fl und in Landshut für

---

1 Vielleicht haben die Schmidts auch bei den Mühldorfer Händlern Julius Rockinger oder Ferdinand Pichler eingekauft, die beide mit Tuch handelten. Für den Hinweis danke ich dem Stadtarchivar von Mühldorf a. Inn, Edwin Hamberger.

2 Auch hier danke ich Doris Hörmann für ihre Unterstützung.

50 fl. In diesem Fall muss man allerdings bedenken, dass im Geschäftsverkehr mit Landshut nicht die tatsächliche Anzahl der Kontakte und deren Summen in der Strazza aufscheinen, da gerade mit Landshut der rege Geschäftskontakt mit Schwiegersohn bzw. Schwager Oppenriedter über ein Kontokorrentkonto abgewickelt wurde.

Insbesondere für den Einkauf von Stoffen standen den Schmidts sehr verschiedene Quellen in Bayern, Salzburg und anderen Territorien zur Verfügung. Da wären zunächst Weber aus Mühldorf und Tittmoning, die Tuche und Leinenstoffe anboten.[3] Auch aus Bayern könnten Stoffe gekommen sein. Am 27. Januar 1694 teilte Franciscus Schmidt dem Händler und Tabakmonopolisten Johann Senser in München die Bedingungen für die Einfuhr fremder Tuche in das Salzburgische Mühldorf mit: Es dürften feine, breite Stainauer und dergleichen Sorten, auch graue und melierte eingeführt werden; sie müssten aber in Landshut bei Herrn Sith kontrolliert und plombiert werden, und pro Stück seien 45 kr Unkosten zu entrichten. Die schlechteren Gattungen solle man entweder in München oder von den Landtuchmachern nehmen. Jeder Tuchmeister solle einen Plombierstab erhalten, damit die abgeschnittenen Tuche plombiert werden könnten.[4]

Besondere Stoffqualitäten besorgten die Schmidts bei größeren Händlern in Salzburg, München und Landshut. Ein Strazza-Eintrag bezieht sich auf den Einkauf von einer halben Elle Atlassamt bei Johann Kaufmann in Salzburg zum Preis von 1 fl 45 kr für die halbe Elle; der Ellenpreis hätte dann 3 fl 30 kr betragen. Johann Anton Kaufmann war einer der großen Kaufleute in Salzburg. Er war 1644 in Meran geboren, 1666 wurde er Salzburger Bürger und 1677 Stadtrat. Er war über seinen Schwiegersohn Johann Christof Pauernfeind von Eyß mit der bedeutenden Salzburger Händlerfamilie Pauernfeind verwandt. Über den raschen Erwerb seines stattlichen Vermögens gibt es folgende Legende: Salzburger Händler warteten schon lange auf das Eintreffen eines Handelsschiffes in Venedig. Man befürchtete einen Schiffbruch. Johann Kaufmann kaufte mit der Zustimmung seiner Salzburger Händlerkollegen das Schiff. Das war ein riskantes Geschäft, und er versicherte sich höherer Mächte. Er machte ein Gelübde, dass er eine Kapelle für den hl. Antonius bauen lasse, wenn das Schiff in Venedig einlaufe. Tatsächlich kam das Schiff kurze Zeit später unversehrt in Venedig an und Johann wurde ein reicher Mann. Die Kapelle erbaute er in Söllheim, heute steht daneben das Restaurant Pfefferschiff.[5]

Das Heilmittel Medridat bezogen die Schmidts von Daniel Guseth Seel. Erben, damit ist wohl der Salzburger Großhändler Gusetti gemeint.

---

3 Klein, Tuchweberei, S. 127.

4 Kreisarchiv München, Gerichtsliteralien 2551/8 (Exzerpt im Stadtarchiv Mühldorf a. Inn).

5 [116] 9.11.1685. Karl Ledóchowski, Beiträge zur Salzburger Familiengeschichte 37. Kaufmann von Söllheim, in: MGSL 77 (1937), S. 131–133. Günther Rauch: Johann Kaufmann aus Meran: der Erbauer des Barockschlosses Söllheim und der Kapelle zum hl. Antonius von Padua, in: Arx 36 (2014), S. 19–24.

Franciscus pflegte auch Geschäftsbeziehungen mit Münchner und Landshuter Händlern. So taucht die große Münchner Handlung Claudi Cler in der Strazza auf. Die Schmidts kauften einmal gestoßenen Safran bei ihm ein.[6] Die weitverzweigte Clersche Handlung hatte ihre Liegenschaften vornehmlich an der Kaufinger- und Weinstraße in München, einer sehr teuren Lage.[7] Johann Huber, der Inhaber der Handlung Claudi Cler Erben, hatte 1767 10.000 bis 12.000 fl Außenstände an Kundenforderungen.[8] Die Handelsfamilie saß im inneren Rat der Stadt München.[9]

Mit dem Tabakmonopolisten Johann Senser aus München stand Schmidt, wie bereits erwähnt, ebenfalls in Kontakt.

Auch in die niederbayerische Residenzstadt Landshut reichten die Geschäftsverbindungen, in diesem Falle auf verwandtschaftlicher Basis. David Oppenriedter, Kaufmann aus Landshut, war ein Schwiegersohn von Franciscus, er war mit der Tochter Susanna (am 27.8.1649 in Mühldorf getauft) verheiratet und seit 1665 Bürger in Landshut.[10] Er war von 1669 bis 1683 Besitzer des Hauses 369 in der Herrengasse und ist im Häuserbuch als Handelsmann und Mitglied des Inneren Rates erwähnt.[11] Zwischen den beiden Händlern bestand eine rege Geschäftsbeziehung.

Aus den Portoausgaben ist ersichtlich, dass die Verbindungen auch in andere Städte reichten. Der Juniorchef Adam notierte das Porto als Ausgabe für zwei Briefe nach Nürnberg und einen nach Krems, für den das Porto 6 kr ausmachte. Darüber hinaus gab es einen Briefkontakt nach Hamburg und nach Augsburg.

Augsburg war im 17. Jahrhundert, vor dem Dreißigjährigen Krieg, der zentrale Ort für die Barchentweberei.[12] Die Schmidts hätten ihren Bedarf an Barchent aber auch in der Stadt Salzburg decken können. Während die ländlichen Salzburger Weber überwiegend für den allernächsten heimischen Markt produzierten, arbeiteten die Stadt-Salzburger Barchentweber für einen überörtlichen Markt. Wenn auch die Hochblüte der Barchentweberei im 16. Jahrhundert erreicht war,

6 [205] 12.1.1687.

7 Eines der Häuser, das 1753 verkauft wurde, erzielte 42.500 fl, der Kaufpreis hatte 1733 bei 23.500 fl plus Leitkauf gelegen. Margareta Edlin-Thieme, Studien zur Geschichte des Münchner Handelsstandes, Stuttgart 1969, S. 119.

8 Edlin Thieme, Münchner Handelsstand, S. 117.

9 Freundliche Auskunft vom Stadtarchiv München, Mail vom 4.12.2019.

10 David Oppenriedter von Unterhofen, Gericht Aibling ist am 20.05.1665 gegen Bezahlung von 24 Gulden Bürgerrecht und 12 Pfund Pfennige zu den Feuereimern für einen Bürger und Kramer an und aufgenommen. Dessen Beistände sind Sebastian Bayer, Bürger und Metzger, und Hans Koppen Bürger und Bierbräuer. StadtA Landshut, Bd. 32b, fol. 171. Für die Information danke ich Mario Tamme, Stadtarchiv Landshut.

11 Theo Herzog, Landshuter Häuserchronik, Neustadt an der Aisch 1967, S. 166.

12 Claus-Peter Clasen, Textilherstellung in Augsburg in der frühen Neuzeit, 2 Bände, hier Bd. 1: Weberei, Augsburg 1995, S. 15 und 221-231.

zählten die sieben bis dreizehn Barchentweber in Salzburg auch noch im 17. Jahrhundert zu den besser gestellten Handwerkern.[13]

Auch auf den beiden Salzburger Dulten dürften die Schmidts eingekauft haben. Dort erwarb auch das Benediktinerkloster St. Peter in Salzburg seit dem Spätmittelalter Braunauer Tuche und andere Stoffe für die Bekleidung der Mönche.[14] Die beiden Salzburger Jahrmärkte im Frühjahr (Fasten) und im Herbst (24. September) mit freiem Handel wurden jeweils 14 Tage lang auf den Plätzen rund um den Dom abgehalten. Auf der Herbstdult wurden nachweislich Braunauer Stoffe angeboten.[15] Zu den Salzburger Jahrmärkten reisten Kaufleute aus Nürnberg und Augsburg an, ebenso sächsische, österreichische, bayerische, italienische, Tiroler und Schweizer Händler, um ihre Waren anzubieten; als Kunden kamen die kleineren Händler und Krämer aus Stadt und Erzstift Salzburg sowie aus den benachbarten Gebieten.[16] Trotzdem waren die Dulten auch Märkte für Endverbraucher.

Linz könnte ebenfalls ein Einkaufsort gewesen sein, denn Linz war schon im Mittelalter eine bedeutende Drehscheibe für den regionalen und überregionalen Handel im Donauraum[17] und hatte im 17. Jahrhundert zwei Jahrmärkte, den Ostermarkt und den Bartholomäimarkt im August.[18] Zu belegen sind aber nur Schießpulver und Pfundleder, die die Schmidts aus Linz bezogen.

Poy beispielsweise wurde zum einen von Adam Schmidt selber besorgt, der im Januar 1687 5 ½ Ellen schwarzen englischen Poy abrechnete.[19] Leider setzt er uns über die tatsächliche Herkunft des Poy nicht in Kenntnis. Zum anderen bekamen die Schmidts Stoff vom Tuchbereiter Georg Janz aus München. Ihm hatte Schmidt Schafwolle verkauft und als Gegengeschäft 47 ¼ Ellen Münchner Poy zu 30 kr die Elle erhalten. Mit der Poy-Lieferung deckte Janz einen Teil der Schuld für die Wolle ab, blieb aber den Schmidts immer noch 18 fl 32 kr 2 pf schuldig.

Die besten Florstoffe kämen aus Italien, insbesondere aus Bologna, oder der Schweiz, vor allem aus Zürich, stellte Ludovici Ende des 18. Jahrhunderts fest.[20] Woher kam der Flor im Kramergewölbe der Schmidts? Die Händler auf der Gerner Dult fungierten für die Schmidts als Zwischenhändler vor allem für Stoffe und Strümpfe. Im April 1685 gab es eine große Lieferung von einem der als Zwischenhändler agierenden Geschäftspartner der Schmidts vom Jahrmarkt

13 Franz Mathis, Handwerk, Handel und Verkehr (1519–1816), in: Dopsch, Spatzenegger (Hg.), Geschichte Salzburgs, Bd. II/4, S. 2563–2594, hier S. 2567.
14 Klein, Tuchweberei, S. 128.
15 Klein, Tuchweberei, S. 128.
16 Adrian, Dult, S. 90-92; s.a. Gerhard Ammerer, Notizen zur städtischen Wirtschaft, Gesellschaft und Verwaltung in der frühen Neuzeit, in: Dopsch, Spatzenegger (Hg.), Geschichte Salzburgs, Bd. II/4, S. 2071–2159, hier S. 2076.
17 Peter Rauscher, Wege des Handels – Orte des Konsums. Die nieder- und innerösterreichischen Jahrmärkte vom Mittelalter bis ins 19. Jahrhundert, in: Markus A. Denzel (Hg.), Europäische Messegeschichte 9.–19. Jahrhundert, Köln, Weimar, Wien 2018, S. 221–266, hier S. 234.
18 Rauscher, Wege, S. 239.
19 [203] 12.1.1687.
20 Ludovici, Akademie, Teil 2, 1741, Sp. 432.

in Gern bei Eggenfelden, der Eintrag lautet *von Gihrn alhero kommen.*[21] Zu der Lieferung gehörten außer acht Stück vom baumwollenen Flor noch sechs Stück scharlachfarbener Quinet, zwei Stück blauer Wurschet, fünf Dutzend ungebreste Strümpfe, 2/3 Dutzend karmesinrote Hamburger Strümpfe, drei Dutzend nacarafarbene Hamburger Strümpfe, fünf Stück gelber Cadis, zwei Stück blassblauer Cadis, zwei Stück Bombasin und ein Stück schwarzer *Sarge* (Serge).

Der Kramer Thomas Zauscher, ebenfalls aus Mühldorf, war ein guter Kunde bei den Schmidts, er tauchte aber auch 14-mal als Lieferant in der Strazza auf. Er lieferte Schmidt beispielsweise vier Ellen blauen Loden, weißen Barchent, ein Paar Baumwollhandschuhe, zwei Ellen gestärkte Leinwand, Rollentabak oder Hornknöpfe. Die im Vergleich zur Gerner Lieferung kleinen Mengen lassen vermuten, dass Zauscher den Schmidts eher zur Überbrückung eines kurzfristigen Mangels mit Waren ausgeholfen hat, aber nicht Lieferant größerer Warenmengen war.

Einen Teil der Waren bezogen die Schmidts direkt von Handwerkern aus ihrer Umgebung. Der Mühldorfer Bortenmacher Georg Danner belieferte sie mit textilen Galonen, Kordeln, Schnüren, Pometl, Wollband, Arrasband und Fransenband. Wollband und Arrasband wurden beide aus Wolle hergestellt, aber da beide namentlich genannt sind, bestand wohl ein Qualitätsunterschied zwischen den beiden Bandarten. Georg Danner arbeitete im Lohnwerk für die Schmidts, d. h., Danner webte mit eigenem Werkzeug in seiner Werkstatt im Auftrag der Schmidts und vielleicht nach deren Musterangaben mit gestellten Garnen gegen Bezahlung seiner Arbeitsleistung für die verschiedenen Bänder.[22]

Dem Zinngießermeister Christoph nahm Schmidt am 14. Februar 1685 zwei Ellen *silberne Gallona* zu je 30 kr ab; möglicherweise fungierte Christoph auch nur als Zwischenhändler.[23] Vielleicht handelt es sich bei Meister Christoph um Christof Seider, der von Rudolf Spagl in seinem Aufsatz über die Zinngießer in Mühldorf a. Inn erwähnt wurde. Seider ist 1673 in der österlichen Seelenzählung erwähnt, er starb am 27. März 1689 im Alter von 63 Jahren.[24]

Vom Landshuter Nestler Hannß Georg Oittner bezogen die Schmidts Nesteln. Spielkarten kamen von einem Spielkartenmaler ebenfalls aus Landshut oder durch den Schwiegersohn aus Landshut David Oppenriedter.

Die Schmidts verkauften Schmalz in größeren Mengen sowie auch Käse. Beides produzierte die Landwirtschaft im Salzburger Pongau. Vielleicht bezogen die Schmidts das Schmalz von dort. Der Käse wird in der Strazza eindeutig als *Edamer* und *Emmentaler* bezeichnet. Lorenz Hübner erwähnt nur ganz allgemein Käse als *ergiebige Erwerbsquelle,* der vom Pinzgau in das nahe Österreich verkauft

---

21 [68] 26.4.1685.
22 Reinhold Reith, Stichwort Lohnwerk, in: EDN, Bd. 7, Sp. 999–1001.
23 [44] 4.2.1685.
24 Rudolf Spagl, Zinn und Zinngießer aus Mühldorf, in: Das Mühlrad 10, 1962–64, S. 21–42, hier S. 25.

würde.[25] Auch an einer anderen Stelle wird nur allgemein von Käse gesprochen, der in einem Haus in Lofer aufbewahrt, gepflegt und vor dem Verkauf in hölzerne Gefäße geschlagen wurde.[26] Die beiden Käsesorten dürften aus Holland eingeführt worden sein, denn auch im Allgäu war im 17. Jahrhundert die Produktion von Hartkäse noch nicht bekannt.[27]

Es gibt wenig konkrete Hinweise auf Lieferanten, aber aus den wenigen Nennungen ist zu ersehen, dass den Schmidts ein gewisses Netz von Lieferanten zur Verfügung stand. Sie bezogen einen Großteil ihrer Waren aus der näheren Umgebung. Stoffe kamen aus Mühldorf selbst oder aus dem nahen Tittmoning, Bänder ließen die Schmidts beim Mühldorfer Bortenwirker Danner weben. Sie nutzten aber auch ihre Kontakte zu Händlern aus Eggenfelden, Passau, Landshut, Salzburg oder München, oder sie kauften auf Jahrmärkten ein, so beispielsweise Leder am Ostermarkt in Linz.

25 Lorenz Hübner, Beschreibung des Erzstiftes und Reichsfürstenthums Salzburg in Hinsicht auf Topographie und Statistik. 2. Band, Das Salzburgische Gebirgsland, Salzburg 1796, Nachdruck 1982, S. 336.
26 Hübner, Beschreibung, Band 2, S. 627.
27 Hiemer, Carl Hirnbein, S. 27.

7 Transport und Kommunikation

7.1 Transport

Eine weitere Frage betrifft den Warentransport. Wie kamen die Waren vom Hersteller zum Händler bzw. zum Endverbraucher? Als Faustregel ist davon auszugehen, dass bei eher leichten und wertvollen Gütern sowie in dringlichen Fällen der Transport auf dem Landweg in der Regel trotz höherer Preise bevorzugt wurde, während Massengüter vor den Zeiten der Eisenbahn nur auf dem Wasserweg zu akzeptablen Kosten zu befördern waren.[1]

Die tatsächlichen Transportkosten sind in den Strazza-Eintragungen nicht immer explizit als Betrag ausgewiesen, aber sie werden als Kostenpunkt erwähnt. Die Fracht wurde für *Fuhrmann und Gspann* bezahlt.[2] Die Frachtkosten waren hoch und hingen von der Entfernung und der Last ab. So wurden für einen Transport nach Füssen 50 kr pro Zentner berechnet. Eine Fuhr mit 6 *Ziach* Wolle nach München wurde mit 45 kr pro Zentner in Rechnung gestellt. 4 fl 30 kr Fracht hatte die Tuchbereiterin Maria Jänzin aus München für den Transport von fünf Paketen Oberfellner Band und einer Kiste Schmalz mit netto 64 ½ Pfund zu bezahlen. Dieser Auftrag wurde vermutlich auf der Auer Dult in München ausgehandelt, denn es heißt im Eintrag *gemachts Minicher Tuldt.*[3] Für eine Fuhr nach Salzburg wurden 4 fl verlangt. Auch kurze Strecken wurden berechnet, so waren für die Strecke *an das Wasser Zeliffern,* wohl vom Gewölbe direkt an die Innlände, 12 kr zu bezahlen.[4] Auffallend ist, dass keine Transportkosten speziell auf dem Wasser erwähnt sind.

Zum reinen Fuhrlohn kamen noch kleinere Gebühren dazu. Bei einigen Geschäften wurde eine Summe für den *Lei(t)kauf* zwischen 30 kr und 1 fl 30 kr bezahlt.[5] Es fielen auch Gebühren bei der städtischen Waage an, das Waaggeld, das sich im Kreuzerbereich bewegte. Auch für die Verpackung der Ware, Fass oder Ballen, fielen Kosten an. Für das Aufladen der Ware auf den Wagen wurde Aufladegeld fällig, und einige Male spendierten die Schmidts eine Wegzehrung oder ein kleines Trinkgeld.

---

1 Marcus Popplow, Europa auf Achse – Innovationen des Landtransports im Vorfeld der Industrialisierung, in: Rolf Peter Sieferle (Hg.), Transportgeschichte, Berlin 2008, S. 79–143, hier S. 81.

2 [124] 16.11.1685.

3 [136] 19.1.1686.

4 [89] 23.6.1685.

5 Der Lei(t)kauf ist der Trunk, den Käufer, Verkäufer und Zeugen gemeinsam als Bestätigung eines Geschäfts-, Arbeits- oder Kaufvertrags miteinander trinken. Diese Gabe kann auch aus Geld bestehen, und bekräftigt für beide Seiten den abgeschlossenen Vertrag. Der Leitkauf ist sofort bei Vertragsschluss fällig. S. Valentin Groebner, Ökonomie ohne Haus. Zum Wirtschaften armer Leute in Nürnberg am Ende des 15. Jahrhunderts, Göttingen 1993, S. 161 f.

Als Spediteur nahmen die Schmidts sehr häufig den Wirt aus Erharting, Georg Hampersberger, oder den Wirt aus Rohrbach, Andre Hampersberger, in Anspruch.[6] Das Fuhrwerkgewerbe stand mit dem Beherbergungsgewerbe in enger Verbindung. Wirte boten den durchziehenden Fuhrwerken Unterstellmöglichkeiten und Fütterung für die Tiere an. Sie waren mit Landwirtschaften verbunden und hatten sowohl die technische als auch finanzielle Voraussetzung für das eigene Führen.[7] Die Transportgeschwindigkeiten lagen beim Wagentransport in der Ebene, im flachen Land bei Tagesetappen von durchschnittlich 30 km, am Berg etwas weniger; Säumer im Gebirge konnten schneller sein.[8]

Die Strecke Mühldorf-München befuhren sowohl Andre Roth als auch Jacob Kharer. Man gab aber auch dem *Raitt-Poten* Waren nach München mit, wie z. B. im November 1684, als Schmidt notierte: *sandte hin dato bey dem Raitt-Poten nach München zu Fridrich Edtenhover* 5 Dutzend böhmische Socken, ein halbes Dutzend perlfarbene Iglauer Socken, ein halbes Dutzend englische, gewalkte Socken und Knabensocken sowie ein Dutzend ordinari Handschuhe und vier Paar Englische Reitsocken.[9] Für kleine Mengen nutzten die Schmidts aber auch den regelmäßigen Botenverkehr zwischen den Orten wie beispielsweise Thomas, den Kraiburger Boten, oder Hans Ertl, den Mühldorfer Boten; das waren wohl Boten zu Fuß. Für die Strecke nach Altötting und für kleinere Mengen haben die Schmidts die Weißgerberin Maria Schwartz(e) aus Mühldorf beauftragt. Auch sie muss die 12 km von Mühldorf nach Altötting bzw. zurück zu Fuß zurückgelegt haben. Nach Maxwell Lay konnten Fußgänger zwischen 15 bis 40 km pro Tag zurücklegen, je nach den Umständen und der Schwere der Last.[10]

Die Boten und die Fuhrleute waren nicht nur die Transporteure von Waren, sie waren auch Vertrauenspersonen. Die Auftraggeber verließen sich darauf, dass die Waren unbeschadet am Ziel ankamen. In einem Fall gaben die Schmidts dem Wirt und Spediteur Hampersberger sogar Bargeld in verschiedenen Münzsorten in Höhe von 1.570 fl mit.[11]

Die Waren wurden jeweils speziell verpackt. Die Händler Zurmühlen packten die Stoffe zunächst in weißes Papier und dann in Wachstuch ein, größere Mengen wurden in Kisten und Körben verschickt. Die Kunden sandten das Wachstuch zurück, wenn nicht, wurde es separat berechnet. Es gab auch Klagen wegen schlechter Verpackung, wenn die Ware auf dem Postkarren verschmutzt wurde.

---

6 Ob es sich um eine Namensgleichheit oder engere Verwandtschaft handelt, war bisher nicht zu klären.

7 Barth-Scalmani, Handelsstand, S. 87.

8 Barth-Scalmani, Handelsstand, S. 88.

9 [2] 22.11.1684.

10 Maxwell G. Lay, Die Geschichte der Straße. Vom Trampelpfad zur Autobahn, Frankfurt am Main, New York 1994, S. 37.

11 [67] 18.4.1685. S. a. Hörmann, Eisenhandel, S. 269.

Schäden, die auf dem Transportweg entstanden, mussten nachgewiesen werden und wurden dann von der Post beglichen.[12]

Die Schmidts nutzten für unterschiedliche Waren verschiedene Behältnisse. Die Wolle wurde als *Ziach* verschickt, das war eine große Decke. Der Inhalt konnte unterschiedlich schwer sein. Schmalz und Heringe sowie andere Fastenfische wurden in Tonnen (Fässern), Flüssigkeiten und lebende Fische in *Lagl* oder *Veßl* (Fässchen) transportiert. Die Schmidts verrechneten öfters Kosten für die Verpackung (in der Strazza wird die Verpackung als Tara gekennzeichnet) wie *Pakhzeug, Einschlagpapier, Stricke und Sack, Vessl* (kleines Fass) *z. B. für Leinöl, Tuch zu Umbschlag, Sacke et Rupfen, Strick et blachen oder für Zuckerbrot eine Schachtl.* Wenn die Verpackungsmaterialien nur ausgeliehen waren, wurde die Rückgabe in der Strazza ebenfalls verzeichnet, andernfalls berechnet.

7.2 *Kommunikation*

Unter Kommunikation soll hier der Kontakt zwischen Kundschaft und Kramer, die Art und Weise der Warenbestellung bzw. die Abholung bei den Schmidts verstanden werden.[13]

Die überaus wichtige Kommunikation als soziale Interaktion zwischen den Kaufleuten, Kunden und Lieferanten fand überwiegend mündlich im Kontor, auf Messen und Märkten statt, aber auch schriftlich per Brief.[14]

Bei den Schmidts kamen die Verkaufstransaktionen in erster Linie durch den persönlichen Kontakt zustande. So suchte beispielsweise die Kundschaft bei den Schmidts die Ware aus, ließ die Summe anschreiben und nahm die Ware gleich selbst mit. Eine andere Möglichkeit war, dass die Kundschaft aussuchte und der Schneider die kompletten Zutaten auf Kosten der Auftraggeberin bzw. des Auftraggebers abholte. Man konnte aber auch den Abholauftrag an die Ehefrau delegieren, oder man schickte einfach die *Junckfrau Dochter*, die Magd, die *Rathsdienerin*, den Knecht, den *stallpue*, den *Jung* oder die Köchin o. a. in das Gewölbe zum Abholen der Waren. Es war aber auch nicht unüblich, dass Bestellungen schriftlich eingingen. Schmidt *sandte dato auf schriftlich begehrn 7 Ellen Jenfer Band No 1* an den Schneider Jacob Wochter nach Neuötting.[15] Als weiteres Beispiel sei hier der Kauf einer Kiste Tabak, netto 224 Pfund, durch den Kramer Blasius Wernlinger in Eggenfelden aufgeführt, wo Schmidt notierte *sandte nach begehrn.*[16] Herr

---

12 Elisabeth Esterhues, Die Seidenhändlerfamilie Zurmühlen in Münster i. W, Ein Beitrag zur Handelsgeschichte Westfalens im 17./18. Jahrhundert (Schriften zur Rheinisch-westfälischen Wirtschaftsgeschichte 4), Köln 1960, S. 18.

13 Zur Bedeutung der Kommunikation für Wirtschaft und Handel s. Hans Pohl, Einführung, in: Hans Pohl (Hg.), Die Bedeutung der Kommunikation für Wirtschaft und Gesellschaft, Stuttgart 1989, S. 7–18.

14 Häberlein, Handelsgesellschaften, in: Hoffmann, Kießling, Kommunikation, S. 307.

15 [55] 21.3.1685.

16 [6] 25.11.1684.

Killenhaußer aus Neumarkt-St. Veit gab ebenfalls eine schriftliche Bestellung auf, denn Schmidt *sandte auf der Schreib*(en) Kronrasch und Leinwand.[17]

In der Strazza sind fünf Einträge über Auslagen für Briefporto zu finden. Es wurde bereits erwähnt, dass der Juniorchef Adam zwei Briefe nach Nürnberg und einen nach Krems verschickte. Es bestand auch Briefkontakt nach Hamburg und nach Augsburg. 10 kr hatte der Pfarrer von Töging für eine *Schachtl* zu bezahlen, die wohl per Post ver- oder geschickt wurde.

Briefe waren wichtig für die Kommunikation unter den Händlern und Kunden, aber auch um in Zeiten der Abwesenheit die Verbindung zur Familie aufrechtzuerhalten. Solche Briefe konnten bedeutende Informationen zum Handel, zu Preisen, zur Art der gerade nachgefragten Waren, zur politischen Situation, aber auch Persönliches enthalten. Von den Schmidts sind leider keine Briefe erhalten geblieben, obwohl es sie sicher gegeben hat. Lediglich die Portoausgaben deuten auf einen Briefverkehr hin.[18]

Die Post konnte auf verschiedenen Wegen verschickt werden.[19] Entweder gab man die Post vertrauenswürdigen Personen wie Wanderhändler, Mönchen oder Fuhrwerken mit, die gerade zum Zielort unterwegs waren. Oder die Kaufleute betrieben ein eigenes Boten- und Kuriersystem, wie es die Fernhandelshäuser der Welser und Fugger beispielsweise zwischen den oberdeutschen Standorten und Venedig seit dem 14. Jahrhundert aufgebaut hatten.[20] Oft nutzten Händler auch die vorhandenen städtischen Botensysteme oder ab etwa 1500 die Reichspost der Thurn und Taxis. Mühldorf a. Inn war gut vernetzt. Ihre Entfernung von der Hauptstadt Salzburg wird ungefähr auf 15 bis 16 Stunden (mit dem Pferd) berechnet, und die Poststraße führte dahin über Laufen, Tittmoning, Burghausen und Altötting.[21] Nach München war die Post, auch durch den berittenen Boten, länger unterwegs. Zu Beginn des 19. Jahrhunderts ging sie jeden Dienstagabend von Mühldorf a. Inn ab und erreichte am darauffolgenden Donnerstagmorgen München.[22]

Die Schmidts hatten teilweise ihre eigenen Verbindungen. So ging beispielsweise die Weißgerberin, regelmäßig für sie mit Waren von Mühldorf nach Altötting. Sie wird in der Strazza nicht nur namentlich genannt, sondern auch in ihrer Funktion als *Altöttinger Botin* erwähnt. Die Schmidts hätten die Post je nach

---

17 [101] 31 8.1685.

18 Doris Hörmann hat in ihrer Arbeit über die Eisenwarenhändler Koller in Steyr den Briefbestand im Stadtarchiv Steyr mit 3.764 Geschäftsbriefen aus der Mitte des 18. bis zum Anfang des 19. Jahrhunderts ausgewertet. Hörmann, Eisenhandel im vorindustriellen Steyr, S. 256.

19 Klaus Gerteis, Reisen, Boten, Posten, Korrespondenz in Mittelalter und früher Neuzeit, in: Pohl (Hg.), Kommunikation, S. 19–36, hier S. 21.

20 Häberlein, Handelsgesellschaften, in: Hoffmann, Kießling (Hg.), Kommunikation, S. 310.

21 Lorenz Hübner, Beschreibung des Erzstiftes und Reichsfürstenthums Salzburg, 1. Band, Das Salzburgische Flache Land, Salzburg 1796, S. 41.

22 Otto H. Sulek, Der Poststall von Mühldorf und seine Vorgeschichte, in: Das Mühlrad 25,1989, S. 5–36, hier S. 7.

Adressat auch dem Salzburger oder dem Münchner Boten mitgeben können, die beide *Auf der Wies* in Mühldorf starteten.

In Salzburg hatte der Landesherr die Hoheit über das salzburgische Postwesen inne. Die Eigenständigkeit des salzburgischen Postwesens war einerseits durch die Reichspost der Thurn und Taxis, die die Nord-Süd-Achse bedienten und andererseits durch die habsburgisch-erbländische Post der Ost-West-Passage gefährdet, die beide die salzburgische Post übernehmen wollten. Diese blieb aber bis zum Ende der geistlichen Herrschaft eigenständig.[23] Seit Beginn des 15. Jahrhunderts sind für Salzburg städtische Boten belegt, die das Fundament für das spätere Postwesen bildeten. Ein Privileg der Salzburger Bürger war, ebenfalls seit dem 15. Jahrhundert, die Berechtigung für eine *italienische Post* nach Venedig, die für den Handel in Salzburg von großem Interesse war.[24] Im 16. Jahrhundert entwickelte sich daneben ein Kammerbotenwesen für die Überbringung von amtlichen Nachrichten zwischen der Residenz und den Pfleggerichten. Die Kammerboten hatten die Erlaubnis, neben den Amtssachen, soweit möglich, auch private Post gegen Gebühr mitzunehmen. Unter dem Salzburger Erzbischof Wolf Dietrich (1559–1617) scheint daneben das Landespostwesen endgültig eingerichtet worden zu sein.[25] So existierten zeitweilig drei Systeme nebeneinander: die städtische italienische Post, das Kammerbotenwesen der höfischen Verwaltung und die Landespost beim Hofpostamt. Erzbischof Maximilian Gandolph (1622–1687) baute das Landespostwesen mit festen Routen aus. Grundlage dafür war das am 25. Februar 1671 erlassene Decretum proprium zur Errichtung von *Pottenposten*, das genaue Regelungen für Postwege, Postzeiten und Dienstvorschriften enthielt.[26]

Für die Schmidts bedeutete dies, dass sie jeden Donnerstag in Mühldorf mit einem ankommenden und einem abgehenden Boten von bzw. nach Salzburg (über Laufen) rechnen konnten. Alle 14 Tage dienstags kam ein Ordinari-Bote mit der Kutsche der Salzburger Post von München nach Mühldorf und kehrte am Freitag wieder zurück. Reitende Boten kamen ebenfalls donnerstags aus Augsburg und Graz und ritten am Sonntagnachmittag um 15 Uhr wieder zurück. Der Nürnberger Ordinari-Bote kam alle zwei Wochen nach Mühldorf, ebenfalls am Donnerstag, und kehrte am Sonntagnachmittag zurück.

Für jede Post wurde ein *Postzetl* ausgestellt, sodass jede Sendung eingeschrieben verschickt wurde. Im September 1681 wurde eine weitere, wöchentliche Ordinari-Post zwischen München und Salzburg eröffnet, die auch die Augsburger Post mitnahm. Die Gebühr war nach Gewicht gestaffelt und betrug für einen Brief bzw. einen ganzen Bogen mit oder ohne Kuvert einheitlich 6 Kreuzer, für einen doppelten Brief acht Kreuzer, für schwere Briefe stufenweise bis zu zwölf Kreuzer

---

23 Rüdiger Wurth, Salzburg – sein Postwesen unter Fürsterzbischöfen und Kurfürst, in: 2000 Jahre Post. Vom Cursus publicus zum Satelliten. Ausstellungskatalog Halbturn 1985, S. 153–161, hier S. 153.

24 Wurth, Postwesen, S. 153.

25 Wurth, Postwesen, S. 154.

26 Wurth, Postwesen, S. 155.

und für Pakete und beschwerte Briefe (Briefe, die Geld oder Wertsachen enthielten) pro 100 Gulden von 24 bis 30 Kreuzer. Mitte des 18. Jahrhunderts wurde die Salzburger Landespost, die bisher als Lehen vergeben worden war, verstaatlicht und ein verbeamteter Postsekretär eingesetzt.[27] Ende des 18. Jahrhunderts begann unter Erzbischof Hieronymus Colloredo eine enge Zusammenarbeit zwischen der Salzburger Landespost und dem habsburgischen Postwesen.[28] Ab 1816 kam die Salzburger Landespost endgültig unter österreichische Posthoheit.[29]

Die Schmidts pflegten den Kontakt zu ihrer Kundschaft wie auch zu ihren Lieferanten in erster Linie mündlich im Gewölbe, auf den Märkten oder Messen. Einige Einträge bestätigen aber auch schriftliche Bestellungen vonseiten der Kundschaft. Außerdem lassen einzelne Einträge zu Portokosten den Schluss zu, dass man sich auch mit weiter entfernten Partnern schriftlich austauschte, auch wenn sich im Nachlass Daxenberger keine Korrespondenz erhalten hat. Zum Versand der Post und auch von Waren hatten die Schmidts mehrere Möglichkeiten. Sie konnten ihr eigenes Netz nutzen oder sich der regelmäßigen, öffentlichen Postverbindungen bedienen, an die Mühldorf im 17. Jahrhundert angeschlossen war.

27 Wurth, Postwesen, S. 16–20.
28 Wurth, Postwesen, S. 157.
29 Wurth, Postwesen, S. 161.

8 Kundschaft

8.1 Geografischer Einzugsbereich

Die historische Konsumforschung interessiert sich nicht nur für die Waren, sondern fragt auch nach den Kunden bzw. den Konsumenten: Woher kamen Schmidts Kundinnen und Kunden? Wie groß war der Einzugsbereich der Schmidts?

Die Kundschaft kam aus 101 Orten aus der näheren und weiteren Umgebung. Ebenso wie bei den Lieferanten spielte auch bei den Kundinnen und Kunden die territoriale Zugehörigkeit keine Rolle. Sie kamen aus dem Kurfürstentum Bayern, aus dem habsburgischen Oberösterreich, aus dem Fürsterzbistum Salzburg und natürlich aus der Stadt Mühldorf und der nächsten Umgebung.

Um den geografischen Einzugsbereich der Kundschaft veranschaulichen zu können, wurden wie bei den Lieferanten die in der Strazza angegebenen Wohnorte in drei Regionen eingeteilt. Als Lokalhandel wurde wieder ein Radius um Mühldorf a. Inn von 0 bis 10 km festgelegt, für den Regionalhandel 11 bis 30 km und für den überregionalen Handel eine Entfernung ab 31 km.[1]

Auf den Regionalhandel der mittleren Entfernung entfielen 35 Ortsnennungen (11–30 km), wobei der Ort Gars a. Inn mit 290 Transaktionen an erster Stelle lag. Diese Entfernung entspricht in der Tendenz den Forschungsergebnissen über Geldkredite und Darlehen auf dem Lande in der Frühen Neuzeit. Anne Mauch weist auf Forschungsergebnisse hin, die eine geografische Entfernung von 20–25 km zwischen Schuldnern und Gläubigern festgestellt haben.[2] Dies ist einleuchtend, denn je geringer die räumliche Distanz zwischen Schuldnern und Gläubigern war, umso größer war die Wahrscheinlichkeit, dass der Kreditgeber die Zahlungsfähigkeit des Schuldners einschätzen konnte.[3] Es folgte in der Häufigkeit der Lokalhandel (0–10 km). Hier kam die Kundschaft aus 33 Orten, aus Mühldorf a. Inn sowie der nächsten Umgebung aus einer Entfernung bis zu 10 km. Hier war Mühldorf a. Inn selbst mit 1.617 Eintragungen in der Strazza

1 Hermann Kellenbenz versteht unter Lokalhandel den Bereich einer Stadt und ihrer Bannmeile, unter Regionalhandel eine Reichweite bis etwa 100 km. Diese Einteilung erschien zu grobmaschig für diese Arbeit. S. Hermann Kellenbenz, Süddeutsche Wirtschaft im Netz regionaler und überregionaler Verflechtungen – zwischen westfälischem Frieden und Französischer Revolution, in: Joachim Jahn, Wolfgang Hartung (Hg.), Gewerbe und Handel vor der Industrialisierung. Regionale und überregionale Verflechtungen im 17. und 18. Jahrhundert, Sigmaringendorf 1991, S. 9–26, hier S. 12.

2 Anne Mauch, Praxis, Organisation und Funktion des ländlichen Kreditmarktes in Württemberg vom 17. bis zum 19. Jahrhundert, in: Sigrid Hirbodian, Sheilagh Ogilvie, R. Johanna Regnath (Hg.), Revolution des Fleißes, Revolution des Konsums? Ostfildern 2015, S. 159–168, hier S. 166. Willi A. Boelcke, Der Agrarkredit in deutschen Territorialstaaten vom Mittelalter bis Anfang des 18. Jahrhunderts, in: Michael North (Hg.), Kredit im spätmittelalterlichen und frühneuzeitlichen Europa, Köln, Wien 1991, S. 192–216, hier S. 203.

3 Anke Sczesny, Zwischen Kontinuität und Wandel. Ländliches Gewerbe und ländliche Gesellschaft im Ostschwaben des 17. und 18. Jahrhundert, Tübingen 2002, S. 314.

führend. Aus ebenfalls 33 verschiedenen Orten kamen Kundinnen und Kunden zum Einkaufen zu den Schmidts, die 30 km oder mehr von Mühldorf a. Inn entfernt lagen und unserer Einteilung nach dem überregionalen Handel zuzuordnen sind. Hier lag Landshut und Umgebung mit 100 Transaktionen an der Spitze. Die überregionalen Kontakte konnten auf persönlichen oder verwandtschaftlichen Beziehungen beruhen, wie z. B. zum Kaufmann David Oppenriedter in Landshut, der eine Tochter von Franciscus Schmidt geheiratet hatte. Aber auch Privatpersonen aus größerer Entfernung waren unter Schmidts Kundschaft; sie haben sicher nicht im Gewölbe in Mühldorf a. Inn eingekauft, sondern auf einem der Jahrmärkte. So ließ der Pfarrer von Freising Tuch, Leinwand, Faden, Galonna und Rundschnüre für 3 fl 4 kr 2 pf anstehen.[4]

8.2 Soziale Struktur

Eine soziale Einordnung der Kundinnen und Kunden ist nur aufgrund der Berufsangaben in der Strazza möglich. In der Folge soll aber eine kurze, geraffte Darstellung die Kundenkreise beleuchten.

Bei den Schmidts kauften der niedere Adel, Klöster, Geistliche, eine große Zahl von Privatpersonen – überwiegend Stadtbürger, Handwerker, Kramer und höhere Beamte, aber auch einige Dienstboten ein. Bauern sind nicht genannt, was mit der geringen Zahl an Landwirtschaften im Mühldorfer Umland zu tun haben könnte; allerdings kommen auch keine bäuerlichen Untertanen aus dem Kurfürstentum Bayern vor. Vielleicht verbergen sich auch unter den vielen Privatpersonen, die ohne Berufsnennung eingetragen sind, noch Bauern aus der Umgebung der Stadt. Die überwiegende Mehrzahl der Kundschaft war männlich, es finden sich insgesamt 519 Kundinnen (ca. 7 %), meist Ehefrauen, Witwen, Wirtinnen, einzelne Kramerinnen oder Personal von Kunden, wie Pfarrköchinnen, die auf ihren eigenen Namen einkauften.

Für die Gruppe der arbeitenden Unterschichten war die *world of goods* beim Kramer Schmidt unerreichbar oder nur in ganz kleinen Mengen möglich. Einfache Arbeiter und Handwerker sind mit Ausnahme von einzelnen Dienstboten, Knechten, Köchinnen, dem Badergesellen Thomas Will aus Mühldorf, der sich mit Samt, Knöpfen und Seidenfaden eindeckte,[5] und dem Wagnergesellen Irber (Erber), ebenfalls aus Mühldorf,[6] in der Strazza als Kunden nicht erwähnt. Es ist auch nicht eindeutig, ob die Dienstboten tatsächlich selbst, oder ob ihre Dienstherren bezahlt haben.

Bei den Schmidts kauften vor allem Bürger und Bürgerinnen aus Mühldorf und aus der näheren und weiteren Umgebung ein. Diese nahmen in der Regel so viel Stoff, wie der Schneider gerade brauchte. Ein beachtlicher Teil der Kunden

4 [122] 15.11.1685.
5 [206] 20.1.1687.
6 [88] 21.6.1685.

waren aber Krämer aus Mühldorf und kleineren Ortschaften in der Nähe. Sie kauften bei den Schmidts ganze Stücke an Stoffen, Bändern und Borten oder mehrere Dutzend Strümpfe und Socken, um sie an die eigenen Kunden weiterzuverkaufen. Hier fungierten die Schmidts als Zwischenhändler. Mit einigen Kramern wie dem Mühldorfer Thomas Zauscher unterhielten die Schmidts eine rege Geschäftsbeziehung. Man handelte miteinander und es scheint, als habe Thomas Zauscher den Schmidts hie und da mit kleinen Mengen bestimmter Waren ausgeholfen, wenn diese bei den Schmidts ausgegangen waren.

Die Krämer bilden die größte Gruppe mit 2.113 Erwähnungen, deren Einkäufe bei den Schmidts 42 Prozent der Gesamtverkäufe in der Strazza ausmachen. Darunter sind einige wenige Kramerinnen. Es handelt sich um Kramer aus der Stadt, den bayerischen Dörfern aus der Umgebung, aus Niederbayern, aus Graz und aus Salzburg, die sich bei den Schmidts für den Weiterverkauf an ihre Kundschaft eindeckten. In manchen Fällen fungierte Schmidt auch als Großhändler: So kaufte der Kramer Georg Krauth aus Graz die größere Menge von drei Tonnen Heringe, und vier Tonnen Brandheringe ließ der Salzburger Kaufmann Georg Hagenauer bei den Schmidts anschreiben.

Mit insgesamt 1.155 Einträgen ist die Gruppe der *Geistlichkeit* die zweitgrößte Kundengruppe. Darunter zählten nicht nur die Pfarrer der umgebenden Pfarrkirchen wie Floßing, Ampfing, Lohkirchen und Stefanskirchen, sondern auch die Klöster der Umgebung in Burghausen, Altötting, Seeon oder Baumburg sowie das Kollegiatstift in Mühldorf. Die Pfarrer ließen nicht nur Olivenöl zum Essen oder für das Ewige Licht in der Kirche anschreiben, sondern alle Waren wie Knöpfe, Bänder, Stoffe, Strümpfe, Fastenspeisen, Wildbret, Mandeln, holländischen Käse und Gewürze. Bei den Pfarrköchinnen ist nicht immer eindeutig, ob sie für sich oder den Herrn Pfarrer bzw. die Pfarrei einkauften. In Einzelfällen wurde darauf hingewiesen mit *namb für Sye selber und ließ anstehn*. Es deutet sich aber an, dass die Geistlichkeit, die Klöster, die Stifte und die Pfarrer der Umgebung Vorreiter einer neuen, im 18. Jahrhundert aufkommenden Konsumgesellschaft waren.

Einige Klöster der Umgebung gehörten zu den Stammkunden der Schmidts. So ist Altötting mit 333 Einkäufen vertreten. Das Jesuitenkolleg in Altötting, d*ie Herren Jesuiter* aus *Altötting*, waren wie auch die *Altöttinger Franziskaner* gute Kunden. Beide Altöttinger Klöster kauften Stoffe, aber auch Fische, Mandeln und Käse als Fastenspeisen bei den Schmidts.[7] Auf Gars entfielen 326 Einträge.[8] Burghausen wurde 121-mal genannt. Die Jesuitenniederlassung in Burghausen, die

---

7 Altötting gehört zu den ältesten Ansiedlungen Bayerns. Eine erste Erwähnung des Ortes als Herzogsstadt findet sich in einer Urkunde von 748. Die Überlieferung Aventins von 1518 zeigt, dass Altötting eng mit den Anfängen des bayerischen Stammesherzogtums verbunden ist. Dies könnte ein Grund für die enge Beziehung der Wittelsbacher zu dem Ort sein. In Altötting wurden die Herzen der Herrscher und ihrer Gattinnen beigesetzt. 1591 wurde die Pflege der Wallfahrt den Jesuiten übertragen. s. Jesuiten in Bayern, S. 60.

8 Kloster Gars ist eine Gründung des 8. Jahrhunderts im Auftrag des Bayernherzogs Tassilo III. Um 1125 wurde das Kloster zu einem Augustiner-Chorherrenstift http://www.hdbg.eu/kloster/index.php/volltext?q=Gars+a.+Inn.

durchschnittlich mit 16 Patres besetzt war, leitete das Kolleg bis zur Auflösung des Jesuitenordens im Jahre 1773. Ungefähr 130 Kollegiaten lebten und studierten im Jesuitenkolleg in Burghausen. Zu diesen rund 150 Personen kamen wohl noch einige Laien, sowie Knechte und Mägde hinzu. Es war also eine große Anzahl von Menschen im Jesuitenkolleg zu verköstigen.[9] Seeon kaufte 106-mal ein.[10] Baumburg wurde in der Strazza 25-mal erwähnt.[11]

Aus Burghausen ließen sowohl das Jesuitenkloster als auch das Jesuitenkolleg Waren bei den Schmidts anschreiben, mitunter ist die Unterscheidung der beiden Institutionen in der Strazza schwierig. Sie bezogen Fastenspeisen wie Flachfische, Platteise, Heringe, Pricken, Schnecken, Käse, Gewürze, Reis, Öl, Gallus, Alaun und Stoffe. Das handgeschriebene Kochbuch der Maria Federlein von 1670 aus dem Ingolstädter Jesuitenkolleg enthält Rezepte von Mahlzeiten für die Ordensangehörigen. Vermutlich wurde nach ähnlichen Rezepten auch für die Burghauser Ordensangehörigen gekocht. Das Kochbuch enthält Rezepte für Süßspeisen wie Plätzchen, Mandeltorten, Kücherl, verschiedene Breisorten, auch für Fleischspeisen, Wildbret, Geflügel und Fischgerichte. Als Beilagen gab es Knödel in verschiedenen Variationen.[12] Das Frühstück gab es nur für die Laienbrüder. Es bestand aus einem Stück Brot mit Butter oder kaltem Fleisch, dazu Wein oder Bier, teilweise auch Suppe. Das Mittagessen um 10.30 Uhr, an Sonn- und Feiertagen um 11 Uhr, bestand aus drei Gängen, d. h. einer Suppe oder Innereien, einem Fleischgericht mit Gemüse und einem Nachtisch aus Käse oder Früchten. Nachmittags gab es eine kleine Zwischenmahlzeit aus Früchten, einem Getränk

[9] Anfang des 17. Jahrhunderts ließen sich die Jesuiten auf Wunsch von Kurfürst Maximilian I. (1573–1651) in Burghausen nieder und gründeten an Stelle einer früheren höheren Schule das Jesuitenkolleg, ein Gymnasium mit Kollegium und Kirche. Die ersten Jesuiten kamen aus Altötting. Alois Schmidt, St. Ignatius zu Burghausen – Ein bayerisches Jesuitenkolleg, in: Dietmar Grypa, Wolfgang Gutfleisch (Hg.), Das Kurfürst-Maximilian-Gymnasium zu Burghausen. Vom Kolleg der Societas Jesu zur Königlichen Bayerischen Studien-Anstalt, Würzburg 1997.

[10] Das ehemalige Benediktinerkloster Seeon ist heute nach vielen Besitz- und Funktionswechseln eine Kultur- und Bildungsstätte des Bezirks Oberbayern. 1201 kam das Kloster Seeon zusammen mit Frauenchiemsee an den Salzburger Erzbischof Eberhard II. In der Folge entstanden bedeutende Kunstwerke, Seeon wurde zu einem Zentrum der mittelalterlichen Buchmalerei. Josef Kirmeier, Alois Schütz, Evamaria Brockhoff (Hg.), Schreibkunst. Mittelalterliche Buchmalerei aus dem Kloster Seeon, Ausstellungskatalg 1994, Augsburg 1994, S. 134–136.

[11] Das Kloster Baumburg lag mit knapp 40 km Entfernung am weitesten entfernt von Mühldorf a. Inn. Das ehemalige Augustinerchorherrenstift Baumburg ist eine Stiftung des hohen Adels im 11. Jahrhundert, südlich von Trostberg an der Alz auf einer Anhöhe gelegen. Die Augustiner-Chorherren wirkten vor allem als Seelsorger und betreuten die umliegenden Pfarreien. Im Mittelalter führten sie eine Schule für den Nachwuchs des Adels aus der Umgebung. Im 15. Jahrhundert und während der Reformationszeit erlebte das Stift einen Verfall wie viele andere Klöster auch, außerdem zerstörten drei Brände das Stift. Ab Mitte des 16. Jahrhunderts erholte sich das Stift, die Anzahl der Kanoniker nahm zu und die Schule genoss wieder einen guten Ruf beim Adel. Claudia Schwaab, Altötting (Historischer Atlas von Bayern, Teil Altbayern, Heft 63), München 2005, S. 234–235.

[12] Jesuiten in Bayern, Abschnitt Nr. 31 Essen und Trinken, S. 32–33.

und Brot, die *Collation*. Das Abendessen um 18.30 Uhr bestand aus zwei Gängen, einer Suppe oder Salat und gesottenem oder gebratenem Fleisch; getrunken wurde Wein, Bier oder Wasser. In der Ferienzeit war das Essen üppiger, denn neben den genannten Speisen kamen auch Geflügel, Fische, Krebse, diverse Mehlspeisen, Wildbret, Kutteln, Eierspeisen, Lammbraten und verschiedene Kuchen auf den Speiseplan;, mittags gab es vier Gänge.[13]

1.010 Einträge mit einem Umsatzanteil von knapp 15 Prozent betreffen *Handwerker*. Sie bezogen nicht nur Waren des alltäglichen Bedarfs, sondern viele Waren, die sie für ihre Berufe benötigten, wie z. B. Leder für die Schuhmacher, Farben und chemische Zuschlagstoffe für die Färber, Farben und Lösungsmittel für die Maler u. a. In der Strazza finden sich Binder, Bortenwirker, Färber, Gärtner aus Hellbrunn und Mühldorf a. Inn, Hutmacher, Käpplmacher, Kürschner, Kupferschmiede, Lebzelter, Maler, Maurer, Metzger und Metzgerknecht, Nestler, Riemer, Säckler, Seiler, Schlosser, Schneider und Störschneider, Schreiner, Tuchmacher und Tuchscherer, Wagner und Wagnergesellen, Weber, Weißgerber und Zinngießer unter der Kundschaft. Als Kunde erscheint auch ein *welscher Maurer* mit dem Namen Meister Domenico oder Domenico Christoforo Zugalli [Zuccalli]. Er kaufte 17-mal bei den Schmidts ein, außer Papier für 1 kr auch gute Stoffe, Bänder und Nähzubehör, was er anschreiben und von Meister Joseph, dem Schneider, abholen ließ. Es dürfte sich mit größter Wahrscheinlichkeit um den *Burghauser Zuccalli* gehandelt haben.[14] Dieser war ein Graubündner Maurermeister und stammte aus der großen Architektenfamilie Zuccalli aus Roveredo in Graubünden. Johann Dorner vermutet, dass er vor 1650 geboren wurde, denn 1677 erhielt er das Meisterrecht in der Burghauser Maurerzunft, das üblicherweise im Alter von 25 bis 30 Jahren verliehen wurde.[15] 1684 erscheint er als Kunde der Schmidts in der Strazza als *welscher Maurermeister*. Er hatte den Auftrag für den Neubau der Wallfahrtskirche St. Salvator in Ecksberg erhalten, die 1683 bis 1686 anstelle eines baufälligen gotischen Vorgängerbaues errichtet wurde.[16] Zehn Jahre später, 1696, wurde er Burghauser Stadtmaurermeister und 1697 erhielt er das Bürgerrecht in Burghausen gegen eine Summe von mehr als 25 fl. Zuvor hatte er in Mühldorf gearbeitet, wie in den Bürgerrechtsaufnahmen von Burghausen festgehalten wurde.[17] Das bezieht sich wohl auf seine Tätigkeit in Ecksberg. Bis Ende 1698 wurde ihm in seiner Funktion als Stadtbaumeister in Burghausen vier-

---

13 Jesuiten in Bayern, S. 17.

14 Johann Dorner, Der Burghauser Stadtbaumeister Domenico Christoforo Zuccalli, in: Öttinger Land, 16 (1996), S. 82–90, hier S. 86. Die Identifizierung ist etwas verwirrend. Es gab noch einen zeit- und namensgleichen *Altöttinger Zuccalli*, der nicht mit dem *Burghauser* zu verwechseln ist. S. a. Max Pfister, Baumeister aus Graubünden. Wegbereiter des Barocks, Chur, 1993, S. 294–295. Pfister führt Domenico Christoforo Zuccalli II. und III. auf, die schwer auseinanderzuhalten sind.

15 Dorner, Domenico Christoforo Zuccalli, S. 87.

16 Irmengard Reindl, Die Wallfahrtskirche St. Salvator in Ecksberg, in: Das Mühlrad 38, 1996, S. 33–92, hier S. 52.

17 Dorner, Domenico Christoforo Zuccalli, S. 82.

teljährlich ein Grundgehalt und ein Herbergsgeld ausgezahlt, was aus den Burghausener Kammerrechnungen zu entnehmen ist.[18] Zu seinen Aufgaben gehörten eine Fülle von Maurerarbeiten und Renovierungen, auch an der Stadtmauer. Zuccalli war häufig längere Zeit von Burghausen abwesend und vernachlässigte seine Verpflichtungen als städtischer Baumeister, was zu Konflikten mit dem Stadtrat führte. Nach drei Jahren als Stadtbaumeister, 1696–1698, legte er dieses Amt nieder, behielt aber das Bürgerrecht in Burghausen. Mit dem Dreikönigstag 1699 endete seine Tätigkeit als Burghauser Stadtbaumeister.[19] In dieser Zeit arbeitete Domenico Christoforo Zuccalli bereits an dem kleinen barocken Zentralbau der Maria-Eich-Kapelle in Mühldorf a. Inn im Auftrag von Stiftskanonikus Cajetan Achaz Hellsperger.[20]

Zu den Kunden der Schmidts gehörten etliche Schneider. Der Beruf des Schneiders wurde im 17. Jahrhundert fast ausschließlich von Männern ausgeübt, Frauen stellten hauptsächlich Wäsche oder einfache Frauenröcke her. Dieser Befund wird durch die Kundenliste der Schmidts bestätigt. Die Schneider fertigten neue Kleidungsstücke, auch nahmen sie Veränderungen und Reparaturen vor.[21] Pietsch betont in seiner Dissertation, wie wichtig der tadellose Zuschnitt eines Kleidungsstückes war, daher durfte die Schnittzeichnung und das Ausschneiden nur vom Meister vorgenommen werden, aber auch das Aneinanderfügen der Einzelteile, das Auspolstern u. Ä. stellte hohe Anforderungen.

Unter *Privatpersonen* wurden alle jene Namen subsumiert, die ohne Berufsbezeichnung in der Strazza auftauchen. Es sind insgesamt 1.004 Positionen mit einem Umsatzanteil von 14 Prozent. Leider lassen sich wegen fehlender weiterer Kennzeichnung keine genaueren Angaben machen.

Die Kategorie *Verwaltung* umfasst 982 Einträge mit einem Anteil am Umsatz mit 4 Prozent. Damit sind u. a. der Stadtschreiber von Mühldorf, erzbischöfliche Ämter wie der Kastner, das Kammeramt, Richter, Prokurator, Gerichtsschreiber, Pfleger, Pflegsamt, Pflegsverwaltung, Hofschreiber, aber auch die Verwaltungen kleiner adeliger Herrschaften wie Tüßling oder Zangberg aufgeführt. Die Herrschaft von Tüßling kaufte z. B. im August 1685 50 (!) Dutzend billige *Libeery*-Knöpfe. Man könnte aufgrund der Größenordnung an die Livreen der

18 Dorner, Domenico Christoforo Zuccalli, S. 83.

19 Dorner, Domenico Christoforo Zuccalli, S. 84.

20 20. Juni 1698 Vertragsbeginn mit Zuccalli, 1. August 1699 Fertigstellung des Baus. Irmengard Reindl-Witt, Die Eichkapelle Mater Dolorosa in Mühldorf, in: Das Mühlrad 62, 1996, S. 3–22, hier S. 6–7. Zu den Graubündner Bauleuten im süddeutschen Raum s. Reinhold Reith, Barocke Baukonjunktur und Migration im Bauhandwerk vom 17. bis zum 19. Jahrhundert. Mit besonderer Berücksichtigung des süddeutschen sowie des voralpinen und alpinen Raumes, in: Eva-Maria Seng, Frank Göttmann (Hg.), Innovation in der Bauwirtschaft, Wesersandstein vom 16. bis 19. Jahrhundert, Berlin, Boston 2015, S. 475–488, bes. S. 478–479.

21 Pietsch, Kostümsammlung Hüpsch, S. 20.

Bediensteten denken,[22] doch es handelte sich immerhin um 600 Stück. Gab es in Tüßling so viele Bedienstete?

424-mal waren *Wirte und Wirtinnen* bzw. *Brauer und Brauerinnen* unter der Kundschaft, deren Anteil am Gesamtumsatz betrug 2 Prozent. Dank der Arbeit von Meinrad Schroll über die Brauereien in Mühldorf lassen sich drei Wirte identifizieren.[23] Beim *Heimbel-Bräu* könnte es sich um den Himmelbräu, heute Katharinenplatz 17, gehandelt haben. Die erste Erwähnung des Himmelbräus in der oberen Vorstadt (ohne schriftlichen Beleg) soll von 1481 datieren. 1675 haben Georg und Sophia Stöttner den Himmelbräu ihrem Sohn Ferdinand übergeben, der im selben Jahr Magdalena Moosmüller, von der Moosmühle in der Pfarrei Waging, heiratete.[24]

Ein weiterer Kunde der Schmidts war der *Höllbräu*. Die Brauerei lag am heutigen Katharinenplatz 20 und 22, im heutigen Bäckerei-Sax-Haus. 1654 erwarben Sebastian Nidermayr und seine Braut Margaretha Prindl, Metzgerstochter von Ampfing, das Höllbräuanwesen, das Sohn Paulus Nidermayr übernahm. Im 18. und 19. Jahrhundert wechselten die Besitzer.[25]

Beim dritten zu identifizierenden Bräu handelt es sich um den *Münchner Bräu*, heute Bräugasse 11. 1656 besaßen die Bierbrauerseheleute Albert und Maria Rosina Leopoldinger in der heutigen Bräugasse eine Behausung, den Münchner Bräu. Das Anwesen wurde innerhalb der Familie in den folgenden Jahren weitervererbt. 1770 kam es durch Heirat in den Besitz des Bräuknechts Simon Eckmayer von Jeding in der Obersteiermark. Der damalige Münchner Bräu aus der Bräugasse kaufte 1775 die sog. Elefantenbehausung[26] am heutigen Stadtplatz 27 von Andreas Reischl, dem Nachfolger der Schmidts, dazu.[27] Auch der *Hueberbräu* kaufte bei den Schmidts ein.[28]

Auch Wirte aus dem Umland kauften bei den Schmidts ein. 1 fl 12 kr hätte der Wirt von Winhöring, Friedrich Hagn, für ein Paar Strümpfe zu zahlen gehabt.[29]

---

22 [98] 13. 8. 1685. Das Dutzend kostete 12 kr, insgesamt gab die Tüßlinger Verwaltung dafür 10 fl aus.

23 Schroll, Brauereien, S. 19–70.

24 Die Himmelbrauerei blieb bis ins 19. Jahrhundert in der Hand der Stöttner-Nachfahren, erst danach wechselten die Besitzer in rascher Folge. 1906 ließ der damalige Besitzer Graf Arco-Zinneberg die Brauerei stilllegen, die Gastwirtschaft wurde weiter betrieben. Am 19. März 1945 zerstörte ein Bombentreffer die Gebäude, 1955–1957 ließ die Kreissparkasse Mühldorf dort ihre Hauptstelle errichten. Schroll, Brauereien, S. 21–23.

25 1859 wurde der Brauereibetrieb eingestellt, als die einzelnen Teile des Anwesens getrennt verkauft wurden. 1878 entstand im Wohnhaus eine Bäckerei, die seit 1889 Lorenz und Maria Sax und ihre Nachfahren betrieben. Schroll, Brauereien, S. 24–26.

26 Hier soll der Elefant Soliman auf seiner Reise von Spanien nach Wien 1552 untergebracht gewesen sein. Schroll, Brauereien, S. 34–35.

27 Der spätere Name *beim Pfaubräu* geht auf einen weiteren Besitzer namens Pfau Ende des 18. Jahrhunderts zurück. 1877 wurde dort die Bierproduktion eingestellt. Schroll, Brauereien, S. 33–36.

28 Schroll, Brauereien, S. 59–60.

29 [201] 28.12.1686.

Der Wirt Hampersberger aus Rohrbach, der für die Schmidts auch als Transporteur arbeitete, blieb 1 fl 14 kr für ein Paar Iglauer Socken schuldig.[30]

Zu den 86 *Kaufmännern*, mit denen sie in Geschäftskontakt standen und Handel trieben, zählten auch größere Handelshäuser. Das waren David Oppenriedter aus Landshut, Andre und Georg Janz aus München, Georg Hoburger aus München, Claudi Cler aus München, Graft und Oppenfelder aus Leipzig, Heinrich Huber aus Füssen, Daniele Guseth (Gusetti) Seel. Erben aus Salzburg, Johann Kaufmann aus Salzburg, Georg Hagenauer aus Salzburg und Adam Aniser[31] aus Salzburg.

Johann Kaufmann war ein bekannter Salzburger Kaufmann, und Georg Hagenauer stammte aus der berühmten Hagenauer-Familie, die später mit den Mozarts befreundet waren. Georg III. Hagenauer (1649– 1736) war der Großvater von Mozarts Hausherrn und Freund Johann Lorenz Hagenauer (1712–1792). Georg war der Sohn eines Bauern und Müllers in Hagenau bei Hammerau in der Pfarre Ainring. Georg und sein Bruder Johann (1650–1724) waren Untertanen des Stifts St. Peter in Salzburg. Sie hatten den elterlichen Hof uverlassen, gingen in die Residenzstadt Salzburg, erlernten den Handel und machten sich dort als Kaufleute selbständig. Georg konnte die Spezereiwarenhandlung des Johann Baptist Mayrhauser übernehmen. 1673 bewarb sich Georg um das Bürgerrecht in Salzburg, das er gegen Zahlung einer Taxe von 36 fl erhielt. Er wurde Stadtrat und als solcher in die Landschaft entsandt, wo er das Amt des Generalsteuereinnehmers übernahm und die Kontrollfunktion über die Finanzen des Landes ausübte.[32] David Oppenriedter war durch die Heirat mit einer Tochter des Franciscus Schmidt verwandtschaftlich verbunden, und Claudi Cler war ein Mitglied der Münchner Händlerfamilie Cler.

Aus dem *Gesundheitsbereich* kamen 82 Kunden der Schmidts. Darunter waren der Arzt Dr. Wämpell (Wemper, Wemperl) aus Altötting, die Apotheker aus Mühldorf, Burghausen, Altötting und Braunau sowie der Apotheker der Jesuiten in Altötting, die Mitterbaderin aus Mühldorf, die zukünftigen Mitterbader aus Altötting und aus Altmühldorf, die Baderin aus Ampfing und der Bader aus Wasserburg. Bei den weiblichen Bezeichnungen ist nicht klar, ob sie tatsächlich als Berufsbezeichnung zu verstehen sind, oder ob es sich um die Ehefrauen handelte.

Der Apotheker aus Mühldorf war Francis Andre Trauner. Er übernahm die Stadtapotheke 1677 nach dem Tod seines Vorgängers Christophorus Parach. Offenbar agierte der neue Apotheker sehr selbständig, denn der Stadtphysicus Dr. Francis Mayr bat am 12. März 1677 den Rat der Stadt, dem neuen Apotheker das eigenmächtige Ändern der ärztlichen Rezepte oder das eigenmächtige Kurie-

30 [12] 17.12.1684.

31 Adams Sohn, Franz Aniser, war der Vermieter der Wohnung und des Gewölbes am Alten Markt 11, in dem Franz Anton Spängler bis 1742 mit seiner Familie wohnte und sein Handlungsgewölbe betrieb. S. Reith, Familie, Haushalt und Handlung, in: Reith u. a. (Hg.)., Haushalten und Konsumieren, S. 23–61, hier S. 28.

32 Barth-Scalmani, Die Handelsfamilie, S. 824–825.

ren zu verbieten, denn als Apotheker habe er sich an die Angaben des Arztes zu halten.[33] Am 6. April 1686 wurde Trauner als Mühldorfer Bürger aufgenommen, zehn Jahre später, am 24. September 1696, als Ratsherr bestätigt. Am 15. März 1683 hatte Trauner ein Haus gekauft, worin er seine Apotheke einrichtete, 1707 wurde er als Bürgermeister erwähnt. Trauner starb am 2. August 1709 im Alter von 54 Jahren. Die Witwe Trauner verkaufte bereits zwei Monate später, am 30. September 1709 das Haus an den Nachfolger Niclas Viebeg.[34] Der Apotheker Trauner deckte sich bei den Schmidts mit 2 *biechl* Blattgold ein. Er ließ 1 Pfund gelbes Wachs anschreiben, zwei Pfund feine Ambrosin Mandeln und 16 Pfund Olivenöl – sehr wahrscheinlich alles Zutaten für die selbst hergestellten Arzneien.[35]

Die Bezeichnung *Dienstboten*, die 62-mal eingetragen ist, wurde für unselbständige Funktionen gewählt wie z. B. Probstknecht, Weberknecht, Dienstmagd des Pflegsverwalters, Magd, Dienerin, Kindsmensch, Kuchlmeister und vor allem für Pfarrköchinnen.

Viermal ließen der *Schullehrer* Wielandt und zweimal der *Pedell* Georg Reindl Waren anschreiben. Lehrer Wielandt erwarb zimtfarbenes breites Tuch und silberne Galonen, der Pedell ein Paar Strümpfe und für 5 kr Papier.

Die soziale Zusammensetzung der Kundschaft bei den Schmidts entspricht in großen Teilen jener, die Norbert Schindler für den Kramer Oberhueber in Traunstein herausgearbeitet hat, allerdings ist die Verteilung unterschiedlich. Auch bei Oberhueber kauften Kramer aus der näheren Umgebung auf Kredit ein, die auch bei den Schmidts den größten Anteil an der Kundschaft stellten. Doch 10 Prozent der Schuldner bei Oberhueber waren bäuerliche Kundschaft aus dem Landgericht, die aufgrund der spezifischen geografischen Situation in Mühldorf a. Inn keine vergleichbare Rolle spielten. Die größte Abnehmergruppe waren bei Oberhueber neben den Kramern die Landhandwerker, die ein Viertel der Schuldner stellten, wobei Schmiede, Glaser und Schneider überproportional vertreten waren. Bei den Schmidts bildeten die Kramer die größte Gruppe, und die Handwerker aus Stadt und Land folgten an dritter Stelle. Fünf Geistliche und zwei Mesner hatten in Traunstein für Kirchenbedarf anschreiben lassen. Geistliche stellten unter der Kundschaft der Schmidts die zweitgrößte Gruppe dar. Die letzte größere Kundengruppe des Oberhueber stellten mit ca. 25 Personen die lokalen Herrschaften und deren Verwaltungspersonal dar, also Verwaltungs- und Justizbeamte, Amts- und Gerichtsleute, Diener und herrschaftliche Jäger, die den gesteigerten Kleidungsaufwand ihrer Herrschaften mittragen und repräsentieren mussten. Auch bei den Schmidts zählten die lokalen Herrschaften sowie ihre Verwaltungsleute zu den Stammkunden.[36]

---

33 Hans Gollwitzer, Hans Rudolf Spagl, Zur Apothekengeschichte der Stadt Mühldorf, in: Das Mühlrad 25, 1983, S. 85–100, hier S. 93–95.

34 Gollwitzer, Spagl, Apothekengeschichte, S. 96.

35 [02-022], 19.2.1687; [02-009] 9.12.1686; [02-031] 12.4.1687.

36 Schindler, Prozess der Zivilisation, S. 208.

Zu Schmidts Kundschaft zählte in erster Linie die Bürgerschaft aus Mühldorf und Umgebung. Neben den Handwerkern, den Klöstern, den Pfarrern, den Vertretern der geistlichen und weltlichen Verwaltungen sowie den Wirten bildeten die Kramer die größte Gruppe. Handelskontakte pflegten die Schmidts auch mit größeren Handelshäusern aus Landshut, München und Salzburg. Nur eine verschwindend kleine Zahl an Dienstboten kaufte bei den Schmidts ein. Vermutlich kannten sie die Schmidts durch ihre Arbeitgeber, für die sie bei den Schmidts Besorgungen machten. Ein Vergleich mit dem Kundenstamm des Traunsteiner Kramers Oberhueber zeigt eine ähnliche Verteilung. Lediglich die bäuerlichen Kunden fehlen bei den Schmidts. Für die Unterschicht aus Mühldorf war Schmidt zu teuer.

9. Zusammenfassung und Fazit

Die eingangs zitierte Vermutung von Deneke, dass das meiste, was auf den großen Messen in Frankfurt am Main oder Leipzig an Waren verhandelt wurde, kleingeschnitten oder abgewogen in kleinen Mengen über die Kramertheken an die Endverbraucher/innen ging, lässt sich am Beispiel des Mühldorfer Kramers Schmidt durchaus bestätigen. Wenn auch anhand der Strazza nur in einzelnen Fällen deutlich wird, woher Franciscus Schmidt seine Waren bezog, so lassen die Einträge dennoch erkennen, dass er seine Waren von Händlern auf Märkten wie z. B. in Salzburg oder Gern oder auch direkt bei größeren Handelshäusern einkaufte, die ihrerseits von Grossisten oder Importeuren beliefert wurden. Einige Waren – wie Borten – ließ er direkt von Handwerkern wie z. B. dem Mühldorfer Bortenwirker Georg Danner anfertigen.

Außer den Krämern und Kleinhändlern wie Franciscus Schmidt dürfte es in und um Mühldorf auch noch etliche Wanderhändler und -händlerinnen gegeben haben, die ihre Waren ebenfalls absetzen konnten, aber auf diese Konkurrenz kann die Strazza keine Hinweise geben.

Wie lässt sich der Kramerladen der Schmidts nach Größe und Struktur einordnen? Robert F. Hausmann hat durch die Auswertung steirischer Inventare festgestellt, dass in seinem Untersuchungsgebiet ein Kramer im 17. Jahrhundert im Allgemeinen mit durchschnittlich 92 Produkten bestückt war; im 18. Jahrhundert seien es schon 235 Produkte gewesen.[1] Die Schmidts dagegen führten bereits Ende des 17. Jahrhunderts eine sehr viel größere Auswahl und hielten mit rund 1.400 Artikeln ein sehr breites Angebot für ihre Kundschaft bereit.

Die Konzession des Franciscus Schmidt betraf auch die Spezereien, d. h., er und sein Sohn Adam hielten z. B. ein großes Angebot an Gewürzen im Gewölbe bereit. Außerdem konnte man dort Fastenspeisen erwerben. Ein sehr gut verkäuflicher Artikel war der Tabak. Daneben waren auch Materialwaren im Angebot: Dabei handelte es sich um Farben zum Malen; Farbstoffe zum Färben von Textilien sowie die nötigen Zuschlagstoffe zum Farbbad besorgten sich die Handwerker bei ihrem Kramer.

Die Schmidts besorgten die Waren auf Messen oder von größeren Händlern, mit denen sie in Verbindung standen, und ließen sie nach Mühldorf a. Inn liefern. Sie bedienten sich der öffentlichen Boten und auch einiger Fuhrleute aus Nachbarorten, um die Waren abzuholen.

Die meisten Kontakte erfolgten mündlich im Gewölbe, doch es gingen auch schriftliche Bestellungen ein, die durch Boten – wie die Altöttinger Botin – ausgeliefert wurden, aber meistens holten die Schneider die Waren ab, die ihre Kundschaft bei den Schmidts ausgesucht hatte. Häufig wurde auch ein Mitglied des Haushalts bei den Schmidts vorbeigeschickt, um die Waren mitzunehmen. Her-

1 Hausmann, Im Gwölb, S. 161.

vorzuheben ist, dass die Schmidts ein umfangreiches Wissen um die Qualität der unterschiedlichen Waren, über ihre richtige Aufbewahrung und deren sorgfältige Pflege gehabt haben müssen. Verderbliche Waren mussten schneller umgeschlagen werden und konnten nicht lange gelagert werden.

Trotz aller Hemmnisse für die wirtschaftliche Entwicklung durch die spezielle geografisch-politische Lage als erzbischöfliche Stadt inmitten des herzoglich-bayerischen Territoriums war Mühldorf ein Ort, der auf das Umland ausstrahlte. Die Mühldorfer Handwerker, Fragner und Handelsleute versorgten auch die umliegende Region, d. h. die bayerischen Gerichte in der Umgebung.

Die Schmidts waren mit ihren Waren durchaus modisch aktuell. So verkauften sie bereits Ende des 17. Jahrhunderts in ihrem Laden Musselinstoff, der eigentlich erst im 18. Jahrhundert so richtig in Mode kam. Aber sie hatten auch die dunklen Wollstoffe für die kirchliche oder traditionelle bürgerliche Kleidung im Vorrat. Dasselbe gilt für die schwarze Seidenspitze, die erst im letzten Drittel des 18. Jahrhunderts in größerem Umfang angeboten wurde, die von den Schmidts aber bereits um 1685 an ihre Kundschaft verkauft wurde. Modische Bänder und Borten fanden über die Schmidts eine weite Verbreitung. Sie waren nicht zu teuer und mit aktuellen Bändern und Borten konnten sich auch einfachere Leute ohne großen finanziellen Aufwand ihre Kleidung modisch aktualisieren. Das Gleiche gilt für modische Knöpfe, die die Schmidts je nach Wunsch der Kunden und Kundinnen besorgten. Englische Seidenstrümpfe, gewirkte Strümpfe und Socken, Breslauer, Münchner u. a. Strümpfe fanden ihre Verbreitung über das Gewölbe der Schmidts. Ein Artikel ist unbedingt noch zu nennen: die Hosenträger. Die Schmidts verkauften bereits 1685 Band für Hosenträger, wobei die erste Abbildung von Hosenträgern aus dem Jahr 1669 stammt und diese auch erst Anfang des 18. Jahrhunderts weitere Verbreitung fanden.

Wenn trotz der reichen Auswahl ein Kunde oder eine Kundin einen besonderen Wunsch äußerte, wie z. B. für einen speziellen Knopf, für Schellen für ein Schlittengeläut, oder wenn ein Kunde ein Pferd oder eine Pistole erwerben wollte, so waren die Schmidts bemüht, dies zu besorgen. Die Schmidts versorgten jedenfalls auch viele Stammkunden, wie die Herrschaft von Zangburg, die in der Strazza 106-mal erwähnt wird, oder der Pfarrer von Ampfing, der 94-mal aufscheint. Allerdings finden sich auch Kunden, von denen nur ein Einkauf belegt ist. Zu den Schmidts kamen nicht nur die Stadtbürger zum Einkaufen, sondern auch viele Pfarrer aus den umliegenden Gemeinden, und die Klöster der Umgebung zählten ebenfalls zur Stammkundschaft. Krämer nutzten die Schmidts als Zwischenhändler und kauften dort ihren Bedarf ein.

Im Lebensmittelbereich ist auf den Handel mit Lemoni und Reis hinzuweisen. Lemoni, noch im 17. Jahrhundert eine Luxusspeise, waren zwar auch im 18. Jahrhundert zwar immer noch teuer, aber immer mehr Menschen konnten und wollten sie sich leisten. Bei den Schmidts gehörten Lemoni bereits 1685 zum Warenangebot. Ebenso verhielt es sich mit dem Reis. Reis war bis zum Ende des

17. Jahrhunderts noch eine Luxusspeise der Reichen, und auf dem Land suchte man sie vergebens. Die Schmidts verkauften bereits 1684 Reis an Klöster der Umgebung.

Weitere aus der Neuen Welt eingeführte Genussmittel wie Zucker und exotische Gewürze wurden von ihren Kundinnen und Kunden regelmäßig nachgefragt. Der Kaffee sollte erst im 18. Jahrhundert zur Handelsware avancieren. Einen sehr großen Umkreis von Mühldorf bis nach Bayern versorgten die Schmidts mit Tabak, vor allem Rauchtabak, weniger Schnupftabak. Da der Erzbischof von Salzburg durch niedrige Steuern den Salzburger Handel fördern wollte, waren in Mühldorf zur Zeit der Schmidts die Tabakaufschläge im Vergleich zu den Nachbarländern Bayern und Habsburg niedrig, sodass sich größere und kleine Händler bis nach Niederbayern ihren Bedarf an Tabak aus Mühldorf besorgten.

Dass die Waren nicht sofort bar bezahlt, sondern auf Kredit gegeben wurden, dürfte schon lange vor den Schmidts üblich gewesen sein und hing eher mit den geringen Bargeldmitteln zusammen als mit geringer Kaufkraft bzw. Finanzierungsschwierigkeiten seitens der Kundschaft.[2] Mithilfe der sorgfältig geführten Strazza ließen sich die Außenstände gut verfolgen.

Wer produzierte die Waren? Bis auf seltene Ausnahmen wie den Bortenwirker Georg Danner lassen sich die Produzenten nicht namentlich fassen, aber über die Warenbezeichnungen wie Münchner und Breslauer Strümpfe oder mährisches, holländisches, englisches Tuch, Augsburger Barchent, Hofer Wurschet oder Kölner Band u. a. lassen sich doch gewisse Gewerbelandschaften identifizieren, wo solche Waren – mancherorts in Hausindustrie - für den überregionalen Markt produziert wurden. Allerdings muss man gerade bei den Stoffarten einschränkend darauf hinweisen, dass sie häufig *in der Art von xyz* auf Webstühlen gewebt wurden.

Die Analyse der Strazza hat gezeigt, dass zumindest Ende des 17. Jahrhunderts die Einbindung nicht nur in ein regionales Netz, sondern in ein überregionales Netz mit größerer Reichweite auch in kleineren Städten wie Mühldorf a. Inn durchaus üblich war und dass insbesondere Textilhandwerker für einen solchen Markt arbeiteten. Man bezog Waren aus unterschiedlichsten Regionen, die auf bestimmte Produkte spezialisiert waren und den überregionalen Markt damit belieferten. Insgesamt zeichnet sich eine Verschränkung des lokalen, regionalen und überregionalen Handels ab.

Die große Anzahl der Produkte, die Vater und Sohn Schmidt in ihrem Gewölbe vorrätig hielten, weist auf eine intensive Nachfrage und einen entsprechenden Konsum hin. In der historischen Konsumforschung werden drei Kategorien von Waren in der Vormoderne unterschieden: die *necessities* (= Notwendigkeiten), die *decencies/commodities* (= Annehmlichkeiten) und die *luxuries* (= Luxuswaren).[3]

---

2 Muldrew, Obligation, S. 95.

3 Brewer, Moderne Konsumgeschichte, S. 51–74, hier S. 52–53. Beck, Luxus oder Decencies?, hier S. 37–38.

Unter dem breiten Sortiment an Textilien wie auch an Spezereien finden sich alle drei Kategorien. Warme wollene Wintersocken und handgestrickte Strümpfe, einfaches Leinengewebe, Barchent oder ein Siebtuch, Nesteln zum Binden, Haken und Ösen oder Nähfaden wird man sicher zu den Notwendigkeiten (*necessities*) zählen dürfen. Der größte Teil des textilen Angebotes an Stoffen, Borten, Bändern, Spitzen u. a. ist wohl als Annehmlichkeit (*decencies*) zu bezeichnen, die nicht lebensnotwendig waren, aber die äußere Erscheinung der Person positiv hervortreten ließen. Ganz besonders gilt dies für die Knöpfe. Aber nur wenige Waren in Schmidts Gewölbe waren wirkliche Luxusartikel (*luxuries*), wie besonders aufwendig gearbeitete, breite Seidenspitzen, Seidenstrümpfe oder leonische Borten mit echten Gold- und Silberfäden, wie die Spitze für einen Rauchmantel oder auch Gewürze wie der Safran oder die Muskatblüte.

Die Strazza ist eine seltene und ergiebige Quelle. Insbesondere für kleine und mittlere Städte hat die Forschung aufgrund der schlechten Quellenlage nur wenige Aussagen zum Handel und den gehandelten Waren treffen können.

Auf der Basis der Strazza konnte aufgrund der Einträge erstmals im Detail gezeigt werden, welche Bedeutung die Krämer vor Ort für die Distribution von Waren gehabt haben und wie die *world of goods* im späten 17. Jahrhundert ausgesehen haben könnte. Der Arbeitsaufwand und die Probleme bei der Transkription waren hoch, dagegen steht jedoch ein reichlicher Ertrag an Erkenntnis zur Warenwelt, dem Konsumverhalten und der Geschäftstätigkeit in einer Kleinstadt des 17. Jahrhunderts. Nicht nur das Warensortiment wurde erschlossen, auch die Preise der Waren lassen sich in den meisten Fällen erschließen und die Strazza gibt Einblick in die Geschäftstätigkeit und die Zahlungsusancen. Die Kundschaft aus verschiedenen Berufen und Orten ließ sich – in vielen Fällen namentlich – ermitteln, ebenso die Lieferanten. Die Geschäftstätigkeit ist daher in groben Zügen nachzuvollziehen. Außerdem wurde die zentrale Funktion Mühldorfs für die Versorgung der Umgebung mit neuen Produkten im 17. Jahrhundert vorgestellt. Gerade die kleineren Händler waren diejenigen, die die übrigen Marktteilnehmer mit Waren aller Art versorgten. Global gehandelte Waren fanden durch sie auch in Klein- bzw. Mittelstädten wie Mühldorf a. Inn ihre Käuferschaft. Damit wäre für die eingangs gestellte Frage Denekes zumindest für Mühldorf a. Inn eine ausführliche Antwort gefunden. Die Arbeit soll nicht nur Anregung für eine weitere Konsumforschung sein, sich intensiver mit diesem Quellentypus zu befassen, sondern gibt auch einen Hinweis darauf, dass die Forschung zu Klein- und Mittelstädten durchaus von großem Interesse sein kann. Wenngleich sich die hier ausgewertete Strazza nur über einen Zeitraum von drei Jahren ersteckt, so kann sie dennoch zeigen, dass hinsichtlich der angebotenen bzw. abgesetzten Waren ein Wandel zu verzeichnen ist, zumal auch modische Waren aufgeführt wurden. – Trentmann hat darauf hingewiesen, dass es nicht sinnvoll sei, nach einer Genese der „Konsumrevolution“ Ausschau zu halten. Angemessener erscheint hier eine Perspektive, die eine Bestandsaufnahme intendiert und – wie Trentmann fordert – Veränderungen im Lauf der Zeit erkennen lässt. Die größere Aufgabe der Historiker sei, die Herausbildung des Konsums in Raum und Zeit nachzuvollziehen.[4]

Der Quellentypus Rechnungsbuch ist nur mit großem Aufwand zu erschließen: Trotz der kurzen Laufzeit vermittelt die Strazza einen Einblick in die *world of goods* und die Welt der Konsumenten einer mitteleuropäischen Klein- bzw. Mittelstadt. Solche Rechnungsbücher sind nur selten überliefert, doch zusammen mit den Haushaltsbüchern geben sie wohl am besten Aufschluss zur Veränderung des Konsums im Laufe der Zeit.

4 Trentmann, Herrschaft der Dinge, S. 23.

9 Anhang

9.1 Archivquellen

Archiv der Stadt Salzburg, Rechnungsbuch Bürgerspital, Nr. 899, 1683.
BayHStAM, Pfleggericht Mühldorf, Amtsbücher 9, Steuerbuch von 1637.
BayHStAM, Pfleggericht Mühldorf, Amtsbücher 15.
BayHStAM, Erzstift Salzburg Pfleggericht Mühldorf, Amtsbücher 33.
BayHStAM, Erzstift Salzburg Pfleggericht Mühldorf, Amtsbücher 34.
BayHStAM, Erzstift Salzburg Pfleggericht Mühldorf, Amtsbücher 38, Erbsanfallbrief vom 1. Nov. 1680.
Kreisarchiv München, Gerichtsliteralien 2551/8 (Exzerpt im Stadtarchiv Mühldorf a. Inn).
Stadtarchiv Landshut, Bd. 32b, fol. 171.
Stadtarchiv Mühldorf, Ratsprotokolle B 1/32
Stadtarchiv Mühldorf, Ratsprotokolle B 1/33
Stadtarchiv Mühldorf, Taufmatrikel, B 1/33, B 94/13.
Stadtarchiv Mühldorf, Trauungsregister, B 94/14.
Stadtarchiv Mühldorf, U 206. Ordnung der Bruderschaft der Kaufleute oder Fragner zu Mühldorf vom 15. Januar 1646.
Stadtarchiv Mühldorf, handschriftlicher Stammbaum.
Stadtarchiv Mühldorf a. Inn, Buch 4, 1777–1784.
Stadtarchiv Mühldorf, Stadtratsprotokolle 1660, 1. März.
Stadtarchiv Mühldorf, Gollwitzer, Auszüge aus Stadtrechnungen A–X, handschriftlich, ohne Signatur.
Stadtarchiv Mühldorf, B 128, Kochbuch der Cordula Heilrath.
Stadtarchiv Wasserburg a. Inn, I2c1349 und I2c885.

9.2 Onlinequellen

Bürgerbuch Salzburg, BU 17 https://www.stadt-salzburg.at/migrationsarchiv/quellen-zur-migrationsgeschichte-im-stadtarchiv/buergerbuecher/, 24.05.2021.
Kloster Gars a. Inn, http://www.hdbg.eu/kloster/index.php/volltext?q=Gars+a.+Inn, 24.05.2021.
Kloster Irsee, Tagungsberichte, https://www.uni-bamberg.de/hist-ng/transfer/irseer-ak/, 23.05.2021.
Nürnberger Kleiderordnung vom Jahre 1693, in: Der Nürnberger Geschichts-, Kunst- und Alterthumsfreund, Bd. 1, 22. Lieferung, 27. October 1842, S. 170–173. https://books.google.de/books?id=CmJEAAAAcAAJ&pg=PA145&lpg=PA145&dq=N%C3%BCrnberger+Kleiderordnung+1693&source=bl&ots=Daxf1wiUQ3&sig=ACfU3U0MnVYBR5pVIzNVp4zSLRHXChjBEQ&hl=de&sa=X

&ved=2ahUKEwily7fr2PPtAhWC3YUKHUL4C2gQ6AEwBnoECAYQA g#v=onepage&q=N%C3%BCrnberger%20Kleiderordnung%201693&f=false, 29.12.2020.

Salzburgwiki, https://www.sn.at/wiki/Arsenbergwerk_Rotg%C3%BClden, 24.05.2021.

Stofflexikon, http://www.stofflexikon.com, 24.05.2021.

Spängler Ausgabenbücher, https://www.spaengler-haushaltsbuecher.at/, 24.05.2021.

9.3 Abkürzungen

Abb.	Abbildung
AK	Ausstellungskatalog
Aufl.	Auflage
BayHStAM	Bayerisches Hauptstaatsarchiv München
B	Beiheft
Bd., Bde.	Band, Bände
Dtzd.	Dutzend, Menge von 12 Exemplaren
d	Denar, Pfennig
EDN	Enzyklopädie der Neuzeit
fl	Gulden
GNM	Germanisches Nationalmuseum Nürnberg
Hg.	Herausgeber
Inv.	Inventar
Lot	Lot (16,6 gr)
masch.	maschinenschriftlich
MGSL	Mitteilungen der Gesellschaft für Salzburger Landeskunde
Pf	Pfund (560 gr = ein Salzburger Pfund)
Sp.	Spalte
St	Stück
VSWG	Vierteljahrschrift für Sozial- und Wirtschaftsgeschichte
xr	Kreuzer
ZBLG	Zeitschrift für Bayerische Landesgeschichte
ct.	Zentner (= 100 Pfund)

Aagard, Herbert, Stichwort Nadler, in: Reith (Hg.), Lexikon des alten Handwerks, S. 172–176.

Aagard, Herbert, Die deutsche Nähnadelherstellung im 18. Jahrhundert, Altena 1987.

Aberle, C., Die Geschichte der Wirkerei und Strickerei, in: E. H. O. Johannsen u. a. , Die Geschichte der Textil-Industrie, Leipzig, Stuttgart, Zürich 1932, S. 385–543.

Adelung, Johann Christoph, Grammatisch-kritisches Wörterbuch der hochdeutschen Mundart, Wien 1811, online: https://www.woerterbuchnetz.de/Adelung, 24.05.2021.

Adrian, Karl, Salzburger Dult, Salzburg 1927.

Ammerer, Gerhard, Alles was sich rührt, beschäftigt sich mit Baumwoll Stricken. Bemerkungen zum Halleiner Wollverlag im 17. und 18. Jahrhundert, in: Salzburg Archiv 2 (1986), S. 173–177.

Ammerer, Gerhard, Notizen zur städtischen Wirtschaft, Gesellschaft und Verwaltung in der frühen Neuzeit, in: Dopsch, Spatzenegger (Hg.), Geschichte Salzburgs Bd. II/4, S. 2071–2159.

Amstutz, Irene, Strebel, Sabine, Seidenbande. Die Familie De Bary und die Basler Seidenbandproduktion von 1600 bis 2000, Baden 2002.

Angermeier, Rudolf, Die Struktur Mühldorfs und seiner Bewohner, in: Mühldorf Stadt am Inn, Heimatbund Mühldorf e. V. (Hg.), Mühldorf 1995, S. 67–69.

Angermeier, Rudolf, Jahrmärkte – Wochenmärkte – Viehmärkte, in: Mühldorf, S. 61–67.

Angermüller, Rudolph, Der Verlassenschaftsakt von Lorenz Hagenauer als Dokument Salzburger Wirtschaftsgeschichte, in: Mozart-Studien 18 (2009), S. 307–357.

Anshelm, Valerius, genannt Rüd, Die Berner Chronik, Bern 1833.

Arlinghaus, Franz-Josef, Zwischen Notiz und Bilanz. Zur Eigendynamik des Schriftgebrauchs in der kaufmännischen Buchführung am Beispiel der Datini/di Berto-Handelsgesellschaft in Avignon 1367–1373 (Gesellschaft Kultur und Schrift – Mediävistische Beiträge 8), Frankfurt am Main 2000.

Arlinghaus, Franz-Josef, Die Bedeutung des Mediums „Schrift“ für die unterschiedliche Entwicklung deutscher und italienischer Rechnungsbücher, in: Walter Pohl, Paul Herold (Hg.), Vom Nutzen des Schreibens. Soziales Gedächtnis, Herrschaft und Besitz im Mittelalter (Forschungen zur Geschichte des Mittelalters, Bd. 5), Wien 2002, S. 237–268.

Bartelmeß, Albert, Stichwort Leb- und Wachszelter, in: Reith (Hg.), Lexikon des alten Handwerks, S. 144–147.

Barth-Scalmani, Gunda: Der Handelsstand in der Stadt Salzburg am Ende des 18. Jahrhunderts: Altständisches Bürgertum in Politik, Wirtschaft und Kultur. Diss. phil. (masch.), Salzburg 1992.

Barth-Scalmani, Gunda, Vater und Sohn Mozart und das (Salzburger) Bürgertum, oder „Sobald ich den Credit verliere ist auch meine Ehre hin", in: Dies., Brigitte Mazohl-Wallnig, Ernst Wangermann (Hg.), Genie und Alltag. Bürgerliche Stadtkultur zur Mozartzeit, Salzburg, Wien 1994, S. 173–202.

Barth-Scalmani, Gunda, Bauer, Ingrid, Fuchs, Sabine, Frauen und Arbeit, in: Brigitte Mazohl-Wallnig u. a. (Hg.), Die andere Geschichte, Bd. 1, Salzburg, München 1996, S. 155–187.

Barth-Scalmani, Gunda, Eine bürgerliche Familie der Frühen Neuzeit: Die Handelsfamilie Hagenauer in der fürsterzbischöflichen Haupt- und Residenzstadt Salzburg im 18. Jahrhundert, in: Barockberichte 44/45, Salzburg 2006, S. 821–831.

Baxa, Jacob, Studien zur Zuckerindustrie in den Ländern des ehemaligen Österreichs, Wien 1950.

Baxa, Jacob, Bruhns, Guntwin, Zucker im Leben der Völker, eine Kultur- und Wirtschaftsgeschichte, Berlin 1967.

Beck, Rainer, Luxus oder Decensies? Zur Konsumgeschichte der Frühneuzeit als Beginn der Moderne, in: Reinhold Reith, Torsten Meyer (Hg.), Luxus und Konsum. Eine historische Annäherung (Cottbuser Studien zur Geschichte von Technik, Arbeit und Umwelt 21), Münster, New York, München, Berlin 2003, S. 29–46.

Beck, Rainer, Lemonihändler. Welsche Händler und die Ausbreitung der Zitrusfrüchte im frühneuzeitlichen Deutschland, in: Jahrbuch für Wirtschaftsgeschichte, 2004/2, S. 97–123.

Mühldorf a. Inn. Salzburg in Bayern, Begleitband zur Ausstellung Mühldorf a. Inn, Salzburg in Bayern 935–1802–2002, Mühldorf 2002.

Beckh, Max, Die Nürnberger echte und leonische Gold- und Silberdrahtindustrie (Statistische und Nationalökonomische Abhandlungen), München 1917.

Belfanti, Carlo Marco, Fashion and Innovation: The Origins of Italien Hosiery Industry in the Sixteenth and Seventeenth Centuries, in: Textile History 27/2 (1996), S. 132–147.

Benkert, Davina, Messbücher und Messrechnungen. Zur Geschichte der Basler Messen bis 1647, in: Peter Rauscher, Andrea Serles (Hg.), Wiegen, Zählen, Registrieren. Handelsgeschichtliche Massenquellen und die Erforschung mitteleuropäischer Märkte (13.–18. Jahrhundert), Innsbruck 2015, S. 69–90.

Bleckenwegner, Hans, Nachlassinventare aus Traunstein 1660–1710. Ein Beitrag zur Inventurforschung und zur Stadtgeschichte Traunsteins, Berlin 2016.

Boehn, Max von, Die Mode. Kulturgeschichte vom Mittelalter bis zum Barock, bearbeitet von Ingrid Loschek, 2. Aufl., München 1982.

Boelcke, Willi A., Der Agrarkredit in deutschen Territorialstaaten vom Mittelalter bis Anfang des 18. Jahrhunderts, in: Michael North (Hg.), Kredit im spätmittelalterlichen und frühneuzeitlichen Europa, Köln, Wien 1991, S. 192–216.

Böth, Gitta, Kleidungsforschung, in: Rolf W. Brednich (Hg.), Grundriss der Volkskunde. Einführung in die Forschungsfelder der Europäischen Ethnologie, Berlin 1988, S. 153–169.

Gottfried Christian Bohns Waarenlager oder Wörterbuch der Produkten und Waarenkunde des wohlerfahrenen Kaufmanns, Zweyte Abtheilung, Hamburg 1805, online: https://books.google.de/books?id=ZUU7AAAAcAAJ&printsec=frontcover&hl=de#v=onepage&q&f=false, 25.05.2021.

Bohnsack, Almut, Spinnen und Weben, Entwicklung von Technik und Arbeit im Textilgewerbe, München 1981.

Brandhuber, Christoph, Gratz, Reinhard (Hg.), Fürsterzbischof Maximilian Gandolph Graf von Kuenburg: Regisseur auf vielen Bühnen 1668–1687, AK Dommuseum, Salzburg 2018.

Brandhuber, Christoph, Ausgaben für Bildung und Unterricht, in: Reith u. a. (Hg.), Haushalten und Konsumieren, S. 283–292.

Brewer, John, Porter, Roy, Consumption and the World of Goods, London, New York 1994.

Brewer, John, Was können wir aus der Geschichte der frühen Neuzeit für die moderne Konsumgeschichte lernen? in: Hannes Siegrist, Hartmut Kaelble, Jürgen Kocka (Hg.), Europäische Konsumgeschichte. Zur Gesellschafts- und Kulturgeschichte des Konsums (18. bis 20. Jahrhundert), Frankfurt am Main, New York 1997, S. 51–74.

Bruckmüller, Ernst, Ammerer, Gerhard, Die Land- und Forstwirtschaft in der Frühen Neuzeit, in: Dopsch, Spatzenegger(Hg.), Geschichte Salzburgs, Bd. 2/4, S. 2502–2562.

Burde, Christina, Bedeutung und Wirkung der schwarzen Bekleidungsfarbe in Deutschland zur Zeit des 16. Jahrhunderts, Diss. Bremen, 2005.

Cassitti, Patrick, „Nürnberger Waren“. Materielle Kultur und geographische Verbreitung von Buntmetallobjekten des Mittelalters und der frühen Neuzeit, Bd. 1, Habilitationsschrift (masch.) Bamberg 2018.

Cerman, Markus, Proto-industrielle Entwicklung in Österreich, in: Markus Cerman, Sheilagh C. Ogilvie (Hg.), Proto-Industrialisierung in Europa, Wien 1994, S. 161–175.

Clasen, Claus-Peter, Augsburger Stoffarten im 17. und 18. Jahrhundert, in: Zeitschrift des Historischen Vereins für Schwaben 82 (1989), S. 105–142.

Dauenhauer, Erich, Kaufmännische Erwachsenenbildung in Deutschland im 18. Jahrhundert, Diss. Erlangen-Nürnberg 1964.

Demian, Johann Andreas, Statistik des Österreichischen Kaisertums, Leipzig 1820, online: https://mdz-nbn-resolving.de/urn:nbn:de:bvb:12-bsb10012148-3, 19.06.2021.

Deneke, Bernward, Bemerkungen zur Geschichte vorgefertigter Kleidung, in: Zeitschrift für Waffen- und Kostümkunde (29) 1987, S. 68–73.

Deneke, Bernward, Aspekte der Modernisierung städtischer und ländlicher Kleidung zwischen 1770 und 1830, in: Günter Wiegelmann (Hg.), Wandel der Alltagskultur seit dem Mittelalter. Phasen – Epochen – Zäsuren, Münster 1987, S. 161–177.

Denzel, Markus A., Professionen und Professionisten. Die Dachsbergsche Volksbeschreibung im Kurfürstentum Baiern (1771–1781), Stuttgart 1998.

Denzel, Markus A. (Hg.), Gewürze: Produktion, Handel und Konsum in der Frühen Neuzeit, St. Katharinen 1999.

Denzel, Markus A., Handelspraktiken als wirtschaftshistorische Quellengattung vom Mittelalter bis in das frühe 20. Jahrhundert. Eine Einführung, in: Markus A. Denzel, Jean Claude Hocquet, Harald Witthöft (Hg.), Kaufmannsbücher und Handelspraktiken vom Spätmittelalter bis zum beginnenden 20. Jahrhundert, Stuttgart 2002, S. 10–45.

Denzel, Markus A., Die Geschäftsbeziehungen des Schaffhauser Handels- und Bankhauses Amman 1748–779, in: VSWG 89/1 (2002), S. 1–40.

Die Jesuiten in Bayern, 1549–1773, Katalog zur Ausstellung des Bayer. Hauptstaatsarchivs und der Oberdeutschen Provinz der Gesellschaft Jesu, Weißenhorn 1991.

Der kleine Maier-Rothschild. Ein praktischer Führer durch das Gebiet der Handelswissenschaften, Berlin 1896.

Dietz, Walter, Die Wuppertaler Garnnahrung. Geschichte der Industrie und des Handels von Elberfeld und Barmen 1400–1800, Neustadt an der Aisch 1957.

Dirlmeier, Ulf, Fouquet, Gerhard, Ernährung und Konsumgewohnheiten im spätmittelalterlichen Deutschland, in: Geschichte in Wissenschaft und Unterricht 44 (1993), S. 504–526.

Dirninger, Christian, Die Salzburger Exklave als Wirtschaftsstandort, in: Begleitband Salzburg in Bayern 935–1802–2002, Mühldorf 2002, S. 78–93.

Dirninger, Christian, Wirtschaft und Bevölkerung im späten 18. Jahrhundert, in: Heimat mit Geschichte und Zukunft. EuRegio Salzburg – Berchtesgadener Land, Traunstein 2004, S. 98–118.

Domonkos, Otto, Musterbuch der Leutschauer Posamentierer (1702, 1709, 1712, 1753, 1767), in: Katrin Keller, Gabriele Viertel, Gerald Diesener (Hg.), Stadt, Handwerk, Armut. Eine kommentierte Quellensammlung zur Geschichte der Frühen Neuzeit, Leipzig 2008, S. 293–298.

Dopsch, Heinz, Mühldorf als erzbischöfliche Stadt, in: Begleitband Salzburg in Bayern, S. 12–25.

Dorner, Johann, Der Burghauser Stadtbaumeister Domenico Christoforo Zuccalli, in: Öttinger Land, 16 (1996), S. 82–90.

Dreger, Moriz, Zu den Anfängen der Seidenbandweberei in Wien, in: Kunst und Handwerk XIX (1916), S. 397–494.

Ebert-Wolf, Marianne, Geschichte des Nürnberger Lebkuchens vom Handwerk zur Industrie, in: Mitteilungen des Vereins für Geschichte der Stadt Nürnberg 52 (1963–64), S. 491–504.

Edlin-Thieme, Margareta, Studien zur Geschichte des Münchner Handelsstandes, Stuttgart 1969.

Ehrenberg, Richard, Das Zeitalter der Fugger, Geldkapital und Creditverkehr im 16. Jahrhundert, 2 Bde, Jena 1896.

Engel, Alexander, Farben der Globalisierung, Die Entstehung moderner Märkte für Farbstoffe 1500–900, Frankfurt am Main, New York 2009.

Engel, Alexander, Homo oeconomicus trifft ehrbaren Kaufmann, in: Häberlein, Jeggle (Hg.), Praktiken des Handels, S. 145–172.

Erker, Erich, „In der Cassatruchen war vorhanden“. Münzen und Medaillen als Zahlungsmittel, Geschenke und Sammlungsobjekte, in: Reith u. a. (Hg.), Haushalten und Konsumieren, S. 271–281.

Ernst, Elisabeth, Tabak in der Steiermark. Von den Anfängen eines Genußmittels bis zur industriellen Produktion in Fürstenfeld (Forschungen zur Geschichtlichen Landeskunde der Steiermark, Bd. XXXIX), Graz 1996.

Esterhues, Elisabeth, Die Seidenhändlerfamilie Zurmühlen in Münster i. W. Ein Beitrag zur Handelsgeschichte Westfalens im 17./18. Jahrhundert (Schriften zur Rheinisch-westfälischen Wirtschaftsgeschichte 4), Köln 1960.

Fenske, Michaela, Marktkultur in der Frühen Neuzeit. Wirtschaft, Macht und Unterhaltung auf einem städtischen Jahr- und Viehmarkt, Köln, Weimar, Wien 2006.

Fenske, Michaela, Kredit im Kontext der frühneuzeitlichen Marktkultur. Zahlungspraktiken auf einem Jahr- und Viehmarkt, in: Häberlein, Jeggle (Hg.), Praktiken des Handels, S. 477–492.

Fickel, Alfred, Die Entwicklung des städtischen Lehrerstandes von den Anfängen bis zum Beginn des 19. Jahrhunderts, illustriert an den Schulverhältnissen in Mühldorf am Inn, in: Johann Georg Prinz zu Hohenzollern, Max Liedtke, Schreiber, Magister, Lehrer. Zur Geschichte und Funktion eines Berufsstandes, Bad Heilbronn/Obb. 1989, S. 162–119.

Fink, Paul, Die Geschichte der Basler Bandindustrie 1550–1800 (Basler Beiträge zur Geschichtswissenschaft, 147), Basel, Frankfurt am Main, 1983.

Fontaine, Laurence, History of Pedlars in Europe, Cambridge 1996.

Freudlsperger, Hans, Kurze Fischereigeschichte des Erzstifts Salzburg, in: MGSL 77 (1937), S. 145–175.

Friederich, Christoph (Hg.), 300 Jahre Hugenottenstadt Erlangen. Vom Nutzen der Toleranz. Ausst. im Stadtmuseum Erlangen 1.6.–23.11.1986.

Frühneuhochdeutsches Wörterbuch online: https://fwb-online.de/, 24.05.2021.

Geffcken, Peter, Häberlein, Mark, Rechnungsfragmente der Augsburger Welser-Gesellschaft (1496–1551): Oberdeutscher Fernhandel am Beginn der neuzeitlichen Weltwirtschaft, Stuttgart 2014.

Geramb, Viktor von, Hamburger Strümpfe in Österreich, in: Zeitschrift des Vereins für Hamburgische Geschichte XXXII, 1931, S. 161–166.

Gerhard, Hans-Jürgen, Gewürzpreise in europäischen Handelszentren im 18. Jahrhundert, in: Denzel (Hg.), Gewürze, S. 149–185.

Gerteis, Klaus, Reisen, Boten, Posten. Korrespondenz in Mittelalter und früher Neuzeit, in: Pohl (Hg.), Kommunikation, S. 19–36.

Ginzburg, Carlo, Mikro-Historie. Zwei oder drei Dinge, die ich von ihr weiß, in: Historische Anthropologie 1 (1993), S. 169–192.

Glüber, Wolfgang, Pietsch, Johannes, Reinisch, Jutta, Chic! Mode im 17. Jahrhundert, Regensburg 2016.

Gockerell, Nina, Kleidung und Tracht, in: Edgar Harvolk (Hg.), Wege der Volkskunde in Bayern. Ein Handbuch, München, Würzburg 1987, S. 141–160.

Gollwitzer, Hans, Mühldorfs große Stadtbrände, 1285–1495–1640, in: Das Mühlrad 13, 1968–1970, S. 93–102.

Gollwitzer, Hans, Die Mühldorfer Jahrmärkte, in: Das Mühlrad, 17, 1976, S. 94–115.

Gollwitzer, Hans, Schmidt – Reischl – Daxenberger – Brandl. Zur Geschichte eines Mühldorfer Geschäftes, masch. Manuskript, o. J.

Gollwitzer, Hans, Spagl, Hans Rudolf, Zur Apothekengeschichte der Stadt Mühldorf, in: Das Mühlrad 25, 1983, S. 85–100.

Gorißen, Stefan, Vom Handelshaus zum Unternehmen. Sozialgeschichte der Firma Harkort im Zeitalter der Protoindustrie (1720–1820), Göttingen 2002.

Grimm, Jacob und Wilhelm (Hg.), Deutsches Wörterbuch (DWB) – Neubearbeitung, online: https://www.dwds.de/d/wb-2dwb, 25.05.2021

Groebner, Valentin, Ökonomie ohne Haus. Zum Wirtschaften armer Leute in Nürnberg am Ende des 15. Jahrhunderts, Göttingen 1993.

Grüll, Georg, Die Strumpffabrik Ponneggen 1763–1818, in: Mitteilungen des Oberösterreichischen Landesarchivs 6 (1995), S. 4–135.

Grypa, Dietmar, Gutfleisch, Wolfgang (Hg.), Das Kurfürst-Maximilian-Gymnasium zu Burghausen. Vom Kolleg der Societas Jesu zur königlichen Bayerischen Studien-Anstalt, Würzburg 1997.

Gürtler, Wolfgang, Stichwort Knopfmacher, in: Reith (Hg.), Lexikon des alten Handwerks, S. 131–134.

Haas, Hans, Wandergewerbe und Wanderhandel aus den und in die Alpen, in: Jahrbuch für Regionalgeschichte 35 (2017), S. 33–66.

Habel, Eva, Inventur und Inventar im Pfleggericht Wasserburg (Münchner Beiträge zur Volkskunde 21), Münster, New York, München, Berlin 1997.

Häberlein, Mark, Handelsgesellschaften, Sozialbeziehungen und Kommunikationsnetze in Oberdeutschland zwischen dem ausgehenden 15. und der Mitte des 16. Jahrhunderts, in: Carl A. Hoffmann, Rolf Kießling (Hg.), Kommunikation und Region, Konstanz 2001, S. 305–326.

Häberlein, Mark, Savoyische Kaufleute und die Distribution von Konsumgütern im Oberrheingebiet, ca. 1720–1840, in: Rolf Walter (Hg.), Geschichte des Konsums. Erträge der 20. Arbeitstagung der Gesellschaft für Sozial- und Wirtschaftsgeschichte 23.–26. April 2003 in Greifswald, Stuttgart 2004, S. 81–114,

Häberlein, Mark, Kreditbeziehungen und Kapitalmärkte vom 16. bis zum 19. Jahrhundert, in: Schlumbohm (Hg.), Soziale Praxis des Kredits, S. 37–51.

Häberlein, Mark, Jeggle, Christof (Hg.), Praktiken des Handels. Geschäfte und soziale Beziehungen europäischer Kaufleute in Mittelalter und früher Neuzeit (Irseer Schriften 6), Konstanz 2010.

Häberlein, Mark, Aufbruch ins globale Zeitalter: die Handelswelt der Fugger und Welser, Darmstadt 2016.

Haemmerle, Albert, Buntpapier, München 1977.

Hagger, Conrad, Neues Saltzburgisches Koch-Buch. Die altbewährten Rezepte des fürsterzbischöflichen Leibkochs. Für die heutige Küche koch- und mundgerecht gemacht von Hermann Bauer, Salzburg 1967.

Halmdienst, Carmen, Die Entwicklung der Leinenindustrie in Oberösterreich unter besonderer Berücksichtigung des Mühlviertels, Linz 1993.

Harder–Gersdorff, Elisabeth, Leinen-Regionen im Vorfeld und im Verlauf der Industrialisierung (1780–1914), in: Hans Pohl (Hg.), Gewerbe- und Industrielandschaften vom Spätmittelalter bis ins 20. Jahrhundert, Stuttgart 1986, S. 203–253.

Harder-Gersdorff, Elisabeth, Lübeck und Hamburg im internationalen Handel mit russischem Juchtenleder in der Frühen Neuzeit (1650–710), in: Zeitschrift des Vereins für Lübeckische Geschichte und Altertumskunde 67 (1987), S. 91–147.

Hassinger, Herbert, Johann Joachim Bechers Kampf gegen Frankreich und die Gründung einer Wollmanufaktur in Salzburg im Jahre 1677, in: MGSL 78 (1938), S. 160–185

Hausmann, Robert F., Im Gwölb. Waren in steirischen Kaufmannsläden des 17. und 18. Jahrhunderts, in: Zeitschrift des Historischen Vereines für die Steiermark 95 (2004), S. 159–172.

Hermann, Hans-Georg, Das Mühldorfer Stadtrecht im Spätmittelalter und der Frühen Neuzeit, in: Begleitband Salzburg in Bayern, S. 36–47.

Herzog, Theo, Landshuter Häuserchronik, Neustadt an der Aisch 1967.

Hiemer, Leo, Carl Hirnbein (1807–1871). Der Allgäu-Pionier, Immenstadt-Werdenstein 2012.

Hinzmann, Axel, Die Wirtschaft der Neustadt. Wirtschaftliche Innovationen der Hugenotten in Erlangen, in: Christoph Friederich (Hg.), 300 Jahre Hugenottenstadt Erlangen. Vom Nutzen der Toleranz, Ausst. im Stadtmuseum Erlangen 1.6.–23.11.1986.

Hoede, Monika, Krump, Sabine, Sturma, Jürgen, Posamentenknöpfe, Augsburg 2014.

Hörmann, Doris u. a., Das Nachlassinventar des Salzburger Bürgermeisters und Spezereiwarenhändlers Johann Christian Pauernfeind (1687–1768), in: Salzburg Archiv 36 (2016), S. 233–280.

Hörmann, Doris, Die Haushaltsbücher und das Hauptbuch der Tuch- und Seidenhandlung, in: Reinhold Reith u. a. (Hg.), Haushalten und Konsumieren, S. 165–177.

Hörmann, Doris, Eisenhandel im vorindustriellen Steyr. Die Kaufleutefamilie Koller im 18. und 19. Jahrhundert. Eine Unternehmensgeschichte, Diss. phil (masch.) Salzburg 2020.

Carl A. Hoffmann, Landesherrliche Städte und Märkte im 17. und 18. Jahrhundert. Studien zu ihrer ökonomischen, rechtlichen und sozialen Entwicklung in Oberbayern, Kallmünz 1997.

Hofmann, Viktor, Die Wollenzeugfabrik zu Linz an der Donau, in: Archiv für österreichische Geschichte, 108. Bd., 2. Hälfte (Beiträge zur neueren österreichischen Wirtschaftsgeschichte. I. Teil), Wien 1920.

Hoock, Jochen, Reininghaus, Wilfried (Hg.), Kaufleute in Europa. Handelshäuser und ihre Überlieferung in vor- und frühindustrieller Zeit. Beiträge der Tagung im Westfälischen Wirtschaftsarchiv 9. bis 11. Mai 1996, Dortmund 1997.

Hoock, Jochen, Zum Stande der europäischen Kaufmannsgeschichte, in: Hoock, Reininghaus (Hg.), Kaufleute, S. 11–23.

Hopf-Droste, Marie-Luise, Vorbilder, Formen und Funktionen ländlicher Anschreibebücher, in: Helmut Ottenjann, Günter Wiegelmann(Hg.), Alte Tagebücher und Anschreibebücher, Quellen zum Alltag der ländlichen Bevölkerung in Nordwesteuropa, Münster 1982, S.

Horn, Erna, Bayern tafelt. Vom Essen und Trinken in Altbayern, Franken und Schwaben, München 1980.

Hübner, Lorenz, Beschreibung des Erzstiftes und Reichsfürstenthums Salzburg in Hinsicht auf Topographie und Statistik, 2 Bde.: 1. Bd.: Das Salzburgische Flache Land, 2. Bd.: Das Salzburgische Gebirgsland, Salzburg 1796 (Faksimile-Ausgabe Salzburg 1982).

Huemer, Anna, *Für Aderlass, Harr Butter & Sayf*, Körper und Hygiene, in: Reith u. a. (Hg.), Haushalten und Konsumieren, S. 247–257.

Imboden, Gabriel, Die Handels- und Rechnungsbücher Kaspar Stockalpers von Thurm 1609–1691, in: Denzel, Hocquet, Witthöft (Hg.), Kaufmannsbücher, S. 153–172.

Imhof, Rupert Freiherr von, Beiträge zur Geschichte des Salzburgischen Jagdwesens aus archivalischen Quellen gesammelt, in: MGSL 26 (1886), S.129–179.

Jahnke, Carsten, Das Silber des Meeres. Fang und Vertrieb von Ostseehering zwischen Norwegen und Italien (12.–16. Jahrhundert), Köln, Weimar, Wien 1999.

Janka, Wolfgang, Der Ortsnamen von Mühldorf, in: Das Mühlrad 62, 2020, S. 7–19.

Jansen, Max, Die Anfänge der Fugger, Leipzig 1907.

Junker, Almut, Stille, Eva, Die zweite Haut. Zur Geschichte der Unterwäsche 1700–1960 (Kleine Schriften des Historischen Museums Frankfurt, Bd. 39), AK Frankfurt am Main 1988.

Kellenbenz, Hermann, Wirtschaft und Gesellschaft Europas 1350–1650, in: Ders. (Hg.), Handbuch der europäischen Wirtschafts- und Sozialgeschichte, Bd. 3, Stuttgart 1986.

Kellenbenz, Hermann, Süddeutsche Wirtschaft im Netz regionaler und überregionaler Verflechtungen – zwischen westfälischem Frieden und Französischer Revolution, in: Joachim Jahn, Wolfgang Hartung, (Hg.), Gewerbe und Handel vor der Industrialisierung. Regionale und überregionale Verflechtungen im 17. und 18. Jahrhundert, Sigmaringendorf 1991, S. 9–26.

Keller, Anke, Das Schneiderhandwerk, in: In Mode. Kleider und Bilder aus Renaissance und Frühbarock, AK GNM 2015, S. 208–219.

Kießling, Rolf, Zur Entstehung von Wirtschaftslandschaften im Spätmittelalter, in: Helmut Flachenecker, Rolf Kießling (Hg.), Wirtschaftslandschaften in Bayern. Studien zur Entstehung und Entwicklung ökonomischer Raumstrukturen vom Mittelalter bis ins 19. Jahrhundert, München 2010, S. 15–54.

Kirmeier, Josef, Schütz, Alois, Brockhoff, Evamaria (Hg.), Schreibkunst. Mittelalterliche Buchmalerei aus dem Kloster Seeon, AK 1994, Augsburg 1994.

Klein, Herbert, Die Tuchweberei am unteren Inn und der unteren Salzach im 15. und 16. Jahrhundert nach Salzburger Quellen, in: MGSL 106 (1966), S. 115–139.

Kleinschmidt, Wolfgang, Essen und Trinken in der frühneuzeitlichen Reichsstadt Speyer: Die Rechnungen des Spitals St. Georg (1514–1600), Münster 2012.

Knapp, Rosemarie, Schloss Seehaus. Die Verwaltung des Salzburger Domkapitels im Rupertiwinkel, Laufen 2005.

Koch-Sternfeld, Joseph Ernst von, Die letzten dreissig Jahre des Hochstifts und Erzbisthums Salzburg, Salzburg 1816.

Kolb, Peter, Zur Geschichte der Stadt Laufen an der Salzach. Die wirtschaftliche Entwicklung einer landständischen Handels- und Gewerbestadt vom frühen 16. bis zum späten 19. Jahrhundert, Diss. München 1986.

Koller, Fritz, Das Salzburger Landesarchiv, Salzburg 1987.

Krainer, Waltraud, Hutter, Ernestine, Halleiner Strümpfe, in: Das Kunstwerk des Monats, August 2013, 26. Jg., Blatt 304.

Kramml, Peter F., Veits-Falk, Sabine, Weidenholzer, Thomas, Stadt Salzburg. Geschichte in Bildern und Dokumenten (Schriftenreihe des Archivs der Stadt Salzburg 16), Salzburg 2002.

Kramml, Peter, 150 Jahre Grünmarkt. Die Stadt Salzburg und ihre Märkte, in: Landesgeschichte aktuell 141 (2007), S. 7–38.

Edgar Krausen, Die Geschichte des Salzburger Waldbesitzes im Vogtgericht Mühldorf, in: ZBLG 11 (1938), S. 394–426.

Kreuter, Bruno, Beiträge zur Geschichte der Wollengewerbe in Bayern im Zeitalter des Merkantilsystems, in: Oberbayerisches Archiv für vaterländische Geschichte 50 (1897), S. 231–338.

Kromas, Angelika, Zu Gottes Ehr, mir und dem Meinigen zum Nutzen, in: Begleitband Salzburg in Bayern, S. 108–117.

Kromas, Angelika, Papier aus Lengfelden, in: Gemeinde Bergheim (Hg.), Bergheim. Geschichte und Gegenwart, Bergheim 2009, S. 473–490.

Kromas, Angelika, „Bezahlt laut Conto". Alltägliche Kredite und Zahlungen, in: Reith u. a. (Hg.), Haushalten und Konsumieren, S. 259–269.

Krünitz, Johann Georg, Oekonomische Enzyklopädie 1773–1858 (242 Bände), online: http://www.kruenitz1.uni-trier.de, 24.05.2021.

Krug-Richter, Barbara, Zwischen Fasten und Festmahl. Hospitalverpflegung in Münster 1540–1650, Stuttgart 1994.

Kühne, Andreas, Essen und Trinken. Das Regensburger St. Katharinenspital in der Frühen Neuzeit, Regensburg 2006.

Kupferschmied, Thomas Johannes, Der Fürstensaal in Zangberg, in: Das Mühlrad 28,1986, S. 157–168.

Lang, Heinrich, Wirtschaften als kulturelle Praxis. Die Florentiner Salviati und die Ausgburger Welser auf den Märkten in Lyon, 1507–1559 (VSWG, B 248), Stuttgart 2020.

Lay, Maxwell G., Die Geschichte der Straße. Vom Trampelpfad zur Autobahn, Frankfurt am Main, New York 1994.

Ledóchowski, Karl, Beiträge zur Salzburger Familiengeschichte 37. Kaufmann von Söllheim, in: MGSL (77) 1937, S. 131–133.

Leuchs, Johann Carl, Allgemeines Waren-Lexikon oder vollständige Warenkunde mit Angabe der Erzeugungs- und Bezugsorte, der Art und Menge des Verbrauchs, der Preise und des Ganges des Handels. 2 Theile, 2. verb. Aufl., Nürnberg 1835/36, online: https://mdz-nbn-resolving.de/urn:nbn:de:bvb:12-bsb10291264-0 sowie https://mdz-nbn-resolving.de/urn:nbn:de:bvb:12-bsb10291265-5, 24.05.2021.

Levi, Giovanni, On Microhistory, in: Peter Burke, New Perspectives on Historical Writing, Cambridge 1995, S. 93–113.

Lipp, Carola, Aspekte der mikrohistorischen und kulturanthropologischen Kreditforschung, in: Schlumbohm (Hg.), Soziale Praxis, S. 15–36.

Lösch, Guntram Graf von (Hg.), Der Gerner. Historische Notizen von der niederbayerischen Hofmark Gern und ihrem Jahrmarkt, Gern 1975, online: https://www.gernerdult.de/wp-content/uploads/2014/03/Gerner_Dult_1348-1975.pdf, 24.05.2021.

Ludovici, Carl Günther, Eröffnete Akademie der Kaufleute und vollständiges Lexikon, Leipzig 1752–1756 (5 Bände), online: https://mdz-nbn-resolving.de/urn:nbn:de:bvb:12-bsb10291315-4, 23.05.2021.

Mainus, František, Die mährische und schlesische Woll- und Baumwollwarenproduktion im 18. Jahrhundert. Zusammenfassung, übersetzt von M. Beck, online: https://digilib.phil.muni.cz/bitstream/handle/11222.digilib/126638/SpisyFF_066-1960-1_17.pdf?sequence=1, 25.05.2021.

Marperger, Paul Jacob, Der wohl-unterwiesene Kauffmanns-Jung, Nürnberg 1715, online: https://books.google.at/books?id=KWk7AAAAcAAJ&newbks=1&newbks_redir=0&printsec=frontcover&hl=de&source=gbs_ge_summary_r&cad=0#v=onepage&q&f=false, 25.05.2021.

Marperger, Paul Jacob, Der Getreue und Geschickte Handels-Diener, Nürnberg und Leipzig 1715, online: http://www.nbn-resolving.org/urn/resolver.pl?urn=urn:nbn:de:kobv:b4-20888-5. 25.05.2021.

Martin, Franz, Eine Salzburger Fabrik, in: MGSL 81 (1941), S. 129–144.

Mathis, Franz, Zur Bevölkerungsstruktur österreichischer Städte im 17. Jahrhundert. Wien 1977.

Mathis, Franz, Handwerk, Handel und Verkehr (1519–1816), in: Dopsch, Spatzenegger (Hg.), Geschichte Salzburgs, Bd. II/4, S. 2563–2594.

Mauch, Anne, Praxis, Organisation und Funktion des ländlichen Kreditmarktes in Württemberg vom 17. bis zum 19. Jahrhundert, in: Sigrid Hirbodian,Sheilagh C. Ogilvie, R. Johanna Regnath(Hg.), Revolution des Fleißes, Revolution des Konsums?, Ostfildern 2015, S. 159–168.

Mautner, Konrad, von Geramb, Viktor (Hg.), Steirisches Trachtenbuch, Bd. 1, Von der Urzeit bis zur Französischen Revolution, Graz 1932.

Mayr-Öhring, Erika, Müller, Rainer, Grünspan & Schildlaus. Meister der Residenzgalerie Salzburg und ihre Arbeitsweisen, AK Residenzgalerie Salzburg 18.4.–15.7.1996.

McKendrick, Neil, Plumb, J.H., Brewer, John, The Birth of a Consumer Society. The Commercialization of Eighteenth-Century England, Bloomington 1982.

Meinert, Günther, Handelsbeziehungen zwischen Sachsen und Italien 1740–1814. Eine Quellenveröffentlichung, Weimar 1974.

Menninger, Annerose, Genuss im kulturellen Wandel, Tabak, Kaffee, Tee und Schokolade in Europa (16.–19. Jahrhundert), Stuttgart 2004.

Menninger, Annerose, Stichwort Zucker, in: Enzyklopädie der Neuzeit (EDN), Bd. 15, Stuttgart, Weimar 2012, S. 582–591.

Meyer-Schneidewind, Mechthild, Vom Soccus zur Computersocke. Die Entwicklungsgeschichte des Strumpfes, in: Meyer-Schneidewind, Sauerbier, Strümpfe. Mode, Markt und Marketing, Frankfurt am Main 1992, S. 10–53.

Meyers Großes Konversations-Lexikon, online: https://www.woerterbuchnetz.de/Meyers, 24.05.2021.

Mitterauer, Michael, Sieder, Reinhard, Vom Patriarchat zur Partnerschaft, München 1980

Mitterwieser, Alois, Frühere Papiermühlen in Altbayern und ihre Wasserzeichen, in: Gutenberg Jahrbuch 1933, S. 9–22.

Mollay, Károly, Das Geschäftsbuch des Krämers Paul Moritz (1520–1529), Sopron 1994.
Muldrew, Craig, The Economy of Obligation. The Culture of Credit and Social Relations in Early Modern England, Basingstoke 1998.
Muldrew, Craig, Zur Anthropologie des Kapitalismus, in: Historische Anthropologie 6 (1998), S. 167–199.
Nadler, Michael, Der besteuerte Genuss. Tabak und Finanzpolitik in Bayern 1669–1802, München 2007.
Naimer, Erwin, Streiflichter auf die Kirchengeschichte Mühldorfs, Begleitband Salzburg in Bayern, S. 48–65.
Neumayer, Franz, Die Pulvermühlen – Tradition ohne Zukunft, Micheldorf 1997.
Norrmann, Gerhard, Philipp, Heinrich, Geographisches und Historisches Handbuch der Länder-, Völker- und Staatenkunde, 1. Buch, Hamburg 1786, online: https://mdz-nbn-resolving.de/urn:nbn:de:bvb:12-bsb10622079-7, 19.06.2021.
North, Michael, Kleine Geschichte des Geldes. Vom Mittelalter bis heute, München 2009.
Oehring, Erika, Ultramarin & Muschelgold. Wie die Bilder gemacht wurden, AK Residenzgalerie/Domquartier Salzburg 8.6.–26.11.2018.
Ogilvie, Sheilagh, Küpker, Markus, Maegraith, Janine, Krämer und ihre Waren im ländlichen Württemberg zwischen 1600 und 1740, in: Zeitschrift für Agrargeschichte und Agrarsoziologie 59, 2011, S. 54–75.
Orland, Barbara, Wäsche waschen. Technik- und Sozialgeschichte der häuslichen Wäschepflege, München 1991.
Ottenjann, Helmut, Wiegelmann, Günter, Alte Tagebücher und Anschreibebücher, Quellen zum Alltag der ländlichen Bevölkerung in Nordwesteuropa, Münster 1982.
Origo, Iris, „Im Namen Gottes und des Geschäfts“. Lebensbild eines toskanischen Kaufmanns der Frührenaissance, Francesco de Marco Datini 1335–1410, München 1985.
Otruba, Gustav, Linz, seine neue Strafanstalt, die Messingfabrik im Schloß Lichtenegg bei Wels und die Wollzeugfabrik in Linz, in: Oberösterreichische Heimatblätter 43, Heft 4, 1989, S. 295–318.
Palla, Rudi, Verschwundene Arbeit. Ein Thesaurus der untergegangenen Berufe, Frankfurt am Main 1995.
Pelus-Kaplan, Marie-Louise, Zu einer Geschichte der Buchhaltung im hansischen Bereich: die Handelsbücher der Lübecker Kaufleute vom Anfang des 16. bis zum Ende des 17. Jahrhunderts, in: Zeitschrift des Vereins für Lübeckische Geschichte und Altertumskunde 74 (1994), 31–45.
Pelus-Kaplan, Marie-Louise, Archive Hansischer Kaufleute aus dem 16. und 17. Jahrhundert, in: Hoock, Reininghaus (Hg.), Kaufleute, S. 25–34.
Pelzer-Reith, Birgit, Genussmittel und Kolonialwaren, in: Reith u. a. (Hg.), Haushalten und Konsumieren, S. 203–217.

Pelzer-Reith, Birgit, Lebensmittelkonsum und Ernährung, in: Reith u. a. (Hg.), Haushalten und Konsumieren, S. 179–201.
Pelzer-Reith, Birgit, Stichwort Fastenspeise, in: EDN, Bd. 3, Sp. 836–838.
Penndorf, Balduin, Geschichte der Buchhaltung in Deutschland, Leipzig 1913.
Petersson, Astrid, Zuckersiedergewerbe und Zuckerhandel in Hamburg im Zeitraum von 1814 bis 1834 (VSWG, B 140), Stuttgart 1998.
Pfeifer, Michael, Der Weihrauch. Geschichte, Bedeutung, Verwendung, Regensburg 1997.
Pfister, Max, Baumeister aus Graubünden. Wegbereiter des Barock, Chur 1993.
Pietsch, Johannes, Die Kostümsammlung Hüpsch im Hessischen Landesmuseum Darmstadt. Bestandskatalog der Männer- und Frauenkleidung. Studien zu Material, Technik und Geschichte der Bekleidung im 17. Jahrhundert. Diss., Technische Universität München 2008, online: http://nbn-resolving.de/urn/resolver.pl?urn=urn:nbn:de:bvb:91-diss-20080821-619442-1-9,20.04.2020.
Pietsch, Johannes, Stolleis, Karen, Kölner Patrizier- und Bürgerkleidung des 17. Jahrhunderts, Die Kostümsammlung Hüpsch im Hessischen Landesmuseum. Mit einem Beitrag von Nadine Piechatschek (Riggisberger Berichte 15), Riggisberg 2008.
Pietsch, Johannes, Kölner Kleidung des 17. Jahrhunderts im europäischen Kontext, in: Glüber, Pietsch, Reinisch, Chic! Mode im 17. Jahrhundert, Begleitbuch zur Ausstellung 15.7.–16.10.2016 im Hessischen Landesmuseum Darmstadt, Regensburg 2016, S. 21–63.
Pindl, Kathrin, Arbeit und Auskommen in Mühldorf a. Inn 1550–1700, in: Das Mühlrad 61, 2019, S. 103–143.
Pindl, Kathrin, Arbeit und Auskommen in der Vormoderne – Löhne, Preise und Lebensstandard in Mühldorf am Inn 1550–1700, Masterarbeit Uni Regensburg 2013.
Plößl, Elisabeth, Strümpfe stricken und Rosenkränze ketteln. Hausindustrie und Heimarbeit in Schwabmünchen und Umgebung, in: Walter Pötzl (Hg.), Bauern – Handwerker – Arbeiter (Beiträge zur Wirtschafts-, Sozial- und Bildungsgeschichte), Augsburg 2001, S. 172–186.
Pohl, Hans, Einführung, in: Hans Pohl (Hg.), Die Bedeutung der Kommunikation für Wirtschaft und Gesellschaft, Stuttgart 1989.
Popplow, Marcus, Europa auf Achse – Innovationen des Landtransports im Vorfeld der Industrialisierung, in: Rolf Peter Sieferle (Hg.), Transportgeschichte, Berlin 2008, S. 79–143.
Prechtl, Johann Joseph, Technologische Encyklopädie oder alphabetisches Handbuch der Technologie, der technischen Chemie und des Maschinenwesens, Bd. 1, Stuttgart 1830, online: https://books.google.de/books?id=Pz__FP84viYC&printsec=frontcover&hl=de&source=gbs_ge_summary_r&cad=0#v=onepage&q&f=false, 24.05.2021.

Prodinger, Friederike, Heinisch, Reinhard, R., Gewand und Stand. Kostüm- und Trachtenbilder der Kuenburg-Sammlung, Salzburg, Wien 1983.
Rasche, Adelheid, Luxus in Seide. Mode des 18. Jahrhunderts, AK GNM 2018.
Rauch, Martina, Textile Knöpfe, Salzburg 2008.
Rauscher, Peter, Serles, Andrea (Hg.), Wiegen, zählen, registrieren. Handelsgeschichtliche Massenquellen und die Erforschung mitteleuropäischer Märkte (13.–18. Jahrhundert), Innsbruck 2015.
Rauscher, Peter, Wege des Handels – Orte des Konsums. Die nieder- und innerösterreichischen Jahrmärkte vom Mittelalter bis ins 19. Jahrhundert, in: Markus A. Denzel(Hg.), Europäische Messegeschichte 9.–19. Jahrhundert, Köln, Weimar, Wien 2018.
Rawitzer, Barbara, Leonische Drahtwaren und Gespinste (Veröffentlichungen zur Volkskunde und Kulturgeschichte 29), Würzburg 1988.
Reindl, Irmengard, Die Wallfahrtskirche St. Salvator in Ecksberg, in: Das Mühlrad 37, 1996, S. 33–92.
Reindl-Witt, Irmengard, Die Eichkapelle Mater Dolorosa in Mühldorf, in: Das Mühlrad 62, 2000, S. 3–22.
Reininghaus, Wilfried, Wanderhandel in Deutschland. Ein Überblick über die Geschichte, Erscheinungsformen und Forschungsprobleme, in: Ders. (Hg.), Wanderhandel in Europa. Beiträge zur wissenschaftlichen Tagung in Ibbenbüren, Mettingen, Recke und Hopsten, vom 9.–11. Oktober 1992, Dortmund 1993, S. 31–44.
Reininghaus, Wilfried, Die Stadt Iserlohn und ihre Kaufleute (1700–1815) (Untersuchungen zur Wirtschafts-, Sozial- und Technikgeschichte 13), Dortmund 1995.
Reininghaus, Wilfried, Das Archivgut der Wirtschaft, in: Evelyn Kroker, Handbuch für Wirtschaftsarchive, München 1998, S. 60–98.
Reitemeier, Arnd, Kaufleute als Verwalter der Kirche, in: Häberlein, Jeggle (Hg.), Praktiken des Handels, S. 209–223.
Reitemeier, Arnd, Pfarrkirchen in der Stadt des späten Mittelalters: Politik, Wirtschaft und Verwaltung, Wiesbaden 2005.
Reith, Reinhold (Hg.), Lexikon des alten Handwerks, München 1991.
Reith, Reinhold, Arbeits- und Lebensweise im städtischen Handwerk. Zur Sozialgeschichte Augsburger Handwerksgesellen im 18. Jahrhundert, 1700–1806 (Göttinger Beiträge zur Wirtschafts- und Sozialgeschichte 14), Göttingen 1988.
Reith, Reinhold, Lohn und Leistung. Lohnformen im Gewerbe 1400–1900 (VSWG, B 151), Stuttgart 1999.
Reith, Reinhold, Technische Innovationen im Handwerk der frühen Neuzeit? Traditionen, Probleme und Perspektiven der Forschung, in: Karl Heinrich Kaufhold, Wilfried Reininghaus(Hg.), Stadt und Handwerk in Mittelalter und Früher Neuzeit, Köln, Weimar, Wien 2000, S. 22–60.

Reith, Reinhold, Lederproduktion und Lederhandel im Spätmittelalter und der frühen Neuzeit, in: Werner Kroker(Hg.), Vom Leder zum Chemiewerkstoff (Schriftenreihe der Georg-Agricola-Gesellschaft 25), Bochum 2000, S. 9–30.

Reith, Reinhold, Handwerk und Zunft in Mühldorf am Inn zur Salzburger Zeit, in: Begleitband Salzburg in Bayern, S. 98–107.

Reith, Reinhold (Hg.), Das Verlassenschaftsinventar des Salzburger Tuch- und Seidenhändlers Franz Anton Spängler von 1784 (Schriftenreihe des Archivs der Stadt Salzburg 42), Salzburg 2015.

Reinhold Reith u. a. (Hg.), Haushalten und Konsumieren. Die Ausgabenbücher der Salzburger Kaufmannsfamilie Spängler von 1733 bis 1785. 1784 (Schriftenreihe des Archivs der Stadt Salzburg 46) Salzburg 2016.

Reith, Reinhold, Familie, Haushalt und Handlung – Akteure, Netzwerke und Strategien, in: Reith, Reinhold u. a. (Hg.), Haushalten und Konsumieren, S. 23–61.

Reith, Reinhold, Knapp, Elias u. a., Das Verlassenschaftsinventar der Maria Eleonora Azwanger (1757–1786) und die Spezereihandlung Raimund Azwanger (1742–1804), in: Salzburg Archiv 37 (2019), S. 191–266.

Reith, Reinhold, Zechner, Andreas, Knapp, Elias u. a., Die Entwicklung der Preise für Lebensmittel und Verbrauchsgüter des Bruderhauses St. Sebastian in Salzburg (1670–1800), in: Salzburg Archiv 37 (2019), S. 351–397.

Reith, Reinhold, Stichwort Bleistift, in: EDN, Bd. 2, S. 299–301.

Reith, Reinhold, Stichwort Bortenmacher, in: Ders. (Hg.), Lexikon des alten Handwerks, S. 38–42.

Reith, Reinhold, Stichwort Schreibgeräte, in: EDN, Bd. 11, S. 865–867.

Reith, Reinhold, Stichwort Strumpfstricker und Strumpfwirker, in: Ders. (Hg.), Lexikon des alten Handwerks, S. 234–238.

Reith, Reinhold, Stichwort Weber, in: Ders. (Hg.), Lexikon des alten Handwerks, S. 256–266.

Reith, Reinhold, Stichwort Lohnwerk, in: EDN, Bd. 7, Sp. 999–1001.

Reith, Reinhold, Stichwort Warenkunde, in: EDN, Bd. 14, 2011, Sp. 649–652.

Reinhold Reith, Barocke Baukonjunktur und Migration im Bauhandwerk vom 17. bis zum 19. Jahrhundert. Mit besonderer Berücksichtigung des süddeutschen sowie des voralpinen und alpinen Raumes, in: Eva-Maria Seng, Frank Göttmann (Hg.), Innovation in der Bauwirtschaft. Wesersandstein vom 16. bis 19. Jahrhundert, Berlin, Boston 2015, S. 475–488.

Rössler, Julia, Baden, Waschen, Pudern, in: Wolfgang Wiese, Wolfgang Schröck-Schmidt(Hg.), Das stille Örtchen. Tabu und Reinlichkeit bey Hofe, AK Berlin 2011, S. 77–87.

Ryff, Walther Hermann, Confectbuch unnd Hauß Apoteck: Kuenstlich zubereiten, einmachen und gebrauchen, Wes in ordenlichen Apotecken und haußhaltungen zur Artznei, täglicher notturfft, und auch zum lust, dienlich unnd nutz, Frankfurt 1544.

Sakuma, Hironubu, Die Nürnberger Tuchmacher, Weber, Färber und Bereiter vom 14. bis 17. Jahrhundert (Nürnberger Werkstücke zur Stadt- und Landesgeschichte), Nürnberg 1993.
Sandgruber, Roman, Die Anfänge der Konsumgesellschaft. Konsumgüterverbrauch, Lebensstandard und Alltagskultur in Österreich im 18. und 19. Jahrhundert (Sozial- und wirtschaftshistorische Studien 15), München 1982.
Scheck, Carolin, Kulturgeschichte des Safrans unter besonderer Berücksichtigung der Produktion, des Handels und der Verwendung im Mittelalter und der beginnenden Neuzeit (mit Schwerpunktsetzung Österreich), Wien 1997.
Schedel, Johann Christian, Praktisches Taschenwörterbuch der Waarenkunde; ein vollständiges Handbuch für Kaufleute bey dem Ein und Verkauf aller Produkte, Waaren und Handelsartikel, 2 Teile, Leipzig 1798.
Schedel, Johann Christian, Neues und vollständiges Waaren-Lexikon oder deutliche Beschreibung aller rohen, verarbeiteten Produkte, Kunsterzeugnisse und Handelsartikel, Offenbach a, Main 1814. online: https://mdz-nbn-resolving.de/urn:nbn:de:bvb:12-bsb10291690-0, 10.06.2021.
Schindler, Norbert, Der Prozess der Zivilisation in der Kleinstadt. Die Traunsteiner Kaufmannsfamilie Oberhueber (1600–1800), Wien, Köln, Weimar 2007.
Schlumbohm, Jürgen (Hg.), Soziale Praxis des Kredits, 16.–20. Jahrhundert, Hannover 2007.
Schmeller, Johann Andreas, Bayerisches Wörterbuch, München 1877, online: https://www.bavarikon.de/object/bav:BSB-CMS-0000000000004050, 24.05.2021.
Schmid, Alois, St. Ignatius zu Burghausen – Ein altbayerisches Jesuitenkolleg, in: Dietmar Grypa, Wolfgang Gutfleisch (Hg.), Das Kurfürst-Maximilian-Gymnasium zu Burghausen. Vom Kolleg der Societas Jesu zur königlichen Bayerischen Studien-Anstalt, Würzburg 1997, S. 27–39.
Schmitt, Eberhard, Europäischer Pfefferhandel und Pfefferkonsum im Ersten Kolonialzeitalter, in: Denzel (Hg.), Gewürze, S. 16–126.
Schöne, Bernd, Kultur und Lebensweise Lausitzer Bandweber (1750–1850), Berlin 1977.
Schremmer, Eckart, Die Wirtschaft Bayerns. Vom hohen Mittelalter bis zum Beginn der Industrialisierung, Bergbau, Gewerbe, Handel, München 1970.
Schroll, Meinrad, Brauereien in Mühldorf, in: Das Mühlrad 62, 2020, S. 19–70.
Schuppener, Georg, Die Dinge faßbar machen. Sprach- und Kulturgeschichte der Maßbegriffe im Deutschen, Heidelberg 2002.
Schuster, Max Eberhard, Das Bürgerhaus im Inn- und Salzachgebiet (Das deutsche Bürgerhaus 5), Tübingen 1964.
Schuy, Jakob, Hanf und Flachs, Bau und Verwertung, Salzburg 1950.
Schwaab, Claudia, Altötting (Historischer Atlas von Bayern, Teil Altbayern, Heft 63), München 2005.

Schwab, Ingo, Das Lererbuch. Ein Münchner Kaufmannsbuch des 15. Jahrhunderts, München 2005.

Sczesny, Anke, Zwischen Kontinuität und Wandel. Ländliches Gewerbe und ländliche Gesellschaft im Ostschwaben des 17. und 18. Jahrhunderts, Tübingen 2002.

Selheim, Claudia, Die Inventare eines süddeutschen Warenlagers zwischen 1778 und 1824. Beiträge zur Aufarbeitung einer Realienquelle (Veröffentlichungen zur Volkskunde und Kulturgeschichte 52), Würzburg 1994.

Selheim, Claudia, Das textile Angebot eines ländlichen Warenlagers in Süddeutschland 1778–1824 (Veröffentlichungen zur Volkskunde und Kulturgeschichte 53), 2 Bde., Würzburg 1994.

Siegrist, Hannes, Kaelble, Hartmut, Kocka, Jürgen (Hg.), Europäische Konsumgeschichte. Zur Gesellschafts- und Kulturgeschichte des Konsums (18. bis 20. Jahrhundert), Frankfurt am Main, New York 1997.

Sinsheim, M., Die Geheimnisse der sämmtlichen Rauch- und Schnupftabaks-Fabrikation, Frankfurt am Main 1826, online: https://books.google.de/books?id=XzUVAAAAYAAJ&printsec=frontcover&hl=de&source=gbs_ge_summary_r&cad=0#v=onepage&q&f=false, 24.05.2021.

Spagl, Rudolf, Zinn und Zinngießer aus Mühldorf, in: Das Mühlrad 10, 1962–64, S. 21–42.

Spiegel, Beate, Adliger Alltag auf dem Land. Eine Hofmarksherrin, ihre Familie und ihre Untertanen in Tutzing um 1740 (Münchner Beiträge zur Volkskunde 18), Münster, New York, München, Berlin 1997.

Spiegel, Beate Markt und Handel im Stadtmuseum Deggendorf , (Kataloge des Stadtmuseums Deggendorf Nr. 4, Begleitheft zur Dauerausstellung), Deggendorf 1987, S. 42–107.

Stahleder, Helmuth, Historischer Atlas von Bayern, München 1976.

Steinbrink, Matthias, Handeln am Oberrhein. Der Basler Kaufmann Ulrich Meltinger, in: Häberlein, Jeggle (Hg.), Praktiken des Handels, S. 191–208.

Steinbrink, Matthias, Ulrich Meltinger, Ein Basler Kaufmann am Ende des 15. Jahrhunderts (VSWG, B 197), Stuttgart 2007.

Steur Puech der Hochfürstlich Salzburgischen Statt vnnd Burckhfridts Mühldorf. Aufgerichtet Anno 1624, in: Das Mühlrad 19, 1977, S. 30–63.

Stieda, Wilhelm (Hg.), Hildebrand Veckinchusen. Briefwechsel eines deutschen Kaufmanns, Leipzig 1921.

Stöger, Georg, Sekundäre Märkte? Zum Wiener und Salzburger Gebrauchtwarenhandel im 17. und 18. Jahrhundert (Sozial- und Wirtschaftshistorische Studien, Bd. 35), Wien, München 2011.

Strelin, Georg Gottfried, Realwörterbuch für Kameralisten und Oekonomen, Bd. 3, Nördlingen 1786, online: https://books.google.de/books?id=UqA7AAAAcAAJ&printsec=frontcover&hl=de&source=gbs_ge_summary_r&cad=0#v=onepage&q&f=false, 23.05.2021.

Stromer, Wolfgang von, Die Gründung der Baumwollindustrie in Mitteleuropa. Wirtschaftspolitik im Spätmittelalter, Stuttgart 1978.
Südhessisches Wörterbuch, online: https://www.lagis-hessen.de/shwb, 23.05.2021.
Ternes, Waldemar, Täufel, Alfred, Tunger, Liselotte, Zobel, Martin Lebensmittel-Lexikon, Bd. 2, Hamburg 1993.
Thonhauser, Monika, Textile Landschaft Salzburg. Spitzenhafter Luxus und tägliches Brot 1600–1800, Salzburg 2014.
Thonhauser, Monika, Das Salzburgische Flache Land – eine Textile Landschaft, Diss. phil. (masch.) Salzburg 2006.
Walter, Rolf (Hg.), Geschichte des Konsums. Erträge der 20. Arbeitstagung der Gesellschaft für Sozial- und Wirtschaftsgeschichte 23.–26. April 2003 in Greifswald (VSWG, B 175), Stuttgart 2004.
Stauffer, Annamaria, Die Bremer Textilfunde, in: In Mode. Kleider und Bilder aus Renaissance und Frühbarock, AK GNM 2015, S. 190-207.
Unger, Katharina, Der Strumpf – historische, gesellschaftliche, moralische Aspekte, Dipl. Arbeit der Universität für Angewandte Kunst Wien, Wien 2001.
Vaupel, Elisabeth, Gewürze. Acht kulturhistorische Porträts, München2002.
Vries, Jan de, The Industrious Revolution: Behavior and the Household Economy. 1650 to the Present, Cambridge 2008.
Vieser, Michaela, Von Kaffeeriechern, Abtrittanbietern und Fischbeinreißern: Berufe aus vergangenen Zeiten, München 2012, S. 53–61.
Wagner, Ralf Richard, Kallopistria – oder die Kunst der Toilette für die elegante Welt, in: Wiese, Schröck-Schmidt, Das stille Örtchen, S. 89–99.
Westermann, Ekkehard, Denzel, Markus A., Das Kaufmannsnotizbuch des Matthäus Schwarz aus Augsburg von 1548 (VSWG, B 215), Stuttgart 2011.
Wiegelmann, Günter, Alltags- und Festspeisen. Wandel und gegenwärtige Stellung, Marburg 1967.
Wiesinger, Friedrun, Der Knopf. Funktion, Entwicklung, Herstellung, Salzburg o. J.
Wolf, Jacob, Der Tabak und die Tabakfabrikate, Leipzig 1912.
Wunder, Heide, Er ist die Sonn', sie ist der Mond. Frauen in der Frühen Neuzeit, München 1992.
Wurth, Rüdiger, Salzburg – sein Postwesen unter Fürsterzbischöfen und Kurfürst, in: 2000 Jahre Post. Vom Cursus publicus zum Satelliten, AK Halbturn 1985, S. 153–161.
Zaisberger, Friederike, Die Städte der Salzburger Erzbischöfe, in: Franz-Heinz Hye (Hg.), Stadt und Kirche, Linz 1995.
Zander-Seidel, Jutta, Textiler Hausrat. Kleidung und Haustextilien in Nürnberg von 1500–1650, München 1990.
Zander-Seidel, Jutta, Das gestrickte Kamisol: Pracht im Verborgenen, in: In Mode. Kleider und Bilder aus Renaissance und Frühbarock, AK GNM 2015, S. 190–207.

Zedler, Johann Heinrich, Großes vollständiges Universal-Lexikon. 64 Bände, 4 Supplementbände, Halle und Leipzig 1732–1754, Nachdruck Graz 1961–1964.
Zorn, Wolfgang, Handels- und Industriegeschichte Bayerisch-Schwabens 1648–1870, Augsburg 1961.

FSC
www.fsc.org
MIX
Papier | Fördert
gute Waldnutzung
FSC® C083411

Kolibri 360 GmbH
Ferdinand-Jühlke-Straße 7
99095 Erfurt, Deutschland
produktsicherheit@kolibri360.de